Recherches sur les modes d'extinction de l'obligation

Droit privé et sciences criminelles

Collection dirigée par Yves Strickler

Créée fin 2011 par Yves Strickler et le *Centre d'études et de recherches en droit privé* (devenu le *Centre d'études et de recherches en droit des procédures* en 2013) de la Faculté de droit et science politique de Nice, la présente collection a pour vocation principale de publier des ouvrages en liaison avec le thème retenu pour dénomination de la collection. Cette dernière rassemble des recherches originales, tirées notamment de travaux de recherche, de manifestations scientifiques ainsi que d'ouvrages collectifs sur les interrogations actuelles que rencontre la science juridique, spécialement dans le domaine du droit privé et des sciences criminelles.

Dernières parutions

L'obligation de prêter. Contribution à l'étude des obligations du prêteur, Thomas Puech, nov. 2023, 356 pp
L'effacement des dettes (dir. P. Cagnoli et P.-M. Le Corre), janv. 2023, 324 pp
Résilience, rebond des TPE ET PME en difficulté. Faut-il sauver l'entreprise quoi qu'il en coûte ? Regards croisés Droit et Gestion (dir. A. Rivet et K. Lafaurie), janv. 2023, 274 pp
La nouvelle justice pénale des mineurs. (dir. P. Oudot et L. Sebag), oct. 2022, 132 pp
La gestion du risque pénal et de la conformité à 360° : de l'audit à l'audience, David Marais, Préf. J.-P. Raffarin, mars 2022, 168 pp.
La notion de promoteur immobilier, Delphine Pelet, janv. 2022, 720 pp.
Le divorce du XXIe siècle (dir. L. Antonini-Cochin et M.-C. Lasserre), janv. 2022, 102 pp.
Justice et littérature - Nos gloires littéraires et leurs juges. De Chateaubriand à Zola, Marcel Foulon, déc. 2021, 546 pp.
La responsabilité pénale du chef d'entreprise, Victoria Ligny, oct. 2021, 408 pp.
Émotion et sciences. Interactions (dir. Y. Strickler, J.-S. Bergé et M. Ortolani), oct. 2021, 271 pp.
L'action civile en droit pénal des affaires (dir. C. Ambroise-Castérot), août 2021, 140 pp
Les juridictions au cœur des interactions sociales. Approche franco-russe (dir. X. Latour et A.-S. Siew-Guillemin), avril 2021, 184 pp
Le renouveau du droit des obligations. Perspectives franco-japonaises (dir. G. Chantepie, M. Latina, A. Ohsawa), septembre 2020, 208 pp
Le droit et la science politique à l'épreuve des crises du XXIe siècle (dir. N. Monnerie et C. Ponzo), juillet 2020, 192 pp
Nouvelles procédures civiles, nouvelles pratiques professionnelles ? Bilan et perspectives (dir. N. Fricero et M.-C. Lasserre), juin 2020, 176 pp
Équilibre(s) et déséquilibres(s) en droit : regards croisés Droit et Gestion (dir. Anne-Sophie Siew-Guillemin, Alexandra Baile, Cédric Chapelle, Caroline Fabre), mai 2020, 260 pp

Sous la direction
de Lionel Andreu et Marc Mignot

Recherches sur les modes d'extinction de l'obligation

L'Harmattan

Le présent ouvrage est publié grâce à une subvention de l'Université de Strasbourg (*Centre de droit privé fondamental.*) et de l'Université de Poitiers (*Institut Jean Carbonnier* et *Institut fédératif de recherche Droit et science politique*).

Centre de **droit privé fondamental** | CDPF
Université de Strasbourg

Université de Poitiers
Institut fédératif de recherche
DROIT ET SCIENCE POLITIQUE

Université de Poitiers
Institut
Jean Carbonnier
Unité de recherche 13396

En couverture : Le Jugement de Salomon, J.H. Lengrand, fresque, 1939, Faculté de droit et science politique, Nice.

5-7, rue de l'École-Polytechnique, 75005 Paris
http://www.editions-harmattan.fr
ISBN : 978-2-336-45856-4
EAN : 9782336458564

Responsables scientifiques

Lionel Andreu, Professeur à l'Université de Poitiers
et **Marc Mignot** Professeur à l'Université de Strasbourg

Auteurs (ordre alphabétique) :

Lionel Andreu, Professeur à l'Université de Poitiers

Romain Azevedo, Maître de conférences à l'Université de Montpellier

Nicolas Cayrol, Professeur à l'Université de Tours

Marion Cottet, Professeur à l'Université de Bretagne Occidentale

Anne Danis-Fatôme, Professeure à l'Université de Paris Nanterre

Charles Froger, Maître de conférences en droit public, Université Paris 1 Panthéon-Sorbonne, ISJS – CERAP

Jean-François Hamelin, Professeur à l'Université de Bourgogne

Cédric Hélaine, Docteur en droit privé et en sciences criminelles du LPDSC UR 4690. - Chargé d'enseignement à l'Université d'Aix-Marseille

Nicolas Kilgus, Agrégé des facultés de droit, Professeur à l'Université de Strasbourg, Centre de droit privé fondamental (EA 1351)

Karl Lafaurie, Agrégé de droit privé et sciences criminelles, Professeur à l'Université de Limoges (CREOP – UR 15561)

Véronique Martineau-Bourgninaud, Professeur à l'Université de Lille, Codirectrice du Centre de Recherche Droits et Perspectives du droit (CRDP – ULR 4487)

Marc Mignot, Professeur à l'Université de Strasbourg, Directeur du Centre de droit privé fondamental (EA 1351)

Jean-Denis Pellier, Professeur à l'Université de Rouen, Directeur du Master 2 Droit privé général

Sylvie Pierre-Maurice, Maître de conférences HDR à l'Université de Strasbourg, Centre de droit privé fondamental (EA 1351)

Sommaire

Propos introductifs

Lionel ANDREU et Marc MIGNOT

1. - Problématique générale. – Les travaux doctrinaux consacrés spécifiquement aux modes d'extinction de l'obligation sont peu fréquents[1]. Il n'existe pas en droit français de théorie générale des modes d'extinction. La doctrine française est très discrète sur la question. Elle se contente de passer en revue les différents modes d'extinction. Elle présente néanmoins plus de variétés que l'on pourrait croire *a priori*. La loi française adopte la même méthode. Elle les aborde les uns après les autres sans établir de lien entre eux. La doctrine et la loi pourraient d'abord mettre en évidence le droit commun des modes d'extinction, puis les réglementer séparément en fonction de leurs particularités. Cette absence de théorie générale explique la diversité des modes de présentation en la matière, tant dans la loi française ou étrangère qu'en doctrine. La présente recherche a pour objet de poser les principes d'une théorie des modes d'extinction.

2. - Insuffisances de la loi. – Le domaine des modes d'extinction n'est pas clairement délimité. On veut dire par là que si tous les modes d'extinction sont plus ou moins connus de la doctrine, le législateur en ignore superbement certains, en ce sens qu'il ne les réglemente pas d'une façon générale au sein des modes d'extinction de l'obligation. Cette attitude du législateur n'est pas sans incidence sur la sécurité du droit. Plusieurs situations doivent être distinguées.
Certains modes d'extinction sont ignorés par la loi au titre du droit commun. On pense notamment à la déchéance du droit de créance (par ex. : C. civ., art. 2314. - C. cons., art. L. 314-18, L. 332-1, L. 343-4) ou à l'effacement des dettes du débiteur en difficulté (par ex. : C. cons., art. L. 741-2, L. 742-22. - C. com., art. L. 645-11). C'est encore le cas de la dation en paiement. Cette ignorance suscite des difficultés d'appréhension de ces mécanismes.
D'autres modes d'extinction sont seulement supposés par la loi. Elle en reconnaît l'existence implicitement, mais sans préciser leur nature. Plusieurs hypothèses doivent être distinguées. Dans les schémas triangulaires (délégation, action directe en paiement, nantissement de

---

[1] C. Hélaine, L'extinction partielle des dettes, Thèse sous la dir. de V. Egea et E. Putman, Aix-en-Provence, 2019.

créance), le paiement du sous-débiteur peut être triplement extinctif. L'extinction du rapport créancier/sous-débiteur peut résulter du paiement réalisé relativement à cette relation. L'extinction des deux autres rapports ou d'un seul est passée sous silence (C. civ., art. 1338, 2364).

La réalisation des sûretés réelles traditionnelles par attribution en paiement judiciaire ou conventionnelle entraîne l'extinction de la créance garantie. La loi passe sous silence le mode d'extinction (C. civ., art. 2348, 2452 à 2464). Le problème est le même dans le gage immobilier ou dans la fiducie de créance ou de sommes d'argent où le législateur évoque mystérieusement la notion d'imputation (C. civ., art. 2381 al. 1er, 2373-2, 2374-5). Il est encore le même dans la fiducie à propos de laquelle le législateur ne dit rien de précis (C. civ., art. 2372-4, 2488-4).

Dans la novation, certains auteurs, par référence implicite au droit romain, soutiennent que l'extinction de l'obligation ancienne a pour cause la création de l'obligation nouvelle, comme si la première s'éteignait sans qu'une cause d'extinction ne s'y applique spécialement[2]. L'article 1329 du Code civil consacre l'idée contraire en admettant que l'extinction de l'obligation ancienne découle du contrat novatoire, ce qui interroge à tout le moins. L'article 1337 du Code civil suscite également des hésitations, en évoquant une éventuelle décharge émanant du créancier – ce qui tire l'analyse vers l'existence d'un acte unilatéral du créancier – mais en la rattachant à l'acte concrétisant la délégation – ce qui renvoie plutôt à une stipulation contractuelle.

La déconsignation et la libération du séquestre dans les mains du créancier sont des modes d'extinction majeurs, passés sous silence par la loi, à la fois dans le domaine du paiement forcé par le créancier, du droit des sûretés et des procédures civiles d'exécution.

Certains modes d'extinction sont considérés comme tels, alors que l'idée d'extinction est, sinon contestable, du moins sujette à de sérieuses limites. Le meilleur exemple est celui de la confusion (C. civ., art. 1349). D'après une analyse répandue, la confusion neutralise la créance mais ne l'éteint pas. Le législateur considère pourtant qu'il y a extinction, tout en réservant les droits acquis par ou contre des tiers. Le paiement forcé du créancier doit également, dans une certaine mesure, être cité comme exemple.

---

[2] G. Marty, P. Raynaud et Ph. Jestaz, Les obligations, Tome II, Le régime, 2e éd., Sirey, 1989, n° 412.

Dans une moindre mesure, la subrogation peut aussi être évoquée. Elle est traitée par le législateur avec les modes d'extinction, parce qu'elle est réglementée avec le paiement (C. civ., art. 1346). Mais elle est fondamentalement un mode de transmission de la créance du subrogeant au subrogé (C. civ., art. 1346-4), ce que les textes masquent en partie[3].
En sens inverse, la loi traite hors des modes d'extinction de l'obligation des mécanismes qui en sont véritablement. La novation et la délégation sont ainsi rangées dans la catégorie « opération sur obligations » (C. civ., art. 1329), alors que leur effet extinctif n'est pas moins important.

3. - Source technique de l'extinction. – L'extinction de l'obligation ne se produit pas selon les mêmes conditions matérielles et par la même cause génératrice. On peut discerner quatre modèles.
L'extinction peut d'abord résulter d'une convention conclue entre le créancier et le débiteur. C'est le cas à l'évidence de la remise conventionnelle de dette, de la compensation conventionnelle (C. civ., art. 1348-2) ou de la novation par changement d'objet ou de cause ou encore par changement de créancier (C. civ., art. 1329, 1333). La dation en paiement qui produit immédiatement son effet entre également dans cette catégorie.
L'extinction peut ensuite résulter d'un acte unilatéral du débiteur, le cas échéant suivi d'un acte unilatéral du créancier. C'est le cas, selon une analyse, du paiement[4]. Il y a d'autres opinions. La moins convaincante considère le paiement comme un fait juridique.
L'extinction peut aussi tenir à un acte unilatéral du débiteur. L'hypothèse suppose le schéma classique d'un rapport pouvoir/sujétion entre le débiteur et le créancier. Le pouvoir donné au débiteur de provoquer l'extinction par acte unilatéral place le créancier en situation de sujétion. L'extinction résulte alors d'un acte unilatéral du débiteur. Cet acte est *constitutif* en ce sens qu'il produit l'extinction. Il en est la cause génératrice. Cet acte est réceptice. Il ne produit effet que par sa réception par le créancier. Cet acte est consensuel. Son efficacité n'est pas subordonnée à des conditions de forme. Tel serait le cas, selon

[3] V. cep., l'art. 1342, qui précise bien que le paiement « éteint la dette, sauf lorsque la loi ou le contrat prévoit une subrogation dans les droits du créancier »
[4] En ce sens : M. Mignot, La nature juridique du paiement *in* Le paiement, (dir.) M. Mignot et J. Lasserre Capdeville, L'Harmattan, 2014, p. 9.

certaines analyses, de la compensation (C. civ., art. 1347 al. 2e)[5] ou de la prescription[6]. Tel pourrait également être le cas, si on admet la figure, de la dation en paiement faite par stipulation pour autrui[7]. Certains auteurs proposent de ranger la confusion dans cette catégorie (avec comme particularité que l'acte unilatéral émanerait du créancier-débiteur)[8]. Dans l'idéal, la réduction du prix (à la supposer comme une cause d'extinction) devrait résulter d'un acte unilatéral du débiteur (C. civ., art. 1223)[9].

L'extinction peut encore résulter d'un acte unilatéral du créancier. Certaines hypothèses sont récentes en droit positif. Précisément, le créancier a parfois le pouvoir de renoncer à une obligation légale ou contractuelle par un acte unilatéral. Tel est notamment le cas de la garantie légale solidaire du cédant en cas de cession de contrat (C. civ., art. 1216-1) ou de dette (C. civ., art. 1327-2). L'analyse peut également être défendue en cas de novation par changement de débiteur, s'agissant de la créance contre l'ancien débiteur qui serait éteinte aussi par acte unilatéral du créancier (C. civ., art. 1332). Lorsque la délégation est novatoire, on peut se demander si la décharge du délégant résulte d'un acte de volonté du seul délégataire (C. civ., art. 1337 ; v. *supra*).

L'extinction est enfin parfois provoquée par la loi – sous réserve de la possible nécessité pratique de s'en prévaloir en justice. C'était le cas de

---

[5] M. Mignot, La consécration de la compensation par acte unilatéral par l'ordonnance n° 2016-131 du 10 février 2016 (art. 1347 al. 2e du Code civil), RRJ 2021-1, p. 241.

[6] La loi ne consacre pas ce pouvoir du débiteur. Tout au plus indique-t-elle que « Les juges ne peuvent pas suppléer d'office le moyen résultant de la prescription » (art. 2247). La jurisprudence dit seulement que la prescription doit être opposée / soulevée par le débiteur (Cass. soc., 17 févr. 1960, n° 57-12.809 : Bull. civ. IV, n° 189, p. 147). Néanmoins, certains auteurs se prononcent nettement en ce sens (F. Hage-Chahine, Contribution à la théorie générale de la prescription en matière civile, DEA de Droit Privé, 1987-1988, Les Cours de droit, p. 59 et s.), mais la question reste débattue (v. par ex., sur le débat, J. François, Les obligations, T. 4, Régime général, 5e éd., 2020, n° 220 ; J. Flour, J.-L. Aubert, E. Savaux, L. Andreu et V. Forti, *Droit civil, Les obligations, 3. Le rapport d'obligation*, 10ème éd., Sirey, 2022, n° 334). En droit public, l'acte unilatéral du débiteur est plus nettement mis en évidence (Ch. Froger, La prescription extinctive des obligations en droit public interne, dir. F. Melleray, Thèse Bordeaux IV, 2013, n° 915 s.).

[7] Pour une hypothèse d'attribution à titre de dation en paiement : Cass. req., 1er juill. 1941 : DC 1943, p. 57, note A. Besson ; RGAT 1941, p. 593, obs. M. P. - Ph. Pierre *in* H. Groutel, F. Leduc, Ph. Pierre, M. Asselain, Traité du contrat d'assurance terrestre, Litec, 2008, n° 2228.

[8] M. Mignot, JurisClasseur Civil Code, art. 1349 et 1349-1, n° 3, 85, 102.

[9] Du moins dans l'hypothèse où le créancier de la prestation mal exécutée n'a pas encore payé tout ou partie du prix (hypothèse de l'art. 1223, al. 1).

la compensation (C. civ., art. 1290 anc.). C'est également ce qui se produit en d'impossibilité d'exécution (C. civ., art. 1351). Telle est également l'analyse généralement défendue en doctrine concernant la confusion[10].

4. - Intérêts multiples d'une recherche collective sur les modes d'extinction. –Pour chaque mode d'extinction, il est fondamental de préciser d'abord sa source qui peut être légale, judiciaire ou volontaire (par convention ou acte unilatéral du créancier ou du débiteur) (Pierre-Maurice). Il faut ensuite que les conditions de l'extinction soient énumérées avec la rectitude requise. Elles dépendent directement de la source de l'extinction et de la finalité poursuivie dont il ne faut pas négliger l'importance. En présence d'un mode d'extinction résultant de l'exécution, la condition essentielle est la satisfaction du créancier. Elle peut être directe ou indirecte, provenir d'une parfaite exécution de l'obligation ou de l'exécution d'une prestation modifiée (Hamelin). Elle peut aussi être réalisée par le débiteur ou par un tiers dans son intérêt (Danis, Cayrol, Mignot). En présence d'un mode d'extinction ne résultant pas de l'exécution de l'obligation, l'extinction peut tenir à l'intention libérale (Lafaurie), à l'impossibilité d'exécution (Cottet, Bourgninaud), à la non-exécution d'une obligation imposée au créancier (Kilgus, Pellier) ou de son inaction (Froger). Dans certaines situations, le législateur demeure dans l'entre-deux, refusant de consacrer une cause d'extinction de l'obligation, tout en paralysant les droits du créancier (Azevedo). Il faut en outre que les effets de l'extinction soient décrits, à l'égard des parties à l'obligation et à l'égard des tiers. La preuve de l'extinction doit enfin être réglementée d'une façon claire (Hélaine). Ce n'est qu'en satisfaisant à ces diverses exigences que le système juridique atteint la qualité requise et assure la sécurité juridique à laquelle toute personne impliquée dans un rapport d'obligation est en droit d'attendre.

---

[10] V. par ex. M. Julienne, Régime général des obligations, 4e éd., LGDJ, 2022, n° 658-659.

Le juge et l'extinction de l'obligation

Sylvie PIERRE-MAURICE

Résumé. - Juge et extinction de l'obligation : voilà un attelage étonnant, voire doublement inédit. En quoi le juge, figure régalienne, serait-il convié à la mort de l'obligation ? Quel juge, d'ailleurs ? C'est le juge du fond, et plus volontiers celui de première instance, qui officie en principe en contentieux de l'extinction de l'obligation, riche en notions standard à apprécier souverainement. Et c'est l'automaticité de l'effet extinctif de l'obligation qui façonne dans une large mesure la nécessité de l'intervention du juge, comme ce qui est recherché dans cette intervention : à savoir son *imperium*, afin de sécuriser une extinction actée et sa *jurisdictio*, pour véritablement décider en opportunité d'une extinction non avenue et impossible à obtenir sans le juge. C'est donc tant le principe même de l'intervention du juge en extinction de l'obligation que ses modalités, à travers son office, qui sont à périmètre variable. Le juge va ainsi soit constater ou prononcer l'extinction, par le biais d'un jugement déclaratif ou constitutif, doté d'un effet différencié quant à la date de l'extinction. Son office y est classique : pas davantage que dans d'autres contentieux ne doit-il relever d'office l'extinction, ce qui oblige une partie à mettre en œuvre judiciairement l'extinction, le plus souvent en réplique, par le biais d'une demande reconventionnelle, en réaction à une poursuite en paiement mais aussi en demande initiale, par voie d'action curative ou même, plus rarement, déclaratoire. Son office est également modulable. L'appréciation des conditions de l'extinction peut déjà s'avérer plus ou moins libre ou bridée. Et une fois ce contrôle effectué, les pouvoirs du juge oscillent encore entre faculté et obligation de statuer sur l'extinction. Le juge s'impose donc comme un serviteur polymorphe de l'extinction de l'obligation.

1. Une bonne obligation est une obligation morte, c'est-à-dire éteinte. En effet, « l'obligation n'est pas faite pour durer indéfiniment à l'état de promesse de prestation »[11]. L'obligation peut ainsi s'éteindre de sa belle mort, celle qui contente le créancier, comme de sa mauvaise, dans l'hypothèse inverse.

---

[11] Y. Buffelan-Lanore, V. Larribau-Terneyre, Droit civil - Les obligations 2022-2023, Sirey, 18e éd., 2022, spéc. n° 592.

En quoi le juge, figure régalienne, serait-il convié à la mort de l'obligation ? L'est-il réellement d'ailleurs ? Son intervention s'impose-t-elle ? Et si oui, quel rôle le juge tient-il ? Est-il un légiste au chevet du cadavre, constatant le décès, identifiant, validant ou invalidant ses causes ? Peut-il lui-même donner le coup de grâce à l'obligation, à la demande d'une partie, voire d'office, lui qui peut, à l'inverse, prononcer un délai de grâce[12] qui fait obstacle à l'extinction par paiement ?
Telles sont les questions qui apparaissent d'emblée à l'énoncé de ce sujet portant sur le juge et l'extinction de l'obligation.

2. Juge et extinction de l'obligation : reconnaissons que l'attelage est étonnant, voire doublement inédit. En droit des obligations, le juge est en effet plus fréquemment associé à la phase d'exécution et ce, d'une obligation particulière, celle du contrat, et encore, notamment à la modification du contrat[13], champ dans lequel le juge, longtemps exclu, a gagné du pouvoir. Pour ne retenir que ses dispositions phares, la réforme orchestrée par l'Ordonnance n° 2016-131 du 10 février 2016 a ainsi fortement promu l'exécution forcée et a opéré un réel bouleversement en permettant aux parties de solliciter le juge en imprévision, en cas de « changement de circonstances imprévisible lors de la conclusion du contrat [qui] rend l'exécution excessivement onéreuse pour une partie qui n'avait pas accepté d'en assumer le risque », et faute d'accord « dans un délai raisonnable » pour renégocier le contrat ou y mettre fin[14]. En outre, « le juge peut, à la demande d'une partie, réviser le contrat ou y mettre fin, à la date et aux conditions qu'il fixe »[15]. En rester là serait oublier que depuis la même réforme, le juge voit parfois son rôle écarté ou diminué, pour laisser une place accrue aux prérogatives extrajudiciaires des parties. En permettant aux parties de constater d'un commun accord la nullité du contrat en dehors de toute procédure judiciaire, le nouvel article 1178 C. civ. illustre l'idée récente d'une résolution du contentieux contractuel sans l'intervention du juge. C'est également dans cet esprit que l'article 1226 C. civ. consacre la faculté, déjà accordée par la jurisprudence, au créancier de constater, à ses risques et périls, la

[12] Art. 510 C. civ.
[13] V. not. T. Revet, Le juge et la révision du contrat, RDC 2016, n° 113g6, p. 373 et s.
[14] V. art. 1195 C. civ.
[15] V. art. 1223 C. civ.

résolution unilatérale du contrat en cas d'inexécution grave de son cocontractant.
A l'inverse, le rôle du juge dans le contentieux de l'extinction, mal connu, n'a pas ou peu été modifié par la réforme. Depuis 2016, sont ainsi principalement recensés en doctrine trois types de contentieux en obligations : validité, exécution, contenu[16], à l'exclusion du contentieux de l'extinction.

3. Une fois passée la surprise de l'association juge-extinction de l'obligation, il faut chercher d'abord à la confirmer ou l'infirmer et ensuite à l'analyser.
Le premier réflexe est de s'en remettre aux codes. Il n'y a rien, dans le CPC, concernant l'extinction de l'obligation. Lorsque le code parle d'extinction, c'est toujours à propos de l'instance[17]. Le chapitre IV du titre IV du Livre III du Code civil sur l'extinction des obligations n'a pas d'écho procédural dans la partie du CPC propres aux obligations (art. 1382 à 1441-3-1 CPC). Assez mineures (sauf celles concernant les injonctions et la procédure pour petits litiges), les dispositions procédurales, à l'image de la délivrance de copies d'actes et de registres, ne sont pas des répliques processualistes de règles civilistes existantes sur l'extinction de l'obligation.
La notion civile d'obligations en général, et notamment à travers son extinction, ne constitue donc pas une matrice procédurale susceptible de générer des règles procédurales spécifiques, notamment en compétence[18]. Le code consacre toutefois à un mode particulier d'extinction des obligations, la compensation, un régime de faveur procédurale en admettant les demandes reconventionnelles en compensation sans besoin d'un lien suffisant avec la demande initiale, condition en principe exigée pour ces dernières (art. 70 CPC) et admet les demandes nouvelles en appel en ce sens (art. 564 CPC), malgré le principe contraire.
A l'inverse, le juge n'est pas un inconnu du chapitre du Code civil sur l'extinction des obligations. Sur les 48 articles (articles 1342 à 1351-1), 6 mentionnent les termes « juge » ou « tribunal » ou « justice ». En réalité, les occurrences sont bien plus nombreuses si on rajoute les différents textes portant déchéance de droit, textes victimes d'une

---

[16] V. L. Aynès, Le juge et le contrat : nouveaux rôles ?, RDC 2016, n° 112z2, p. 14 et s., Hors-série.
[17] V. art. 795, 1419 1424-11 CPC.
[18] V. *infra*, n° 8.

certaine diaspora puisque prospérant hors cette partie *ad hoc* du Code civil, éclatés dans tout le Code civil, voire dans le code de la consommation[19]. Pour autant, le juge n'apparait pas dans les classifications principales des modes d'extinction[20] mais parfois, subsidiairement dans certains modes, qui distinguent l'effet extinctif en fonction de sa source légale, judiciaire ou conventionnelle (ainsi pour les déchéances et la compensation)[21].
Malgré ce relatif silence et ce quasi hermétisme des textes, les deux codes ont été exploités de façon croisée par la doctrine, le CPC pour éclairer le droit civil, le code civil, pour éclairer la procédure. Rappelons ainsi, qu'avant la réforme de 2016, les seules traces de la compensation judiciaire figuraient dans le CPC, aux articles 70 et 564, avant sa consécration à l'article 1348 C. civ. En dehors de cette hypothèse, la doctrine s'est servi des codes pour leur faire dire ce qu'ils ne disaient pas. Offrant au juge la possibilité d'une disjonction d'instance, l'article 70 CPC a ainsi pu être analysé comme portant indication de la nature de la compensation et consécration de la théorie de la thèse volontariste[22]. A l'inverse, l'ancien article 1290 CPC et son remplaçant, l'actuel article 1347, apporteraient des indications sur l'office du juge en compensation, qui ne pourrait relever d'office cette dernière[23].

4. En réalité, ces analyses nous semblent approximatives, d'autant que, **pris isolément, juge et extinction de l'obligation ont en commun d'être des concepts exprimés au singulier, véhiculant pourtant des réalités très disparates.**
Tout d'abord, les causes d'extinction de l'obligation ne font pas l'unanimité, ni chez le législateur ni en doctrine, attestant certainement que le concept d'extinction de l'obligation, ou à tout le moins son étendue, est mal fixé. Retenons que, malgré une louable volonté de clarification, le principe de lister ces différents modes extinctifs de

---

[19] V. *infra*, n° 26 et 27.
[20] V. *infra*, n° 4.
[21] A l'exclusion de certains modes purement conventionnels tels la remise de dette ; à l'exclusion de certains modes uniquement légaux ou conventionnels, tels la subrogation et à l'exclusion de certains modes purement légaux comme la confusion.
[22] A. Hontebeyrie, La compensation, in L. Andreu, V. Forti (dir.), *Le nouveau régime général des obligations*, Dalloz 2016, pp. 151 ; L'autonomie de la compensation judiciaire, note sous Cass. 1re civ., 11 mai 2022, n° 21-16.600, FS–B, RDC 2022, n° 200v3, spéc. p. 20.
[23] V. *infra*, n° 43.

l'obligation dans un article-chapeau n'a pas été reconduit par la réforme de 2016. Le contenu de l'ancien article 1234, critiquable selon certains auteurs[24], n'y est certainement pas étranger. Une liste peut toutefois être déduite de la juxtaposition des titres des cinq sections constituant le chapitre IV du titre IV du Livre III du Code civil : le paiement, la compensation, la confusion, la remise de dette et l'impossibilité d'exécution. Cette nouvelle « liste » qui ne dit pas son nom n'est, pas davantage que la précédente, exempte de critiques. Lui est notamment parfois retranchée le paiement[25], considéré en doctrine davantage au titre de l'exécution que de l'extinction[26]. En revanche, aux éléments nommés sont ajoutés la novation et la délégation, qualifiées par le code « d'opérations sur obligations » et la prescription extinctive, traitée, à proximité de son homologue acquisitive, au Livre III au titre des « différentes manières dont on acquiert la propriété ».

En dépit « (…) du silence, de l'obscurité ou de l'insuffisance de la loi »[27], Il nous faut bien trancher les cas d'extinction servant de base à notre étude sur le juge : nous considérerons que sont principalement à prendre en compte parce qu'elles illustrent sans conteste la notion d'extinction de l'obligation la compensation, la confusion[28], la remise de dette, l'impossibilité d'exécution, les déchéances, la novation, la délégation et la prescription extinctive[29].

Au-delà de cette notion d'extinction, au contenu à périmètre variable, un consensus semble toutefois émerger en doctrine sur la classification principale à retenir au sein des modes extinctifs, entre ceux qui

---

[24] F. Chénedé, Y. Lequette, P. Simler, F. Terré, Droit civil - Les obligations Précis Dalloz, droit privé, 13e éd., 2022, spéc. n° 1675.

[25] V. *contra* Y. Buffelan-Lanore, V. Larribau-Terneyre, *op. cit.*, n° 595, qui commencent l'étude de l'extinction de l'obligation par le paiement.

[26] F. Chénedé, Y. Lequette, P. Simler, F. Terré, *op.* et *loc. cit.*

[27] V. art. 4 C. civ. (déni de justice).

[28] V. en ce sens M. Cottet, cet ouvrage ; J. Flour, J.-L Aubert, E. Savaux, L. Andreu, V. Forti, Droit civil : les obligations, Tome 3 : le rapport d'obligation, Sirey, 10e éd., n° 302, p. 312). Précisons que certains auteurs (F. Chénedé, Y. Lequette, P. Simler, F. Terré, *op. cit.*) parlent plutôt à son propos de « paralysie » (n° 1707) et de « survie latente » (n° 1709).

[29] Même si pour une partie de la doctrine, l'effet extinctif ne concerne que l'action et non le droit. Sur l'âpre débat entre tenants de la conception processualiste, pour qui la prescription n'éteint que l'action et non le droit, et tenants de la thèse inverse, dite substantialiste, qui retiennent l'extinction du droit et de l'action, et sur la réforme de 2016, notamment au regard du maintien d'une obligation naturelle de paiement irrépétible, v. Y. Buffelan-Lanore, V. Larribau-Terneyre, *op. cit.*, n° 720.

procurent satisfaction au créancier[30] (comme la compensation) et les autres (comme les déchéances), comme précisé à l'entame de l'article. Cette *summa divisio* peut s'accompagner d'une sous-division qui tient compte des différences entre extinction totale ou partielle, extinction automatique ou volontaire, et, comme il a été vu[31], selon la source de l'extinction : légale, judiciaire ou conventionnelle. Ce n'est donc que très subsidiairement que le juge influe sur la classification des causes d'extinction.

5. D'ailleurs, qu'entend-on par juge ?

Emploierait-on ce terme de façon métonymique, pour désigner en réalité la jurisprudence d'application de l'extinction ou plus généralement l'activité judiciaire autour de l'extinction de l'obligation ? Le sujet nous parait alors devoir être envisagé trop largement, se faisant l'hôte de développements portant notamment sur le rôle créateur du juge, amené à développer des règles relatives aux modalités d'extinction de certains modes[32], et sur sa consécration par la réforme de 2016. On pense notamment au régime de la délégation d'abord façonné par la Cour de cassation[33], pour ensuite figurer aux articles 1346 et 1346-1 du Code civil refondu comme au principe même de la compensation des dettes connexes[34], reconnu très tôt en jurisprudence, d'abord entériné en droit des procédures collectives puis à l'article 1348-1 du même code.

Il est plus raisonnable d'envisager le « juge » comme une personnalisation du contentieux judiciaire de l'extinction, comme le tribunal qui statuera sur le cas d'extinction. La formule est au singulier pour marquer davantage les esprits ; il est bien évident que l'on ne peut y voir une allusion technique au recours au juge unique.

6. Dès lors, tout juge est-il concerné par le contentieux de l'extinction de l'obligation ? Il est difficile de répondre à cette question alors même

[30] F. Chénedé, Y. Lequette, P. Simler, F. Terré, *op. cit.*, n° 1676 ; Y. Buffelan-Lanore, V. Larribau-Terneyre, *op. cit.*, n° 593, p. 197 ; Flour, J.-L Aubert, E. Savaux, L. Andreu, V. Forti, Droit civil : les obligations, Tome 3 : le rapport d'obligation, *op. cit.*, spéc. n° 217, p. 239.

[31] V. *infra*, n° 3.

[32] Sur un contentieux périphérique au paiement, où le juge peut substituer un indice d'indexation à un autre, v. Y. Buffelan-Lanore, V. Larribau-Terneyre, *op. cit.*, n° 641.

[33] Cass. com., 29 janv. 1991, n° 89-10.085.

[34] V. not. Civ., 3 juill. 1942, JCP 1943, II, 2157, note R. Houin ; Com. 11 mai 1960, Bull. civ. III, n° 173, D. 1960, 573.

que le rôle du juge et sa compétence n'ont pas encore été abordés. Sans entrer dans les détails des développements qui vont suivre, le juge peut certainement prononcer l'extinction, la constater ou encore intervenir sur recours et contestation d'une extinction intervenue. Le juge principalement concerné est donc le juge du fond, celui à qui une partie demande de trancher un litige, et qui, dans l'exercice de son contrôle juridictionnel, est appelé à connaitre tant des faits que du droit. La plupart des appréciations concernant les conditions de mise en œuvre de l'extinction sont en effet souverainement effectuées par les juges du fond. Ainsi de la notion de fongibilité des dettes en compensation légale[35], du contrôle général en compensation judiciaire[36] ou de l'indignité dans la déchéance d'aliments[37], la Cour de cassation réservant toutefois parfois son contrôle[38].

7. Qu'en est-il alors du juge des référés, qui « n'est pas saisi du principal », qui « doit ignorer le fond du droit »[39]? On sait que ses pouvoirs restreints par son office provisoire ne l'empêchent pas d'intervenir, au titre de l'urgence[40] comme au titre de la sauvegarde et de la remise en état[41] pour octroyer un délai de grâce[42], constater une clause résolutoire[43], pour suspendre les effets de la dénonciation

[35] Com. 16 déc. 2014, n° 13-17.046, Bull. civ. IV, n° 185.

[36] Cass. 1re civ., 11 mai 2022, n° 21-16.600, B, JCP G 2022, doctr. 864, obs. G. Loiseau, D. 2022, Jur., p. 1300, note P. Bouathong, Contrats, conc. consom. 2022, comm. 111, obs. L. Leveneur, JCP E 2022, 1261, note J.-D. Pellier, LEDC juin 2022, n° DCO200w4, spéc. p. 4, obs. L. Molina, GPL 14 juin 2022, n° GPL436z6, spéc. p. 21, note M. Mignot, Dalloz actualité, 17 mai 2022, obs. C. Hélaine, RTD 2023, n° 200v3, obs. A. Hontebeyrie.

[37] V. Cass. 1re civ., 3 avr. 1990, n° 88-18.927, Bull. civ. I, n° 77, JCP G 1990, IV, 211. La Cour de cassation conserve toutefois un contrôle de motivation en veillant à ce que les juges du fond relèvent les manquements graves du créancier à ses obligations envers le débiteur, justifiant la décharge. V. Cass. 1re, 18 janv. 2007, n° 06-10.833, Bull. civ. I, n° *25 ;* Dr. fam. n° 3, mars 2007, comm. 58, obs. P. Murat ; RTD Civ. 2007, p. 328, J. Hauser.

[38] Ainsi de la notion de dettes connexes pour la compensation éponyme : v. par ex. Civ. 3e, 13 févr. 2003, Bull. civ. III, n° 37 ; RJDA 5/2002, n° 518 ; Civ. 3e, 19 oct. 2017, n° 16-14.768.

[39] V. N. Cayrol, Référé civil, Rép. Proc. civ. Dalloz, nov. 2022, spec., n° 25.

[40] Art. 834 CPC.

[41] Art. 835 CPC.

[42] Art. 510 al. 2 C. civ.

[43] Com. 28 oct. 2008, n° 07-17.662 ; Com. 30 janv. 2007, n° 05-19.045 ; Com. 7 déc. 2004, n° 02-14.691.

unilatérale d'un contrat[44] et plus généralement pour prononcer le « maintien forcé du contrat »[45]. Est par ailleurs posée la question des pouvoirs du juge des référés au titre de l'article 1195 C civ. pour « renégocier le contrat ou y mettre fin », la dernière alternative concernant effectivement l'extinction de l'obligation. Le juge des référés a-t-il le pouvoir d'éteindre une obligation ou de faire revivre une obligation éteinte ? Tout d'abord, lorsque l'extinction est acquise, il est certain que le juge des référés est totalement sans pouvoir[46]. Pour le reste, prononcer ou constater une extinction suppose d'examiner le fond en profondeur et pas simplement en apparence, ce qui est exclusif des pouvoirs du juge des référés. Ainsi, la fongibilité des créances (en compensation légale comme judiciaire), leur liquidité ou exigibilité (en compensation légale), comme la force majeure en impossibilité d'exécuter, l'intérêt légitime en subrogation, l'analyse du *dies a quo* et du *dies ad quem* en prescription extinctive, la validité de l'obligation nouvelle crée en novation ou encore celle du manquement grave aux obligations du créancier (en déchéance art. 207 C. civ.) apparaissent comme autant de contestations sérieuses (art. 834 CPC, référé urgence), que le juge des référés ne pourra en quelques mots rejeter sous peine de dépasser ses pouvoirs. On peine en outre à trouver des causes d'extinction qui pourraient constituer des « mesures conservatoires » ou des « mesures de remise en état ». On verrait mal une déchéance prononcée à titre provisoire. D'ailleurs, pour que de telles mesures conservatoires s'imposent, il faudrait au préalable être en présence d'un dommage imminent ou d'un trouble manifestement illicite. En quoi l'extinction de l'obligation en serait-elle un ? Plus généralement, le

---

[44] Civ. 1re, 7 nov. 2000, Bull. civ. I, n° 286, Rapport de la Cour de cassation 2000, p. 420, D. 2001. 256, note Jamin et Billiau et *ibid.*, D. 2001. Somm. 1137, obs. Mazeaud, JCP 2001. II. 10506, note X. Vuitton, *ibid*, I. 303, no 9, obs. Kullmann, Defrénois 2001. 437, obs. Savaux, Procédures 2001, no 36, obs. Croze, CCC 2001, n° 19, note Leveneur, RDI 2001, p. 133, obs. Durry, RTD civ. 2001. 135, obs. Mestre et Fages, et RTD civ. 2002. 137, obs. Normand ; Aix-en-Provence, 22 janv. 2004, RTD civ. 2004. 731, obs. Mestre et Fages ; *Adde,* J. Kullmann, La sanction d'une résiliation illicite, RGDA 2000. 1033. – A. Marais, Le maintien forcé du contrat par le juge, LPA 2 oct. 2002, n° 197, p. 7 ; N. Cayrol, La suspension de la dénonciation régulière d'un contrat par le juge des référés, note sous Paris, 5 juill. 2017, RG n° 17/08926, RDC 2017, n° 4, p. 645. V. également, en cas de rupture brutale des relations contractuelles, Civ. 1ère, 24 nov. 2021, n° 20-15.789.

[45] N. Cayrol, préc., n° 624.

[46] Comp. en ce sens, N. Cayrol, préc., n° 624, pour une résiliation acquise, citant Com. 28 nov. 2006, n° 04-20.734, Bull. civ. IV, n° 234, JCP 2007. IV. 1009, RTD civ. 2007. 345, obs. J. Mestre et B. Fages.

juge, dans le contentieux de l'extinction, est appelé à fixer le droit des plaideurs et non simplement à ordonner des « mesures » concrètes (qu'il) croit opportunes[47] ».

8. Une autre question concernant le juge est relative à sa compétence. Quel juge saisir dans le contentieux de l'extinction ? L'extinction de l'obligation n'étant pas une matrice procédurale à même de produire des règles spécifiques de compétence, tant d'attribution que territoriale, il y a lieu d'appliquer ici les règles du CPC. Ainsi, en compétence territoriale, si l'obligation éteinte ou à éteindre est contractuelle, il est possible d'appliquer l'article 46 al 2 CPC, si les conditions en sont remplies.
Pour en rester à la compétence matérielle, la question de la compétence du juge de l'exécution afin de prononcer une compensation judiciaire s'est posée en jurisprudence[48]. Dans cette affaire, le créancier avait procédé à une saisie-attribution sur les sommes détenues par un tiers pour le compte de la caution. Reprochant au créancier de ne pas avoir accompli les diligences nécessaires pour récupérer le matériel objet du contrat, la caution a soutenu que cette faute était à l'origine d'une créance de réparation devant se compenser avec l'indemnité de résiliation. Elle a donc assigné le créancier devant un juge de l'exécution en mainlevée de la saisie. Le juge de l'exécution, qui, aux termes de l'article L213-6 COJ, « connaît, de manière exclusive, des difficultés relatives aux titres exécutoires et des contestations qui s'élèvent à l'occasion de l'exécution forcée, même si elles portent sur le fond du droit à moins qu'elles n'échappent à la compétence des juridictions de l'ordre judiciaire » s'est vu refuser la compétence de prononcer la compensation judiciaire. La Cour décide en effet que « le juge de l'exécution, saisi d'une demande de mainlevée d'une mesure d'exécution, n'est pas compétent pour se prononcer sur une action en responsabilité qui n'est pas fondée sur l'exécution ou l'inexécution dommageable de cette mesure, cette action serait-elle présentée au soutien d'une exception de compensation ; que par ce motif de pur droit, suggéré par la défense, substitué à ceux critiqués, la décision se trouve justifiée ».
En revanche, le même juge de l'exécution a été reconnu compétent pour sanctionner par une déchéance « de la garantie des intérêts et pénalités

[47] N. Cayrol, préc., n° 18.
[48] Com. 22 mars 2017, n° 15-15.742, Bull. civ. IV, n° 45.

échus entre la date de cet incident et celle à laquelle elle en a été informée » le manquement à l'obligation d'information prescrite par l'article 2303 du Code civil. Le juge de l'exécution était saisi dans le cadre des mesures d'exécution prises contre la caution[49].

9. Notons que jusqu'ici, seul le juge de première instance a été évoqué. Pourtant, l'extinction de l'obligation peut tout à fait être constatée ou prononcée par les conseillers d'appel, pour la première fois[50] ou sur recours. A l'inverse, l'extinction peut être remise en cause *a posteriori* par les voies de recours exercée contre elle, ce qui interroge sur le caractère définitif de l'effet extinctif.

10. Enfin, **on ne peut parler du juge sans évoquer les parties**. L'office du premier est intimement lié aux prérogatives des secondes, ce qui nous amène à la question suivante : **quelle intervention, quel rôle confié ou laissé au juge dans le contentieux de l'extinction de l'obligation ?**

Parce que le juge intervient en extinction des obligations, son office est-il coloré différemment, distinct par exemple de l'office du juge saisi d'un contentieux en modification ou révision de l'obligation ? « Le Code civil de 1804, porté par une forte méfiance à l'égard des juges, après avoir hissé le contrat à l'égal de la loi supplétive dans l'article 6, a fait du juge le serviteur du contrat »[51]. De la même façon, le juge serait-il le serviteur de l'extinction de l'obligation ?

L'office du juge en extinction de l'obligation se démarque-t-il encore de l'office classique du juge, limité par l'interdiction de l'auto-saisine[52] et les rares cas où il peut, voire doit, relever d'office un point ? S'agit-il d'un office rationalisé, marqué par l'abdication d'un certain nombre de prérogatives qui étaient allouées au juge[53]? On rappelle que depuis

---

[49] Cass. 2e civ., 19 mars 2009, n° 08-12.943, RD bancaire et fin. 2009, comm. 88, obs. D. Legeais ; JCP G 2009, chron. 492, n° 3, obs. P. Simler.

[50] V. not. art. 564 CPC pour la compensation.

[51] V. L. Aynes, préc., p. 14.

[52] V. Décision n° 2012-286 QPC du 7 décembre 2012, Société Pyrénées services et autres, JCP G 2013, note 50, N. Gerbay, D. 2012, p. 2886, obs. A Lienhard, Procédures 2013, étude 3, obs. B. Rolland ; V. M.-A. Frison-Roche, Principe d'impartialité et droit d'auto-saisine de celui qui juge, D. 2013, p. 28.

[53] Sur l'office du juge, v. S. Pierre-Maurice, Un autre modèle : traits saillants de l'office du juge civil contemporain, in J.-F. Lafaix (dir.), *Le renouvellement de l'office du juge administratif*, Berger-levrault, 2017, pp. 267-289.

l'arrêt Dauvin du 21 décembre 2007[54], le juge s'est affranchi de l'obligation de relever d'office les moyens de pur droit qui pesait sur lui jusqu'alors. C'est le juge lui-même en posant une nouvelle donne prétorienne qui a abdiqué une partie de ses pouvoirs d'initiative sur le droit. Il n'est plus cet «Hercule»[55] sur qui pesait des travaux colossaux. L'office du juge est distinct pour l'opération de qualification ou requalification (qui est obligatoire pour le juge) et pour l'opération de changement de dénomination ou le fondement juridique des demandes (qui est facultative) et ce, quelle que soit la nature du moyen à relever. Même si le moyen est de pur droit, le juge n'a plus désormais l'obligation de le relever. Il n'en a que la faculté. L'arrêt de chambre mixte du 7 juillet 2017[56] précise en ces termes l'office du juge : « si le juge n'a pas, sauf règles particulières, l'obligation de changer le fondement juridique des demandes, il est tenu, lorsque les faits dont il est saisi le justifient, de faire application des règles d'ordre public issues du droit de l'Union européenne, telle la responsabilité du fait des produits défectueux, même si le demandeur ne les a pas invoquées ».

Par ailleurs, l'office du juge en extinction de l'obligation est-il unitaire, transcendant tous les modes extinctifs ? Convient-il au contraire de faire un lien entre, d'une part, le rôle différencié du juge et, d'autre part, soit l'extinction normale et l'extinction accidentelle ; soit l'extinction qui satisfait le créancier et celle qui ne le satisfait ; soit l'extinction totale ou partielle ?

Lorsque le juge intervient pour prononcer ou constater une extinction de l'obligation, quelle est la marge d'appréciation qui lui est laissée ? Faculté, obligation, interdiction ? Quelle est la mesure de l'office du juge ?

11. Il nous semble que le nœud du problème réside en partie dans l'automaticité de l'effet extinctif de l'obligation[57]. Cette dernière façonne dans une large mesure la nécessité de l'intervention du juge comme ce qui est recherché dans cette intervention, à savoir son

[54] Cass. ass. plén., 21 déc. 2007, n° 06-11.343, Bull. civ. ass. plén. n° 10, BICC 15 avr. 2008, p. 18, rapport Loriferne, avis de Gouttes, D. 2008, AJ 228, obs. L. Dargent, JCP 2008 II 10006, note L. Weiller, *ibid* I, 138, obs. S. Amrani-Mekki.

[55] F. Ost, Jupiter, Hercule, Hermès, trois modèles de juge, in La force du droit, éd. Esprit, 1991.

[56] Cass. Ch. mixte, 7 juill. 2017, n° 15-25.651.

[57] Sur cet effet en compensation légale, v. L. Andreu, L'extinction de l'obligation, Dr. et patr. mai 2016, p. 86.

imperium, afin de sécuriser une extinction actée et sa *jurisdictio*, pour décider d'une extinction. Voici ainsi tracée une sorte de *summa divisio* de l'intervention du juge, entre les cas où il ne fait que constater l'extinction et les autres, où il la prononce.
C'est donc tant le principe même de l'intervention du juge en extinction de l'obligation (I) que ses modalités, à travers son office (II) qui sont à périmètre variable.

I. Le principe d'une intervention modulable du juge

12. Le juge judiciaire a-t-il vocation à intervenir pour éteindre une obligation, ou, plus globalement dans « le contentieux de l'extinction » ? A cette question d'apparence simple, une réponse unique ne peut être apportée et c'est en ce sens que nous soutenons que l'intervention du juge en la matière est inégale ou modulable. Tout d'abord, la nécessité de l'intervention judiciaire est une condition inégalement répartie parmi les différents modes d'extinction de l'obligation : certains modes nécessitent l'intervention du juge tandis que d'autres s'en dispensent (A). Ensuite, lorsque s'impose l'intervention du juge, souvent d'ailleurs celle du juge du fond, c'est à des fins différentes (B), soit pour constater, soit pour prononcer l'extinction.

A. NECESSITÉ OU DISPENSE D'INTERVENTION

13. En extinction de l'obligation, comment savoir si l'intervention du juge est requise ou si la ou les parties peuvent s'en dispenser ? Une première clé de lecture est fournie par la rédaction des textes du Code civil sur les modes d'extinction des obligations.
Certains articles du code civil contenus au chapitre IV du livre IV du Livre III, relatif à l'extinction des obligations, mentionnent tout d'abord les termes « juge »[58], « justice »[59] ou « tribunal »[60], posant ainsi clairement l'intervention du juge. Ainsi en est-il de la compensation judiciaire (art. 1348 C. civ.) et de certaines déchéances judiciaires ou légales. D'autres textes, s'ils ne contiennent pas ces termes,

---

[58] Art. 207 (déchéance de l'obligation alimentaire) ; art. 341-48-1 C. consom. (Déchéance en cas de défaut ou d'erreur dans le TEG).
[59] Art 1348 (compensation judiciaire).
[60] Art. 1387-1 (charge exclusive des dettes après divorce).

mentionnent néanmoins le terme « demande » ou « action »[61]. La conclusion est alors la même mais le législateur l'impose par le prisme de la partie au procès et non plus de celui du juge. L'article 956 C. civ. dispose d'une rédaction originale : il y est dit que la révocation d'une donation « n'aura jamais lieu de plein droit », semblant tout autant exiger l'intervention judiciaire.

Si à chaque fois que ces indicateurs formels du procès apparaissent, il semble logique d'en déduire la nécessité de l'intervention judiciaire[62], il est dangereux de considérer qu'une telle absence vaut dispense du juge. On pourrait alors exploiter les formules qui entourent la rédaction de l'effet extinctif et considérer que celles qui énoncent l'extinction en utilisant le présent de l'indicatif sous forme active[63] ou passive[64] impliquent une automaticité de la libération tandis que celles qui, employant le verbe « pouvoir » au présent comme au futur, présentent l'extinction comme seulement possible et, par-là, réalisable uniquement par le juge[65].

14. Les indices rédactionnels et légistiques ne sont toutefois pas déterminants, pouvant parfois se révéler flous ou insuffisants. L'utilisation du terme polysémique « invoquer » en compensation légale a pu notamment brouiller les pistes[66]. On ne peut dès lors dresser panorama de ces différentes hypothèses sans essayer de comprendre les raisons de la nécessité ou la dispense du juge. Bien évidemment surgit l'adéquation entre modes judiciaires d'extinction de l'obligation et nécessité de l'intervention judiciaire et son reflet inversé, celle opérant entre modes légaux ou volontaires et dispense d'une telle intervention. Cette modélisation se révèle toutefois insuffisamment discriminante car, si l'intervention judiciaire s'impose, c'est toutefois pour des objets fort différents. Il peut évidemment s'agir du principe de l'extinction, et l'adéquation se vérifie alors pleinement, mais il peut aussi être question en justice des modalités et du quantum de l'extinction, même légale,

---

[61] Art. 786 C. civ. (décharge de la dette successorale de l'héritier ayant accepté purement et simplement la succession).

[62] V. toutefois, *infra*, n°22.

[63] « elle (la compensation légale) s'opère », « elle (la novation) résulte (art. 1349), elle (l'impossibilité d'exécuter) libère le débiteur ».

[64] « est déchu » (art. 2229), « est déchargé » (art. 207 ; 2314 C. civ.)

[65] « peut être déchargé, « peut demander à être déchargé », peut être prononcée(1348), le « juge pourra décharger »

[66] V. *infra*, n° 18.

qui méritent une appréciation judiciaire, comme *in fine* de la contestation de l'extinction en général.

1) Dispense du juge

15. Après une vue d'ensemble de la dispense du juge dans les différents modes d'extinction de l'obligation (a), le focus sera porté sur le cas particulier de la compensation légale, l'utilisation du terme « invoquer » n'étant d'aucun secours à l'analyse (b).

a) Vue d'ensemble

16. Certains modes non-judiciaires d'extinction des obligations opèrent de plein droit, à l'insu des parties selon l'ancienne formule de la compensation légale[67], donc sans manifestation de volonté de leur part. Il va sans dire qu'*a fortiori*, dans ces cas, l'extinction a lieu sans besoin de l'intervention du juge. On y reconnait l'automaticité de l'effet extinctif des modes légaux, présent notamment dans la confusion, autant que, pour certains modes intervenant en matière contractuelle, le rejet de principe de l'immixtion du juge dans le champ contractuel. Le terme extinctif du contrat (1212 C. civ.) en est le parfait exemple.

17. Notons également que l'absence de nécessité du juge dans ces modes non judiciaires s'accompagne d'une absence de nécessité d'appréciation judiciaire de l'étendue de l'effet extinctif, qui, comme le principe de l'extinction, opère de plein droit. Soit l'extinction est totale, ce qui, intrinsèquement, n'appelle pas d'appréciation judiciaire, soit elle est partielle mais avec une étendue prédéterminée et non contestable *prima facie*, dispensant ainsi toute intervention *a priori* du juge, sans pour autant exclure une intervention postérieure en cas de contestation[68]. La remise de dette partielle prévue par les parties produit effet sans juge. De même, certaines déchéances visées aux articles 2302, 2303 du Code civil sanctionnent des fautes exprimées objectivement[69], sans recours à des notions standard, présentant de surcroit un *quantum* prédéfini de la décharge[70].

---

[67] V. *infra*, n° 18.

[68] V. *infra*, c., n° 31.

[69] Il s'agira ici de « faire connaître à toute caution personne physique le montant du principal de la dette, des intérêts et autres accessoires restant dus au 31 décembre de l'année précédente au titre de l'obligation garantie » (article 2302), là « d'informer toute caution personne physique de la défaillance du débiteur principal dès le premier incident de paiement non régularisé dans le mois de l'exigibilité de ce paiement » (art. 2303).

[70] Il s'agit de la déchéance de la garantie des intérêts et pénalités « échus depuis la date de la précédente information et jusqu'à celle de la communication de la nouvelle

b) Focus sur l'« invocation » en compensation légale : règle de fond et non de procédure

18. L'une des explications avancées de dispense du juge est liée à l'automaticité de l'effet extinctif[71]. Or, depuis la réforme du droit des obligations tirée de l'Ordonnance n° 2016-131 du 10 février 2016, il a été substitué à l'article 1290 C. civ., qui retenait que la compensation légale « s'opère de plein droit par la seule force de la loi, même à l'insu des débiteurs » l'article 1347, disposant que le même mécanisme s'opère désormais « sous réserve d'être invoqué (..) ».

Faut-il voir dans ce changement de vocabulaire, un changement de paradigme substantiel et procédural de la compensation légale, notamment la victoire de la thèse volontariste[72], s'accompagnant de contraintes procédurales particulières et inédites ? Autrement dit, la compensation « invoquée » l'est-elle nécessairement en justice ? Rapportée à notre sujet, la question est la suivante : l'intervention du juge est-elle nécessaire en compensation légale ? La compensation légale, pour opérer, doit-elle être constatée judiciairement ?

Une réponse négative s'impose, tant au regard du caractère inopérant des arguments sémantique et jurisprudentiel qu'au regard de l'analyse substantielle de la compensation légale.

i. Caractère inopérant de l'argument sémantique

19. On prêterait ainsi au terme « invoquer » et ses dérivés conjugués ou substantifs un sens procédural synonyme d'action en justice. Or, après une analyse sémantique du terme « invoquer » tant dans le code civil[73] que le CPC[74], il apparait que le terme est polysémique, voire polymorphe et qu'il est donc impossible, sur cette seule base, d'en déduire une quelconque intervention judiciaire en compensation légale.

20. Dans le CPC, on ne s'en étonnera pas, le terme « invoquer » sous toutes ses déclinaisons prend toujours un sens judiciaire. Il s'agit d'invoquer en justice. Mais quoi ? L'invocation peut porter sur

---

information » (art. 2302) ou échus entre la date de cet incident et celle à laquelle elle (la caution) en a été informée.

[71] Défendant cet effet en compensation légale : L. Andreu, De l'effet automatique de la compensation, *Mélanges Didier R. Martin*, LGDJ, 2015, p. 1.

[72] En la défaveur de cette analyse, v. L. Andreu, L'extinction de l'obligation (Dossier « Le nouveau droit des obligations »), *Dr. et patr.* 2016, n° 258, p. 86. Sur les implications des différentes théories, v. not. Hontebeyrie, préc., p. 151 s., spéc. p. 158, n° 11, 12, 18.

[73] On décompte 21 occurrences du terme.

[74] On décompte 49 occurrences du terme.

différents objets. Les objets d'invocation les plus fréquemment mentionnés dans les textes sont les moyens[75] (en appel, en cassation, les moyens nouveaux, les moyens de nullité) ; les pièces[76] ; les faits[77] ; la nullité ou son exception[78] ; les irrégularités ou irrecevabilités[79], des griefs[80]. Peuvent être également invoqués en justice une décision (en litispendance)[81], une cause de révision[82], une constatation de médiation ou de conciliation[83], une contrariété de justice[84], un déni de justice[85], des motifs, un motif légitime, un empêchement légitime ou tout simplement une règle de droit[86]. L'invocation peut dès lors revêtir le sens de présenter à l'adversaire ou au débat, de citer à l'appui, de faire état de, de soulever en cours d'instance, de demander… Une idée commune lie toutefois tous ces sens : quel que soit l'objet invoqué, il l'est au cours d'une procédure déjà initiée, en cours (instance arbitrale, instance d'appel, première instance…), en réaction à un acte préexistant ou au soutien de ce dernier.

21. Dans le Code civil, le terme « invoquer » est ambivalent. Dans certains textes en effet, il implique une action en justice : c'est le cas des faits, des fautes en divorce[87], du bénéfice de division par la caution[88], de la nullité[89] ou encore d'une voie de droit[90]. D'autres dispositions semblent évoquer un contexte purement contractuel dont peut se prévaloir un contractant par acte unilatéral. C'est le cas de l'invocation des conditions générales[91] , de la tacite reconduction[92],

[75] V. art. 954, 632, 768, 563, 989, 619, 989, 914, 306, 113, 1004, 446-2, 978 CPC.
[76] V. art. 509-4, 989, 979-1, 494, 1564-4, 861-2, 757, 832 CPC.
[77] V. art. 7 CPC.
[78] V. art. 112, 114, 119, 446, 458 CPC.
[79] V. art. 115, 1466 CPC.
[80] Art. 205 CPC.
[81] Art. 110 CPC.
[82] Art. 596 CPC.
[83] V. art. 131-14 et 129-4 CPC.
[84] Art. 617 et 618 CPC.
[85] Art. 366-9 CPC.
[86] Art. 74 CPC.
[87] V. les art. 259, 244, 245, 2472 C. civ., qui d'ailleurs, renvoie à la demande reconventionnelle.
[88] V. art. 2306-1, 2305-1 C. civ..
[89] V. art. 1156, 1157, 1304-2 C. civ..
[90] Art. 1141 C. civ.
[91] Art. 1119 C. civ.
[92] Art. 1739 C. civ.

et de l'extinction d'un droit de passage[93]. D'autres textes, dont l'article 1347 sur la compensation, sont plus flous[94].

22. Le terme lui-même ne peut donc répondre à la question de savoir s'il est nécessaire de recourir au juge.

Le même raisonnement peut être mené, pour la compensation des dettes connexes, à partir de l'article 1348-1 al. 1 C. civ. Ce dernier mentionne le juge, afin de lui interdire de « refuser la compensation de dettes connexes au seul motif que l'une des obligations ne serait pas liquide ou exigible ». On ne peut déduire de ce texte qu'une intervention judiciaire soit absolument nécessaire pour constater une telle connexité, celle-ci pourrait être constatée par les parties elles-mêmes[95]. Il faut donc lire le texte comme suit : au cas où le juge était saisi, il ne pourrait refuser la compensation sur ces seuls motifs.

C'est encore le même raisonnement qu'il faut appliquer à la lecture de l'article 2247 C. civ., relatif à la prescription. Notons d'ailleurs au passage l'intitulé de la section 1 à laquelle il appartient : « De l'invocation[96] de la prescription ». (Articles 2247 à 2249). La mention du terme « juges » dans l'article, là encore à des fins d'interdiction, n'établit en rien que sa saisine était nécessaire par principe pour produire l'effet extinctif. Certains auteurs en déduisent que le débiteur doit s'en prévaloir[97], mais c'est par acte unilatéral et non nécessairement en justice. D'autres défendent que la prescription n'a pas à être invoquée pour éteindre l'obligation, elle produit son effet dès que le délai requis est atteint. Elle a simplement à être invoquée par le débiteur pour bénéficier de son effet et éviter d'être condamné au paiement de la dette prescrite. L'invocation serait alors judiciaire98.

Lorsque l'effet de plein droit de l'extinction est nuancé par la nécessité, pour le plaideur, de s'en prévaloir par acte unilatéral, l'exigence n'emporte pas nécessairement intervention du juge. Il faut bien distinguer trois hypothèses : l'effet automatique (confusion ; l'ancienne compensation légale) ; l'effet volontaire, qui suppose une manifestation de volonté et n'opère donc pas « de plein droit » ; et l'effet judiciaire, autrement dit :

---

93 Art. 685-1 C. civ.

94 V. art. 1346-5 (subrogation) ; 2253 (prescription).

95 En ce sens, F. Chénedé, Y. Lequette, P. Simler, F. Terré, *op. cit.*, n° 1698, p. 1861.

96 Souligné par nous.

97 F. Chénedé, Y. Lequette, P. Simler, F. Terré, *op. cit.*, n° 1795.

98 J. François, Traité de droit civil - Tome IV, Les obligations - régime général, Economica 2022, 6e ed., spéc. n° 220, p. 239.

- L'automaticité entière de l'effet extinctif
- L'effet extinctif sous réserve que la partie ne s'en prévale par acte unilatéral
- L'effet extinctif prononcé par le juge, requérant à la fois un acte unilatéral et un acte judiciaire

La confusion produite vient d'un amalgame entre les deux dernières hypothèses.

ii. Caractère inopérant de l'argument jurisprudentiel

23. Un très ancien arrêt de 1880 est cité par certains auteurs[99] pour appuyer la thèse de la nécessité de l'invocation en justice. Faire peser l'exigence d'intervention judiciaire sur cet arrêt unique, daté, peu clair et pris dans un contexte fort différent de celui de la réforme nous semble hors de propos. Nous souscrivons dès lors pleinement à l'analyse du Professeur Andreu qui réfute l'argument en trois points : « 1° Cet arrêt ne dit rien de tel ; 2° Son ancienneté le rend peu pertinent pour contribuer à la définition de l'office du juge, qui a été transformé par la réforme de la procédure civile opérée en 1975 ; 3° À tout le moins, il aurait fallu préciser, comme le faisait le projet « Catala », que si la compensation doit être invoquée, c'est seulement, en justice, « *par le débiteur poursuivi* » (art. 1243). »[100].

iii. Jeu opérant de l'automaticité de l'extinction

24. La règle de l'article 1247 n'est pas une règle procédurale mais une règle de fond. Dès lors, il y a lieu d'appliquer à la compensation légale les règles dégagées plus haut, le principe de l'extinction n'étant nuancé que par l'exigence d'un acte unilatéral par lequel une partie manifeste sa volonté de faire jouer la compensation. L'intervention du juge n'est pas donc nécessaire en son principe.

2) Nécessité du juge

25. L'intervention du juge est rendue nécessaire dans trois hypothèses, pour établir le principe de l'extinction (a) dans les modes judiciaires d'extinction de l'obligation, pour déterminer les modalités ou le *quantum* de l'extinction (b) et pour statuer en cas de contestation de l'extinction (c).

a) Nécessité pour établir le principe de l'extinction

---

[99] A.-M. Tolédo-Wolfsohn, Compensation, Rép. Civ. Dalloz, 2017, spéc. n° 23.
[100] L. Andreu, préc., spéc. II.

26. Le juge intervient évidemment pour prononcer l'extinction[101] dans les modes judiciaires d'extinction : en compensation judiciaire (art. 1348 C. civ.), dont la nature reste « mystérieuse » et âprement discutée[102] et dans les diverses déchéances judiciaires[103], dont l'établissement en liste exhaustive est en soi déjà une gageure[104], soit dans deux mécanismes encore assez mal cernés.
Ainsi, la pension alimentaire « ne cesse pas de plein droit avec sa cause »[105], en cas de faute du créancier, nécessitant la saisine du juge sur le fondement de l'article 207 C. civ.[106]. Le caractère judiciaire de la révocation de la donation pour ingratitude est par ailleurs souligné à l'article 956 C. civ. Selon des auteurs, « le juge doit apprécier la réalité des faits reprochés au donataire, les confronter avec l'énumération limitative des cas d'ingratitude mentionnés à l'article 955 et estimer leur gravité »[107]. Ce principe de l'intervention judiciaire connait toutefois deux exceptions, l'une légale[108], l'autre conventionnelle, en présence d'une clause dans la donation stipulant que la révocation pourra avoir lieu de plein droit[109].

---

[101] V. *infra*, n° 33, pour le rôle plus précis du juge en cette matière.
[102] V. not. N.-C. Ndoko, Les mystères de la compensation, RTD. civ. 1991, p. 661, spéc. nos 13 et s. : « I. La prétendue autonomie de la compensation judiciaire »; A. Hontebeyrie, préc.
[103] Sur la notion de déchéance, v. F. Luxembourg, La déchéance des droits, Contribution à l'étude des sanctions civiles, préf. A. Ghozi, éd. Panthéon-Assas, 2007 ; A. Rouast, Déchéances protectrices et déchéances répressives dans le droit des successions, RTD civ. 1952, p. 1 ; M. Sallé de la Marnierre, La déchéance comme mode d'extinction d'un droit, RTD civ. 1933, p. 1037 ; O. Sautel, Sur la déchéance en droit privé, D. 1999, p. 487 et sur l'effet extinctif particulièrement, v. J. D. Pellier, cet ouvrage.
[104] Ont été particulièrement étudiées les déchéances des articles 207, 956, 1387-1, 786 C. civ. et 341-48-1 C. consom., emportant selon nous extinction de l'obligation en tout ou partie. Toutefois, certains auteurs considèrent que dans le cas de l'article 786 C. civ., il n'y a pas tant extinction que paralysie de l'obligation : la dette subsiste mais n'est pas payable : v. en ce sens A. Sériaux, JCl droit civil, Successions, Art. 786-1, L'option de l'héritier, L'acceptation pure et simple de la succession, 30 nov. 2022, spéc. n° 48.
[105] Cass. 2e civ., 2 déc. 1987, JurisData n° 1987-002163, Bull. civ. II, n° 257 ; Cass. req., 5 janv. 1938, DH 1938, p. 180 ; Cass. 1re civ., 14 janv. 1969, D. 1969, p. 217.
[106] V. en ce sens L. Leveneur, Aliments, Obligation alimentaire, Conditions d'existence, Juris-classeur civil, fasc. 10, spéc. n° 98.
[107] J.-L. Mouralis, S. Mazeaud-Leveneur, Fasc. 20, Donations et testaments, donations entre vifs, Révocation des donations pour ingratitude, spéc. n° 45.
[108] V. art. L. 132-24 C. ass.
[109] J.-L. Mouralis, S. Mazeaud-Leveneur, préc., *ibid.*

27. En principe, l'intervention du juge est fondée sur un texte. L'article 1348 est ainsi devenu depuis 2016 le siège de la compensation judiciaire, mécanisme qui, avant la réforme, n'était pas consacré par le code civil mais dont l'existence textuelle transparaissait au travers de l'article 70 CPC. La doctrine admettait en effet unanimement que la compensation visée par l'article ne pouvait être la compensation légale[110]. La plupart des déchéances judiciaires sont également prononcées sur le visa d'un texte, le plus souvent du code civil ou de la consommation[111], qui mentionne le terme « déchéance » ou « déchu ». Toutefois, en certaines occurrences, notamment dans le contentieux du crédit affecté[112] ou en crédit à la consommation[113], le juge est saisi d'une demande en déchéance qui porte également sur la violation d'un texte qui, cette fois, ne prend pas la peine de qualifier la décharge en déchéance[114]. Ce faisant, le juge ne s'arroge aucun droit d'intervenir sans texte : tout d'abord, il ne peut intervenir d'office, comme il le sera précisé *infra* ; ensuite, la demande repose bien sur un texte. Le pouvoir qui est accordé au juge est simplement un pouvoir de qualification de la demande en interprétation du texte visé (art. 12 al. 2 CPC).
La jurisprudence n'a toutefois jamais consacré explicitement la déchéance comme sanction naturelle et générale au comportement fautif du créancier, préférant parfois utiliser la compensation, pourtant mode satisfactoire d'extinction de l'obligation, à la différence de la déchéance, et donc porteur d'effets différents[115].

b) Nécessité pour déterminer les modalités ou le *quantum* de l'extinction

28. Evidemment, le juge qui prononce l'extinction de l'obligation se prononce tant sur son principe que sur ses modalités. Par exemple, en cas de créances d'inégale valeur, le juge ne prononcera la compensation

---

[110] V. F. Chénedé, Y. Lequette, P. Simler, F. Terré, *op. cit.* n° 1702.
[111] V. *supra*, les textes précités dans les notes en bas de page du n° 13.
[112] V. par ex. Cass. 1ère civ., 14 févr. 2018, n° 16-28.072 ; Cass. 1ère civ., 5 avr. 2018, n° 17-13.528.
[113] V. J. D. Pellier, cet ouvrage, spéc. n°4.
[114] V. toutefois Paris, 8 avr. 2008, JCP G 2009, IV, 1943, aux termes duquel une inexécution même prolongée ne permet pas au créancier de demander que soit prononcée la déchéance de terme en l'absence de disposition légale ou de clause de déchéance.
[115] V. Cass. com., 6 juill. 2022, n° 20-17.279, B, JCP 2022, act. 995, obs. M. Mignot, La sanction de la faute du créancier à l'égard de la caution : compensation ou déchéance ?

qu' « à due concurrence »[116], « jusqu'à concurrence de leurs quotités respectives »[117], soit à proportion de la créance la plus faible des deux. En outre, le juge peut décharger de « tout ou partie de la dette alimentaire » (article 207 C. civ.). Au titre des modalités, le juge peut fixer la date de la compensation judiciaire, nous y reviendrons[118].

29. Une telle détermination constitue un prolongement nécessaire de son rôle de décideur, qu'il peut exercer, dans la même instance (examen du seul principe de compensation, donc des deux créances) ou par disjonction d'instance (examen des modalités d'une telle compensation). Si le principe de la disjonction est rappelé expressément pour le cas spécial de la compensation judiciaire à l'article 70 CPC, et analysé par la doctrine pour servir à d'autres fins que celle ici énoncée[119], il n'est qu'une application spéciale du texte général de procédure (article 367 al. 2 CPC), de sorte qu'il pourrait bien s'appliquer à tous les modes d'extinction judiciaires et pour tout besoin.

30.L'intervention judiciaire en compensation et déchéance judiciaires n'épuise toutefois pas tous les cas de détermination judiciaire des modalités ou *quantum* de l'extinction. A cette même fin, lorsque les modalités ou le *quantum* sont déterminés de manière floue, par des standards ou notions molles, l'intervention du juge est rendue nécessaire même dans les modes non-judiciaires d'extinction. Dans les modes judiciaires, le juge intervient par exemple pour apprécier les motifs légitimes d'ignorer au moment de l'acceptation de la succession que l'acquittement de la dette par l'héritier obérerait gravement son patrimoine personnel (déchéance de l'art. 786 C. civ.) ou le manquement grave aux obligations du créancier (en déchéance, art. 207 C. civ.). Son intervention est parfois nécessaire dans les modes non-judiciaires pour apprécier la force majeure en impossibilité d'exécuter ou l'intérêt légitime en subrogation.

Ainsi le juge réussit-il à se frayer une place entre les interstices de l'automaticité de l'extinction et les notions floues conditionnant cet effet. Il est encore saisi par la petite porte pour se prononcer en cas de contestation et de recours.

---

116 L'expression est utilisée à l'article 1247 C. civ., pour la seule compensation légale mais nul doute que, nonobstant l'autonomie de la compensation judiciaire, le principe lui est également applicable.

117 V. ancien art. 1290 C. civ.

118 V. *infra*, n°37.

119 V. *infra*, n° 67.

c) Nécessité pour se prononcer en cas de contestation et de recours

31. Relayé au second plan, le juge peut également intervenir dans le cadre d'un contrôle *a posteriori* du bien-fondé d'initiatives extrajudiciaires prises par les parties, c'est-à-dire dans le cadre d'un recours ou d'une contestation des effets extinctifs de l'obligation. En tant que serviteur de l'extinction de l'obligation[120], le juge a un office tout à fait classique, fondé sur l'article 12 al. 1 CPC : il « tranche le litige conformément aux règles de droit qui lui sont applicables ». Le juge saisi d'une contestation sur une remise de dette peut ainsi contrôler, selon ce qui lui est demandé (art. 1er CPC), la validité de l'acte, la preuve, ses effets. De même, la réalisation de la compensation des dettes connexes peut donner lieu à un contrôle judiciaire *a posteriori* si elle est contestée par un tiers[121] : on rappelle en effet que l'article 1348 al. 3 dispose : « l'acquisition de droits par un tiers sur l'une des obligations n'empêche pas son débiteur d'opposer la compensation ».

32. Le rôle central du juge demeure celui de constater ou de prononcer l'extinction de l'obligation.

B. CONSTATATION OU PRONONCÉ DE L'EXTINCTION

33. Lorsque son intervention est requise, le juge est amené soit à constater, soit à prononcer l'extinction. Le plaideur cherche ainsi à bénéficier, dans le premier cas, de *l'imperium* du juge au sens large, tandis que dans le second cas, il ne vise que sa *juridictio* (1). Le juge rend alors un jugement déclaratif ou un jugement constitutif, les deux retenant une date différente au titre de la prise d'effet de l'extinction (2).

1) Imperium *ou* jurisdictio *: la quête d'un office différencié du juge*

34. Les rôle assignés au juge, simple constatant ou véritable décideur de l'extinction de l'obligation sont le strict reflet procédural de la distinction civiliste entre mode non-judiciaire et mode judiciaire d'extinction de l'obligation. Le juge, dans les modes non-judiciaires d'extinction va constater l'extinction, préexistante tandis que dans les modes judiciaires, il décide, il créé l'extinction, non prévue, qui

---

[120] V. *supra*, n° 10.

[121] F. Chénedé, Y. Lequette, P. Simler, F. Terré *op. cit.*, n° 1698, p. 1861.

a besoin de son intervention pour exister, qui n'existe que grâce à lui. Une lecture processualiste du raisonnement qui tient préalablement au prononcé du jugement de compensation ne peut qu'aller dans le sens de la thèse civiliste de l'autonomie de la compensation judiciaire, au détriment de la thèse volontariste. Le juge ne se contente pas de rendre compensable les créances en liquidant la créance qui ne l'était pas, en constatant chez elle une cause de déchéance du terme pour la rendre exigible et ainsi laisser la compensation légale faire son office. « La décision du juge opère nonobstant l'absence de liquidité ou d'exigibilité de l'obligation considérée et non à la faveur d'une opération consistant à rendre préalablement celle-ci liquide ou exigible »[122].

35. Qu'est-ce qui est recherché dans l'intervention du juge ? Le pouvoir de rendre la justice et de dire le droit (la *jurisdictio*) ou l'*imperium*, le pouvoir de contrainte, d'user de la force ? Dans une conception classique des prérogatives du juge, dans les deux cas, quand il constate ou prononce, il dit le droit. Mais si l'on regarde « au-delà des définitions classiques, la *jurisdictio* désigne le pouvoir de réalisation formelle du Droit - le Droit est dit - et *l'imperium* celui de sa réalisation matérielle - le Droit est fait »[123]. Quand le juge constate l'extinction, certes il dit le droit mais ce qui est avant tout recherché, c'est son autorité pour marquer du sceau de la certitude une extinction programmée, ce qui a un peu à voir avec *l'imperium.*

35. Lorsqu'il prononce l'extinction d'une obligation par déchéance judiciaire ou compensation judiciaire, le juge modifie le cours des choses, il créé un ordre nouveau en supprimant des obligations entre les parties ou en leur retirant des droits subjectifs. Le recours au juge est à la fois contrainte (en raison de la lourdeur de l'action en justice) et libération (lui seul peut créer l'extinction). Ainsi, l'intervention judiciaire est nécessaire pour éteindre une obligation normalement appelée à être exécutée, le juge prenant en considération et sanctionnant, le cas échéant, le créancier fautif d'une déchéance. L'effet libérateur est davantage marqué en compensation judiciaire puisque que l'intervention judiciaire, en plus d'être nécessaire pour produire l'effet extinctif, infléchit les conditions classiques exigées pour la compensation légale. Ainsi, la compensation judiciaire n'a pas à être liquide ou exigible, simplement certaine selon l'article 1347, et

---

[122] V. A. Hontebeyrie, RDC 2022, préc., n° 4, p. 24.

[123] V. R. Laher, Imperium et jurisdictio en droit judiciaire privé, Mare et Martin 2016, coll. Bibliothèque des thèses, Préface de G. Decocq, Avant-propos de C. Jarrosson, spéc. introduction.

probablement aussi réciproque, même si le texte ne le précise pas[124]. La notion de jugement constitutif affleure déjà à travers ces développements.

2) Jugement déclaratif ou jugement constitutif : la différenciation dans la date de prise d'effet de l'extinction

36. Le contentieux de l'extinction de l'obligation illustre à merveille la palette de jugements classés selon leur effet, créateur ou non[125]. Lorsque le juge constate une extinction produite par les modes non-judiciaires, il rend un jugement déclaratif. Le juge se borne à constater un droit préexistant, l'extinction produite automatiquement, par exemple par la réunion des qualités de créancier et débiteur sur une même tête en confusion, par l'existence de deux créances croisées réciproques, certaines, fongibles, liquides, exigibles en compensation légale. C'est bien une certitude et une réalisation concrète, proche de *l'imperium*, que recherche le plaideur qui saisit la justice en ce cas : « le titre du plaideur qui a eu gain de cause est mis hors de contestation. La constatation qui résulte du jugement est fortifiée par la décision que celui-ci renferme, décision consécutive à cette constatation »[126]. Selon l'analyse de Corinne Bléry[127], ce jugement déclaratif opère un « changement de source », le plaideur tenant son droit « bancal, contesté », avant le jugement, d'une norme générale et abstraite et, après le jugement, d'une norme individuelle et concrète.
En revanche, le juge prononce une déchéance ou une compensation par le biais d'un jugement constitutif, qui crée une situation juridique nouvelle.
37. Le principal enjeu pratique de cette distinction en procédure civile interne porte sur la date de prise d'effet[128], ici la date qu'il faut retenir pour l'extinction de l'obligation. En principe, pour un jugement déclaratif, comme ce dernier constate le droit tel qu'il existait avant la demande, c'est au jour de celle-ci, soit de l'assignation, qu'il convient

---

[124] V. *infra*, n° 74.
[125] Sur la relativité de la distinction jugement constitutif-déclaratif, v. P. Raynaud, La distinction des jugements déclaratifs et des jugements constitutifs, Étude de droit contemporain, 1959, Sirey, p. 377.
[126] F. Eudier, N. Gerbay, Jugement – Débats, Rép. Proc. civ., oct. 2018, actualisé 2022, n° 398.
[127] C. Bléry, L'efficacité substantielle des jugements civils, coll. Bibliothèque de droit privé, t. 328, 2000, LGDJ, préf. Mayer, spéc. n° 151.
[128] Elle-même déterminant le montant de dommages-intérêts moratoires.

de se placer pour apprécier la situation juridique des parties[129]. Un jugement constitutif en revanche, produit en principe ses effets du jour où il est rendu et, plus précisément, du jour de sa signification à l'adversaire[130], sauf exceptions légales[131].

Le contentieux de la compensation légale, judiciaire et des dettes connexes[132] illustre bien cette différence de date. La compensation légale, quand bien même elle a dû être constatée par le juge, produira ses effets « à la date où ses conditions se trouvent réunies » (art. 1347 C. civ.), c'est-à-dire à la date où les deux créances respectent les conditions d'exigibilité et de liquidité[133], et non à la date où l'un s'en est prévalu par acte unilatéral et encore moins à la date à laquelle l'un a fait une demande en justice en ce sens.

En outre, l'article 1348-1 al. 2 C. civ. indique que la compensation des dettes connexes « est réputée s'être produite au jour de l'exigibilité de la première d'entre elles », et ce, même postérieurement à l'ouverture de la procédure collective. La date retenue est donc dérogatoire de la date classique des jugements constitutifs et le juge amené à constater une compensation des dettes connexes n'a aucune possibilité de reporter cette date.

En outre, même si le juge est amené à constater une confusion, cette dernière est considérée comme produite au jour « de la réunion des qualités de créancier et de débiteur d'une même obligation dans la même personne (art. 1349 C. civ.).

38. Enfin, La compensation judiciaire, qui ne peut qu'être prononcée en justice, produit en principe ses effets « à la date de la décision » (article 1348 C. civ.). Cet article apporte une double dérogation à la règle générale sur la date d'effet des jugements constitutifs : tout d'abord, la date choisie est celle du jugement et non celle de la signification de ce dernier ; ensuite, cette règle est supplétive de la volonté du juge, qui peut « en décid(er) autrement ». Il pourrait ainsi prononcer la compensation tout en décidant d'en reporter les effets quand l'une des

---

[129] Civ. 26 févr. 1901, DP 1904. 1. 621.

[130] V. F. Eudier, N. Gerbay, préc., n° 404.

[131] V. par ex. art. 355 al. 2 C. civ. : le jugement d'adoption produit ses effets à compter du jour du dépôt de la requête en adoption.

[132] Que nous considérons comme autonome, notamment au regard de l'office particulier du juge. V. *contra,* F. Chénedé, Y. Lequette, P. Simler, F. Terré, *op. cit.*, n° 1698, p. 1860, la classant parmi la compensation légale.

[133] V. par ex. Com. 20 mars 2001, n° 98-14.124, Bull. civ. IV, n° 63, D. 2001, AJ 1391, obs. A. Lienhard.

deux créances sera exigible, quand celle qui ne l'était pas sera liquide (en renvoyant à un processus liquidatif amené à être mis en place postérieurement au jugement). Il pourra tout aussi bien décider que, même si l'une des créances n'est ni liquide ni exigible, l'effet de la compensation aura bien lieu au jour du jugement. Autre hypothèse : la cour d'appel, saisie pour la première fois de la demande de compensation judiciaire, peut donner effet à la compensation au jour du jugement de première instance[134].

Notons que le juge peut également avoir le choix dans la date de l'effet extinctif en déchéance judiciaire de l'article 207 C. civ. La Cour de cassation a pu ainsi retenir que « rien ne s'oppose à ce que la suppression de la pension soit ordonnée en justice à dater de l'événement qui justifie cette suppression »[135] ou encore le jour de l'assignation[136].

Le choix du juge dans la date traduit certainement le triomphe de la thèse autonomiste de la compensation judiciaire[137] comme la très grande marge de manœuvre qui est accordée au juge dans son contrôle d'opportunité[138].

39. C'est d'ailleurs à l'étude des pouvoirs du juge, d'appréciation et de contrôle et plus largement à celle de son office que vont être consacrés les développements suivants.

II. L'office du juge : classique mais à périmètre variable

40. Lorsque le juge intervient en extinction de l'obligation, son office est nourri d'une constante et d'une variable. Ainsi, si, quelles que soient les modes d'extinction de l'obligation ou les raisons de la saisine du juge, ce dernier n'est pas tenu de relever d'office l'extinction de l'obligation (A), le juge est doté de pouvoirs de contrôle et d'appréciation variables en fonction des hypothèses d'extinction (B).

---

[134] En ce sens, F. Chénedé, Y. Lequette, P. Simler, F. Terré, *op. cit.*, n° 1702, p. 1866.

[135] Cass. 2e civ., 2 déc. 1987, Bull. civ. II, n° 257.

[136] Cass. 2e civ., 23 juin 1993, Bull. civ. II, n° 221, RTD civ. 1993, p. 816, obs. J. Hauser.

[137] V. en ce sens A. Hontebeyrie, préc., n° 5, p. 25.

[138] V. *infra*, n° 70 s.

A. LA CONSTANTE : l'ABSENCE D'OBLIGATION DE RELEVER D'OFFICE L'EXTINCTION

41. L'office du juge en extinction des obligations est classique : pas davantage que dans les autres contentieux n'y a-t-il de juge sans demande (1), ce qui impose aux parties de mettre en œuvre judiciairement l'extinction (2).

1) En extinction des obligations, pas de juge sans demande !

42. Quelle est étendue de l'office du juge civil dans le contentieux de l'extinction de l'obligation, de ses pouvoirs d'initiative de relever d'office un moyen, lorsque la partie défenderesse ne lui a rien demandé ? S'agit-il pour lui d'une obligation, d'une faculté, voire d'une interdiction ? Bien que parfois exploités en ce sens en doctrine, les différents textes de droit des obligations ne sont d'aucun secours pour répondre à cette question (a), qui, dès lors, ressort de considérations substantielles et processuelles (b).

a) Les arguments textuels inopérants

43. Seul l'article 2247 C. civ. exprime clairement l'idée selon laquelle le juge ne peut relever d'office le moyen de prescription : « Les juges ne peuvent pas suppléer d'office le moyen résultant de la prescription ». Le terme « invoquer » employé à l'article 1347 pour la compensation conventionnelle ou pour la prescription extinctive, a encore pu être interprété pour fonder l'absence de relevé d'office du juge[139]. N'étant déjà pas synonyme de « se prévaloir en justice »[140], il est évident qu'il ne peut rien dire sur l'office du juge.

---

[139] V. A.-M. Tolédo-Wolfsohn, *ibid,* s'appuyant sur le même arrêt ancien de 1880.
[140] V. *supra*, n° 19 s.

À bien observer les autres textes sur les modes extinctifs de l'obligation, on remarque une différence de rédaction, plus précisément de prisme rédactionnel : certaines des dispositions partent du point de vue du juge alors que d'autres insistent sur la charge procédurale du plaideur. Cette différence est particulièrement observable dans les textes sur la déchéance. Ainsi si l'article 1787-1 C. civ dispose que « le tribunal judiciaire peut décider d'en faire supporter la charge exclusive au conjoint (...) », si l'article 207 C. civ. dispose encore que « le juge pourra décharger celui-ci de tout ou partie de la dette alimentaire », l'article 786 du même code pose quant à lui que « l'héritier peur demander à être déchargé (...). Il doit introduire l'action en justice (...) ». Cet élément rédactionnel est évidemment insuffisant pour dire que dans un cas le juge pourrait soulever d'office la déchéance. Ainsi l'article 207 est-il conforté par l'article 209 qui dispose que « la décharge (...) peut en être demandée ».

b) Les arguments substantiels et processuels opérants

44. Les cas où le juge doit relever d'office un élément sont limités, et encore, dans ces cas, il opère avec filet puisqu'il doit lui-même respecter le principe de la contradiction (art. 16 CPC) et provoquer le débat sur ledit élément. Ainsi, il doit relever d'office une fin de non-recevoir qui revêt un caractère d'ordre public et peut seulement relever une fin de non-recevoir tirée du défaut d'intérêt, de qualité, de chose jugée[141]. L'incompétence d'une juridiction ne peut être prononcée d'office qu'en des cas restrictifs et, dans ces cas, il s'agit bien d'une faculté et non d'une obligation pour le juge[142]. En revanche, le juge doit rechercher, même d'office, la règle de conflit applicable à la question posée mais uniquement lorsque les parties n'ont pas la libre disposition de leur droit[143]. Il convient enfin de préciser que la Cour de justice fait désormais obligation à une juridiction nationale de relever d'office le caractère abusif d'une clause contractuelle dès lors qu'elle dispose des éléments de droit et de fait nécessaires[144].

---

[141] Art. 125 CPC.

[142] Art. 76, 77 CPC.

[143] Cass. 1re civ., 26 mai 1999, Sté Mutuelle du Mans, n° 96-16.361, n° 97-16.684 ; Cass. 1re civ., 23 nov. 2011, n° 10-25.206, Gaz. Pal. 7 janv. 2012, p. 25, obs. A. Devers.

[144] CJCE 4 juin 2009, Pannon GSM, aff. C-243/08, D. 2009. 2312, note Poissonnier, JCP 2009. 336, no 42, note G. Paisant, JCP E 2009, no 1970, obs. L. Raschel, Procédures 2009. Comm. 275, note C. Nourissat, RDC 2009. 1467, obs. C. Aubert de Vincelles, RDC 2010. 59, note Deshayes ; CJUE 21 févr. 2013, Banif Plus Bank, aff. C-472/11, LPA 17-18 sept. 2013, p. 15, obs. Combet. – CJUE 14 mars 2013,

45. Aucun des cas cités ne correspond à notre hypothèse. L'idée qui fonde l'obligation de relever d'office est l'ordre public qui colore le litige. Or, l'extinction de l'obligation n'est pas une question teintée d'ordre public, mais une question purement privée. L'absence d'ordre public ressort très clairement du régime de la prescription extinctive ou de la compensation : dans les deux cas, loi[145] ou jurisprudence[146] précise que la partie peut y renoncer. L'absence d'ordre public semble être partagé par les autres modes d'extinction de l'obligation. Il en ressort que le juge n'a pas l'obligation de relever d'office l'extinction. Le pourrait-il néanmoins, alors même que la partie possède la faculté d'y renoncer ? Le débiteur doit demeurer libre de se prévaloir ou non de l'extinction. Traitant spécialement de la compensation, certains auteurs considèrent qu'il y a là impossibilité pour le juge[147] mais fondent leur solution sur l'ancien arrêt de 1880, décidément inépuisable. Pour autant, sous l'empire du droit antérieur, la jurisprudence était plutôt favorable au relevé d'office[148]. Concernant la déchéance de l'ancien article L. 333-2 C. consom., un arrêt moins ancien de la Cour de cassation a considéré que la déchéance devait être demandée et ne pouvait pas être prononcée d'office[149]. A été censuré un arrêt d'appel ayant prononcé la déchéance des intérêts, alors que le défaut d'information avait été invoqué à une autre fin, ce qui s'analyse comme un relevé d'office par le juge de la déchéance autant qu'un jugement rendu *extra petita*[150].

Mohamed Aziz, aff. C-415/11, LPA 10-11 sept. 2013, p. 9, obs. Combet ; CJUE 21 janv. 2015, Unicaja Banco, aff. C-482/13, JCP 2015. 132, obs. Berlin ; Civ. 1re, 1er oct. 2014, no 13-21.801 , D. 2014. 1996, JCP E 2014, 1592, obs. Dupont, RLDC, no 120, 2014, act. no 5600, p. 14, obs. Le Gallou, RTD eur. 2015. 348, obs. Le Baut-Ferrarese ; Civ. 2e, 14 oct. 2021, no 19-11.758, D. actu. 20 oct. 2021, obs. C. Hélaine.

[145] Art. 2248 C. civ.

[146] Sur la compensation légale : v. Req. 11 mai 1880, préc.

[147] A.-M. Tolédo-Wolfsohn, préc., n° 23 ; sous l'empire du droit antérieur : Ph. Drakidis, Des effets à l'égard des tiers de la renonciation à la compensation acquise : RTD civ. 1955, p. 238, n° 3 ; v. toutefois en sens contraire L. Andreu, De l'effet automatique de la compensation, préc. n° 4.

[148] CA Rennes, 31 oct. 1923 : S. 1924, 2, p. 94, relevant même que : « le juge peut et doit prononcer d'office la compensation lorsque sont réunies les conditions exigées par la loi pour qu'elle soit caractérisée » ; Cass. 1re civ., 24 avr. 1958 : Bull. civ. I, n° 207.

[149] Cass. com., 20 juin 2006, Bull. civ. IV, n° 148, D. 2006, p. 1886, RD bancaire et fin. 2006, comm. 195, obs. A. Cerles.

[150] V. *infra*, n° 66.

Ces deux exemples sont impuissants à bâtir une solution générale, qui doit être fondée selon nous sur l'absence de caractère d'ordre public[151] et sur l'idée selon laquelle le débiteur doit demeurer libre de se prévaloir ou non de l'extinction. À ce dernier égard, deux situations peuvent être distinguées. Envisageons tout d'abord le cas où le débiteur n'a pas invoqué la compensation. Nécessitant un acte unilatéral de l'un des débiteurs pour la déclencher, cette dernière n'a pas produit effet. L'intervention du juge de relever d'office une compensation qui, en réalité, n'existe pas, relèverait alors d'une immixtion dans le rapport d'obligations. Le juge doit s'abstenir de relever d'office. Envisageons ensuite l'hypothèse plus complexe où le débiteur a invoqué la compensation hors du procès et se trouve en procès sans avoir spécialement invoqué la compensation. Le juge peut-il relever d'office ou le débiteur est-il tenu de réitérer devant lui l'invocation de la compensation ? Selon nous, la deuxième solution s'impose. L'acte unilatéral et l'acte judiciaire d'invocation ne peuvent être confondus et interchangeables, ce qui obligerait le débiteur à réitérer judiciairement l'invocation. La même solution peut également ressortir de l'absence de consécration d'un régime judiciaire de faveur à l'article 1247 à l'égard du débiteur qui aurait invoqué la compensation par acte unilatéral. Enfin, comme la question ne relève pas de l'ordre public, il n'y a pas de raison pour que le juge intervienne d'office. Toutefois, cette solution peut apparaitre excessivement théorique car, en compensation comme en confusion d'ailleurs, le relevé d'office de l'extinction (le juge décide de sa propre initiative l'extinction de l'obligation) est souvent assimilable à une simple prise en compte par le juge d'un élément de fait qui l'a conduit, après avoir provoqué le débat (article 16 CPC), à retenir une solution différente de celle demandée. Ainsi, parce qu'il a eu connaissance de la réunion des qualités de débiteur et de créancier, au lieu de condamner le débiteur au paiement, le juge relèvera l'extinction de l'obligation. Parce qu'il a eu connaissance de dettes réciproques, fongibles, liquides et exigibles entre les parties, il pourra prononcer l'extinction totale ou partielle par compensation au lieu de condamner le débiteur au paiement. Or, cette connaissance, le juge peut la tirer non seulement des faits spécialement invoqués par les parties au soutien de leurs prétentions (le débiteur aura

---

[151] Sur ce critère phare dans le pouvoir d'office du juge, v. M. Roccati, Le renforcement de l'office du juge : analyse d'une réforme envisagée, LPA 8 Jan. 2019, n° 140m5, p.5.

expressément invoqué devant le juge la compensation, ce qui n'est pas notre hypothèse) mais aussi des faits auxquels les parties ont fait référence sans pour autant s'en prévaloir expressément sur le plan du droit, appelés « faits adventices ». Or, dans cette hypothèse, on glisse du strict relevé d'office par le juge, prohibé, à la possibilité pour le juge de « prendre en considération même les faits que les parties n'auraient pas spécialement invoqués au soutien de leurs prétentions », reconnue à l'article 7 al. 2 CPC. Imaginons que le créancier produise une correspondance avec le débiteur en justice au soutien de sa demande en paiement et que dans ce même courrier apparait la volonté du débiteur de se prévaloir de la compensation, sans que cet élément ne soit repris par les parties. « Le juge a alors le droit de prendre en considération les autres propos de la correspondance pour corroborer ou infirmer les allégations de la partie qui a fourni la correspondance »152.
Hors hypothèse de faits adventices, selon nous, le juge ne doit ni ne peut relever d'office l'extinction. Au mieux pourrait-il d'office, sans y être obligé, modifier le fondement juridique erroné d'une demande, par exemple rectifier une demande en compensation judiciaire en demande en compensation légale, en application de l'article 12 al. 2 CPC, revisité par l'arrêt Dauvin[153].

2) *Le corollaire : la mise en œuvre judiciaire de l'extinction par les parties*

46. Plus rarement présentée en demande (a), l'extinction est couramment sollicitée en réplique, par voie de défense ou de demande incidente, notamment reconventionnelle (b).

a) L'extinction présentée en demande initiale

47. Autant une demande initiale en extinction apparait normale dans les modes judiciaires d'extinction puisque le prononcé de l'extinction ne peut se faire qu'en justice, et uniquement à la demande de celui qui en a intérêt, autant une demande en ce sens dans le contexte d'une extinction légale ou non-judiciaire semble inhabituelle.

i. Action curative en condamnation et prononcé des modes judiciaires d'extinction

---

[152] V. N. Cayrol, Procédure civile, Dalloz, 4ème éd., 2022, n° 593, p. 288.
[153] V. *supra*, n° 10.

48. C'est à celui qui se prévaut de la compensation judiciaire ou d'une déchéance judiciaire, de la demander en justice en initiant une instance en ce sens dans le délai de prescription quinquennale[154].
L'action intentée est donc curative en condamnation : elle cherche à faire condamner l'autre partie en déchéance ou à compenser les dettes. Sans cette action, le demandeur devrait payer sa dette. En compensation judiciaire, il faut supposer la configuration suivante : il existe des créances certaines et réciproques, l'une est liquide et exigible et celle du demandeur ne l'est pas. Ce dernier n'a pas été assigné en justice en paiement et prend l'initiative en justice d'une demande en compensation.
49. Il s'agirait *a priori* d'une action attitrée, accordée au seul débiteur qui remplit certaines conditions et non une action banale, ouverte à tout intéressé. Ainsi l'action est-elle réservée en compensation judiciaire au débiteur qui a une créance réciproque et certaine mais non encore liquide et/ou exigible ; en déchéance de l'article 786 C civ., à l'hériter ayant accepté purement ou simplement la succession. La question se pose toutefois de savoir si la caution peut directement agir en déchéance contre le créancier fautif[155].

ii. Action préventive déclaratoire et constatation des mode légaux d'extinction et de la prescription extinctive

50. En principe, dans les modes légaux d'extinction, cette dernière opère soit de plein droit, soit dès son invocation par acte unilatéral par une partie, à tout le moins sans besoin du juge[156]. Pourquoi dès lors saisir préventivement le juge d'une demande initiale en constatation d'une l'extinction de l'obligation qui a en principe, déjà eu lieu ? « Préventivement » : entendons-nous sur le terme : il s'agit d'une demande présentée après l'occurrence de l'extinction (et c'est bien là son caractère original et curieux) mais avant l'éclosion d'un litige portant sur cette dernière, soit d'une demande dépourvue d'intérêt né et actuel à agir au sens de l'article 31 CPC.

---

[154] Sur cette prescription jouant pour des demandes de déchéances pour défaut d'information de la caution : v. Cass. 1re civ., 3 juill. 2013, n° 12-12.350 ; Cass. com., 13 févr. 2019, n° 17-31.150, JCP G 2019, chron. 470, n° 11, obs. P. Simler.
[155] Cass. com., 13 févr. 2019, n° 17-14.785, RDC 2019/2, p. 21, obs. S. Pellet ; Cass. com., 4 nov. 2021, n° 19-23.522, JCP G 2022, chron. 467, n° 4, obs. P. Simler.
[156] V. *supra*, n° 15.

L'intervention du juge, non nécessaire pour créer l'effet extinctif, apporterait un surplus de certitude à l'un des créanciers[157] : l'effet extinctif du mode légal, autonome, aurait ainsi une reconnaissance judiciaire. Pour le demandeur, il s'agirait de se rassurer sur la réalisation concrète de l'extinction, qui, sans le juge, resterait douteuse ; autrement dit de tuer dans l'œuf toute contestation ultérieure de l'extinction. Certes inutile au regard de l'effet extinctif, bel et bien avéré, une telle demande n'est pas totalement dépourvue de légitimité, de sorte qu'il nous semble peu probable qu'elle tombe sous le coup de l'abus de droit.

51. Pour autant, une telle action, qu'on peut qualifier de « déclaratoire »[158], n'est pas sans susciter question sur son admission. Cette dernière ne heurterait-elle pas le texte de l'article 31 CPC, qui dispose que « l'action est ouverte à tous ceux qui ont un intérêt légitime au succès ou au rejet d'une prétention » ? N'irait-elle pas à l'encontre de l'office rationalisé du juge[159], juge dont le temps est de plus en plus compté et que le législateur souhaiterait voir se concentrer sur son cœur de métier, trancher les litiges nés ?

Si le législateur a consacré de rares cas d'action déclaratoire, notamment en nationalité[160], donc hors de notre champ d'étude, la jurisprudence semble libérale[161] à déclarer recevables de telles actions innommées et a précisément consacré par deux fois une action déclaratoire en prescription extinctive[162]. Dans la première espèce, la Cour de cassation a consacré une action déclaratoire en prescription extinctive[163] au profit de l'épouse d'un emprunteur défunt, en l'absence de toute demande de paiement du créancier prêteur, admettant que cette

---

[157] V. *supra*, n° 35, 36.

[158] V. sur la notion, v. L. Ségur, L'action déclaratoire, JCP 1965. I. 1902.

[159] V. par ex. Civ. 3e, 8 déc. 1999, n° 97-12.321, Bull. civ. III, n° 231, Gaz. Pal. 2000. 2. Somm. 856, qui a déclaré un bailleur irrecevable à agir pour faire reconnaître la validité du congé qu'il a donné à son locataire avant la date d'effet de celui-ci, tant que le locataire ne conteste pas le congé.

[160] V. art. 29-3 al. 2 C. civ.

[161] V. en ce sens, N. Cayrol, Action en justice, Rép. proc. civ., spéc. n° 332.

[162] Civ. 1re, 9 juin 2011, Bull. civ. I, n° 111, D. 2011, 2311, note S. Grayot-Dirx, RTD civ. 2011, 535, obs. B. Fages, RDC 2011, 1192, obs. R. Libchaber, D. 2011, act. p. 1695, D. 2011, p. 2144, note C. Creton, Procédures 2011, comm. 255, note R. Perrot, RTD civ. 2011, p. 535, obs. B. Fages, Dr. et proc. 2011, p. 260, obs. Ch. Lefort ; Civ. 1ere, 9 avr. 2014, CCC 2014, n° 171, obs. G. Raymond.

[163] Faut-il y voir une consécration, dans le cadre du procès, de la distinction sémantique opérée à l'article 2253 C. civ., qui distingue les intéressés qui peuvent « opposer », par défense ou demande reconventionnelle, ou « invoquer », par demande initiale, la prescription.

dernière, « même en dehors de tout litige, (...) avait intérêt à faire constater la prescription de la créance de la banque afin de lui permettre de connaître la consistance exacte du patrimoine dont elle avait hérité et l'étendue des droits dont elle pouvait disposer compte tenu des hypothèques garantissant cette créance ». La porte est donc ouverte aux actions déclaratoires en extinction de l'obligation, quelle que soit la cause d'extinction. Une partie pourrait très bien présenter en justice une demande initiale dont l'objet est la constatation judiciaire de la compensation légale. Le juge, une fois encore, et dans une hypothèse assez inattendue, joue son rôle de serviteur de l'extinction de l'obligation.

52. Il reste à déterminer à qui appartient cette action déclaratoire. Cette dernière est banale et non attitrée. L'action principale en reconnaissance de la dette prescrite peut ainsi non seulement être initiée par le débiteur mais également, aux termes de l'article 2253 C. civ., par ses « créanciers ou toute autre personne ayant intérêt à ce que la prescription soit acquise » et ce « alors même que le débiteur y renonce ».

La question s'est encore posée de savoir si la caution ou un codébiteur pouvait invoquer, par acte unilatéral, voire en justice, une compensation légale non invoquée par le débiteur principal. Issu de la réforme de 2016, l'article 1347-6 C. civ. initial prêtait à confusion[164], tant du point de vue procédural que civil puisqu'en cette dernière matière, l'extinction par accessoire du cautionnement, concernant pourtant une exception inhérente à la dette, se voyait apparemment entravée par la négligence ou la volonté unilatérale contraire du débiteur de se prévaloir de la compensation. Modifié par la loi de ratification du 20 avril 2018 lui conférant un caractère interprétatif, la disposition signifie bien que la caution peut invoquer la compensation que le débiteur principal ou le coobligé du créancier aurait pu opposer[165].

[164] V. not. A Hontebeyrie, Quelques incidences de la réforme des obligations sur le cautionnement, J. sociétés, sept 2016, p. 40.

[165] V. en ce sens, F. Chénedé, Y. Lequette, P. Simler, F. Terré, *op. cit.*, n° 1693, p. 1855.

b) L'extinction présentée en réplique

53. La plupart du temps, la prétention ayant pour objet l'extinction de l'obligation est présentée en réplique[166] à une demande initiale en paiement. C'est bien en premier lieu la qualification juridique à donner à cette réplique, le plus souvent entre défense au fond et demande reconventionnelle, qui pose problème. C'est ensuite l'office du juge à son égard qui mérite développement.

i. Qualification de la réplique

54. Demande incidente ou défense au fond ? Telle est la question, posée à de multiples reprises en jurisprudence, plus volontiers pour distinguer la défense au fond de la demande reconventionnelle, et notamment à propos des compensations (judiciaire et légale) et des déchéances.
On rappelle que constitue une demande reconventionnelle la demande intervenant au cours d'un procès déjà engagé (art. 63 CPC) et devant être rattachée à la demande originaire par un lien suffisant (art. 70 CPC), par laquelle le défendeur originaire prétend obtenir « un avantage autre que le simple rejet de la prétention de son adversaire ». Quant à elle, la défense au fond tend à « faire rejeter comme non justifiée, après examen au fond du droit, la prétention de l'adversaire » (art. 71 CPC). Le défendeur accepte la lutte sur le terrain choisi par le demandeur et souhaite faire déclarer la prétention de ce dernier non fondée, afin de triompher en première instance.

*** Les enjeux de qualification**

55. Cette distinction est source d'enjeux, moindres il est vrai en compensation, qui bénéficie, en demande reconventionnelle, d'un régime d'admissibilité de faveur tiré des articles 70 et 564 CPC.
Le premier enjeu est celui de **l'admissibilité de la réplique** : alors que la défense au fond est admise sans être subordonnée à un texte spécial et peut être soulevée à toute hauteur de la procédure (art. 72 CPC), en première instance, en appel et même en cassation si elle ne constitue pas un moyen nouveau (art. 619 CPC), la demande reconventionnelle, hors compensation, doit présenter avec la prétention originaire un « lien suffisant »[167], exigence requise en première instance comme en appel[168]

[166] On utilisera ce terme à défaut d'autre terme juridique générique pour désigner les prétentions présentées en réaction à une demande, pouvant embrasser à la fois les défenses et les demandes incidentes.
[167] V. art. 4, 70 CPC.
[168] Cass. 3e civ., 30 juin 1999, Bull. civ. III, n° 191, *D.* 2000. 559, note M.-E. Ancel.

mais dont l'absence n'a pas à être soulevée d'office[169] par le juge du fond[170].

Ainsi, la prétention de la caution fondée sur la déchéance du créancier causée par le manquement à l'obligation d'information invoquée en défense est pleinement recevable en appel[171]. En compensation judiciaire, le lien suffisant n'est pas nécessaire : la demande reconventionnelle peut ne pas procéder de la même cause que la demande initiale[172]. Sans lien suffisant, la demande reconventionnelle en compensation n'en est pas moins recevable en appel[173], même si elle est nouvelle[174]. Toutefois, cette admission de la demande nouvelle n'est pas si miraculeuse qu'elle n'y parait. Elle demeure subordonnée à la condition que cette compensation soit opposée à une demande de la partie adverse[175] ainsi qu'à la condition que la partie, qui en est l'auteur, fournisse au tribunal tous les éléments qui sont de nature à lui permettre de prononcer la compensation. Demeurerait ainsi irrecevable la demande reconventionnelle dont l'objet est seulement de fournir les éléments d'une compensation future, tels que des comptes non réglés et qui demandent des vérifications[176].

En outre, aux termes de l'article 2248 C. civ., « la prescription peut être opposée en tout état de cause, même devant la cour d'appel »[177] mais pas pour la première fois devant la Cour de cassation[178]. Le bénéfice de

---

[169] Cass. 3e civ., 15 juin 1976, *Bull. civ.* III, n° 267 ; Cass. 3ème civ., 28 févr. 2006, *Bull. civ.* II, n° 56.

[170] L'existence d'un lien suffisant entre la demande reconventionnelle et la prétention originaire est en effet appréciée souverainement par les juges du fond : Cass. 3e civ., 27 janv. 2015, n° 13-24.869, F-D ; Cass. 3e civ., 11 mars 2014, n° 12-27.183 ; Cass. 3e civ., 15 oct. 2013, n° 12-19.563 ; Cass. 1re civ., 18 juin 2014, n° 12-28.395 ; Cass. 1re civ., 21 nov. 1995, n° 93-17.468 ; Cass. 2e civ., 14 janv. 1987, n° 85-15.691.

[171] Cass. com., 6 juin 2018, n° 17-10.103, Bull. civ. IV, n° 67, JCP G 2018, chron. 1221, n° 5, obs. Ph. Simler, JCP E 2018, act. 473 et 1356, RD bancaire et fin. 2018, comm. 98, obs. D. Legeais, Banque et droit 2018, n° 180, p. 50, obs. N. Rontchevsky, D. 2018, p. 1892, obs. P. Crocq ; Cass.com., 5 sept. 2018, n° 17-16.145 ; Cass. com., 5 mai 2021, n° 19-18.016, RD bancaire et fin. 2021, comm. 94, obs. D. Legeais.

[172] Civ. 2e, 14 juin 1989, Bull. civ. II, n° 127, JCP 1989, IV, 302.

[173] Civ. 3e, 21 oct. 1992, Bull. civ. III, n° 278 ; Cass. 3e civ., 6 oct. 1999, n° 97-21.777.

[174] Cass. 3e civ., 6 oct. 1999, n° 97-21.777 ; Cass. 3e civ., 10 mai 1977, Bull. civ. III, n° 196, JCP G 1977, IV, 167.

[175] Cass. 1re civ., 19 mai 1976, Bull. civ. I, n° 180, D. 1976, inf. rap. p. 222.

[176] Cass. 1re civ., 13 janv. 1969, Bull. civ. I, n° 19, Gaz. Pal. 1969, 1, p. 203.

[177] Sur une application en renvoi, v. Civ. 1re, 3 nov. 1955, D. 1956, 54.

[178] Civ. 1re, 27 févr. 1973, Bull. civ. I, n° 71 ; Civ. 1re, 3 juill. 1984, Bull. civ. I, n° 216.

subrogation de l'article 2214 C. civ. ne peut pas davantage être présenté pour la première fois en cassation[179].

56. Le second enjeu est tiré du jeu de la **prescription** : seule la demande reconventionnelle est prescrite par cinq ans alors que la défense au fond, assimilable à l'exception, est imprescriptible. La jurisprudence sur les déchéances offre de nombreux exemples. Le plus souvent, la prétention de la caution fondée sur le manquement à l'obligation d'information[180] ou le défaut de mise en garde[181] est invoquée en défense, après assignation en paiement par le créancier. La jurisprudence considère alors la défense comme imprescriptible[182]. La même réplique aurait-elle été présentée au moyen d'une demande incidente qu'elle serait soumise à la prescription quinquennale[183], dont la détermination du *dies a quo* a engendré quelques difficultés[184].

57 Le troisième enjeu, qui, pour l'instant, demeure assez théorique est l'application de l'adage **reconvention sur reconvention ne vaut**, dont la portée a toutefois été considérablement réduite en jurisprudence[185]. L'utilisation d'autres demandes reconventionnelles au sein d'une même instance est restreinte alors qu'une défense au fond peut faire l'objet de contre-défenses infinies par jeu des conclusions additionnelles. Il existe encore d'autres enjeux liés au **désistement** et à **l'application du principe de concentration des moyens[186].**

*** La délicate opération de qualification**

---

[179] Com. 28 janv. 2014, Bull. civ. IV, n° 21.

[180] Art. 2202 et 2203 C. civ.

[181] Art. 2299 C. civ.

[182] Cass. com., 4 nov. 2021, n° 20-14.571, RD bancaire et fin. 2022, comm. 12, obs. D. Legeais ; Cass. 1re civ., 9 mars 2022, n° 20-22.637 ; CA Versailles, 29 oct. 2019, n° 18/05571, JurisData n° 2019-019301.

[183] Cass. 1re civ., 5 janv. 2022, n° 20-17.325, JCP G 2022, chron. 467, n° 9, obs. Ph. Simler, JCP E 2022, act. 92, JCP N 2022, act. 227, RD bancaire et fin. 2022, comm. 49, obs. D. Legeais, D. 2022, Actu., p. 68 ; Cass. com., 6 juill. 2022, n° 20-17.279, B, préc. ; CA Versailles, 29 oct. 2019, n° 18/05571, JurisData n° 2019-019301 : pour une demande en intervention forcée, v. *infra*, n° 59.

[184] V. pour les références, P. Simler, J. cl Civil, Art. 2288 à 2320, juin 2022, n° 33.

[185] Cass. 2e civ., 10 janv. 2013, n° 10-28735, Procédures 2013, comm. 63, note R. Perrot, D. 2013, p. 877, note P. Pailler, JCP G 2013, 436, note G. Guerlin.

[186] V. X. Marchand, J. Sérapionian, Fasc. 600-35 : Demande reconventionnelle – Droit à la demande reconventionnelle. – Droit de la demande reconventionnelle, réfondu par J. Théron, juill. 2017, n° 9 ; sur l'importance de la concentration des moyens en cautionnement, v. égal. V. Brémont et M. Bourassin, Les sûretés, Sirey, Université, 7e éd., 2019, n° 358.

58. Porteuse d'enjeux, la différence entre une prétention obtenant le simple rejet de la prétention du demandeur initial et celle qui en recherche un avantage distinct peut être en pratique ténue et délicate à apprécier, au point que certains auteurs distinguent entre demandes reconventionnelles pures et simples, sans incidence sur la demande initiale et demandes reconventionnelles hybrides, portant incidence sur cette dernière[187].

En déchéance

59. Dans certains cas, la demande en extinction de l'obligation peut être présentée par la même partie mais, dans le cadre d'une autre action qu'elle a déjà initiée. C'est ainsi que la révocation pour indignité peut être demandée par voie de conclusion additionnelle à une demande en partage[188]. L'hypothèse, comme la suivante, s'impose avec évidence.

60. Une configuration moins commune et plus complexe en fait peut également se présenter : une caution qui a payé la somme due par le débiteur assigne en justice pour contribution une autre caution, laquelle appelle alors le créancier en garantie[189] en invoquant trois déchéances, une disproportion des engagements de caution, un manquement de celui-ci à son devoir de mise en garde, ainsi qu'un défaut d'information annuelle des cautions. La réplique de la seconde caution défenderesse, poursuivie par la première caution *solvens* est une demande incidente en intervention forcée (art. 331 CPC), étendant les parties au litige et présentant un lien suffisant avec « les prétentions au litige » (art. 325 CPC). La Cour de cassation a ainsi approuvé la cour d'appel d'avoir retenu que la réplique était « une demande soumise à la prescription et non un moyen de défense[190] ».

61. La configuration la plus courante est certainement celle où, face à une demande en justice en paiement, le défendeur demande à être déchargé de tout ou partie de ce qui lui est demandé. Il s'agit alors d'une défense au fond[191], tendant au simple rejet de la demande en paiement, par exemple des intérêts et pénalités (sur le fondement de l'article 2302

---

[187] J. Héron, par T. Le Bars et K. Sahli, Droit judiciaire privé : Domat, Montchrestien, 7e éd. 2019, n° 116.

[188] CA Aix, 17 mars 1927, DH 1927, p. 329.

[189] V. sur une espèce qualifiée improprement d'appel en garantie alors qu'il ne s'agissait que d'une demande incidente inommée, Cass. com., 6 juill. 2022, n° 20-17.279, B, préc., et les obs. en ce sens de M. Mignot.

[190] Cass. 1re civ., 5 janv. 2022, préc.

[191] V. D. Legeais, La faute du créancier, moyen de défense de la caution poursuivie, LPA 5 mars 1997, p. 4.

C. civ.). Le défendeur se contente de faire échouer la demande en acceptant exactement le terrain de lutte proposé par le demandeur.

62. C'est pourtant cette même configuration, mais spécialement appliquée au contexte de cautionnement, soit mettant en scène un défendeur caution, qui réplique en imputant une faute au créancier, susceptible d'entrainer la déchéance des droits de ce dernier, qui a fait l'objet d'hésitations jurisprudentielles et de développements procéduraux originaux et parfois peu orthodoxes. Un arrêt de la chambre commerciale de la Cour de cassation de 1993 avait retenu de façon critiquable que la décharge, hormis celle liée au bénéfice de cession d'actions, ne pouvait être obtenue que par une demande reconventionnelle[192]. Six années plus tard, la même chambre considéra que « la caution qui demande à être déchargée de son obligation en raison de la faute commise (par le créancier)..., sans prétendre obtenir un avantage autre que le simple rejet de la prétention de son adversaire, peut procéder par voie de défense au fond ; qu'elle peut aussi, par voie de demande reconventionnelle, demander à être déchargée indirectement en sollicitant des dommages et intérêts, puis la compensation entre le montant de la dette et celui de ces dommages et intérêts »[193], conférant ainsi une sorte d'option à la caution entre défense au fond et demande reconventionnelle.

La méthode de la Cour, consistant à délivrer conseil sur la stratégie à employer, autant que le principe de l'option entre deux qualifications apparemment exclusives l'une de l'autre ont pu étonner. Pourtant, la qualification de demande reconventionnelle est exacte car elle est formulée en exploitant différemment les faits : « La caution ne se contente pas de dire qu'elle ne doit pas payer. En demandant la compensation, elle reconnaît au contraire qu'elle est débitrice. Surtout, ces dommages et intérêts ne sont pas réclamés en application du contrat de cautionnement mais en vertu d'une faute du créancier qui lui a causé un préjudice. Une telle demande aurait pu faire l'objet d'un procès autonome »[194].

---

[192] Cass. com., 16 mars 1993 : Bull. civ. IV, n° 102, JCP G 1993, IV, 1281, D. 1993, somm. p. 314 ; Dr. sociétés 1993, n° 109, obs. Th. Bonneau.

[193] Cass. com., 26 oct. 1999, n° 96-16.837, Bull. civ. IV, n° 182, JCP G 2000, I, 209, n° 6, obs. P. Simler, JCP G 2000, II, 10262, note D. Legeais, D. 2000, somm. p. 340, obs. M.-N. Jobard-Bachellier, RTD com. 2000, p. 157, obs. M. Cabrillac.

[194] V. X. Marchand, J. Sérapionian, réfondu par J. Théron, préc., n° 13.

La première chambre[195] puis une chambre mixte[196] se sont ralliées à ce raisonnement, qui n'est pas neutre du point de vue civil[197].

En compensation

63. La doctrine professe[198] que la réplique tendant à obtenir, au cours d'un procès déjà engagé, la compensation légale, serait toujours une défense au fond tandis que celle présentée aux fins de faire prononcer la compensation judiciaire serait toujours une demande reconventionnelle. Ces très nombreux auteurs ne fournissent pas d'explication sur cette double équation, l'affaire semblant entendue, un axiome. Faut-il y voir une application en amont de l'office du juge différencié en compensation légale et judiciaire, simple constatant dans le premier cas mais décideur et créateur de l'effet extinctif dans le second cas ? Les modalités de son office doivent-elles pour autant imprégner en amont la nature de la défense ? Il n'est pas du tout certain que ce soit l'élément déterminant de la qualification, ce dernier serait

---

[195] Cass. 1re civ., 4 oct. 2000, n° 98-10.075, Bull. civ. I, n° 233, JCP G 2000, IV, 2716, D. 2001, p. 698, obs. L. Aynès, RTD civ. 2001, p. 627, obs. P. Crocq.

[196] Cass. ch. mixte, 21 févr. 2003, n° 99-18.759, JCP G 2003, I, 176, n° 6, obs. P. Simler, JCP G 2003, II, 10103, note F. Boucard, RD bancaire et fin. 2003, comm. 69, RTD com. 2003, p. 353, obs. D. Legeais

[197] V. J-Cl., préc., article 2300, n° 74.

[198] V. X. Marchand, J. Sérapionian, Fasc. 600-35 : Demande reconventionnelle – Droit à la demande reconventionnelle. – Droit de la demande reconventionnelle, réfondu par J. Théron, juill. 2017, n° 28 : « L'article ne prévoit cette exception que pour la compensation judiciaire, car si les conditions de la compensation légale sont remplies, il ne s'agit plus d'une demande reconventionnelle mais d'une défense au fond qui n'est, en aucun cas soumise à l'exigence d'un lien suffisant avec les prétentions originaires » ; P. Malaurie, L. Aynes, et P. Stoffel-Munck, Droit des obligations, LGDG, 12e éd., 2022, n° 1193, p. 701 : « La compensation judiciaire doit nécessairement être demandée en justice et toujours au moyen d'une demande reconventionnelle (…) » ; N. Gerbay, Fasc. 900-95, Appel, Effet dévolutif. Prétentions nouvelles, n° 77 : « La compensation à laquelle l'article 564 du Code de procédure civile se réfère est la compensation judiciaire *(…)*. La partie qui se prévaut de la compensation légale, lorsque les conditions de celle-ci sont réunies, oppose simplement une défense au fond ; la compensation judiciaire implique que la partie qui s'en prévaut forme une demande reconventionnelle ; cette partie a donc la qualité de défendeur » ; A.-M. Tolédo-Wolfsohn, préc. n° 28, citant un arrêt de la Cour de cassation ; M. Douchy-Oudot, Demande reconventionnelle, Rép. Proc. civ., sept. 2017, spéc. n° 21 : « Le juge, en dehors de la compensation légale constituant une simple défense au fond… », l'auteur visant également la demande reconventionnelle en compensation comme l'une des quatre existantes ; plus nuancés, v. F. Chénedé, Y. Lequette, P. Simler, F. Terré, *op. cit.*, n° 1702, p. 1865.

plutôt fonction de l'objet de la demande initiale. En la matière, les configurations peuvent être complexes. Examinons-les en distinguant le cas de la compensation judiciaire et celui de la compensation légale.
64. *En compensation judiciaire*, si la demande initiale est d'obtenir la compensation car la dette du demandeur n'est pas exigible et si l'autre prétend en retour qu'il n'y a lieu à pas compensation judiciaire, il s'agit d'une simple défense au fond : le défendeur refuse simplement ce qui est sollicité par le demandeur.
Si, en revanche, la demande initiale est une demande en paiement et si le défendeur lui oppose la compensation, il sollicite l'extinction des deux créances à concurrence de la plus faible, soit bien autre chose que l'échec du paiement unique. En ce cas, la réplique est une demande reconventionnelle.
Imaginons une hypothèse plus alambiquée où le demandeur sollicite du juge le prononcé de la compensation judiciaire alors que toutes les créances sont certaines, réciproques, fongibles, liquides et exigibles. Si le défendeur rétorque qu'il n'y a pas de compensation judiciaire, faute des conditions, les demande et réplique se répondent parfaitement, de sorte que la réplique est une défense au fond. Si le défendeur réplique simplement qu'il n'y a pas compensation, l'adéquation n'est pas parfaite mais ce qui est recherché est bien fondamentalement la neutralisation de l'effet extinctif des créances, peu important son origine, donc une défense au fond. Si enfin, le défendeur dit en réponse qu'il n'y a pas de compensation judiciaire car la compensation légale a déjà joué, la qualification est plus délicate. Le défendeur ne veut pas ici faire échec au principe de compensation, il revendique même cet effet comme ayant déjà eu lieu mais il souhaite une modification du rôle du juge : que, de décideur, il passe à simple constatant avec concrètement une modification de la date d'effet de la compensation. Sans être une acceptation de la demande en extinction, la réplique reste un moyen de défense qui est bien autre chose que l'échec de la demande, soit une demande reconventionnelle.
65. *En compensation légale*, si une telle compensation est présentée par le biais d'une action déclaratoire, et si le défendeur se contente de soutenir qu'une telle compensation fait défaut, il présente un moyen de défense au fond. Si, en revanche à une demande de paiement (en exécution d'une obligation), le défendeur allègue la compensation légale des créances, il présente bien une contre-offensive en sollicitant l'extinction des deux dettes à concurrence de la plus faible, soit une demande reconventionnelle.

Souvent exacte, l'équation proposée ne résiste toutefois pas à l'analyse de ces différentes configurations procédurales.

ii. Office du juge au regard de la réplique

66. Le juge est tenu d'examiner la défense ou demande reconventionnelle. Il ne peut l'ignorer, doit statuer *omnia petita*, ni *infra*, ni *ultra* (art. 4 et 5 CPC)[199] et doit en tirer toutes les conséquences. Ainsi une cour d'appel qui a prononcé contre une banque la déchéance de son droit aux intérêts conventionnels ne doit pas condamner la caution à payer l'intégralité de la somme réclamée[200]. Pareillement, le juge ne peut se contenter de rejeter une demande reconventionnelle en compensation au motif que la créance invoquée ne serait pas sérieuse[201].

67. En outre, si l'examen de la réplique nécessite trop de temps et risque de retarder de façon excessive le prononcé du jugement sur le tout, le juge pourrait disjoindre l'instance et statuer d'abord sur la demande initiale, puis sur la demande incidente. Une telle possibilité est expressément prévue à l'article 70 CPC pour la demande reconventionnelle en compensation. Pour autant, il ne s'agit que du rappel du pouvoir général accordé au juge de disjoindre une instance (art. 367 CPC), de sorte qu'il nous semble qu'une telle faculté pourrait être également appliquée si la compensation est présentée par le biais d'une défense au fond et en dehors de l'hypothèse de la compensation, par exemple en déchéance. Les deux créances ayant un lien entre elles, il peut sembler difficile d'en scinder l'étude. La jurisprudence illustrative citée par les auteurs est extrêmement peu nourrie et relativement ancienne[202] ; c'est peut-être un signe que la faculté de disjonction est peu utilisée[203].

68. Saisi d'une prétention émise en demande ou défense, le juge dispose, selon les cas d'extinction de l'obligation, de pouvoirs inégalement étendus.

---

[199] Cass. 1re civ. 15 juin 2006, n° 15-20.79 : décision portant sur la compensation, en double visa les art. 4 et 5 CPC.

[200] Cass. com., 2 nov. 2016, n° 14-29.723, Bull. civ. IV, n° 134, JCP G 2017, chron. 511, n° 7, RD bancaire et fin. 2017, comm. 16, obs. D. Legeais, D. 2016, p. 2276, Gaz. Pal. 2017, 1, p. 490, obs. M. Bourassin.

[201] Cass. com., 25 juin 1980, Bull. civ. I, n° 312.

[202] TGI Lyon, 22 janv. 1976, JCP G 1976, IV, 386 ; Cass. 1re civ., 8 nov. 1954, Bull. civ. I, n° 312 ; Cass. com., 12 mars 2002, n° 00-10.146.

[203] V. toutefois, sans que cela ne constitue un élément du litige, une disjonction en compensation judiciaire : V. Cass. com., 6 juill. 2022, n° 20-17.279, B, préc.

B. LA VARIABLE : L'ÉTENDUE DIFFÉRENCIÉE DES POUVOIRS DE CONTRÔLE DU JUGE

69. Le juge s'affirme comme le serviteur polymorphe de l'extinction de l'obligation. L'appréciation des conditions de l'extinction peut déjà s'avérer plus ou moins libre ou bridée (1). Et une fois ce contrôle effectué, les pouvoirs du juge oscillent encore entre faculté et obligation de statuer sur l'extinction (2).

1) Appréciation libre ou bridée des conditions de l'extinction

70. La distinction mode légal/ mode judiciaire d'extinction n'est pas opérante pour expliquer l'appréciation libre ou bridée du juge sur les conditions d'extinction de l'obligation. Elle joue seulement pour éclairer la liberté du juge de fixer la date de l'effet extinctif en compensation judiciaire, à l'inverse de la compensation des dettes connexes et de la compensation légale[204].

La liberté d'appréciation du juge dépend donc essentiellement du contenu de la loi, si celle-ci s'abandonne ou non au juge en créant des règles de droit qui comportent une large part d'indéterminé, des standards juridiques, invitant le juge à porter une appréciation. « La législation contemporaine, de moins en moins sûre d'elle-même, (...) délègue au juge son autorité normative, en lui laissant le soin de définir, cas par cas, la norme de référence, et même la « normalité »[205].

Connexité, indignité, motif légitime d'ignorer, obérer gravement, faute... : la multiplication des standards a été constatée durant toute cette étude sur l'extinction de l'obligation.

71. Autre versant d'une même réalité, l'appréciation libre ou bridée dépend également de la complétude et de la technicité des textes régissant l'extinction de l'obligation. Lorsque le texte est très complet et précis, il exclut toute marge de manœuvre du juge.

Ainsi, en compensation légale, l'article 1347-3 C. civ. qui dispose « Le délai de grâce ne fait pas obstacle à la compensation » écarte-t-il toute intervention judiciaire contraire. Le même juge n'a également aucune marge de manœuvre quand il constate l'existence d'une créance insaisissable (art. 1347-1) : il doit refuser de constater la compensation. En revanche, quand le texte présente des lacunes, le juge gagne naturellement en pouvoir d'appréciation. Ainsi, dans la décharge de l'article 786 C. civ., concernant l'héritier, même si le texte ne le dit pas

---

[204] V. *supra*, n° 37.

[205] L. Aynès, préc., II. A.

expressément, une telle décharge ne peut être obtenue qu'au regard des facultés personnelles de l'acceptant. Tant que l'actif successoral est encore apte à acquitter la dette, il doit y être pourvu sans décharge possible et le juge ne doit pas la prononcer[206]. Imprécis et défectueux, l'article 1387-1 C. civ., portant décharge des dettes au conjoint qui ne conserve pas le patrimoine professionnel, a pu faire naitre de nombreux doutes, notamment sur l'objet de la « charge exclusive », invitant le juge à interpréter le texte, ce qu'il fit en faveur de « la contribution aux dettes consenties dans le cadre de la gestion d'une entreprise », et non de l'obligation aux mêmes dettes[207]. Le même texte de l'article 1387-1 C. civ. est muet quant aux critères dont disposerait le juge pour accorder ou non la décharge. La Cour de cassation en 2018[208] a reconnu un pouvoir souverain des juges du fond en ce sens, ces derniers ayant en l'espèce retenu comme indices en faveur de la décharge les prélèvements annuels personnels disproportionnés au regard de la situation financière de l'entreprise, soit le comportement plus ou moins diligent ou imprudent de l'époux entrepreneur.

72. Enfin, l'arrêt de la première chambre civile de la Cour de cassation en date du 11 mai 2022[209], abondamment commenté, invite à s'interroger sur les limites du pouvoir du juge d'apprécier en opportunité les conditions de la compensation judiciaire. L'arrêt était relatif à la potentielle application en compensation judiciaire de l'article 1347-2 C. civ, qui dispose que « Les créances insaisissables et les obligations de restitution d'un dépôt, d'un prêt à usage ou d'une chose dont le propriétaire a été injustement privé ne sont compensables que si le créancier y consent ». La difficulté provenait notamment de la structuration de la compensation dans le code civil et de l'articulation

---

[206] CA Versailles, 22 sept. 2011, n° 10/01545 : JurisData n° 2011-019974.

[207] V. sur le rappel de l'hésitation, P. Simler, J.Cl Civil, Art. 1387-1, divorce, Sort des dettes professionnelles des époux, 2019, n° 4 et 17.

[208] Cass. 1re civ., 5 sept. 2018, n° 17-23.120, JCP G 2018, chron. 1355, n° 13, obs. A. Tisserand-Martin, D. 2018, p. 2292, note B. Lotti, Dr. famille 2018, comm. 262, obs. S. Torricelli-Chrifi, AJ fam. 2018, p. 610, obs. S. Thouret, RTD civ. 2018, p. 959, obs. M. Nicod, RTD com. 2019, p. 164, obs. A. Lecourt.

[209] Cass. 1re civ., 11 mai 2022, n° 21-16600, B, JCP G 2022, doctr. 864, obs. G. Loiseau, D. 2022, Jur., p. 1300, note P. Bouathong, Contrats, conc. consom. 2022, comm. 111, obs. L. Leveneur, JCP E 2022, 1261, note J.-D. Pellier, LEDC juin 2022, n° DCO200w4, spéc. p. 4, obs. L. Molina, GPL 14 juin 2022, n° GPL436z6, spéc. p. 21, note M. Mignot, Dalloz actualité, 17 mai 2022, obs. C. Hélaine. RTD 2023, n° 200v3, obs. A. Hontebeyrie.

des textes en cette matière puisque l'article 1347-2 figure dans la sous-section 1, intitulée « Règles générales », comprenant les articles 1347 à 1347-7 alors que sa cible d'application, la compensation judiciaire, est régie à la section suivante, dédiée aux « Règles particulières » et dotée des articles 1348 à 1348-2. Réaffirmant une solution ancienne, bien antérieure à la réforme[210], la Cour de cassation refuse d'appliquer l'article à la compensation judiciaire, reconnaissant ainsi l'autonomie de cette dernière au regard de la compensation légale, soumise au texte litigieux. Dans une espèce de succession où la concubine et la fille du *de cujus* se déchiraient, la concubine reprochait à la fille d'occuper sans droit ni titre une maison dont elle était devenue propriétaire. Elle assigne alors en expulsion et en indemnisation la fille, qui, par voie reconventionnelle, sollicite du juge la compensation entre, d'une part, les sommes dues par elle au titre de l'indemnité d'occupation et, d'autre part, celles dues par la concubine à raison du recel successoral. La cour d'appel estime que la créance d'indemnité d'occupation de la concubine du défunt procédait d'une chose « dont (elle), propriétaire a été injustement dépouillé(e) », (termes repris de l'ancien article 1293 al. 1 sur les créances non éligibles à la compensation, avant la réforme de 2016) et en conclut que la fille du défunt, débitrice de cette créance, ne pouvait se prévaloir de la compensation que si la concubine y consentait. A défaut d'avoir constaté un tel consentement en l'espèce, la cour a alors refusé la compensation et a même condamné la fille à payer à la concubine une indemnité mensuelle d'occupation. C'est dire si, par principe, la cour appliquait la règle de l'impossibilité de compenser une créance protégée à la compensation judiciaire, ce que la Cour a fermement rejeté.

73. Il en résulte que les pouvoirs d'appréciation du juge en compensation légale et judiciaire sont donc très différents : en compensation légale, le juge ne peut compenser avec une créance protégée que si le créancier y consent, et ce, même si la compensation lui parait opportune. Le défaut de consentement du créancier le bride. En compensation judiciaire, il peut prononcer la compensation à la demande du débiteur et contre le gré du créancier. Il s'agit bien d'une faculté et non d'une obligation : il n'accueillera une telle demande que s'il l'estime opportune, après avoir pesé le pour et le contre d'une telle

[210] Cass. 1re civ., 12 juill. 1956, n° 56-10.429, Bull. civ. I, n° 301, RTD. civ. 1956, p. 737, obs. H. Mazeaud et L. Mazeaud, RTD. civ. 1956, p. 762, obs. P. Hébraud.

compensation, notamment l'intérêt de neutraliser ainsi une créance protégée, qui n'est pas anodine. Son intervention se veut certes libératrice pour le débiteur[211] mais aussi protectrice des intérêts du créancier. Le juge saisi d'une compensation judiciaire doit intégrer lui-même ce paramètre dans sa décision globale, sans pour autant procéder d'office car si le défendeur ne soulève pas l'article, c'est bien parce que ce dernier n'est pas applicable.

74. Reste à envisager l'étendue du pouvoir d'appréciation en opportunité du juge en compensation judiciaire, brèche ouverte par le triomphe de la thèse autonomiste consacrée par cet arrêt. L'inapplication de l'article 1347-1 C. civ. à la compensation judiciaire emporte-t-elle avec elle l'inapplication d'autres articles, et si, oui, lesquels ? A notre sens, les conditions qui font l'essence même de la compensation[212], quel que soit son mode, légal, conventionnel ou même judiciaire, ne peuvent être remises en cause par le juge dans son contrôle[213], et ce, bien que leur siège se situe dans les règles générales. S'en tenir à la structuration des règles de la compensation comme seul critère de l'office du juge nous semble procéder d'un formalisme aveugle. Opportunité ne signifie pas dénaturation de l'opération de compensation. Le juge ne peut donc toujours pas compenser si une créance n'est pas certaine en son principe[214] (le texte de l'article 1248 pose d'ailleurs expressément qu'elle doit l'être : « quoique certaine ») et si les créances ne sont pas réciproques. La réciprocité demeurant exigée dans la compensation conventionnelle (art. 1348-2), alors même que les contractants se voient reconnaitre un assouplissement des autres conditions légales, pourquoi le juge pourrait-il passer outre ? Le juge ne devrait pas non plus pouvoir suppléer la condition de fongibilité. L'étendue de ses pouvoirs se concentrerait-elle sur l'inapplication des articles contenant des règles plus techniques (article 1347-7, -3, -4 C. civ.) ? Il est tout d'abord certain que l'article 1347-3 ne s'applique

---

211 V. *supra*, n° 35.

212 V. en ce sens F. Chénedé, Y. Lequette, P. Simler, F. Terré, *op. cit.*, n° 1702 p. 1866, pour qui « le juge ne peut suppléer qu'aux conditions de liquidité et d'exigibilité. La réciprocité, la fongibilité et la certitude sont au contraire, de l'avais unanime, des préalables communs à toute compensation non librement convenue » ; A. M. Tolédo, préc., n° 30.

213 En ce sens, J.-D. Pellier, note ss Cass. 1re civ., 11 mai 2022, n° 21-16.600, B, JCP E 2022, 1261.

214 V., avant l'arrêt de 2022, Com. 15 juill. 1975, Bull. civ. IV, n° 203.

pas : en compensation judiciaire, si le juge saisi d'une compensation judiciaire décide en opportunité de donner un délai de grâce, il condamne la compensation, qui précisément, consistait à rendre exigible une dette qui ne l'était pas. Le juge peut-il faire échec à la règle d'imputation des paiements et aux droits acquis par des tiers ? Ce serait pousser son intervention libératrice un peu loin.

2) Faculté ou obligation de statuer après examen des conditions de l'extinction

75. Jusqu'alors d'aucun secours pour répondre à nos questions[215], les éléments rédactionnels des articles sur les modes d'extinction de l'obligation peuvent ici aider : l'emploi du présent et du verbe devoir laisse entendre une obligation pour le juge de statuer ; l'utilisation du verbe peut décider[216]au présent ou futur, celui d'une faculté[217].

Dans la plupart des déchéances et en compensation judiciaire, le juge dispose d'une faculté de prononcer l'extinction. C'est dire qu'il jouit d'un pouvoir de décider en opportunité et équité, après examen des conditions, qui, en amont, nécessitent d'ailleurs souvent une appréciation libre. En revanche, si le juge considère que les conditions de la compensation des dettes connexes sont remplies, notamment la présence de la condition de connexité, il est tenu de constater cette compensation[218], sans aucune marge d'appréciation. Ses pouvoirs sont ici « strictement bridés »[219]. L'article 1848-1 C. civ. dispose ainsi : « Le juge ne peut refuser la compensation de dettes connexes au seul motif que l'une des obligations ne serait pas liquide ou exigible ».

Bien que le code soit silencieux à cet égard, il faut considérer que l'office du juge est identique en compensation légale : après avoir vérifié l'existence de deux créances certaines, réciproques, fongibles, liquides et exigibles, le juge doit constater, sans marge d'appréciation, l'existence d'une telle compensation, qui a d'ailleurs déjà produit ses effets. C'est le jeu de l'automaticité.

76. Toutefois, comme l'ont fait remarquer certains auteurs[220], la consécration légale de la jurisprudence antérieure sur l'office du juge

---

[215] V. *supra* n° 14, 19 et 43.

[216] Art. 1787-1 C. civ. ; 207 C. civ. ; 341-48-1 C. consom.

[217] V. *supra*, n° 13 et les notes en bas de page.

[218] F. Chénedé, Y. Lequette, P. Simler, F. Terré, *op. cit.*, n° 1697.

[219] Y. Buffelan-Lanore, V. Larribau-Terneyre, *op. cit.*, n° 711 p. 230.

[220] Y. Buffelan-Lanore, V. Larribau-Terneyre, *op. cit.*, n° 713.

en compensation des dettes connexes[221] à l'article 1348-1 al. 1 C. civ. s'est accompagnée d'un léger changement rédactionnel, certainement porteur d'un changement substantiel dans l'étendue des pouvoirs du juge et d'une réduction de la portée de l'interdiction qui lui est imposée. Désormais, l'interdiction est moins forte : ce qui lui reste interdit c'est de refuser « aux seuls motifs » que l'une des obligations ne serait pas liquide ou exigible. C'est-à-dire que le juge pourrait refuser si, en plus de n'être ni exigible ni liquide, la créance était dépourvue d'autres conditions. Le juge conserverait donc un certain pouvoir d'appréciation et d'opportunité, si les créances sont connexes, que l'une n'est ni liquide ni exigible et de surcroit si elle n'est pas certaine ou si elle n'est pas réciproque. Toutefois, en dehors de l'hypothèse type de deux obligations réciproques nées d'un même rapport contractuel, les cas où le juge pourrait faire application de cette marge nous semblent rares.
La jurisprudence viendra certainement éclairer ce point de la réforme, de sorte que le duo juge-extinction de l'obligation n'a pas encore dit son dernier mot.

---

[221] V. Cass. 3e civ., 18 janv. 1967, D. 1967, 358, note Mazeaud ; 3e civ., 30 mars 1989, Bull. civ. III, n° 77 ; Com. 28 avr. 2009 ; Com. 30 juin 2009, JCP 2009, 228, n° 8, obs. G. Loiseau, RTD civ. 2009-4, p. 74, obs. B. Fages.

La spécificité de la dation en paiement

Jean-François HAMELIN

Une lacune de la réforme – Alors que l'ordonnance du 10 février 2016 fournissait l'opportunité au législateur de consacrer la dation en paiement dans le nouveau chapitre dédié aux modes d'extinction de l'obligation, celui-ci a choisi de maintenir le statu quo. En effet, à l'instar de l'ancien article 1243 du Code civil[222] interprété *a contrario*, le nouvel article 1342-4, alinéa 2, du Code civil prévoit que le créancier « peut accepter de recevoir en paiement autre chose que ce qui lui est dû ». Autrement dit, comme la dation en paiement peut se définir comme l'extinction d'une obligation par l'exécution d'une prestation différente de celle due[223], la loi se contente d'en admettre la possibilité sans pour autant la désigner expressément. Il y a là assurément une occasion manquée.

Reconnaissance doctrinale – Dans la perspective de la réforme du droit des obligations, la doctrine via le projet dit Catala avait pourtant pris le parti de reconnaître expressément la dation en paiement en la définissant dans un article 1223 de l'avant-projet. Ainsi, si le premier alinéa de ce texte prévoyait assez classiquement que « le créancier ne peut être contraint de recevoir une autre chose que celle qui lui est due, quoique la valeur de la chose offerte soit égale ou même plus grande », le second innovait en précisant que « néanmoins, les parties peuvent s'accorder pour que le paiement se fasse par la dation d'unc prcstation différente ». Plus généralement, il faut observer que, même si les analyses de sa nature juridique peuvent varier d'un auteur à l'autre, l'existence de la dation en paiement fait l'objet d'un consensus doctrinal[224].

---

[222] C.civ., art. 1243 : « *Le créancier ne peut être contraint de recevoir une autre chose que celle qui lui est due, quoique la valeur de la chose offerte soit égale ou même plus grande* ».

[223] V. F. Bicheron, La dation en paiement, 2006, Éd. Panthéon-Assas, préf. Grimaldi, n°646, p. 526.

[224] V. not. B. Fages, Droit des obligations, LGDJ, 12e éd., 2022, n°505 et s. ; J. Flour, J.-L. Aubert, E. Savaux, L. Andreu, V. Forti, Droit civil, Les obligations, Le rapport d'obligation, Sirey, 10e éd., 2022, n° 285 et s. ; J. François, Traité de droit civil, t. 4, Les obligations, Régime général, Economica, 6e éd., 2022, n° 139 et s. ; M. Julienne, Régime général des obligations, LGDJ, 4e éd., 2022, n° 546 et s. ; F. Terré, Ph. Simler,

Reconnaissance législative – Par ailleurs, même si l'expression « dation en paiement » ne figure pas dans le nouveau titre IV du Code civil consacré à l'extinction de l'obligation, elle est loin d'être inconnue de ce code, puisque l'article 832-1 évoque le règlement d'une soulte par la « dation en paiement sous la forme de parts du groupement foncier agricole » et que l'article 1581 traite de l'extinction d'une créance de participation par « la dation en paiement de certains biens de son conjoint ».

Au-delà du Code civil, les articles d'autres codes se référant expressément à la dation en paiement sont également nombreux. Ainsi, l'article L. 1111-5 du Code général de la propriété des personnes publiques dispose que « les biens mobiliers ou les immeubles dont la remise à l'Etat peut être effectuée à titre de dation en paiement sont énumérés au premier alinéa de l'article 1716 bis du code général des impôts ». Quant à ce dernier, il précise que « les droits de mutation à titre gratuit, l'impôt sur la fortune immobilière et le droit de partage peuvent être acquittés par la remise d'œuvres d'art, de livres, d'objets de collection, de documents, de haute valeur artistique ou historique, ou d'immeubles situés dans les zones d'intervention du Conservatoire de l'espace littoral et des rivages lacustres définies à l'article L. 322-1 du code de l'environnement dont la situation ainsi que l'intérêt écologique ou paysager justifient la conservation à l'état naturel ou d'immeubles en nature de bois, forêts ou espaces naturels pouvant être incorporés au domaine forestier de l'Etat ». L'offre de dation en paiement qui en résulte est, quant à elle, régie par les articles 384 A, 384 A bis et 384 A ter de ce même Code général des impôts. La dation en paiement de l'article 1716 bis du CGI est, en outre, encore évoquée par l'article R. 213-2 du Code forestier, R. 322-9 du Code de l'environnement et L. 122-1 du Code du Patrimoine.

Cette présence de la dation en paiement au sein de différents codes appelle deux observations. Premièrement, il est dommage pour ne pas dire paradoxal que la dation en paiement ne fasse pas l'objet d'une reconnaissance législative dans le titre IV du Code civil consacré au régime général des obligations alors que la notion se voit consacrée dans de multiples codes dont le Code civil lui-même. Deuxièmement,

---

Y. Lequette, F. Chénedé, Droit civil, Les obligations, Dalloz, 13e éd., 2022, n° 1422 et s.

cela apparaît d'autant plus regrettable que les articles précités renvoient à une conception étroite de la dation en paiement, puisqu'ils n'évoquent finalement que la dation d'une chose.

Conception large – D'ailleurs, lorsque le nouvel article 1342-4, alinéa 2, du Code civil prévoit que le créancier « peut accepter de recevoir en paiement autre chose que ce qui lui est dû », il semble lui aussi se référer à une conception translative et donc étroite de la dation en paiement. Pourtant, l'article 1223 de l'avant-projet Catala comme l'article 55 du projet de réforme du régime des obligations et des quasi-contrats soumis à consultation en 2011 par la Chancellerie évoquaient, quant à eux, l'exécution « d'une prestation différente », ce qui renvoyait à une conception large et partant plus moderne de la dation en paiement.
Une telle hésitation entre tradition et modernité se retrouve dans les droits étrangers, puisque le droit allemand retient une définition large de la dation en paiement[225], là où le droit québécois en adopte une conception translative et donc étroite[226].

Même si cette dernière est assurément la plus ancienne, elle doit être abandonnée au bénéfice de la conception large. En effet, rien ne justifie de restreindre la dation en paiement au transfert d'une chose, sauf à renouer avec une assimilation avec la vente à laquelle Domat avait procédé en son temps[227]. En effet, dès lors qu'il est communément admis aujourd'hui que la dation en paiement n'est pas une vente dont le prix serait acquitté par compensation avec une somme due antérieurement, une conception large doit être privilégiée, car celle-ci souligne mieux la spécificité de la dation en paiement. Cette dernière se caractérise par une équivalence satisfactoire établie entre la prestation due initialement et la prestation différente qui sera finalement exécutée. Or, si une telle équivalence peut bien évidemment exister entre une somme d'argent et la remise d'une chose, elle peut tout autant être reconnue entre une somme d'argent et une prestation de service. La doctrine ne s'y est d'ailleurs pas trompée, car elle retient très largement cette conception moderne de la dation en paiement.

---

225 BGB, art. 364.
226 CCQ [code civil du Québec], art. 1799.
227 J. Domat, Les loix civiles dans leur ordre naturel, livre IV, titre Ier, section II, n°12.

Spécificité de la dation en paiement – Toutefois, dans quelle mesure cette équivalence satisfactoire qui est au cœur de la dation en paiement entraîne la spécificité de cette notion ? La réponse à cette question est mitigée. En premier lieu, elle assure indéniablement la spécificité de cette notion (I) en permettant notamment de la distinguer clairement d'autres institutions du régime général de l'obligation. Mais en second lieu, il faut bien se résoudre à constater que la spécificité du régime de la dation en paiement demeure limitée (II).

I – La spécificité avérée de la notion

La spécificité de la notion de dation en paiement est avérée, car non seulement sa source est duale (A), ce qui souvent n'est pas assez souligné, mais aussi parce que sa nature est originale, en ce qu'elle se distingue clairement d'autres notions du régime général des obligations.

A – UNE SOURCE DUALE

La dation en paiement ne procède pas seulement du contrat, même s'il s'agit de sa source première, car celle-ci est parfois également prévue par la loi.

Le contrat – La dation en paiement nécessite, en principe, que le débiteur se propose d'exécuter une prestation différente, qu'il considère néanmoins comme équivalente à celle qu'il doit, et que le créancier accepte une telle équivalence satisfactoire[228]. C'est pourquoi la dation en paiement procède, en principe et le plus souvent, d'une convention. Néanmoins, comme la doctrine insiste généralement sur l'instantanéité de la dation en paiement[229], une telle convention ne retient guère l'attention. Sous cet angle, la dation en paiement n'est, en effet, conclue que pour être immédiatement mise en œuvre. Mieux, c'est parfois la mise en œuvre même de la dation en paiement qui révèle que cette dernière a été conclue tacitement. Dans ces conditions, l'exécution de la prestation équivalente tend naturellement à éclipser la convention qui permet à cette prestation d'avoir un effet extinctif, à savoir la convention de dation en paiement.

---

[228] C. civ., anc. art. 1243, devenu C. civ., art. 1342-4.

[229] F. Bicheron, thèse préc., n° 45 ; L. Andreu et N. Thomassin, Cours de droit des obligations, Gualino, 3e éd., 2018, n° 2285.

Pourtant, dès lors que l'article 1342-4 dispose que le créancier « peut accepter de recevoir en paiement autre chose que ce qui lui est dû », rien ne s'oppose à ce qu'un créancier accepte de recevoir en paiement une prestation à exécution successive, future[230] ou à terme en lieu et place de la prestation ou somme qui lui est présentement due[231]. Dans ce cas, la convention de dation se dissocie chronologiquement assez nettement de son exécution. En outre, sans aller dans de telles hypothèses, il faut noter que le fait même que la jurisprudence admette la nullité[232] de la dation en paiement en révèle la nature contractuelle.

La loi – La dation en paiement ne procède cependant pas toujours d'un accord entre le débiteur et le créancier, car la loi autorise parfois le juge à l'imposer au débiteur, au créancier ou aux deux. Avant d'illustrer chacune de ces trois hypothèses, il faut observer que, dans tous les cas, il s'agit bien d'une dation légale en ce sens que le juge n'a pas le pouvoir d'imposer une dation en paiement si aucun texte ne lui arroge ce pouvoir.

Tout d'abord, le juge ordonne une dation que subit le débiteur quand il prononce l'attribution judiciaire d'un bien grevé d'une sûreté réelle au créancier garanti[233].

Ensuite, la dation peut également être subie par le créancier. Il en est ainsi lorsque l'article 1576, alinéa 2, du Code civil prévoit que l'époux débiteur d'une créance de participation, qui justifie de difficultés graves l'empêchant de s'en acquitter en argent, peut demander au juge de la régler en nature, c'est-à-dire par le transfert de propriété de l'un de ses biens.

Enfin, une dation peut parfois être imposée par le juge au débiteur comme au créancier. Tel est le cas lorsque le juge décide, en vertu de l'article 274, 2° du Code civil, que la prestation compensatoire due à l'un des époux sera acquittée par l'attribution de biens en propriété ou d'un droit temporaire ou viager d'usage, d'habitation ou d'usufruit.

---

[230] V. par ex. Cass., ass. plén., 22 avr. 1974, n° 71-13.450, Bull. ass. plén. n° 1 ; D. 1974. 613, note F. Derrida ; JCP 1974. II. 17876, note A. Bénabent.

[231] V. J. François, *op. cit.*, n°142.

[232] V. infra.

[233] V., pour le gage de meubles corporels, C. civ., art. 2347, al. 1er ; pour l'hypothèque, C. civ., art. 2451 ; pour le gage immobilier, C. civ., art. 2380.

De ce qui précède, il ressort incontestablement que la dation en paiement présente une source duale. Mais sa nature est-elle pour autant originale ? Après tout, d'autres institutions du régime général de l'obligation, telle la subrogation, présentent également une telle spécificité.

B – UNE NATURE ORIGINALE

L'originalité de la dation en paiement varie en fonction de l'analyse qui en est adoptée. C'est pourquoi celle-ci ne peut être appréciée qu'en distinguant les analyses rejetées de celle qui sera ici adoptée.

Les analyses rejetées – Les analyses rejetées en ce qu'elle nie la spécificité de la dation en paiement, à savoir l'équivalence satisfactoire établie entre la prestation initialement due et la prestation finalement exécutée, sont au nombre de quatre.

Tout d'abord, la plus ancienne[234] consiste à assimiler la dation en paiement à la conclusion d'une vente portant sur l'un des biens du débiteur dont le prix est immédiatement payé par compensation avec la dette de ce dernier[235]. Une telle assimilation est toutefois écartée par la Cour de cassation elle-même, puisque celle-ci décide que « *la dation en paiement* [est une] *cause d'extinction de la créance distincte de la compensation* »[236]. Cette solution peut être approuvée pour deux raisons. Premièrement, assimiler la dation à une vente suivie d'une compensation conduit nécessairement à adopter une conception translative et donc restrictive de celle-ci. Or, rien ne justifie que l'équivalence satisfactoire qui caractérise la dation en paiement ne puisse être établie qu'entre une somme d'argent et la remise d'une chose. Deuxièmement, l'assimilation ici dénoncée ne rend pas compte du régime de la dation en paiement. En effet, lorsque la dette à éteindre vient à être annulée, l'auteur de la dation va se voir restituer le bien donné[237]. En revanche, s'il l'avait réellement vendu et que sa créance de

---

[234] F. Bicheron, thèse préc., n° 124.

[235] Ph. Malinvaud, M. Mekki, J.-B. Seube, Droit des obligations, Lexisnexis, 16e éd., 2021, n° 937.

[236] Cass. com. 18 sept. 2012, n° 11-13.051, inédit.

[237] C.-E. Delvincourt, Cours de Code Napoléon, t. II, 1813, Guffier, p. 520 ; R.-J. Pothier, Traité du contrat de vente, n° 603.

prix ne pouvait plus se compenser avec une dette à éteindre par dation, l'auteur de celle-ci ne pourrait que réclamer le paiement de ce prix.

Ensuite, certains auteurs ont parfois été tentés de considérer que la dation en paiement constituait une novation[238]. Dans cette analyse, l'obligation ayant pour objet la prestation initialement due s'éteindrait afin qu'une obligation nouvelle dont l'objet serait différent s'y substitue et soit immédiatement exécutée. Là encore, une telle analyse ne peut être retenue, car elle nie frontalement la spécificité de la dation en paiement. Plus aucune extinction de l'obligation par l'exécution d'une prestation différente, critère retenu par la plus solennelle des formations de la Cour de cassation[239], ne peut effectivement être caractérisée, dès lors que le débiteur se contente d'exécuter la prestation qui constitue l'objet de la nouvelle obligation dont il est tenu.

De même, un raisonnement identique conduit à réfuter la conception qui consiste à voir dans la dation en paiement une modification de l'objet de l'obligation[240]. En effet, s'il était admis que l'obligation à éteindre subsiste et que seul son objet est modifié, son débiteur ne ferait que réaliser un paiement ordinaire en exécutant la prestation modifiée[241].

Enfin, la dation en paiement a encore pu être réduite à un mode particulier de paiement[242], voire à l'exécution par équivalent de l'obligation[243]. Toutefois, il ne saurait y avoir d'exécution par équivalent, car il n'y a exécution, c'est-à-dire paiement, que si la prestation qui constitue l'objet même de l'obligation est accomplie. En revanche, il peut parfaitement se concevoir une satisfaction par équivalent, c'est-à-dire une satisfaction du créancier par l'exécution

---

238 A. Bénabent, Droit civil. Les obligations, LGDJ, 19e éd., 2021, n° 803 ; J. François, *op. cit.*, n° 142.

239 Cass., ass. plén., 22 avr. 1974, n° 71-13.450, préc.

240 A. Ghozi, La modification de l'obligation par la volonté des parties. Étude de droit civil français, 1980, Bibl. dr. pr., t. 166, LGDJ, préf. D. Tallon, n° 241 s. ; D. Hiez, La nature juridique de la dation en paiement. Une modification de l'obligation aux fins de paiement, RTD civ. 2004, p. 199 s. ; L. Le Mesle, avis sous Cass., ass. plén., 7 déc. 2015, Bull. Joly Entrep. diff. 2016, p. 25 s., spéc. n° 6 ; G. Marty, P. Raynaud et Ph. Jestaz, Droit civil, Les obligations, t. 2 : Le régime, Sirey, 2e éd., 1989, n° 446.

241 Rappr. F. Terré, Ph. Simler, Y. Lequette, F. Chénedé, *op. cit.*, n° 1423 *in fine*.

242 A. Sériaux, Conception juridique d'une opération économique : le paiement, RTD civ. 2004, p. 225 s., spéc. p. 236 et 238.

243 Pour une présentation de cette analyse, v. not. F. Bicheron, thèse préc., n° 160 s.

d'une prestation différente de celle qui lui est due, mais qu'il considère comme équivalente. Autrement dit, « *la dation requiert un élément étranger au mécanisme du paiement, à savoir la convention en vertu de laquelle le créancier accepte de considérer comme satisfactoire une prestation pourtant non conforme à celle qui lui était due* »[244].

L'analyse adoptée – Comme cela a déjà été plusieurs fois souligné, la spécificité de la dation en paiement tient à l'équivalence satisfactoire sur laquelle elle repose et qui explique pourquoi l'exécution d'une prestation différente de celle qui constitue l'objet de l'obligation peut néanmoins éteindre cette dernière. Pour autant, il ne s'agit pas ici de défendre l'autonomie de la dation en paiement, ce qui n'éclairerait en rien sa nature[245].

Bien au contraire, il convient de rapprocher la dation en paiement de l'obligation facultative[246], puisque celle-ci implique également une équivalence satisfactoire. Pour rappel, l'article 1308, alinéa 1er, du Code civil dispose que « l'obligation est facultative lorsqu'elle a pour objet une certaine prestation mais que le débiteur a la faculté, pour se libérer, d'en fournir une autre ».

Certains auteurs objectent néanmoins que « la dation doit également intervenir après la formation du contrat. Il n'y a pas dation lorsque, dès le départ, il a été prévu qu'un débiteur pourrait fournir une autre prestation. Ainsi, lorsqu'un [débiteur] se voit accorder par contrat la possibilité de s'exécuter soit en restituant une chose, soit en payant une somme d'argent, et qu'il choisit la seconde option plutôt que la première, il n'y a pas dation, mais paiement d'une obligation facultative »[247]. Dans une édition précédente, les mêmes auteurs écrivaient que « dans l'obligation facultative (…), la prestation différente est prévue dès l'origine (…) [alors que] la dation en paiement consiste dans l'exécution d'une prestation différente de celle prévue

---

[244] J. François, *op. cit.*, n° 141, p. 137.

[245] Rappr. J. Flour, J.-L. Aubert, E. Savaux, V. Forti, L. Andreu, *op. cit.*, n° 287 *in fine*.

[246] Comp. Cass. 3e civ., 23 févr. 2017, n° 15-29.351, inédit.

[247] L. Andreu et N. Thomassin, Cours de droit des obligations, Gualino, 3e éd., 2018, n° 2286.

à l'origine, à la suite d'un nouvel accord des parties »[248]. La distinction serait donc essentiellement chronologique.
L'objection est éclairante, mais elle ne paraît pas décisive. Elle est éclairante, car elle souligne le fait que la dation en paiement semble présupposer que l'objet de l'obligation à éteindre ne portait initialement que sur une prestation. À ce titre, la dation en paiement apparaît effectivement comme une réponse à une difficulté survenue postérieurement à la naissance de l'obligation. Pour autant, elle ne semble pas décisive, car, sauf à ajouter à la définition posée par l'article 1308, il est bien difficile de voir ce qui interdirait aux parties ou au juge, si la loi l'y autorise, de modifier une obligation simple afin que celle-ci devienne facultative. Autrement dit, si l'exécution d'une obligation facultative ab initio ne correspond vraisemblablement pas à une dation en paiement, il en va différemment en présence d'une obligation devenue a posteriori facultative afin que le débiteur puisse se libérer par l'exécution d'une prestation différente de celle qui était initialement due.

Bien que la spécificité de la notion de dation en paiement ainsi comprise soit avérée, la spécificité de son régime n'en demeure pas moins limitée.

II – La spécificité limitée du régime

La spécificité du régime de la dation en paiement est limitée, car sa banalité (A) l'emporte sur sa singularité (B).

A – LA BANALITÉ

La banalité du régime de la dation en paiement peut s'apprécier tant au regard du droit des obligations que du droit de la vente, quand la dation est translative.

Au regard du droit des obligations – Le régime de la dation ne présente a priori guère d'originalité au regard du droit des obligations. Ainsi, en dehors des hypothèses de dation légale, l'existence d'un acte

---

[248] L. Andreu et N. Thomassin, *Cours de droit des obligations*, Gualino, 3e éd., 2018, n° 2025.

juridique portant dation en paiement doit être établi[249] et la charge de la preuve d'un tel accord de volontés incombe logiquement au débiteur qui se prétend libéré par la prestation qu'il a exécutée[250]. En outre, conformément au second alinéa de l'article 1113 du Code civil, qui prévoit que la volonté de contracter « peut résulter d'une déclaration ou d'un comportement non équivoque de son auteur », « le consentement du créancier à une dation en paiement peut être tacite »[251]. Aussi banale soit elle au regard du droit des contrats, une telle solution est particulièrement pratique dans le contexte de la dation en paiement, car celle-ci constitue souvent une réaction à une difficulté d'exécution de la prestation initialement due. Sans que l'accord ne soit alors nécessairement constaté par écrit, le débiteur peut alors spontanément proposer la remise d'une chose que le créancier va accepter en se contentant de prendre possession de celle-ci. En outre, le consentement des parties à la dation en paiement doit, comme dans tout contrat, être intègre, c'est-à-dire ne pas être vicié par une erreur sur les qualités essentielles de la prestation nouvelle[252], un dol ou une violence[253]. À l'inverse, conformément au droit commun, une erreur sur la valeur ne saurait être sanctionnée[254]. De même, au regard du régime général de l'obligation, « la dation en paiement, comme le paiement lui-même, peut être à terme »[255] ou conditionnelle[256]. Surtout, elle permet, comme le paiement ordinaire, de payer la dette d'autrui[257]. Reste à savoir si la dation en paiement de la dette d'autrui permet au solvens de se prévaloir d'une subrogation personnelle, ce qui n'a rien d'évident sachant que la subrogation est toujours censée avoir lieu à concurrence du paiement réalisé et n'a qu'une finalité restitutoire. Il faut donc attendre la réponse de la jurisprudence, pour savoir si le régime de la dation en paiement se singularise sur ce point ou non.

[249] Cass. 3e civ., 13 avr. 2005, n° 04-10.774, inédit ; RTD civ. 2005. 783, obs. J. Mestre et B. Fages ; Cass. 1re civ., 11 févr. 2015, n° 13-27.923, Bull civ. I, n° 34 ; AJ fam. 2015. 238, obs. J. Casey ; JCP 2016. 134, n° 5, obs. R. Le Guidec.
[250] Cass. 3e civ., 13 avr. 2005, n° 04-10.774, préc.
[251] Cass. 1re civ., 21 nov. 1995, n° 93-16.554, inédit titré, CCC 1996. 18, note L. Leveneur ; RTD civ. 1996. 617, obs. J. Mestre.
[252] CA Paris, 9 avr. 2004, RTD civ. 2004, p. 514, obs. J. Mestre et B. Fages.
[253] V. *a contrario* Cass. 3e civ., 12 mai 1998, n° 96-15.968, inédit.
[254] CA Versailles, 8 juin 2007, RG n° 06/02720.
[255] Cass. 3e civ., 12 janv. 1988, n° 86-14.562, Bull. civ. III, n°5.
[256] Cass. com. 3 mars 1992, n° 88-19.290, inédit.
[257] Cass. 3e civ., 5 avr. 1968, n° 64-13.222, Bull. civ. III, n°161.

Au regard du droit de la vente – Lorsque la dation est translative, c'est cette fois au regard du droit de la vente que le régime de la dation en paiement apparaît banal. Cette banalité est justifiée tantôt par le transfert de propriété, tantôt par l'équivalence satisfactoire sur laquelle repose la dation.
Le fait que la dation en paiement d'une chose opère transfert de propriété de celle-ci conduit à adopter des solutions relativement classiques en matière de vente. Ainsi, la dation en paiement d'une chose suppose pour être régulière que le débiteur soit propriétaire de cette dernière[258], ce qui conduit à penser que les solutions dégagées à propos de l'article 1599 du code civil relatif à la vente de la chose d'autrui sont ici transposables. De même, le débiteur doit logiquement avoir la capacité de disposer pour conclure une telle dation et le transfert de propriété a lieu très banalement dès l'échange des consentements[259]. Toutefois, comme en matière de vente, le principe du transfert solo consensu connaît des exceptions. Tout d'abord, si la dation porte sur une chose fongible, le transfert de propriété n'a lieu qu'à partir du moment où celle-ci est individualisée[260]. Ensuite, si la dation porte sur une chose future, le transfert n'a lieu qu'à partir du moment où la chose existe et est donc en mesure d'être délivrée[261]. Pour terminer, il faut également noter que selon la jurisprudence, « la dation en paiement étant un acte translatif à titre onéreux, son bénéficiaire peut exercer l'action en garantie pour vice rédhibitoire »[262]. Mais au-delà de la garantie des vices cachés, ce sont aussi la garantie d'éviction[263] voire les dispositions relatives à la protection des acquéreurs immobiliers[264] qui s'appliquent à la dation translative, puisqu'elles constituent elles aussi un prolongement du transfert de propriété à titre onéreux.

---

[258] Cass. 3e civ., 23 mai 2000, n° 98-22.125, inédit.
[259] Cass 1re civ., 27 janv. 1993, n° 91-12.115, Bull. civ. I, n°39 ; JCP 1994. II. 22195, note I. Pétel-Teyssié ; JCP N 1993. II. 256, note L. Leveneur ; Defrénois 1993. 730, obs. J.-L. Aubert ; RTD civ. 1994. 132, obs. F. Zenati.
[260] Cass.com., 11 mai 2010, n° 09-12.102, inédit.
[261] Cass. 3e civ., 12 juill. 1976, n° 75-11.252, Bull. civ. III, n°311 ; Cass. 3e civ., 22 sept. 2010, n° 09-15.781, Bull. civ. III, n°170 ; RDC 2011. 472, note R. Libchaber ; RDI 2010, p. 558, obs. O. Tournafond.
[262] Cass. 1re civ., 18 nov. 1997, n° 95-20.471, inédit titré.
[263] V. implicitement Cass. 3e civ., 13 déc. 1968, n° 65-13.241, Bull. civ. III, n°552.
[264] En ce sens, v. J.-F. Hamelin, V° dation en paiement, Rép. civ., Dalloz, n° 32.

D'autres règles du droit de la vente s'appliquent à la dation en paiement en raison cette fois de l'équivalence que celle-ci permet d'établir entre la somme d'argent due par le débiteur et la chose qu'il remettra à titre de dation au créancier. En effet, c'est cette équivalence qui permet une analogie avec le prix de vente et qui explique que lorsque la dation porte sur un immeuble, la jurisprudence[265], approuvée par la majorité de la doctrine[266], admet que l'action en rescision pour cause de lésion de l'article 1674 du code civil lui est applicable. C'est elle aussi qui justifie que la dation en paiement puisse être soumise au droit de préemption du preneur à bail rural et peut-être plus largement aux droits de préemption, puisque, lorsque la dation en paiement d'une chose éteint une dette monétaire, le titulaire du droit de préemption peut verser au débiteur la somme nécessaire pour que celui-ci paie cette dette. De la même façon, c'est encore l'équivalence satisfactoire entre la somme due et la chose remise qui explique que la garantie de contenance des articles 1616 et suivants du Code civil puisse s'appliquer à une dation translative, en ce que cette garantie présuppose que le prix d'un immeuble ait été déterminé en fonction d'une mesure, soit proportionnellement[267].

Cette très large application des règles du droit de la vente à la dation translative peut néanmoins sembler constituer une singularité de la dation en paiement au regard des autres modes d'extinction de l'obligation. La singularité du régime de la dation en paiement est cependant sans doute ailleurs et réside dans les règles qui s'écartent du droit commun des obligations.

---

265 Cass. 1re civ., 19 févr. 1963, n° 61-11.788, Bull. civ. I, n°109 ; Cass. 3e civ., 4 juill. 1968, n° 66-10.521, Bull. civ. III, n° 324.

266 A. Colin et H. Capitant, Cours élémentaire de droit civil français, t. II, 6e éd., 1931, Dalloz, p. 512 ; B. Fages, *op. cit.*, n° 505 ; J. Flour, J.-L. Aubert, E. Savaux, V. Forti, L. Andreu, *op. cit.*, n°286 ; J. Ghestin, M. Billiau et G. Loiseau, Traité de droit civil, Le régime des créances et des dettes, 2005, LGDJ, n° 968 ; Ph. Malinvaud, M. Mekki, J.-B. Seube, *op. cit.*, n° 938 ; G. Marty, P. Raynaud et Ph. Jestaz, *op. cit.*, n° 445, p. 419. Contra F. Bicheron, thèse préc., n° 470 ; D. Léoty, La nature juridique de la dation en paiement. La dation en paiement, paiement pathologique ?, RTD civ. 1975. 12 s., spéc. n° 35, p. 37.

267 V. J.-F. Hamelin, V° dation en paiement, Rép. civ., Dalloz, n° 39.

B – LA SINGULARITÉ

La singularité du régime de la dation en paiement s'étant quelque peu réduite à l'occasion de la réforme des sûretés opérée par l'ordonnance du 15 septembre 2021, il convient de distinguer la singularité disparue de celle qui s'est maintenue.

La singularité disparue – Avant que l'ordonnance du 15 septembre 2021 ne parachève la réforme du droit des sûretés, le régime de la dation en paiement présentait une particularité notable, lorsque la dette éteinte par dation était garantie par un cautionnement. En effet, lorsque la dation en paiement est annulée ou résolue rétroactivement, l'extinction de la dette principale est censée ne plus avoir eu lieu et, par voie de conséquence, celle de ses accessoires dont les sûretés non plus. Toutefois, l'ancien article 2315 du Code civil prévoyait que « l'acceptation volontaire que le créancier a faite d'un immeuble ou d'un effet quelconque en paiement de la dette principale décharge la caution, encore que le créancier vienne à en être évincé ». Il s'agissait assurément d'une exception destinée à protéger la caution, afin que des incidents relatifs à une prestation différente de celle qu'elle avait accepté de garantir ne puissent lui être opposés. Une telle mesure de faveur n'a néanmoins pas été reprise aux articles 2313 et suivants de la nouvelle section consacrée à l'extinction du cautionnement, ce qui conduit la doctrine à en déduire son abandon et le maintien du cautionnement en cas d'annulation de la dation[268].

La singularité maintenue – La singularité du régime de la dation en paiement n'a cependant pas totalement disparue, puisqu'elle se maintient au moins sur deux points[269].

Tout d'abord, contrairement au paiement, la dation peut être contestée par la voie de l'action paulienne[270]. Il peut effectivement s'avérer suspect que le débiteur cherche à s'exécuter par l'exécution d'une autre prestation que celle due. Le recours à une dation sera d'ailleurs d'autant plus suspect s'il se double d'une certaine précipitation et que la dette

[268] V. not. J. François, *op. cit.*, n°142, note (1) ; M. Julienne, *op. cit.*, n°547.
[269] Un troisième pourrait être l'absence de subrogation personnelle en cas de dation en paiement de la dette d'autrui. Mais comme cela a été vu, ce point n'est pas tranché par la jurisprudence (v. supra n°16).
[270] Cass. Req. 24 janv. 1900, DP 1900. 1. 207.

à éteindre n'est pas exigible[271]. De même, une fraude est à craindre, lorsqu'un déséquilibre important existe entre le montant de la dette à éteindre et la valeur du bien remis à titre de dation[272] en paiement. En outre, considérant vraisemblablement que la dation en paiement est un acte à titre onéreux, la jurisprudence en protège le bénéficiaire en exigeant, conformément à ce que prévoit aujourd'hui l'article 1341-2 du Code civil, que celui-ci soit de mauvaise foi[273].

Ensuite, si la dation en paiement est analysée comme un contrat à titre onéreux, elle se trouve alors soumise au nouvel article 1169 du Code civil relatif à la contrepartie, notion qui remplace celle de cause de l'obligation. La dette à éteindre apparaît alors comme cette contrepartie de la même façon qu'elle était considérée hier comme la cause de l'obligation de celui qui réalise la dation[274]. Mais quid si cette dette n'a en réalité jamais existé ? A priori, la dation devrait être nulle et la prestation exécutée devrait faire l'objet d'une restitution. Hier, la jurisprudence affirmait toutefois que les restitutions consécutives à une nullité ne relevaient pas de la répétition de l'indu et, aujourd'hui, le nouvel article 1178 renvoie aux dispositions spécifiques que sont les articles 1352 et suivants, ce qui écartent là encore les règles relatives à la répétition de l'indu. Pourtant, singularité de la dation en paiement, la doctrine s'accorde pour reconnaître au débiteur s'étant libéré par dation d'une dette qui n'existait pas le bénéfice de l'action en répétition de l'indu[275]. La Cour de cassation ne s'étant jamais prononcée clairement[276] sur ce point, reste à savoir si cette spécificité sera consacrée ou si la banalité et le régime des restitutions consécutives à la nullité l'emporteront…

---

271 Cass. com. 1 juin 1960, n° 58-10.749, Bull. civ. I, n°212.

272 Cass. req. 11 mai 1868, DP 1868. 1. 456.

273 Cass. 1re civ., 19 janv. 1977, n° 75-14.274, Bull. civ. I, n°34.

274 V. not. A. Bénabent, *op. cit.*, n° 837 ; J. Ghestin, M. Billiau et G. Loiseau, *op. cit.*, n° 957.

275 V. not. F. Bicheron, thèse préc., n° 511 et s. ; B. Fages, *op. cit.*, n° 506 ; G. Marty, Ph. Raynaud et Ph. Jestaz, *op. cit.*, n° 445, p. 419 et les références citées.

276 V. Cass. com., 9 juill. 2019, n° 18-13.820, inédit : « *l'annulation de la dation en paiement avait pour effet de remettre les parties dans la situation antérieure à cet acte* ».

Les remises de dette

Karl LAFAURIE

1. Origines. Évoquée dans l'Ancien Testament[277] mais aussi dans les Évangiles[278], la remise de dette semble faire partie de ces actes naturels que le droit s'est contenté de traduire dans son langage, dans ses codes. Il n'est dès lors pas étonnant que ce mode d'extinction des obligations se retrouve dès l'ancien droit romain, l'entourant au départ de son formalisme caractéristique, mais abandonné plus tard[279].

2. Évolution. La simplicité de l'acte explique sans doute la stabilité de son régime juridique. L'Ancien droit confirme définitivement l'application du consensualisme à la remise de dette, ainsi que l'attestait POTHIER[280]. Comme à bien d'autres égards, cet auteur inspira le Code Napoléon pour la réglementation de la remise de dette qui devait alors être conventionnelle[281]. Ces textes n'ont guère posé de difficultés, ce qui explique que la réforme du 10 février 2016 n'eut d'autre objectif que celui de présenter la remise de dette d'une manière plus moderne et plus claire[282]. Si l'article 1234 ancien du Code civil, qui incluait la remise de dette parmi les causes d'extinction des obligations, a disparu, le plan du nouveau titre IV du Livre III du Code civil, sur le régime général des obligations, apporte un éclairage suffisant puisque c'est au sein du chapitre IV, intitulé « L'extinction de l'obligation », qu'a été édictée la section 4 relative à la remise de dette. Du reste, le nouvel article 1350 du Code civil a introduit une définition, tout à fait classique : « *La remise de dette est le contrat par lequel le créancier libère le débiteur de son obligation* ». Le caractère contractuel de la remise de dette est, de cette façon, rappelé, de même que son effet extinctif.

---

277 Deutéronome, chapitre 15.
278 Évangile selon Saint Matthieu, chapitre 18, versets 23 à 35 (parabole dite du « Serviteur impitoyable »).
279 V. J.-P. LEVY, A. CASTALDO, *Histoire du droit civil* : Dalloz, coll. « Précis », 2de éd., 2010, n° 717.
280 R.-J. POTHIER, *Traité des obligations*, 1764, Reprint Dalloz, 2011, n° 607.
281 Sur le rejet, par Pothier, de la remise unilatérale de dette : *ibid.*, n° 614.
282 V. N. PICOD, *Rép. civ. Dalloz*, v° « Remise de dette », 2018, n° 3.

3. Délimitation. Présentée dans un titre relatif au régime général de l'obligation, la remise de dette n'en demeure pas moins un contrat spécial dont l'effet catégoriel est l'extinction d'une obligation préexistante entre les parties, et qu'il convient de distinguer d'autres opérations. Au sein des contrats se traduisant par un certain appauvrissement au bénéfice d'autrui, la remise de dette ne doit pas être confondue avec la subvention : alors que la première, acte abdicatif, consiste en l'extinction d'un rapport d'obligation préexistant, la seconde, acte translatif, a pour conséquence de créer une nouvelle obligation de l'auteur de la subvention au bénéfice de celui qui la reçoit[283]. Il n'en reste pas moins que la remise de dette a pour objet une obligation, ce qui doit l'opposer à d'autres « remises ». Ainsi, la remise de solidarité, envisagée à l'article 1316 du Code civil, ne consiste qu'en une renonciation à une modalité particulière d'une obligation, à l'instar de la renonciation au bénéfice d'une condition. De même, ce qui est parfois appelé « remise de sûreté réelle » constitue une renonciation, non pas à une obligation, mais à un droit réel, simple accessoire d'une créance[284].

Par ailleurs, la remise de dette fait partie de ces modes d'extinction de l'obligation qui n'emportent pas satisfaction du créancier. Contrairement au paiement, à la compensation, mais aussi à la novation, la confusion ou la délégation, la remise de dette marque une extinction de l'obligation sans exécution et sans possibilité, pour le créancier, d'exiger à l'avenir l'exécution. Elle est ainsi parfois classée parmi les modes non satisfactoires d'extinction de l'obligation[285], avec la prescription ou encore avec les dispositifs de libération du débiteur prévus dans les procédures d'insolvabilité. La particularité de la remise de dette, par rapport à ces deux derniers modes d'extinction, est qu'elle a pour source la volonté du créancier qui accepte de voir la dette éteinte, sans avoir reçu l'exécution prévue *ab initio*.

---

[283] V. G. LAMOUROUX, *Les subventions aux entreprises privées, Contribution à l'analyse civile et fiscale de l'acte neutre*, thèse Bordeaux, 2021, n° 223 ; N. PICOD, *La remise de dette en droit privé*, thèse : Dalloz, 2013, n° 39.

[284] Bien qu'abrogé par l'ordonnance du 10 février 2016, l'ancien article 1286 du Code civil, selon lequel « *la remise de la chose donnée en gage ou en nantissement ne suffit point pour faire présumer la remise de dette* » posait une règle toujours d'actualité, mais qui ne nécessite pas d'être expressément édictée.

[285] V. par ex. F. TERRE *et alii*, *Droit civil. Les obligations* : Dalloz, coll. « Précis », 13e éd., 2022, n° 1753 et s. ; J. GHESTIN, M. BILLIAU, G. LOISEAU, *Traité de droit civil. Le régime général des créances et des dettes :* LGDJ, 2005, n° 1111 et s.

4. Discussions. Il faut reconnaître que la remise de dette est loin de constituer un morceau de bravoure du droit des obligations dès lors que sa conceptualisation n'a pas fait l'objet d'importantes controverses et que sa pratique ne semble guère donner lieu à des difficultés. Pour autant, la présentation de la remise de dette comme mode d'extinction des obligations n'est pas totalement dénuée d'incertitudes et de controverses. Selon le modèle classique, directement issu du Code civil, il n'existe qu'un mode volontaire d'extinction des obligations, non satisfactoire pour le créancier, procédant d'un contrat par lequel le créancier remet la dette du débiteur, qui l'accepte. Se trouve ici sans doute l'élément le plus discuté en la matière : la remise conventionnelle de dette est-elle le seul acte volontaire à même d'éteindre une dette ? L'acte juridique unilatéral, émanant de la seule volonté du créancier, peut-il, lui aussi, constituer une source d'extinction de l'obligation ? Cette remise unilatérale de dette constituerait alors un modèle concurrent de la remise conventionnelle de dette. Une autre concurrence peut également se trouver dans les effets qui pourraient être attachés à certains actes et qui se distingueraient de celui du modèle classique de la remise de dette : les remises non extinctives. C'est dire que la remise de dette comme mode d'extinction de l'obligation ne renvoie pas, aux yeux de tous, à une réalité unique, ce qui invite à confronter le modèle classique de la remise de dette (I) aux modèles concurrents (II).

I. Le modèle classique de la remise de dette

5. Une remise conventionnelle extinctive. Comme il a été annoncé, l'article 1350 du Code civil, issu de la réforme du 10 février 2016, donne une définition très claire de la remise de dette, en la présentant comme « *le contrat par lequel le créancier libère le débiteur de son obligation* ». Le verbe « libérer », ici employé, ne laisse guère de doute quant à l'effet de l'acte sur l'obligation du débiteur dans la mesure où la remise de dette est placée dans un chapitre intitulé « L'extinction de l'obligation »[286]. Il en résulte que la remise de dette, ainsi présentée dans le Code civil, s'inscrit toujours dans le modèle classique : il s'agit, d'une part, d'une remise conventionnelle (A) et, d'autre part, d'une remise extinctive (B).

---

[286] V. *supra*, n° 2.

A. UNE REMISE CONVENTIONNELLE

6. Caractères classiques d'un contrat. Faute de disposition particulière, la remise de dette présente les caractères classiques d'un contrat. Acte formé par le seul échange des volontés des parties, la remise de dette n'en doit pas moins respecter les règles exigées pour tout contrat. Il convient donc d'analyser successivement la conclusion de la remise de dette (1) puis la validité de la remise de dette (2).

1) La conclusion de la remise de dette

7. Source contractuelle. Si le doyen CARBONNIER a pu employer l'expression de « *remise de dette par le bienfait de la loi* »[287] pour viser les délais de grâce et les autres retranchements légaux d'obligations, la notion de remise de dette est, au sens du Code civil en tout cas, réservée à des actes juridiques[288]. S'agissant, aux termes de l'article 1350 du Code civil, d'un « *contrat* », la remise de dette doit bien résulter, conformément à l'article 1101 du Code civil, d'un accord de volontés entre deux personnes[289]. La remise de dette suppose alors, en application de l'article 1113 du Code civil, « *la rencontre d'une offre et d'une acceptation par lesquelles les parties manifestent leur volonté de s'engager* »[290], le terme « s'engager » devant être interprété de manière large et viser tout effet que l'article 1101 du Code civil attache à un contrat.

S'agissant du processus de formation du contrat de remise de dette, il peut être intéressant de relever que l'article L. 322-1 du Code de la consommation interdit tout intermédiaire, sauf ceux visés à l'article

---

[287] J. CARBONNIER, *Droit civil. Les biens. Les obligations* : PUF, coll. « Quadrige », 2004, n° 1269.

[288] Sur la question de savoir si la remise de dette peut être seulement formée par un acte juridique unilatéral, v. *infra*, n° 21 et s.

[289] La lecture de l'article 1101 du Code civil, selon lequel « *Le contrat est un accord de volontés entre deux ou plusieurs personnes destiné à créer, modifier, transmettre ou éteindre des obligations* » permet, au passage, de bien inclure la remise de dette dans la catégorie des contrats malgré l'absence de création d'obligations puisque l'extinction d'une obligation suffit pour qualifier un contrat.

[290] Sur la question de savoir si le silence du débiteur peut valoir acceptation, v. N. PICOD, *Rép. civ. Dalloz*, v° « Remise de dette », 2018, n° 35 et s.

L. 321-1[291], « *de se charger ou de se proposer moyennant rémunération : (...) 2° De rechercher pour le compte d'un débiteur l'obtention (...) d'une remise de dette* ». Cependant, l'acte annulé en violation de ce texte n'est pas la remise de dette, mais le contrat d'intermédiaire[292].

8. Cadre particulier des procédures collectives. Il est important de remarquer que les remises de dette sont souvent consenties, en pratique, dans un cadre particulier, celui des procédures d'insolvabilité. Conscients de l'impossibilité, pour leur débiteur, d'honorer toute sa dette, les créanciers préfèrent parfois en abandonner une partie plutôt que prendre le risque de tout perdre. L'hypothèse ici visée doit être distinguée de celle où la libération du débiteur est imposée par la loi, ce qui est notamment le cas dans la liquidation judiciaire, dont la clôture pour insuffisance d'actif emporte non reprise des poursuites des créanciers[293] ou encore dans le rétablissement professionnel[294] ou le rétablissement personnel[295], qui se soldent par l'effacement des dettes du débiteur. Mais si elles s'inscrivent dans le cadre d'un plan (plan de sauvegarde ou de redressement[296] pour les personnes morales ou entrepreneurs individuels, plan conventionnel de surendettement pour les particuliers[297]), ces remises de dette peuvent toujours être considérées comme des contrats dès lors qu'elles sont consenties par les créanciers[298]. Il est vrai, cependant, qu'en droit des entreprises en difficulté, le mode de formation de la remise est tout à fait particulier dans la mesure où le créancier peut être consulté par écrit et est considéré comme ayant accepté la remise de dette proposée s'il n'a pas répondu dans le délai de trente jours à compter de la réception de la

---

[291] Il en va ainsi notamment des avocats et des personnes nommées en tant que conciliateur ou mandataire *ad hoc* par un tribunal de commerce ou un tribunal judiciaire dans l'optique de la résolution de difficultés financières d'une entreprise.
[292] C. consom., art. L. 342-1.
[293] C. com., art. L. 643-11.
[294] C. com., art. L. 645-11
[295] C. consom., art. L. 741-2 et 742-22.
[296] C. com., art. L. 626-1 et s.
[297] C. consom., art. L. 732-1 et s.
[298] N'est pas évoqué le cas très particulier des remises décidées par les créanciers dans le cadre des classes de parties affectées (C. com., art. L. 626-29 et s.). C'est en effet un vote des créanciers qui décide du plan et qui peut avoir pour conséquence d'imposer aux minoritaires des remises de dette. Il est difficile d'y voir ici une véritable remise conventionnelle de dette de la part des créancier récalcitrants.

lettre du mandataire judiciaire[299]. Il est difficile d'y voir encore ici une remise conventionnelle de dette. Même lorsque la remise est consentie dans le cadre d'un plan par le créancier, la jurisprudence s'est montrée curieusement hostile à la qualification de remise de dette[300], ce qui est lourd de conséquences pour les cautions, l'exclusion de cette qualification excluant la libération de celles-ci[301].

9. Preuve. La qualification d'acte juridique de la remise de dette soumet cette dernière au régime probatoire particulier prévu à l'article 1359 du Code civil : une remise portant sur une somme excédant 1 500 euros[302] devra nécessairement être prouvée par écrit sous signature privée ou authentique[303]. Pour un acte aussi important, il y a lieu de penser que l'impossibilité morale de se procurer un écrit, prévue à l'article 1360 du Code civil, sera très difficile à établir. L'article 1376

---

[299] C. com., art. L. 626-5, al. 2.

[300] Pour le plan de redressement judiciaire, v. Cass. com., 17 nov. 1992, n° 89-14.997 : *JCP G* 1993, I, 3680, n° 7, note Ph. SIMLER ; *D.* 1993, p. 41, note D. VIDAL ; *Defrénois* 1993, art. 35531, p. 527, note J.-P. SENECHAL ; *RTD com.* 1993, p. 379, note A. MARTIN-SERF : « *il résulte de l'article 74 de la loi du 25 janvier 1985 que le jugement, arrêtant le plan de continuation, sans pouvoir imposer de remises, donne acte aux créanciers de celles acceptées par eux dans les conditions prévues aux deuxième et troisième alinéas de l'article 24 ; que les remises peuvent, le cas échéant, être réduites par le Tribunal ; (...) l'arrêt en déduit exactement que, malgré leur caractère volontaire, ces réductions de créances participent de la nature judiciaire des dispositions du plan arrêté pour permettre la continuation de l'entreprise, qu'en conséquence elles ne peuvent être assimilées aux remises conventionnelles de dette prévues par l'article 1287 du Code civil, et qu'en vertu de l'article 64 de la loi du 25 janvier 1985, les cautions solidaires ne peuvent s'en prévaloir* » ; pour le plan conventionnel de surendettement, v. Cass. civ. 1re, 13 nov. 1996, n° 94-12.856 : *D.* 1997. IR 141, concl. J. SAINTE-ROSE ; *RTD civ.* 1997. 1190, note P. CROCQ ; *JCP G* 1997. I. 4033, note P. Simler : « *malgré leur caractère volontaire, les mesures consenties par les créanciers dans le plan conventionnel de règlement, prévu par l'article L. 331-6 ancien du Code de la consommation, ne constituent pas, eu égard à la finalité d'un tel plan, une remise de dette au sens de l'article 1287 du Code civil* ». V. à ce sujet, E. NSIE, Les remises de dettes consenties aux débiteurs en difficultés : *Rev. proc. coll.* 1998, p. 138.

[301] Sur la libération des garants à la suite de la remise de dette, v. *infra*, n° 18. En matière de plan de sauvegarde ou de redressement, il est cependant prévu aujourd'hui, par la loi elle-même, que les garants personnes physiques peuvent se prévaloir des mesures prises dans le cadre du plan (C. com., art. L. 626-11, al. 2).

[302] D. n° 80-533 du 15 juillet 1980 pris pour l'application de l'article 1341 du code civil, art. 1er.

[303] Sauf à s'inscrire dans un rapport commercial, auquel cas l'article L. 110-3 du Code de commerce réinstaure la liberté de la preuve.

du Code civil, qui exige une mention écrite particulière en chiffres et en lettres, ne trouve pas, quant à lui, à s'appliquer à la remise de dette dans la mesure où ce texte vise seulement « *l'acte sous signature privée par lequel une seule partie s'engage envers une autre à lui payer une somme d'argent ou à lui livrer un bien fongible* »[304]. En revanche, même s'il devrait être très rare de constater une telle pratique, semble applicable à la remise de dette l'article 1342-9 du Code civil, selon lequel « *La remise volontaire par le créancier au débiteur de l'original sous signature privée ou de la copie exécutoire du titre de sa créance vaut présomption simple de libération* ». Il s'agirait là d'une hypothèse de remise tacite de dette, présumée par le fait que le créancier restitue au débiteur le titre. L'article 1286 du Code civil, dans sa version antérieure à la réforme de 2016, posait néanmoins une limite en prévoyant que « *La remise de la chose donnée en gage ou en nantissement ne suffit point pour faire présumer la remise de la dette* ». Ce texte, superfétatoire, a été supprimé, mais la règle qu'il pose demeure d'actualité.

10. Absence de formalisme en droit commun. La gravité des conséquences de la remise de dette n'a jamais conduit pour autant le législateur à en faire un acte solennel. De même, la jurisprudence considère que la remise de dette n'est pas, à proprement parler une donation, à tout le moins une donation directe[305], de sorte qu'elle échappe au formalisme imposé à l'article 931 du Code civil[306].

2) La validité de la remise de dette

11. Conditions de validité (consentement et capacité). En tant que contrat, la remise de dette doit répondre aux conditions de validité prévues aux articles 1128 et suivants du Code civil. S'agissant tout d'abord du consentement, aucune remarque particulière ne s'impose[307]

---

[304] Pour une interprétation stricte de ce texte, v. Cass. civ. 1re, 21 févr. 2006, n° 04-13.512 : *RTD civ.* 2006, p. 768, note J. Mestre et B. Fages.

[305] Il est vrai que si la remise de dette était une donation directe, l'extinction de l'obligation ne serait pas la conséquence de la remise de dette elle-même, mais de la compensation entre l'obligation née de la donation et l'obligation préexistante.

[306] Cass. civ. 2 avr. 1862 : *DP* 1863. 1. 454.

[307] Pour un exemple d'annulation, sur le fondement du dol, v. CA Paris, 3e ch., sect. B, 24 févr. 1983 : JurisData n° 1983-021448, cité par P. Simler, *J.-Cl. Civil Code*, art. 1350 à 1350-2, n° 27.

si ce n'est que la remise de dette peut être qualifiée de contrat *intuitu personae*, ce qui devrait justifier l'admission d'une erreur sur la personne.
En ce qui concerne la capacité des parties, la remise de dette est un acte de disposition[308] qu'un mineur ou un majeur sous curatelle ou tutelle ne peut accomplir seul. Plus avant, elle fait partie de ces actes graves dont l'accomplissement par le représentant légal de l'incapable est toujours impossible, solution assez raisonnable. En effet, l'article 387-2 du Code civil dispose que « *L'administrateur légal ne peut, même avec une autorisation : 1° Aliéner gratuitement les biens ou les droits du mineur* » tandis que l'article 509 indique, de manière encore plus claire, que « *Le tuteur ne peut, même avec une autorisation : 1° Accomplir des actes qui emportent une aliénation gratuite des biens ou des droits de la personne protégée (...) tels que la remise de dette (...)* ».

12. Conditions de validité (contenu licite et certain). Au titre de l'exigence d'un « contenu licite et certain », il apparaît assez logique que le contrat de remise de dette doive mentionner de manière suffisamment claire l'obligation dont le débiteur est déchargé. Même s'il a pu être défendu le contraire[309], il est difficile d'identifier ce qui pourrait interdire la remise d'une dette future, dès lors que celle-ci est déterminée, comme une dette de loyer à échoir. Si la renonciation, acte unilatéral aux effets plus incertains, est admise pour des droits présents, mais aussi des droits futurs[310], *a fortiori*, il doit en aller ainsi pour la remise de dette, acte bilatéral répondant directement aux règles contractuelles des articles 1101 et suivants du Code civil. Encore faut-il cependant que l'obligation dont la remise a pour effet de disposer, en l'éteignant, soit disponible. Tel ne devrait pas être le cas des obligations alimentaires[311], même si la jurisprudence admet leur cession lorsqu'elles sont échues[312]. En tout cas, il a été jugé plus récemment que « *les règles gouvernant l'obligation alimentaire étant d'ordre public, la renonciation expresse ou tacite, d'un parent au versement*

[308] V. A. BENABENT, *Droit des obligations :* LGDJ, coll. « Domat droit privé », 19e éd., 2021, n° 840.
[309] V. N. PICOD, *La remise de dette en droit privé*, thèse préc., n° 79.
[310] V. D. HOUTCIEFF, *Rép. civ. Dalloz*, v° « Renonciation », 2017, n° 28.
[311] V., déjà en ce sens, G. MARTY, P. RAYNAUD, P. JESTAZ, *Droit civil. Les obligations*, tome 2 - *Le régime* : Sirey, 2de éd., 1989, n° 311.
[312] Cass. civ. 1re, 15 mai 1973, n° 72-10.447 : *D.* 1973. 478, note B. V.

des arriérés dus au titre de la contribution à l'entretien et à l'éducation de son enfant est sans effet »[313].

Naguère soumise à l'exigence d'une cause réelle et licite, la remise de dette devrait aujourd'hui répondre à l'exigence de l'article 1162 aux termes duquel « *le contrat ne peut déroger à l'ordre public ni par ses stipulations, ni par son but, que ce dernier ait été connu ou non par toutes les parties* ». La fraude, qui peut être regardée comme un but illicite[314], constitue un vice affectant la validité de l'acte, tantôt sanctionné par l'inopposabilité[315], tantôt par la nullité, pour ce qui en particulier des actes accomplis durant la période suspecte d'une procédure collective[316]. Or la remise de dette peut constituer aisément une fraude aux droits de ses créanciers par l'appauvrissement qu'elle constitue et être ainsi sanctionnée[317].

Par ailleurs, la remise de dette est-elle soumise à l'article 1169 du Code civil, selon lequel « *un contrat à titre onéreux est nul lorsque, au moment de sa formation, la contrepartie convenue au profit de celui qui s'engage est illusoire ou dérisoire* » ? Cette question suppose de qualifier la remise de dette d'acte à titre gratuit ou onéreux. À cet égard, il semble acquis, à présent que la remise de dette peut aussi bien être l'un ou l'autre[318], ainsi que l'illustre l'hypothèse particulière, envisagée à l'article 1350-2 du Code civil, de la libération d'une caution en contrepartie du paiement d'une certaine somme[319]. Dans un contexte d'affaires, et notamment de difficultés économiques, il pourrait aussi être envisagé une remise de dette en contrepartie de la signature d'un contrat-cadre qui permet au créancier d'avoir l'espoir de bénéficier du retour à meilleur fortune du débiteur auquel il contribue, tout en s'assurant de conserver un partenaire commercial. Même si le cas

---

313 Cass. civ. 1re, 15 févr. 2012, n° 11-13.883 : *RTD civ.* 2012, p. 309, note J. HAUSER.

314 V. L. SAUTONIE-LAGUIONIE, *La fraude paulienne* : LGDJ, coll. « Bibliothèque de droit privé », Tome 500, 2008, n° 559 et s.

315 C. civ., art. 1341-2.

316 C. com., art. L. 632-1 et L. 632-2.

317 V. par ex., pour l'application des nullités de la période suspecte, Com. 2 oct. 2001, n° 98-19.694 : *Act. proc. coll.* 2001, comm. 237, note C. REGNAUT-MOUTIER ; *RTD com.* 2002, p. 164, note A. MARTIN-SERF.

318 V., en ce sens, N. PICOD, *Rép. civ. Dalloz*, v° « Remise de dette », 2018, n° 17 et s. ; J. GHESTIN, M. BILLIAU, G. LOISEAU, *Traité de droit civil. Le régime général des créances et des dettes*, *op. cit.*, n° 1217 ; J. Flour *et alii*, *Droit civil. Les obligations*, tome 3 – *Le rapport d'obligation* : Dalloz, coll. « Sirey université », 10e éd., 2022, n° 307.

319 V. M. JULIENNE, *Régime général des obligations :* LGDJ, 4e éd., 2022, n° 665.

devrait se présenter rarement, la remise pourrait très bien être annulée si la contrepartie se révèle illusoire, ce qui renvoie à un autre débat, tout aussi délicat[320].

B. UNE REMISE EXTINCTIVE

13. Une cause d'extinction d'obligation. Il ne fait guère de doute que la remise de dette éteint l'obligation qui en est l'objet, l'article 1350 du Code civil disposant que par cet acte, le créancier « *libère le débiteur de son obligation* ». L'effet principal, *inter partes*, est donc celui de l'extinction de l'obligation (1), mais, comme tout contrat, la remise de dette est opposable aux tiers et par les tiers, ce qui invite à en traiter les effets secondaires (2).

1) Effet principal

14. Un mode d'extinction autonome de l'obligation. Pour justifier le caractère nécessairement contractuel de la remise de dette[321], POTHIER écrivait que « *lorsqu'un créancier déclare qu'il fait remise à son débiteur de sa dette, ce n'est pas cette volonté absolue d'abdiquer sa créance qu'on doit supposer en lui, mais plutôt la volonté d'en faire don à son débiteur* »[322], pouvant laisser entendre alors que l'extinction interviendrait moins par la remise de dette elle-même quc par une sorte compensation[323]. Une doctrine, minoritaire, s'inscrit toujours dans cette manière de concevoir l'effet de la remise de dette, en soutenant que cette dernière opérerait une transmission de l'obligation[324]. Cette thèse n'a manifestement pas été suivie par les auteurs de l'ordonnance du 10 février 2016, la nouvelle définition de la remise de dette posée à l'article 1350 du Code civil attribuant à cet acte, sans détour, un effet libératoire pour le débiteur. Cette disposition est au demeurant cohérente avec la nouvelle définition du contrat, qui n'est plus simplement regardé

---

[320] V. F. TERRE *et alii*, *Droit civil. Les obligations*, *op. cit.*, n° 395 et s.

[321] Sur cette question, v. *infra*, n° XX.

[322] R.-J. POTHIER, *Traité des obligations*, *op. cit.*, n° 614

[323] L'auteur écrit, cependant, quelques pages avant, que « *toutes les dettes (...) s'éteignent de plein droit par la simple convention de remise de dette entre le créancier et le débiteur* » (*ibid.*, n° 607).

[324] F. ZENATI-CASTAING, T. REVET, *Cours de droit civil. Obligations. Régime :* PUF, 2013, n° 163 : « *La "remise" ne désigne pas, comme on le croit, le dégrèvement du débiteur consenti par le créancier, mais, dans un sens technique, une tradition translative* ».

comme un acte qui assujettit ses parties à des obligations, puisque son effet peut se limiter, aux termes de l'article 1101 du Code civil, à « *éteindre des obligations* ». La remise de dette est sans aucun doute le parangon de ces actes extinctifs. De fait, la remise de dette est un contrat qui ne suppose pas, à proprement parler, d'exécution, l'extinction intervenant de plein droit[325].
Il semble d'autant moins nécessaire de retenir l'effet translatif de la remise de dette que ce dernier n'est pas déterminant pour la qualification d'une libéralité. Il est vrai que la justice commande qu'une remise de dette, consentie à titre gratuit[326], donne lieu au jeu des mécanismes successoraux de rééquilibrage que sont le rapport et la réduction. Or il ne fait pas de doute que la remise de dette peut être qualifiée de donation indirecte[327] et être prise en considération au titre du rapport ou de la réduction[328], sans passer par la qualification, artificielle, d'un transfert.

15. Analyse quantitative : étendue de la remise. L'étendue quantitative de la remise de dette est librement déterminée par les parties dans le contrat. Pour éviter toute difficulté d'interprétation, les parties doivent mentionner de manière précise la dette en cause et le caractère partiel ou total de la remise. Il est bien évidemment possible, pour le créancier, de ne consentir qu'à une remise partielle de dette, ce qui est d'ailleurs le plus courant dans un contexte de procédure collective commerciale ou civile. Une remise partielle n'est cependant envisageable que lorsque l'obligation est divisible, ce qui n'est pas le cas des obligations de faire[329].
Étant éteinte, la dette n'est plus exigible et n'est plus en mesure de produire les intérêts qui avaient pu être éventuellement stipulés. *Quid* des intérêts échus ? Au-delà du caractère incertain de l'application, systématique, de la maxime « *accessorium sequitur principale* » aux

---

[325] V., déjà en ce sens, avant la réforme de 2016, N. PICOD, *La remise de dette en droit privé*, thèse préc., n° 525. L'auteur en tire un certain nombre de conséquences au sujet de la loi applicable à la remise de dette, en présence d'un élément d'extranéité (*ibid.*, n° 545 et s.).

[326] Sur le caractère gratuit ou onéreux de la remise de dette, v. *supra*, n° 12.

[327] Cass. civ., 2 avr. 1862 : *D.* 1863, 1, 454.

[328] V. B. STARCK, H. ROLAND, L. BOYER, *Droit civil. Les* obligations, tome 3 – *Régime général :* Litec, 6e éd., 1999, n° 454.

[329] V. N. PICOD, *Rép. civ. Dalloz*, *v°* « Remise de dette », 2018, n° 73.

intérêts des créances[330] qui, certes, sont des fruits de créances, mais s'en détachent[331], il serait excessif de retenir une interprétation extensive de la remise consentie par un créancier, avec pour résultat l'intégration dans la remise des intérêts produits par la dette[332]. En revanche, la sûreté réelle garantissant la dette constitue incontestablement un accessoire dont le sort sera scellé par la remise : l'accessoire « périt »[333] nécessairement ici avec le principal[334].

16. Analyse qualitative : subsistance d'une obligation naturelle. La doctrine considère majoritairement que la remise de dette fait disparaître tant l'élément *Shuld* que l'élément *Haftung* de l'obligation, de sorte qu'aucune obligation naturelle ne subsisterait[335]. Pourtant, cette solution ne tombe pas sous le sens. Il est d'abord loin d'être évident que le débiteur en difficulté, qui a bénéficié d'une remise de la part de son créancier, sans que cela constitue pour autant une gratification, n'a pas un devoir moral de rembourser sa dette dans

---

330 Le fait que le législateur prenne la peine de mentionner par exemple, en matière d'hypothèque, que la sûreté s'étend aux intérêts et autres accessoires de la dette (C. civ., art. 2390) ne révèle-t-il pas la nécessité de prévoir que les accessoires de la créance n'en suivent pas le sort en toute hypothèse ?

331 Plus avant, il est possible de se demander s'il s'agit véritablement d'un accessoire de la créance, notamment si l'on retient une conception fonctionnelle de l'accessoire (v. C. JUILLET, *Les accessoires de la créance*, thèse : LGDJ, coll. « Doctorat & Notariat », tome 37, 2009, n° 275 et s.). Pour une exclusion nette des intérêts de la qualification d'accessoire des créances, v. M. COTTET, *Essai critique sur la théorie de l'accessoire en droit privé*, thèse : LGDJ, coll. « Bibliothèque de droit privé », tome 544, 2013, n° 80 et s.

332 V., également en ce sens, N. PICOD, *La remise de dette en droit privé*, thèse préc., n° 496, s'appuyant sur le « *principe d'interprétation stricte des renonciations* ».

333 Pour reprendre la formule du professeur GOUBEAUX (G. GOUBEAUX, *La règle de l'accessoire en droit privé. Étude sur la maxime « accessorium sequitur principale »*, thèse : LGDJ, coll. « Bibliothèque de droit privé », tome 93, 1969, n° 41.

334 V., par ex., C. civ., art. 2474 : « *Les hypothèques s'éteignent notamment : 1° Par l'extinction de l'obligation principale (...)* ». Cependant, en cas de remise partielle, l'indivisibilité des sûretés réelles postulent leur maintien, pour le tout (pour l'hypothèque, v. C. civ., art. 2391), sauf pour l'hypothèque légale (C. civ., art. 2439). V., à ce sujet, N. PICOD, *la remise de dette en droit privé*, thèse préc., n° 510.

335 A. COLIN, H. CAPITANT, *Traité de droit civil*, t. 2, par JULLIOT DE LA MORANDIERE : Dalloz, 11e éd., 1959, n° 1579 ; P. SIMLER, *J.-Cl. Civil Code*, art. 1350 à 1350-2, n° 23 et 79. J. GHESTIN, M. BILLIAU, G. LOISEAU, *Traité de droit civil. Le régime général des créances et des dettes*, *op. cit.*, n° 1225 ; N. PICOD, *La remise de dette en droit privé*, thèse préc., n° 95 et s. (ce dernier auteur réserve cependant l'hypothèse des remises de dette consenties dans le cadre des procédures d'insolvabilité).

l'hypothèse où il retournerait à meilleure fortune[336], ce que confirme, d'une certaine manière, la pratique des clauses de retour à meilleure fortune qui vont plus loin en donnant un caractère civil à l'obligation de rembourser en cas de réalisation de la condition de retour à une situation financière saine[337]. Et même lorsque la remise de dette a été consentie à titre gratuit, il est difficile et discutable d'exclure la persistance d'une obligation naturelle et de qualifier le paiement qui interviendrait alors en retour comme une paiement indu. L'enjeu réside effectivement dans les effets juridiques du paiement d'une obligation ayant fait l'objet d'une remise de dette ou d'une promesse d'exécuter une telle obligation. Là encore, le cas de figure sera sans doute rare, mais il semble peu pertinent de refuser de reconnaître l'efficacité de ce paiement ou de cette promesse, puisque cela supposerait de n'admettre un transfert en retour que par une donation[338].

2) Effets secondaires

17. Effets à l'égard des codébiteurs. Si l'opposabilité de l'effet extinctif de la remise aux tiers pose essentiellement des questions du point de vue de la fraude aux droits de ces derniers[339], la faculté reconnue aux tiers d'opposer le contrat de remise de dette pour s'en prévaloir[340] trouve des manifestations plus nombreuses en pratique au sujet des garants et des codébiteurs de la dette objet de la remise. S'agissant tout d'abord des codébiteurs, la question de l'invocabilité par ces derniers de la remise dont bénéficie l'un d'entre eux revient à s'interroger sur le fait de savoir si la remise de dette accordée à l'un des codébiteurs libère, *ipso jure*, les autres. Une première chose est certaine : dans la mesure où les codébiteurs sont tenus d'une seule et même dette, l'extinction de cette dernière par une remise ne peut avoir d'effet relatif et ampute nécessairement, *a minima*, cette dette du quantum dont est tenu le codébiteur bénéficiant de la remise. Mais qu'en est-il lorsque le codébiteur est solidaire et se trouve donc tenu de toute la dette ? Si, en présence de codébiteurs, la dette est unique, il n'en

---

[336] V., à ce sujet, N. PICOD, *La remise de dette en droit privé*, thèse préc., n° 98.
[337] Sur ces clauses, v. *infra*, n° 31.
[338] *Comp.* F. ZENATI-CASTAING, T. REVET, *Cours de droit civil. Obligations. Régime*, *op. cit.*, n° 166, qui y voient une restitution, au créancier, par le débiteur, de la créance lui ayant été remise.
[339] V. *supra*, n° 12.
[340] C. civ., art. 1200, al. 2.

demeure pas moins qu'il existe une pluralité de liens d'obligations entre le créancier et les débiteurs, de sorte qu'il semble assez logique qu'en déchargeant l'un des débiteurs, le créancier entend renoncer, non pas à la dette entière, mais au lien qui l'unit avec l'un des débiteurs. La conséquence est que ce débiteur n'a plus de dette, mais les autres doivent logiquement rester tenus. Cette décharge de l'un des codébiteurs solidaires doit également avoir une incidence sur la dette elle-même si, d'un point de vue contributif, celui-ci était tenu d'une part de cette dette. Sans cela, les codébiteurs paieraient davantage que leur part et supporteraient, *in fine* les conséquences de la remise, en lieu et place du créancier. C'est ainsi que POTHIER invitait à interpréter la volonté du créancier et à considérer, en cas de doute, que celui-ci avait seulement renoncé à la part d'obligation incombant, du point de vue contributif, au débiteur partie à la remise[341]. Ce n'est pourtant pas cette solution qu'ont retenue les rédacteurs du Code Napoléon, puisque l'article 1284 disposait que « *la remise du titre original sous signature privée, ou de la grosse du titre, à l'un des débiteurs solidaires, a le même effet au profit de ses codébiteurs* », l'article 1285 ajoutant que « *la remise ou décharge conventionnelle au profit de l'un des codébiteurs solidaires, libère tous les autres, à moins que le créancier n'ait expressément réservé ses droits contre ces derniers* »[342]. Il est heureux que le législateur ait retenu, à l'issue de la réforme du 10 février 2016, la solution contraire. L'article 1350-1 du Code civil dispose désormais que « *la remise de dette consentie à l'un des codébiteurs solidaires libère les autres à concurrence de sa part* »[343]. Il convient de relever que la remise de dette accordée au codébiteur solidaire non intéressé à la dette ne déchargera pas, de la sorte, les codébiteurs[344].

18. Effets à l'égard des garants. La question se pose en des termes différents pour les garants qui sont tenus d'une autre dette que celle du débiteur bénéficiant de la remise. Si le garant est une caution, sa dette

[341] R.-J. POTHIER, *Traité des obligations*, *op. cit.*, n° 275.
[342] Texte dont on trouve un écho à l'article 1315 du Code civil (« *lorsqu'une exception personnelle à un autre codébiteur éteint la part divise de celui-ci, notamment en cas de compensation ou de remise de dette, il peut s'en prévaloir pour la faire déduire du total de la dette* »).
[343] La même logique s'impose au sujet de la solidarité active : selon l'article 1350-1, alinéa 2, « *La remise de dette faite par l'un seulement des créanciers solidaires ne libère le débiteur que pour la part de ce créancier* ».
[344] La remise de dette a ici le même effet qu'une remise de solidarité.

est l'accessoire de celle du débiteur et doit donc suivre le même sort[345]. Il serait d'ailleurs peu cohérent que le créancier puisse s'exonérer des conséquences de la remise de dette qu'il a lui-même consentie en demandant le paiement à la caution, dont le recours personnel conduirait à neutraliser les effets positifs de la remise pour le débiteur principal. En conséquence, l'article 1350-2, alinéa 1er du Code civil prévoit que « *la remise de dette accordée au débiteur principal libère les cautions, même solidaires* »[346]. À défaut de disposition contraire, la même règle s'impose pour les remises consenties dans le cadre d'un plan de surendettement[347]. Pour ce qui est des remises consenties dans le cadre du traitement des difficultés des entreprises, diverses dispositions, plus ou moins cohérentes, en organisent les conséquences à l'égard des garants. En cas de remise consentie à l'occasion d'une conciliation, l'article L. 610-10-2, alinéa 1er du Code de commerce dispose que « *les personnes coobligées ou ayant consenti une sûreté personnelle (...) peuvent se prévaloir (...) des dispositions de l'accord*

---

345 V. J. FLOUR *et alii*, *Droit civil. Les obligations*, tome 3 – *Le rapport d'obligation* : Dalloz, coll. « Sirey université », 10e éd., 2022, n° 309.

346 Pour les rapports entre les cautions solidaires, on retrouve une règle analogue à celle relative aux codébiteurs solidaires : selon l'article 1350-2, alinéa 2, « *La remise consentie à l'une des cautions solidaires ne libère pas le débiteur principal, mais libère les autres à concurrence de sa part* ».

347 Pourtant, une jurisprudence, un peu datée il est vrai, refusait de qualifier les abandons de créance consenties dans le cadre d'un plan de surendettement de remises de dettes, conduisant à exclure, pour la caution, le bénéfice de la remise (v. Cass. civ. 1re, 13 nov. 1996, n° 94-12.856 : *D.* 1997. IR 141, concl. J. SAINTE-ROSE ; *RTD civ.* 1997. 1190, note P. CROCQ ; JCP 1997. I. 4033, note P. SIMLER : « *malgré leur caractère volontaire, les mesures consenties par les créanciers dans le plan conventionnel de règlement, prévu par l'article L. 331-6 ancien du Code de la consommation, ne constituent pas, eu égard à la finalité d'un tel plan, une remise de dette au sens de l'article 1287 du Code civil* »). La question peut rebondir aujourd'hui au regard de l'article 2298 du Code civil, issu de la réforme du droit des sûretés du 15 septembre 2021. Si le premier alinéa de ce texte dispose que « *la caution peut opposer au créancier toutes les exceptions, personnelles ou inhérentes à la dette, qui appartiennent au débiteur, sous réserve des dispositions du deuxième alinéa de l'article 2293* », le second alinéa prévoit que « *toutefois la caution ne peut se prévaloir des mesures légales ou judiciaires dont bénéficie le débiteur en conséquence de sa défaillance, sauf disposition spéciale contraire* ». Ce nouveau texte amène alors à s'interroger sur la notion de « mesures légales ou judiciaire » et l'expression « dont bénéficie le débiteur en conséquence de sa défaillance ». Il est vrai que les remises sont consenties dans le contexte d'une procédure de surendettement, mais il est non seulement difficile d'affirmer que le débiteur en bénéficie « en conséquence » de sa défaillance, et encore moins aisé d'y voir une mesure légale ou judiciaire. La jurisprudence précédente devrait donc être abandonnée.

constaté ou homologué »[348]. En ce qui concerne les mesures du plan de sauvegarde ou de redressement judiciaire en revanche, qui peuvent comporter des remises de dette[349], l'article L. 626-11 du Code de commerce, après avoir prévu en son premier alinéa que « *le jugement qui arrête le plan en rend les dispositions opposables à tous* », précise, en son second alinéa, qu' « *à l'exception des personnes morales, les coobligés et les personnes ayant consenti une sûreté personnelle ou ayant affecté ou cédé un bien en garantie peuvent s'en prévaloir* ». Les garants personnes morales ne semblent donc en mesure de se prévaloir d'aucune disposition du plan, y compris les remises consenties, solution peu satisfaisante[350].
La garantie autonome, contrairement au cautionnement, ne procède pas d'un engagement accessoire à la dette du débiteur principal, ce qui exclut toute possibilité pour le garant d'opposer les exceptions tirées du rapport entre le débiteur principal et le bénéficiaire de la garantie[351], sauf abus ou fraude[352]. Le garant pourra cependant exercer un recours contre le débiteur, venant alors neutraliser les effets, pour ce dernier, de la remise de dette, mais pas définitivement, sans doute. Effectivement, la jurisprudence semble admettre que le débiteur, donneur d'ordre, réclame au bénéficiaire de la garantie le montant versé par le garant qu'il estime ne pas être dû[353].

19. Bilan. Malgré les quelques rares incertitudes qui ont été relevées, le régime de la remise de dette est aujourd'hui bien établi. L'ordonnance du 10 février 2016 y a apporté des retouches minimes et, surtout, a réaffirmé les deux éléments qui structurent cet acte : sa nature contractuelle et son effet extinctif. Plus de deux siècles après la codification du droit civil français, aucun modèle concurrent n'a réussi à s'imposer véritablement.

---

[348] V., avant l'introduction de ce texte, Cass. com., 5 mai 2004, n° 01-03.873 : *D.* 2004, p. 1594, obs. A. LIENHARD ; *RTD civ.* 2004, p. 534, obs. P. CROCQ ; *RTD com.* 2004, p. 584 , obs. D. LEGEAIS : « *les remises ou délais accordés par un créancier dans le cadre d'un règlement amiable bénéficient à la caution* ».
[349] V. *supra*, n° 8.
[350] Sur l'incohérence des dispositions relatives au sort des cautions personnes morales, v. K. LAFAURIE, L'après-procédure collective pour les garants du débiteur : *RPC* juill. 2022, dossier 24, spéc. n° 9-10.
[351] C. civ., art. 2321, al. 3.
[352] C. civ., art. 2321, al. 2.
[353] Cass. com., 31 mai 2016, n° 13-25.509 : *JCP G* 2016, 857, note J.-J. Ansault *; RTD civ.* 2016, p. 906, note P. CROCQ ; *RTD com.* 2016, p. 843, note A. MARTIN-SERF.

II. Les modèles concurrents de remise de dette

20. Concurrence quant à la source et aux effets. La remise de dette se résume-t-elle à l'acte visé à l'article 1350 du Code civil et constitue-t-elle donc une opération dont la source est exclusivement le contrat et dont l'effet est nécessairement extinctif ? La question mérite d'être posée dès lors qu'il est possible d'imaginer d'autres figures proches. La doctrine s'interroge, parfois, sur la possibilité de trouver une source volontaire d'extinction de l'obligation, non dans le contrat, mais dans l'acte unilatéral. À côté de la remise contractuelle de dette, pourrait ainsi exister la remise unilatérale de dette (A). Une discussion, moins répandue, porte sur la question de savoir si l'extinction de l'obligation constitue en toute hypothèse l'effet de la remise de dette ou si les parties peuvent s'accorder sur des conséquences moins radicales. C'est se demander s'il existe des remises non extinctives (B).

A. LA REMISE UNILATÉRALE DE DETTE

21. Reconnaissance délicate. Sans évoquer ici la question relative à la valeur à donner au silence du débiteur face à une offre de son créancier de lui remettre sa dette[354], qui concerne la formation de la remise de dette envisagée comme un contrat, il est possible de se demander si le créancier ne peut pas, tout simplement, par sa seule volonté, éteindre la dette de son débiteur. C'est ainsi que CARBONNIER avait écrit qu'« *il pourrait y avoir deux sortes de remises de dettes : l'une par convention qui seule aurait été prévue par le Code civil, et l'autre, par acte unilatéral dont il n'aurait rien dit* »[355]. Comme le relevait TOULLIER, « *c'est une question de théorie, qui divise les docteurs en droit naturel, et qui n'est pas sans usage dans la pratique* »[356]. L'enjeu de la question n'est, de fait, pas négligeable, notamment au regard des règles relatives à l'offre[357], qui permettent à l'offrant de se rétracter tant que son offre

---

[354] L'offre apparaissant dans l'intérêt, potentiellement exclusif du débiteur, le silence de ce dernier peut-il valoir acceptation ? V. N. PICOD, *Rép. civ. Dalloz*, *v°* « Remise de dette », 2018, n° 35 et s.

[355] J. CARBONNIER, Les renonciations au bénéfice de la loi en droit privé, Rapport général, *in Les renonciations au bénéfice de la loi*, Travaux association Capitant, tome XIII : Dalloz, 1963, p. 289.

[356] C. B. M. TOULLIER, *Le droit civil français suivant l'ordre du code*, tome 7 : Warée, 1823, n° 321.

[357] V. *ibid.*, n° 321 : « *Je mande à mon débiteur que je lui fais la remise de la somme de 10 000 fr. qu'il me droit ; mais avant qu'il m'ait répondu, j'apprends une perte*

n'a pas été acceptée par l'autre partie[358], l'offre étant de surcroît caduque en cas de décès avant l'acceptation[359]. La remise unilatérale, elle, serait efficace par le seul acte exprimé par le créancier. L'admission de la remise unilatérale de dette, jamais véritablement constatée en jurisprudence[360], suppose pourtant de surmonter une double difficulté : celle de la force obligatoire de l'engagement unilatéral (1) et celle de la gratification non acceptée (2).

1) Difficulté relative à la force obligatoire de l'engagement unilatéral

22. Naissance de l'obligation et volonté unilatérale. Loin d'être récent, le débat relatif à la force obligatoire de l'acte juridique unilatéral[361] n'avait toujours pas été tranché au moment de la réforme du droit des contrats de 2016. Si certains arrêts sèment le doute[362], le législateur, lui, n'a toujours pas sauté le pas. Si l'article 1100-1, alinéa 2 du Code civil dispose que les actes unilatéraux « *obéissent, en tant que de raison, pour leur validité et leurs effets, aux règles qui gouvernent les contrats* », l'article 1100 alinéa 2 restreint la force obligatoire aux actes unilatéraux portant promesse d'exécuter un « *devoir de conscience* »[363]. Aucune faculté générale de créer des

---

considérable dans ma fortune, et je me hâte de lui écrire que je rétracte ma précédente lettre, parce que je ne suis plus en état de faire une libéralité : ou bien je meurs, il meurt lui-même avant d'avoir accepté la remise ; je meurs, laissant dans mes papiers un écrit non revêtu de la forme du testament, dans lequel j'exprime la volonté de faire remise à mon débiteur de ce qu'il me doit. Dans tous ces cas et autres semblables, mon débiteur n'est pas libéré, si son acceptation est nécessaire pour opérer l'extinction de la dette ».

358 C. civ., art. 1115.

359 C. civ., art. 1117, al. 2.

360 V. N. PICOD, *La remise de dette en droit privé*, thèse préc., n° 425 et s.

361 J. CHABAS, *De la déclaration de volonté en droit civil français*, thèse : Sirey, 1931 ; J. MARTIN DE LA MOUTTE, *L'acte juridique unilatéral*, thèse : Sirey, 1951 ; A. RIEG, *Le rôle de la volonté dans l'acte juridique en droit civil français et allemand*, thèse : LGDJ, coll. « Bibliothèque de droit privé », tome 19, 1961 ; M.-L. IZORCHE, *L'avènement de l'engagement unilatéral en droit privé contemporain*, thèse : PUAM 1995.

362 V. not. la jurisprudence citée par J. FLOUR, J.-L. AUBERT, E. SAVAUX, *Droit civil. Les obligations. L'acte juridique :* Dalloz, coll. « Sirey Université », 17e éd., 2022, n° 901.

363 Sur ce texte, v. S. BECQUE-ICKOWICZ, Réflexions sur l'article 1100, alinéa 2, du Code civil, *in Études en l'honneur du professeur Marie-Laure Mathieu :* Bruylant, 2019, p. 59.

obligations par un acte unilatéral ne semble donc reconnue[364]. Il faut dire que des arguments solides permettent de s'y opposer. L'engagement du débiteur, sans que cela s'inscrive dans un processus impliquant son créancier, est fragilisé, la contrainte supposant l'hétéronomie[365]. De plus, un tel acte conduit à intégrer dans le patrimoine du créancier une créance, sans son consentement. Surtout, l'obligation qu'il s'agit de créer constitue un lien introduisant ainsi des parties dans des relations juridiques, ce qui ne saurait être forcé[366].

23. Extinction de l'obligation et volonté unilatérale. Le rejet de l'acte unilatéral extinctif d'obligation peut-il être défendu avec autant de force que celui relatif à l'acte unilatéral créateur d'obligation ? Il convient tout d'abord de bien situer le débat, notamment par rapport à l'acte unilatéral que constitue la renonciation[367], et qui est reconnu. La renonciation, qui a également un effet extinctif, peut, incontestablement avoir pour objet des droits subjectifs, comme un droit extrapatrimonial[368] ou un droit réel[369]. La renonciation à un droit personnel revient en revanche à éteindre une créance et, partant, une obligation[370]. Or un tel acte juridique unilatéral extinctif suscite les mêmes réticences en doctrine que l'engagement unilatéral : le lien interpersonnel qu'est l'obligation concerne aussi bien le créancier que

---

[364] V., en ce sens, G. CHANTEPIE, M. LATINA, La réforme des obligations : Dalloz, 2de éd., 2018, n° 66 ; F. TERRE et alii, *Droit civil. Les obligations :* Dalloz, coll. « Précis », 13e éd., 2022, n° 87 – *Contra :* M. FABRE-MAGNAN, *Droit des obligations – Contrat et engagement unilatéral*, PUF, 6e éd., 2021, n° 1117 s.
[365] V. F. ZENATI-CASTAING, T. REVET, *Cours de droit civil. Contrats. Théorie générale – Quasi-contrats :* PUF, coll. « Manuels », 2014, n° 1.
[366] V. M.-O. BARBAUD, L'avenir de l'engagement unilatéral de volonté : de l'obligation à la norme, *in Mélanges en l'honneur du Professeur Bernard Teyssié :* LexisNexis, 2019, p. 909.
[367] Sur celui-ci, v. D. HOUTCIEFF, *Rép. civ. Dalloz*, *v°* « Renonciation », 2017 ; P. RAYNAUD, La renonciation à un droit : *RTD civ.* 1936, p. 763.
[368] Renonciation à un nom d'usage, renonciation à un élément de sa vie privée, en révélant un événement intime…
[369] C'est notamment le « déguerpissement », évoqué par exemple à l'article 699 du Code civil.
[370] Cette « renonciation » n'a donc pas un effet uniquement abdicatif, puisqu'elle avantage, par ailleurs, directement, une personne précise (V. J. MARTIN DE LA MOUTTE, *L'acte juridique unilatéral*, thèse préc., n° 133 : « *Le mécanisme de la renonciation est lié en effet à un résultat purement abdicatif, ce qui signifie que le renonçant détache le droit aliéné de sa propre sphère juridique sans se préoccuper aucunement de son sort* »).

le débiteur, a un impact sur la situation patrimoniale de chacun, de sorte que sa disparition suppose un accord entre les deux[371]. Seule une disposition contraire de la loi devrait autoriser un tel mode d'extinction de l'obligation[372]. À cet égard, il a pu être justement relevé que « *le modèle contractuel consacré par le code civil serait vidé de son sens si on admettait qu'il puisse être contourné par une variante unilatérale, bien moins contraignante dans sa mise en œuvre faute d'accord à trouver...* »[373]. Comme le résume JOSSERAND, « *un abandon unilatéral demeurerait platonique* »[374] et devrait rester, en conséquence, dans le domaine du fait[375]. En l'absence d'accord de son débiteur, le créancier pourrait seulement, comme le soulignent des auteurs, « *par sa seule volonté s'abstenir de réclamer le paiement et laisser s'accomplir la prescription* »[376], étant cependant précisé que même le paiement volontaire de la dette prescrite n'est pas indu[377].

2) Difficulté relative à la gratification non acceptée

24. Difficultés théoriques et pratiques. Même si l'argument n'est pas dénué de lien avec le précédent, il peut être invoqué, comme autre

---

371 V., not. en ce sens : J. FLOUR *et alii, Droit civil. Les obligations*, tome 3 – *Le rapport d'obligation, op. cit.*, n° 307 ; J. FRANÇOIS, *Traité de droit civil. Les obligations. Régime général :* Economica, coll. « Corpus droit privé », 6e éd., 2022, n° 155 ; J. GHESTIN, M. BILLIAU, G. LOISEAU, *Traité de droit civil. Le régime général des créances et des dettes, op. cit.*, n° 1216 ; M. JULIENNE, *Régime général des obligations, op. cit.*, n ° 664 ; G. MARTY, P. RAYNAUD, P. JESTAZ, *Droit civil. Les obligations*, tome 2 - *Le régime, op. cit.*, n° 309 ; B. STARCK, H. ROLAND, L. BOYER, *Droit civil. Les* obligations, tome 3 – *Régime général, op. cit.*, n° 447. – *Adde* P. RAYNAUD, La renonciation à un droit, art. préc., spéc. n° 18.

372 Certaines législations étrangères l'admettent, étant observé qu'une faculté de refus de la remise peut être constatée, par exemple, en droit italien (v. N. PICOD, La remise de dette dans l'avant-projet de réforme, *in La réforme du droit des obligations en France. 5e journées franco-allemandes*, dir. R. SCHULZE, G. WICKER, G. MÄSCH, D. MAZEAUD : Société de législation compare, coll. « Droit comparé et européen », 2015, p. 235, spec. p. 237 et s.).

373 N. PICOD, *Rép. civ. Dalloz, v°* « Remise de dette », 2018, n° 39.

374 L. JOSSERAND, *Cours de droit civil positif français*, tome II – *Théorie générale des obligations, les principaux contrats du droit civil, les sûretés :* Sirey, 3e éd., 1939, n° 951

375 V. N. PICOD, *La remise de dette en droit privé*, thèse préc., n° 441 et s.

376 M. PLANIOL, G. RIPERT, *Traité pratique de droit civil français*, tome VII – *Obligations*, 2e partie par J. RADOUANT et G. GABOLDE : LGDJ, 2de éd., 1954, n° 1304.

377 C. civ., art. 2249.

obstacle à la reconnaissance de la remise unilatérale de dette, la difficulté qu'a notre droit positif à admettre la gratification non acceptée. Il ne s'agit donc de s'intéresser ici qu'à la remise de dette à caractère gratuit, ce qui, de toute façon, ne peut être que le véritable sujet pour la remise unilatérale de dette puisque l'existence d'une contrepartie supposera nécessairement le consentement du débiteur. Le droit français est sensible à cette donnée sociale selon laquelle le don, parce qu'il implique une certaine reconnaissance de celui qui reçoit, doit être accepté. Ainsi la donation constitue-t-elle nécessairement un contrat[378]. Le débiteur ne semble pas, de la sorte, en situation de se voir imposer l'extinction de son obligation. Comme l'a souligné DUPEYROUX, « *le débiteur qui a le devoir de payer a sans aucun doute le* droit *de se libérer* »[379]. Pour s'en tenir à des considérations plus pratiques[380], l'absence d'exigence du consentement du débiteur conduirait à poser le problème de l'information du débiteur, notamment importante d'un point de vue comptable, s'il s'agit d'une entreprise.

25. Cas particulier du legs de libération. Il est vrai que la jurisprudence a admis une remise de dette à titre gratuit qui trouve, comme point de départ, un acte juridique unilatéral, le testament[381], classiquement appelé « legs de libération »[382]. S'il faut bien constater qu'une telle remise survivra au décès de celui qui en a pris l'initiative, contrairement à ce que le droit des contrats prévoit, l'offre étant rendue caduque par le décès de l'offrant[383], il n'en demeure pas moins que la remise consentie à titre gratuit par testament, comme tout legs, ne

---

378 C. civ., art. 894 : « *La donation entre vifs est un acte par lequel le donateur se dépouille actuellement et irrévocablement de la chose donnée* ***en faveur du donataire qui l'accepte*** ». (nous soulignons).

379 J.-J. DUPEYROUX, *Contribution à la théorie générale de l'acte à titre gratuit*, thèse : LGDJ, 1955, n° 252 (c'est l'auteur qui souligne).

380 L'enjeu pratique de ce débat a pu être présenté comme étant mineur : v. F. DREIFUSS-NETTER, *Les manifestations de volontés abdicatives :* LGDJ, coll. « Bibliothèque de droit privé », tome 185, 1985, n° 37.

381 CA Paris, 9 mars 1983 : *D.* 1983, inf. rap. p. 348, note D. MARTIN.

382 Certains auteurs y voient un legs de créance emportant « confusion » (H., L. et J. MAZEAUD, F. CHABAS, *Leçons de droit civil*, tome IV, 2e vol. – *Successions - Libéralités*, par L. LEVENEUR et S. LEVENEUR : Montchrestien, 5e éd., 1999, n° 1027), ce qui rejoint la conception, contestable, de la remise de dette comme un acte translatif (v. *supra*, n° 14).

383 C. civ., art. 1117, al. 2.

produira ses effets que si le légataire l'accepte[384]. La remise de dette n'échappe donc jamais, en théorie, au débiteur. Ce dernier bénéficie-t-il toujours d'une véritable extinction de dette ?

B. LA REMISE NON EXTINCTIVE

26. Aménagement de l'effet extinctif. Comparant le droit issu du Code Napoléon au droit romain, DURANTON remarquait que « *chez nous, de quelque manière que la remise d'une obligation ait lieu, elle a pour effet de l'éteindre* ipso jure, *comme le paiement* »[385]. Si la doctrine a pourtant pu proposer, non sans succès, cette figure concurrente qu'est la « remise des poursuites » (1), cette dernière apparaît comme un artifice dont le seul résultat est de contourner, avec une efficacité douteuse, l'effet extinctif naturel de la remise de dette. Il ne faut pas en déduire que cet effet extinctif ne peut bénéficier d'aménagements, notamment par la stipulation de conditions (2).

1) La « remise des poursuites »

27. Origines doctrinales. La figure de la « remise des poursuites » trouve son origine dans la volonté de surmonter les difficultés relatives à la reconnaissance de la remise unilatérale de dette. Convaincu que la volonté unilatérale est impuissante à éteindre un rapport d'obligation qui, par définition, concerne deux personnes[386], MARTIN DE LA MOUTTE considérait néanmoins que la question avait été mal posée et qu'elle pouvait être résolue en s'interrogeant, de manière plus précise, sur l'objet même de la renonciation[387]. Or, selon l'auteur, l'analyse dualiste de l'obligation, distinguant la *Shuld*, devoir du débiteur, et l'*Haftung*, contrainte dont dispose le créancier, est « *d'un précieux secours pour saisir le véritable mécanisme de la renonciation unilatérale aux créances* »[388]. En effet, parce que « *le droit d'obtenir l'exécution forcée est tout entier pour le créancier* », « *la volonté unilatérale n'est plus*

---

[384] L'acceptation procède de l'option successorale si le légataire est héritier ou légataire universel ou à titre universel (C. civ., art. 768) ou de la demande de délivrance s'il n'est que légataire à titre particulier (C. civ., art. 1014).

[385] M. DURANTON, *Cours de droit français suivant le code* civil, tome 12 : Alex-Gobelet, libraire, 3e éd., 1834, n° 337.

[386] V. J. MARTIN DE LA MOUTTE, *L'acte juridique unilatéral*, thèse préc., n° 331.

[387] *Ibid.*, n° 332.

[388] *Ibid.*, n° 334.

incapable d'agir, puisqu'elle opèrera directement et uniquement sur la sphère juridique du renonçant »[389]. La renonciation unilatérale serait donc possible en ce qu'elle n'aurait pour objet qu'un aspect de l'obligation, son élément contraignant. Même si l'idée a connu une certaine fortune, notamment au sein de l'école toulousaine[390], elle procède d'une conception discutable de l'analyse dualiste de l'obligation, par laquelle l'élément contraignant de l'obligation est appréhendé de manière trop proche de l'action en justice. Cette démarche, permettant effectivement à MARTIN DE LA MOUTTE de rattacher l'élément *Haftung* à la seule sphère du créancier, n'est pas éclipsée par l'auteur qui affirme qu' « *il est permis de se demander d'ailleurs si cette distinction ne correspond pas à celle à laquelle on s'est fréquemment référé entre le* droit substantiel *et le* droit d'action *laquelle déborderait le droit de créance, pour recouvrir tous les droits en général* »[391]. Sa conclusion est d'ailleurs la suivante : « *la renonciation unilatérale (...) supprime le droit d'action du créancier, mais laisse subsister le droit substantiel qui est le rapport de dette lui-même* »[392]. Pourtant, l'*Haftung* participe, non pas de l'action en justice, mais de l'obligation même[393]. L'autonomie de l'action en justice à l'égard du droit qu'elle est censée sanctionner étant aujourd'hui bien admise[394], il semble difficile de considérer que par sa renonciation, le

---

389 *Ibid.*

390 V., reprenant cette proposition, J.-J. DUPEYROUX, *Contribution à la théorie générale de l'acte à titre gratuit*, thèse préc., n° 252 ; N. PICOD, *La remise de dette en droit privé*, thèse préc., n° 452.

391 J. MARTIN DE LA MOUTTE, *L'acte juridique unilatéral*, thèse préc., n° 333.

392 *Ibid.*, n° 335.

393 V. K. LAFAURIE, *La force obligatoire du contrat à l'épreuve des procédures d'insolvabilité*, thèse : LGDJ, coll. « Bibliothèque de droit privé », tome 590, 2020, n° 345 et 347.

394 L'association de l'action et du droit subjectif qu'elle sanctionne (avec la fameuse illustration de la formule de Demolombe selon laquelle l'action « est le droit à l'état de guerre, au lieu d'être à l'état de paix ») a fait place, sous l'impulsion de VIZIOZ (Études de procédures : Bière 1956, Reprint Dalloz 2011, p. 127 et s.) et surtout de MOTULSKY, (Le droit subjectif et l'action en justice : APD 1964, p. 215, plus nuancé que VIZIOZ, qui avait une image très abstraite de l'action, proche du principe que nous connaissons aujourd'hui d'accès à une juridiction, déconnectant de façon absolue le droit et l'action), à une distinction nette de ces deux éléments conduisant à une indépendance de l'action, dont la recevabilité n'est pas conditionnée par la réalité du droit invoqué, ainsi que l'exprime très clairement l'article 30, alinéa 1er du Code de procédure civile : « l'action est le droit, pour l'auteur d'une prétention, d'être entendu sur le fond de celle-ci afin que le juge la dise bien ou mal fondée ».

créancier perd simplement le droit d'être entendu par un juge sur sa prétention consistant à obtenir le paiement. La paralysie de l'action en justice n'est en réalité que la conséquence d'une atteinte substantielle à l'exigibilité de l'obligation[395], élément détaché de l'action[396]. Aussi, contrairement à ce qu'ont pu soutenir certains auteurs[397], l'élément *Haftung* ne concerne pas seulement l'exécution forcée de l'obligation, sa force exécutoire. C'est un élément constitutif de l'obligation, à savoir sa force contraignante[398]. À la suite de BRINZ[399], de nombreux auteurs ont en effet insisté sur la distinction des droits intrinsèquement liés à la créance, l'obligation, et des moyens de les mettre en œuvre. Ainsi, CORNIL avait pu affirmer que « *ce serait cependant aller trop loin que de représenter l'enchaînement ou* obligatio sensu stricto *comme une mainmise effective du créancier sur quelqu'un ou sur quelque chose. En réalité, l'enchaînement consiste seulement dans l'*affectation *d'une personne ou d'une chose à un pouvoir de mainmise éventuelle du créancier : l'*obligatio sensu stricto, *ou engagement d'une personne ou d'une chose au pouvoir du créancier, ne s'identifie nullement avec la mainmise du créancier sur une personne ou une chose, mais elle peut se réaliser en une mainmise* »[400]. L'élément *Haftung* correspond donc à cet élément substantiel de l'obligation qu'est son caractère contraignant et ne doit pas être confondu avec l'action ou la force

[395] En ce sens, v. G. FOREST, Essai sur la notion d'obligation en droit privé, thèse : Dalloz, coll. « Nouvelle bibliothèque des thèses », tome 116, 2012, n° 469.
[396] V. B. GRIMONPREZ, De l'exigibilité en droit des contrats, thèse : LGDJ, coll. « Faculté de droit et des sciences sociales de l'université de Poitiers », tome 18, 2006, n° 256.
[397] S. PRIGENT, Le dualisme dans l'obligation : RTD civ. 2008, p. 401, n° 7 : « le droit du créancier de poursuivre n'est pas une prétention mais relève de l'engagement, de la Haftung, car de l'exécution forcée ». V. aussi n° 10.
[398] H. & L. MAZEAUD, J. MAZEAUD, F. CHABAS, Leçons de droit civil, tome II, vol. 1 : Obligations, théorie générale, par F. CHABAS : Montchrestien, 9e éd., 1998, n° 9 ; J. CARBONNIER, Droit civil, op. cit., n° 1129 ; E. COMPARATO, Essai d'analyse dualiste de l'obligation en droit privé, thèse : Dalloz, 1964, n° 8-9, 30 et s.
[399] A. VON BRINZ, Lehrbuch der Pandekten : Erlangen, 1879, II-1, § 208, p. 4-5.
[400] G. CORNIL, Debitum et obligatio – Recherches sur la formation de la Notion de l'Obligation romaine, in Études de droit romain dédiées à M. P. F. Girard : Librairie Rousseau, 1912, p. 199, spéc. p. 200. V. également J. DERRUPPE, La nature juridique du droit du preneur à bail et la distinction des droits réels et des droits de créance, thèse : Dalloz, 1952, n° 334 : « ces moyens (assurant la réalisation du droit à la prestation), dans la mesure où ils manifestent la reconnaissance légale du pouvoir d'exiger, consacrent le droit à la prestation, mais ils ne sont pas le droit à la prestation ; ils constituent des pouvoirs destinés à garantir le pouvoir d'exiger, donc le droit à la prestation ».

exécutoire, lesquelles demeurent extérieures au contenu de l'obligation même. Pas plus qu'il ne saurait être renoncé unilatéralement à l'obligation, qui est un lien qui touche la sphère du débiteur, l'*Haftung*, élément de l'obligation, et qui définit son caractère exigible, ne peut être neutralisée par la seule volonté du créancier.
Au-delà des difficultés que pose cette remise des poursuites quant à la possibilité de la consentir de manière unilatérale, l'effet qui a été avancé pour justifier cette dernière caractéristique ne semble pas, en réalité, original. Si la doctrine considère majoritairement que la remise de dette fait disparaître tant l'élément *Shuld* que l'élément *Haftung* de l'obligation[401], il a pu être expliqué que la subsistance de l'obligation naturelle apparaît comme une conséquence assez logique et conforme aux attentes des parties de la remise de dette. Il n'y a donc pas de raison de faire de cet effet le marqueur d'une remise de dette à part, à laquelle il faudrait attacher un régime particulier. Un arrêt offre une parfaite illustration de la confusion que tout cela peut entraîner.

28. Consécration jurisprudentielle discutable. L'idée de « remise des poursuites », distincte de la remise de dette, n'est pourtant pas restée sans écho en droit positif. Par un arrêt remarqué du 22 mai 2007, la Cour de cassation a censuré une décision de juges du fond qui avait refusé qu'un crédit-bailleur poursuive la caution de son débiteur, aux motifs qu'une remise de dette avait été consentie à l'égard de ce dernier[402]. Le protocole d'accord mentionnait que « *les parties renoncent de fait à intenter quelque action en justice que ce soit contre l'autre partie, sans pour autant renoncer aux actions à l'encontre des cautions solidaires délivrées dans le cadre du contrat de crédit-bail* », mais la cour d'appel avait considéré que la renonciation aux poursuites principales ne peut être distinguée de la renonciation à la créance qui en est l'objet, dans la mesure où un tel procédé aboutit au même résultat, à savoir libérer le débiteur et priver la caution de tout recours à son encontre, ajoutant que la caution ne peut être tenue de manière plus sévère que le débiteur principal. Au visa de l'article 1134 ancien du Code civil, les juges du droit énoncent que « *la renonciation par le créancier au droit à agir en paiement contre le débiteur principal n'emporte pas extinction de l'obligation principale ni du recours de la*

[401] V. *supra*, n° 16.
[402] Com. 22 mai 2007, n° 06-12.196 : *D.* 2007, p. 1999, note O. DESHAYES ; *JCP G* 2007, I, 212, no 8, note P. SIMLER ; *RTD civ.* 2007, p. 805, note P. THÉRY ; *RTD civ.* 2008, p. 333, note P. CROCQ.

caution contre ce débiteur, de sorte que la clause précitée ne fait pas obstacle aux poursuites du créancier contre la caution solidaire ». À suivre l'arrêt, la seule qualification de remise des poursuites permet d'écarter la règle classique en matière de remise de dette selon laquelle la caution peut opposer la décharge du débiteur[403]. Est ainsi mis à la disposition un moyen très artificiel de contourner une règle importante en matière de remise de dette, au détriment du débiteur qui se retrouvera, *in fine*, confronté au recours de la caution[404]. Rendue à une époque où la Cour de cassation épousait une conception discutable des exceptions pouvant être opposées par la caution, cette décision ne semble plus tenable depuis la réforme du droit des sûretés du 15 septembre 2022. L'article 2298 du Code civil dispose en effet aujourd'hui que « *La caution peut opposer au créancier toutes les exceptions, personnelles ou inhérentes à la dette, qui appartiennent au débiteur, sous réserve des dispositions du deuxième alinéa de l'article 2293* ». Que la remise emporte extinction de l'obligation ou fasse seulement perdre au créancier le droit d'exiger le paiement, il s'agira donc, en toute hypothèse, d'une exception opposable par la caution. On peine alors à identifier l'intérêt de cette remise non extinctive. Il en va autrement pour les remises conditionnelles.

2) La remise sous condition

29. Généralités sur la condition affectant la remise de dette. Bien que l'article 1304 du Code civil restreigne encore la définition de la condition en faisant seulement dépendre d'elle l'existence d'une obligation, il est admis depuis bien longtemps que son objet porte sur tout autre effet d'un acte juridique[405]. Ainsi BUFNOIR admettait-il déjà « *qu'on puisse ne consentir qu'une extinction conditionnelle* »[406]. De ce point de vue, l'absence d'effet créateur d'obligation de la remise de dette ne constitue en rien un obstacle à ce que son effet caractéristique, l'extinction d'obligation, fasse lui-même l'objet d'une condition. C'est l'extinction de la dette qui dépendra alors de la réalisation d'un

---

[403] Règle prévue, en 1804, à l'article 1287 du Code civil et, depuis 2016, à l'article 1350-2, alinéa 1er (sur cette règle, v. *supra*, n° 18).
[404] V. N. PICOD, *La remise de dette en droit privé*, thèse préc., n° 71.
[405] V., à ce sujet, M. LATINA, *Essai sur la condition en droit des contrats*, thèse : LGDJ, coll. « Bibliothèque de droit privé », tome 505, 2009, n° 84 et s.
[406] C. BUFNOIR, *Théorie de la condition dans les divers actes juridiques, suivant le droit romain* : Cotillon, 1866, p. 61, cité par M. LATINA, *op. cit., loc. cit.*

événement incertain. Il est donc possible de soumettre le jeu de l'extinction à l'accomplissement d'une condition suspensive, comme le prédécès du créancier ou la fourniture d'une garantie pour le paiement de la dette restante[407], ou encore tout simplement le paiement effectif du montant restant dû après remise partielle[408]. Il est tout aussi possible, par une condition résolutoire, d'envisager la remise en cause de l'extinction du fait de la réalisation d'un événement incertain, comme l'aggravation volontaire de l'état d'insolvabilité du débiteur[409], la survenance de l'état de besoin du créancier ou encore, comme cela a été admis en jurisprudence, le prédécès du débiteur[410]. C'est dans le cadre du traitement de l'insolvabilité, et notamment en matière économique, que se rencontrent le plus souvent ces clauses, qui peuvent conditionner les efforts consentis par les créanciers partenaires du débiteur en difficulté à l'arrêt de tel secteur de production, au changement des dirigeants, à l'augmentation du capital[411], ces événements pouvant faire l'objet soit d'une condition suspensive de l'extinction, soit une condition résolutoire de l'extinction, à défaut de réalisation dans un certain délai. C'est d'ailleurs encore dans le cadre du traitement de l'insolvabilité que se retrouve la condition suspensive la plus connue, mais sans doute aussi la plus délicate, en matière de remise de dette : la clause de retour à meilleure fortune.

30. Le cas de la clause de retour à meilleure fortune. La clause de retour à meilleure fortune était à ce point courante dans la pratique des anciens concordats que le législateur lui-même y avait fait référence, un temps[412]. Elle n'a cessé d'intéresser la doctrine[413], son utilité demeurant

---

[407] Rappr. Cass. civ. 1re, 15 oct. 1991, n° 88-18.868. V. aussi C. consom., art. L. 732-2, al. 2, qui prévoit que le plan conventionnel de surendettement, qui consent notamment des remises de dette, « *peut subordonner ces mesures à l'accomplissement par le débiteur d'actes propres à faciliter ou à garantir le paiement de la dette* ».

[408] Cass. civ. 1re, 20 juin 1995, n° 93-12.241.

[409] Rappr., C. consom., art. L. 732-2, al. 2, qui prévoit que le plan conventionnel de surendettement, qui consent notamment des remises de dette, « *peut subordonner ces mesures (...) à l'abstention par le débiteur d'actes qui aggraveraient son insolvabilité* ».

[410] Cass. civ., 2 avr. 1862, DP 1863. 1. 454.

[411] V. M. BAYLE, De l'intérêt du règlement amiable : *RTD com.* 1988, p. 1, n° 14.

[412] Loi du 13 juill. 1967, art. 41 : « *En cas de règlement judiciaire, à défaut de production avant la dernière échéance concordataire, et sauf clause de retour à meilleure fortune, les créances sont éteintes* ».

[413] R. KAUFFMANN, De l'utilité et des effets d'une clause potestative : la clause de retour à meilleure fortune dans les abandons amiables et concordataires : *D.* 1982,

d'actualité, notamment dans le cadre de l'accord de conciliation[414] ou encore dans les rapports intra-groupe. En vertu d'une telle clause, le débiteur, dont les difficultés ont motivé la remise de dette, se trouvera à nouveau tenu d'exécuter ses obligations si sa situation financière redevient saine. La qualification de cette clause a pu être discutée en doctrine[415]. Pourtant, la qualification de condition résolutoire s'impose[416], si l'on veut bien admettre, encore une fois, que la condition porte sur un effet contractuel qui n'est pas nécessairement une obligation. En effet, le but de la clause de retour à meilleure fortune est de remettre en cause l'effet extinctif de la remise de dette en rendant de nouveau exigible l'obligation qui avait été éteinte. Or cette remise en cause de l'effet de la remise de dette dépend d'un événement incertain, l'amélioration de la situation financière du débiteur[417], qui ne présente pas, par ailleurs, un caractère purement potestatif, étant observé que le comportement du débiteur qui consisterait à organiser son insolvabilité pour éviter le retour à meilleure fortune pourrait justifier de considérer la condition comme accomplie[418]. La difficulté pratique à laquelle conduit la stipulation d'une telle clause réside assurément dans la définition du retour à meilleure fortune, source de conflits. Il sera tout à fait possible de s'appuyer sur des données chiffrées, ayant pour

---

chron. p. 129 ; A. COURET, G.-A. DE SENTENAC, Les clauses de retour à meilleure fortune : *Dr. et patr.* oct. 1993, p. 43 ; O. PLAYOUST, Contribution à la moralisation du droit des procédures collectives : la clause de retour à meilleure fortune : *RPC* 1994-3, p. 349 ; D. DEFRANCE, *Le retour à meilleure fortune. Étude en droit des difficultés économiques*, thèse : L'Harmattan, coll. « Le droit aujourd'hui », 2017, n° 39 ; K. BELLIS, L'obligation naturelle en droit des entreprises en difficulté : *RTD com.* 2022, p. 213.

[414] C. com., art. L. 611- 4 et s.

[415] Sur ces discussions, v. N. PICOD, *La remise de dette en droit privé*, thèse préc., n° 502 et s.

[416] *Comp.* Cass. com. 12 oct. 2004, n° 02-13.230 : *RTD civ.* 2005. 131, obs. J. MESTRE et B. FAGES, qui retient la qualification de « termine indéterminé ». Pour une relativisation de la portée de cette décision, v. N. PICOD, *La remise de dette en droit privé*, thèse préc., n° 502.

[417] V. M. LATINA, *Essai sur la condition en droit des contrats*, thèse préc., n° 212.

[418] *Ibid.*, n° 217. Il est vrai que l'article 1304-3, al. 2 du Code civil ne vise que la défaillance de la condition résolutoire dont l'accomplissement a été provoqué par la partie qui y avait intérêt, mais cela devrait valoir aussi pour la réalisation de la condition résolutoire dont l'accomplissement a été empêché par la partie qui y avait intérêt (comp. C. civ., art. 1178 anc. : « *La condition est réputée accomplie lorsque c'est le débiteur, obligé sous cette condition, qui en a empêché l'accomplissement* »).

référence des critères objectifs comme le « cash-flow » ou bien le bénéfice net comptable[419].

Il reste qu'une telle condition doit être expressément stipulée, le caractère conditionnel de l'extinction de la dette constituant nécessairement un effet exceptionnel de la remise de dette, voulu par les parties. De manière assez curieuse, la Cour de cassation a pu décider qu'une clause de retour à meilleure fortune est toujours sous-entendue dans les décisions arrêtant le plan de surendettement[420]. Une telle solution dénote une obstination vaine à sauver, par ce biais, l'honneur du principe de la force obligatoire. L'apparition, postérieure à cet arrêt, de l'effacement de dette dans le droit positif et les raisons d'ordre public qui y sont attachées (nouveau départ, lutte contre l'exclusion) changent sans doute la donne[421] et conduisent à penser que la Cour de cassation n'adoptera plus une telle solution[422]. Ces interrogations relatives aux « remises légales » de dettes ne doivent pas, dans tous les cas, perturber l'analyse de la remise de dette qui demeure un instrument contractuel dont les parties maîtrisent les effets.

31. Conclusion. Au terme de cette étude, il apparaît que la nature contractuelle et l'effet extinctif de la remise de dette, jamais remis en cause depuis 1804, doivent continuer à caractériser celle-ci, aucun modèle concurrent n'ayant véritablement réussi à s'imposer, tant d'un point de vue théorique que pratique. Cette vieille dame du régime général de l'obligation, peu bousculée, et toujours appréciée pour les valeurs d'espoir et de générosité qu'elle porte, a encore de beaux jours devant elle.

---

[419] V. M. BAYLE, De l'intérêt du règlement amiable : *RTD com.* 1988, p. 1, n° 15 ; D. DEFRANCE, *le retour à meilleure fortune*, thèse préc., n° 50 et s.

[420] Cass. civ. 1re, 9 févr. 1994, n° 92-04.001 : RTD com. 1994, p. 362, obs. G. PAISANT.

[421] V. G. PAISANT, La réforme de la procédure de traitement du surendettement par la loi du 29 juillet 1998 relative à la lutte contre les exclusions : RTD com. 1998, p. 743, n° 20.

[422] V., en ce sens, C. CHABAS, L'inexécution licite du contrat, thèse : LGDJ, coll. « Bibliothèque de droit privé », tome 380, 2002, n° 217.

L'extinction dans la novation et la délégation

Anne DANIS-FATOME

Certaines « opérations sur obligations »[423] sont par nature extinctives. Il en est ainsi de la novation. Les textes, issus de la réforme de 2016[424], explicitent d'ailleurs parfois cet effet extinctif. C'est le cas de l'article 1329 du Code civil qui, en définissant la novation, utilise le verbe éteindre pour viser l'obligation ancienne à laquelle l'obligation nouvelle se substitue. Il est cependant réducteur d'étudier la novation comme n'étant qu'un mode d'extinction des obligations[425] et il est, à cet égard, heureux que les nouveaux textes la régissant l'aient sortie de cette classification[426]. L'extinction et la création sont intimement liées dans la novation, elles sont indissociables. L'effet extinctif de la novation n'en reste pas moins l'une de ses caractéristiques principales, comme on le voit en comparant cette opération avec la cession de dette[427]. La novation par changement de débiteur, seule abordée ici parmi les différents types de novation existants[428], provoquera, en effet, l'extinction de la dette primitive et la création de la dette nouvelle alors que la cession de dette aura pour effet la transmission de la dette du cédant au cessionnaire[429].

Il en va différemment de la délégation qui peut n'avoir aucun effet extinctif[430]. La définition de la délégation, contenue dans l'article 1336 alinéa 1er du Code civil, n'utilise pas d'ailleurs le verbe éteindre. Et là

---

[423] Suivant la terminologie retenue au chapitre II du titre IV du livre II du Code civil.

[424] Ord. n°2016-131 du 10 février 2016.

[425] J. Flour, J. -L. Aubert et E. Savaux, *Droit civil, Les obligations, 3. Le rapport d'obligation,* Sirey, 9é. éd. 2015, n°436 ; Ch. Goldie-Genicon, Rép. droit civil, V°Novation, 2017, n°1.

[426] L'ancien article 1234 du Code civil visait la novation parmi les mécanismes opérant extinction des obligations. Le nouveau chapitre IV L'extinction de l'obligation ne la vise pas (art. 1342 et s. du Cciv).

[427] Art. 1327 à 1328-1 du Code civil.

[428] La novation par changement de débiteur n'est qu'une forme parmi celles que peut prendre la novation : novation par changement de créancier, novation par changement d'objet, novation de contrat (v. Ch. Goldie-Genicon, préc., n°4 et s. et n°27 et s.).

[429] A. Ghozi, *La modification de l'obligation par la volonté des parties,* Préf. D. Tallon, Bibliothèque de droit privé, Tome CLXVI, Paris, LGDJ, 1980, n°37 et s. et n°82 et s.

[430] *Contra* M. Billiau, *La délégation de créance, Essai d'une théorie juridique de la délégation en droit des obligations,* Préf. J. Ghestin, Bibliothèque de droit privé, Tome 207, LGDJ, Paris, 1989, n°197 et 218.

encore, il est heureux que les textes, issus de la réforme de 2016, aient sorti la délégation d'un chapitre nommé « de l'extinction des obligations »[431] et d'une section propre à la novation[432]. Les formes de la délégation sont variées et, contrairement à ce qu'il résulte à première vue de l'observation de celles-ci, un effet extinctif peut prendre place alors même qu'on ne se trouve pas en présence d'une délégation novatoire. Ainsi, la délégation est novatoire lorsque le délégataire libère le délégant, comme le précise l'article 1337 alinéa 1er du Code civil. L'obligation primitive du délégant envers le délégataire est éteinte et remplacée par l'obligation nouvelle du délégué, ou obligation secondaire, envers le délégataire. Mais aussi lorsque le délégant est créancier du délégué, la délégation de créance, même simple, sans novation, éteint l'obligation du délégué envers le délégant lorsque celui-ci exécute son obligation auprès du délégataire, comme le précise l'article 1339 alinéa 1er du Code civil.
Les textes issus de l'ordonnance de 2016 relatifs à la novation et à la délégation réservent une place distincte à chacune de ces deux opérations[433] et présentent globalement l'intérêt d'ajouter de la lisibilité et de la clarté à ces deux mécanismes[434] notamment quant à l'extinction des obligations, primitives ou secondaires, qu'ils ont le pouvoir de provoquer. Ces textes comportent cependant certains défauts qu'il n'est pas inutile de relever en s'intéressant tour à tour à la source de l'extinction (I) et aux effets de l'extinction (II).

I. La source de l'extinction

La source de l'extinction dans la novation et dans la délégation a une nature différente. Il s'agit soit d'un acte unilatéral (A), soit de la loi (B).

A/ UN ACTE UNILATÉRAL

Dans la novation, c'est un acte unilatéral qui provoque l'extinction de l'obligation primitive. Ainsi, en cas de novation par changement de débiteur, le créancier libère le débiteur d'origine par un acte

---

[431] Ancien chapitre V du titre III consacré aux obligations contractuelles.

[432] Ancienne section II du chapitre V du titre III consacré aux obligations contractuelles.

[433] Les anciens articles du Code civil consacrés à la délégation étaient inopportunément inclus au sein d'une section propre à la novation (art. 1275 et 1276).

[434] M. Bourassin et L. Fromont, *Clair-obscur sur la novation et la délégation,* JCP N 2015, n°47 p. 60 et s.

unilatéral[435]. Ce même créancier est partie à un contrat passé avec le nouveau débiteur, comme le suggère l'article 1332 du Code civil. On peut à cet égard souligner que l'ancien article 1271 2° du Code civil était plus explicite que les textes actuels puisqu'il prévoyait une décharge de l'ancien débiteur par le créancier[436]. L'actuel article 1332 du Code civil, en visant l'hypothèse dans laquelle « la novation par changement de débiteur » s'opère « sans le concours du premier débiteur », place cette opération dans une figure contractuelle bipartite, nommée *expromission*[437]. Le créancier et le nouveau débiteur en sont les protagonistes.

On retrouve la coexistence d'une figure contractuelle et d'un acte unilatéral dans la délégation novatoire puisque le délégataire décharge expressément le délégant, comme le précise l'article 1337 du Code civil. L'acte unilatéral est donc ici également celui du créancier et provoque l'extinction de l'obligation primitive du débiteur, délégant. Cette analyse présente la particularité de superposer au contrat tripartite de délégation[438] unissant le délégant, le délégataire et le délégué à un acte unilatéral du délégant. On peut évidemment souligner, qu'en pratique, on rencontre des contrats nommés « délégation » qui réunisse dans le même acte ces deux figures juridiques. Il est ainsi, par exemple, d'un contrat nommé « acte de délégation » par lequel en raison d'un contrat de cession d'actions conclu antérieurement entre le Délégant et le Délégué, le Délégué s'est engagé à acquérir auprès du Délégant la totalité des actions composant le capital du Délégataire. L'acte de délégation comporte la signature des trois protagonistes et les stipulations suivantes : « Cette délégation parfaite est expressément acceptée par le Délégataire qui libère le Délégant de la Dette Déléguée à son égard. Cette délégation est également expressément acceptée par

---

[435] M. Mignot, Commentaire article par article de l'ordonnance du 10 février 2016, LPA 26 avril 2016, n° 83 p. 6 et s., spéc. p. 9.

[436] M. Mignot, article préc., spéc. p. 9.

[437] M. Billiau, *La délégation de créance, op. cit.,* n°1.

[438] V. en ce sens M. Billiau, *La délégation de créance, op. cit.,* n°179 ; O. Deshayes, Th. Genicon et Y. -M. Laithier, qui soulignent que le Code civil vise une « opération » (art. 1336 al. 1er du Code civil) et non une convention, *Réforme du droit des contrats, du régime général et de la preuve des obligations, Commentaire article par article,* LexisNexis, 2è éd. 2018, p. 788 ; J. Flour, J. -L. Aubert, E. Savaux, L. Andreu et V. Forti, *Droit civil, Les obligations, Le rapport d'obligation,* Sirey, 10è éd. 2022, n°204 ; *Comp* L. Andreu pour qui la délégation comporte un « contrat unilatéral autonome de payer souscrit par le délégué auprès du délégataire » (*Du changement de débiteur,* Dalloz, Nouvelle bibliothèque des thèses, 2010, n°26).

le Délégué qui se reconnaît débiteur du Délégataire au titre de la Dette Déléguée, cette acceptation libérant le Délégué de sa dette envers le Délégant à hauteur de la Dette Déléguée ».
Mais la jurisprudence montre aussi que la décharge expresse du délégant par le délégataire peut résulter d'un acte distinct, comme une lettre adressée par le délégant au délégataire[439], par exemple. Cette analyse s'éloigne de celle du droit romain qui voyait la délégation comme une opération en deux temps : l'ordre donné au délégué par le délégant – le *jussum* – et, son exécution, l'engagement unilatéral - *stipulatio* - du délégué envers le délégataire[440]. Il est vrai que le droit romain ne se préoccupait pas de la question de la libération du délégant[441].
Une plus grande spécificité tient au fait que c'est parfois la loi elle-même qui fait découler l'extinction d'une obligation pesant sur les épaules de l'un des deux débiteurs de l'opération concernée du paiement effectué par l'autre.

B/ LA LOI

Dans certains cas, ce n'est pas un acte juridique mu par la volonté de décharger le débiteur qui provoque l'extinction de l'obligation mais la loi qui proclame qu'une telle extinction découle d'une autre situation juridique[442]. Il en est ainsi lorsque l'article 1339 alinéa 4 du Code civil prévoit que la libération du délégant par le délégataire, propre à la délégation novatoire[443], emporte automatiquement[444] la libération du délégué vis-à-vis du délégant. Ce choix d'adjoindre une novation par changement de créancier à une novation par changement de débiteur est une innovation de la réforme de 2016 qui invalide la jurisprudence

---

[439] Civ 1, 17 février 1998, n° 95-19.305.
[440] V. not. M. Mignot, « De la difficile qualification de la délégation », RLDC 2005/21, p. 63; J. François, *Les obligations, Régime général,* Economica, 4è éd. 2017, n°650.
[441] P. Gide, *Etude de la novation et le transport de créances en droit romain,* Paris, 1879, p. 380 et s.
[442] En ce sens qui vise « l'effet légal » qui s'attache à la délégation de créance : M. Billiau, *La délégation de créance, op. cit.,* n°222.
[443] Voir *supra.*
[444] J. François, *Les obligations, Régime général,* Economica, 4è éd. 2017, n°658.

antérieure[445]. Cette solution, qui a été accueillie de manière inégale par la doctrine[446], pourra toujours être écartée par la volonté contractuelle. Il en est ainsi lorsque l'article 1338 alinéa 2 du Code civil dispose, qu'en cas de délégation imparfaite, non novatoire, « le paiement fait par l'un des deux débiteurs libère l'autre, à due concurrence ». Cette règle s'explique dans la mesure où, dans ce schéma, le délégant et le délégué sont tous deux engagés, le délégataire n'ayant pas libéré le délégant[447]. Est-elle pour autant opportune ? On peut en douter[448]. En prévoyant qu'il découle automatiquement, par l'effet de la loi, du paiement du délégant ou du paiement du délégué l'extinction de l'obligation de celui qui n'a pas payé, le texte adopte une solution imparfaite. Elle est moins problématique de celle qui règne en cas de délégation imparfaite.

En cas de délégation imparfaite, il importe en pratique de distinguer deux hypothèses différentes. Première hypothèse, c'est le délégué qui paye, son payement opère une double extinction : celle de son obligation à l'égard du délégant et celle de son obligation à l'égard du délégataire. L'article 1338 alinéa 2 du Code civil ajoute à l'extinction de l'obligation du délégué à l'égard du délégataire, celle du délégant à l'égard du délégataire dans un but louable, le délégataire n'étant pas en droit de recevoir deux fois paiement de sa créance. Seconde hypothèse, le délégant paye le délégataire, on peut ici s'étonner que la loi attache à ce paiement l'extinction de l'obligation du délégué à l'égard du délégataire. Certes, il n'est pas question là encore que ce dernier soit payé deux fois, mais, en revanche, il n'est pas opportun de libérer le délégué alors qu'il n'a pas payé sa dette.

En outre, de manière plus générale, si les obligations des trois protagonistes de l'opération délégation sont indépendantes, comme l'on est incité à le penser en s'intéressant à la règle de l'inopposabilité des exceptions[449], il est étonnant que le paiement de l'un des débiteurs libère l'autre[450]. L'objet même de la délégation imparfaite est de conférer au bénéficiaire de cette opération, le délégataire, deux

---

[445] Com 27 février 1963, B. III n°128; Com 28 avril 1987, B. IV n°103, JCP 1987 IV 223, RTDciv. 1987, p. 760, obs. J. Mestre.

[446] J. François, ouvrage préc., n°658 ; F. Terré, Ph. Simler, Y. Lequette et F. Chénedé, *Droit civil, Les obligations,* Précis Dalloz, 13è éd. 2022, n°1749.

[447] Art. 1338 al. 1er du Code civil.

[448] M. Mignot, article préc., spéc. p. 9.

[449] Voir *infra.*

[450] L. Thibierge, « Délégation : l'inopposabilité des exceptions en question(s) », Dr et pat. déc. 2014, p. 30 et s., spéc. p. 35.

débiteurs. C'est pourquoi la délégation de créance est classiquement présentée comme une sûreté[451]. Cela sera le cas en particulier lorsque la dette déléguée, celle que le délégué s'engage à payer au délégataire, est la dette du délégant envers le délégataire[452]. Ainsi, lorsque la délégation permet de simplifier un paiement en évitant un double règlement. En payant au délégataire, une partie de ce qu'il doit au délégant, le délégué va prendre en charge la dette du délégant envers le délégataire. Mais avant que la délégation ne soit exécutée par ce paiement, le délégataire n'a aucun intérêt à décharger le délégant. Imaginons qu'une société, le délégant, soit à la fois cessionnaire de parts sociales et cédante d'actions[453]. Elle est débitrice du prix des parts sociales et créancière du prix des actions. Si le prix des actions est supérieur au prix des parts sociales, elle peut demander au cessionnaire des actions, le délégué, de s'engager à payer directement le cédant des actions, le délégataire. Ce dernier est créancier d'un prix que lui doit le délégant mais il accepte de recevoir cette somme du délégué. La délégation a pour fonction une simplification des paiements mais le délégataire n'a aucun intérêt à décharger le délégant tant qu'il n'a pas été payé par le délégué. Il a donc acquis un « second débiteur », comme le dit l'article 1338 alinéa 1er du Code civil. Or, bénéficier de deux débiteurs n'implique pas que la libération de l'un résulte du paiement de l'autre, comme l'affirme l'article 1338 alinéa 2. En décider ainsi, présente l'inconvénient de mettre le délégant et le délégué sur le même plan, comme s'ils étaient des codébiteurs solidaires. Alors qu'on peut considérer que leur obligation respective obéit à un rapport de subsidiarité. L'engagement du déléguant envers le délégataire devrait devenir subsidiaire à l'engagement du délégué envers le délégataire dès

---

451 V. not. L. Aynès, *La cession de contrat et les opérations juridiques à trois personnes,* Economica, 1984, n°5 9; M. -L. Niboyet, « Une illustration du concept de droit civil des affaires : la délégation de locataire, à titre de garantie », Mélanges M. Jeantin, Dalloz, 1999, p. 71 et s., spéc. p. 72 ; Ch. Lachièze, « La délégation-sûreté », D. 2006, p. 234; *comp.* Ph. Dupichot, *Le pouvoir des volontés individuelles en droit des sûretés*, thèse Panthéon-Assas, 2005, n°361 et s. ; J. François, *Les obligations, Régime général,* Economica, 4è éd. 2017, n°648 ; Ph. Malaurie, L. Aynès et Ph. Stoffel-Munck, *Droit des obligations,* LGDJ Lextenso, 12è éd. 2022, n°946.

452 Sur l'utilité d'identifier la dette déléguée dans la délégation, voir notre article « La délégation de créance. Essai d'une typologie nouvelle », D. 2012, p. 2469 et s., spéc. p. 2471.

453 Voir *supra* déjà sur ce schéma I A/.

lors qu'une délégation a été conclue[454]. C'est pourquoi, il est critiquable d'avoir attaché au paiement par le délégant, la libération du délégué par l'effet de la loi.

Cette solution est d'autant plus inopportune qu'elle risque de compliquer considérablement la tâche du délégant qui ayant payé le délégataire entend se retourner contre le délégué. Certes, comme on le verra, le délégué n'est pas déchargé à son égard[455], mais s'il est insolvable dans l'intervalle, le délégant aura beaucoup perdu et la sécurité juridique attachée à cette opération tripartite qu'est la délégation en sortira fragilisée.

II Les effets de l'extinction

Les effets de l'extinction dans la novation et dans la délégation n'appellent que peu de commentaires lorsqu'elle prend la forme d'un paiement, fin heureuse et non conflictuelle de l'obligation. C'est le cas lorsque le nouveau débiteur paye le créancier dans la novation par changement de débiteur ou lorsque le délégué paye le délégataire dans la délégation de créance[456]. Cette situation est en revanche plus complexe quand l'extinction n'est pas définitive pour les parties à la délégation et quand le délégué peut faire valoir un moyen de défense (A). Il en est de même lorsqu'on s'intéresse aux conséquences de l'extinction pour les tiers (B).

A/ L'EXTINCTION POUR LES PARTIES

La première question que l'on peut aborder est celle d'une éventuelle remise en cause de l'opération mise en place par les parties qui provoque celle de l'extinction souhaitée. Dans cette hypothèse, l'extinction est remise en cause *a posteriori*. Cela sera le cas lorsque le

---

[454] A. Gouëzel, *La subsidiarité en droit privé,* Economica, 2013, n° 493 et s. ; J. François, *Les obligations, Régime général,* Economica, 4e éd. 2017, n° 676 ; O. Deshayes, Th. Genicon et Y. -M. Laithier, *Réforme du droit des contrats, du régime général et de la preuve des obligations, Commentaire article par article,* LexisNexis, 2è éd. 2018, p. 793 ; v. aussi M. Billiau, *La délégation de créance, op. cit.*, n° 216 et 222 ; *Comp.* L. Thibierge, « Délégation : l'inopposabilité des exceptions en question(s) », Dr et pat. déc. 2014, p. 30 et s., spéc. p. 31.

[455] Voir *infra* les effets de l'extinction (II).

[456] La question de l'ouverture d'un recours du délégué contre le délégant consécutif à son paiement ne sera pas abordée (v. not. M. Billiau, *La délégation de créance, op. cit.*, n°368 et s.).

contrat de novation est annulé. L'anéantissement rétroactif de l'obligation nouvelle va faire renaître l'obligation ancienne[457], peu important que le créancier soit à l'origine de l'extinction de l'obligation ancienne[458]. Ainsi, dans la novation par changement de débiteur, le débiteur de l'obligation primitive sera à nouveau tenu vis-à-vis du créancier. L'extinction de l'obligation primitive n'est donc pas toujours définitive.

L'extinction pour les parties permet également d'aborder une question bien différente, celle de savoir au titre de l'inopposabilité des exceptions qui règne en principe tant dans la novation que dans la délégation, si la nullité de l'obligation primitive est susceptible de rejaillir sur l'obligation nouvelle. Si l'on admet que la novation par changement de débiteur et la délégation novatoire ne se confondent pas[459], il est possible d'apporter une réponse nuancée à cette interrogation. En pratique, l'hypothèse est celle dans laquelle le créancier assigne en paiement le nouveau débiteur et que celui-ci lui oppose la nullité de l'obligation primitive. Dans l'hypothèse de la novation, la nullité de l'obligation primitive rejaillit sur l'obligation nouvelle, comme le prévoit l'article 1331 du Code civil qui précise que « la novation n'a lieu que si l'obligation ancienne et l'obligation nouvelle sont l'une et l'autre valables ». Ce principe est assorti d'une exception lorsque la novation a eu « pour objet déclaré de substituer un engagement valable à un engagement entaché d'un vice »[460]. Ce cas spécifique mis part[461], cette règle a pour conséquence que le créancier pourra se voir opposer une exception tenant en la nullité de l'obligation

---

[457] Civ 3, 28 novembre 1969, B. III n° 784, D. 1970, somm. p. 105 ; Civ 1, 8 juillet 1975, B. I n° 228, GP 1975, 2, 587, n. A. Plancquel ; Civ 3, 12 février 1986, B. III n°9; Com 4 février 1992, n° 90-12.609, B. IV n°60, D. 1992, som. p. 408, obs. A. Penneau ; Com 14 mai 1996, n° 94-14625, B. IV n° 138, D. 1996, som. 334, obs. R. Libchaber, RTDciv. 1996, p. 910, obs. J. Mestre ; Com 19 novembre 2003, n° 00-15.287, RJDA 2004, n° 524.

[458] Com 14 mai 1996, préc.

[459] En ce sens : Ch. Goldie-Genicon, préc., n° 3.

[460] Art. 1331 du Code civil. Cette situation n'est néanmoins possible que si la nullité est une nullité relative (O. Deshayes, Th. Genicon et Y. -M. Laithier, *Réforme du droit des contrats, du régime général et de la preuve des obligations, Commentaire article par article,* LexisNexis, 2è éd. 2018, p. 776 et 777).

[461] Il faut également avoir en tête que le débiteur de l'obligation nouvelle ne peut pas toujours invoquer la nullité de l'obligation primitive. Cela sera le cas si la cause de la nullité en fait une nullité relative par rapport un vice du consentement subi par le débiteur originaire (v. L. Andreu et N. Thomassin, *Cours de Droit des obligations,* Gualino Lextenso, 7è éd. 2022-2023, n° 1719).

primitive. Cette solution est-elle transposable à la délégation novatoire ? Si l'on répond à cette question par l'affirmative, cela met à mal le principe de la double inopposabilité des exceptions, si cardinal dans la délégation de créance. Retenu de longue date par la jurisprudence[462], ce principe est inscrit, depuis 2016, à l'article 1336 alinéa 2 du Code civil qui dispose que « le délégué ne peut, sauf stipulation contraire, opposer au délégataire aucune exception tirée de ses rapports avec le délégant ou des rapports entre ce dernier et le délégataire ». Ce principe[463] fait la force de la délégation de créance et lui donne une nette supériorité sur la cession de dette[464]. Il peut être écarté, comme le précise lui-même l'article 1336 alinéa 2 du Code civil, soit expressément par la stipulation d'une clause[465], soit implicitement si les parties ont choisi la figure de la délégation incertaine[466] dans laquelle l'engagement du délégué au profit du délégataire est calqué sur un rapport préexistant[467]. Mais lorsqu'il n'a pas été écarté le principe de l'inopposabilité des exceptions règne en matière de délégation et on

---

462 V. not. Civ 31 mars 1852, DP 1852, 1, 161 ; Civ 24 janvier 1872, DP 1873, 1, 75 ; Civ 1, 26 janvier 1960, B. I n° 55 ; Com 25 février 1992, n° 90-12.863, JCP G 1992 II 21922, 2e espèce, n. M. Billiau ; Civ 3, 7 juin 2018, n° 17-15.981, D. 2018, p. 1624, n. J. -D. Pellier, Defrénois 2018, n° 46 p. 32, n. J. -B. Seube, RDC 2018, p. 551, n. M. Latina.

463 M. Mekki, « Projet de réforme du droit des obligations et pratique notariale », JCP N 2015, 1116, spéc. n° 11. Ce principe est écarté lorsque le délégataire est de mauvaise foi : not. Civ 1, 2 avril 1968, B. I n° 115.

464 Art. 1328 du Code civil.

465 De telles clauses ont été jugées valables par la Cour de cassation avant d'être consacrées par la loi : Com 25 février 1992, n° 90-12.863, JCP 1992, II, 21922, 2e arrêt, n. M. Billiau.

466 V. not. A. Danis-Fatôme, « La délégation (le régime des exceptions) », publiés sur le *Blog Dalloz* dans le dossier consacré à la Réforme du droit des obligations, dir. M. Latina et G. Chantepie, les 23 et 24 avril 2015, http//reforme-obligations.dalloz.fr et dans le supplément au Code civil Dalloz 2016, *Projet de réforme du droit des contrats, du régime général et de la preuve des obligations, Analyse et propositions*, Dalloz 2015, p. 127 et s. ; M. Julienne, *Régime général des obligations*, LGDJ, 4e éd., 2022, n° 451 et 454 ; O. Deshayes, Th. Genicon et Y. -M. Laithier, *Réforme du droit des contrats, du régime général et de la preuve des obligations, Commentaire article par article,* LexisNexis, 2è éd. 2018, p. 789 ; Ph. Malaurie, L. Aynès et Ph. Stoffel-Munck, *Droit des obligations,* LGDJ Lextenso, 12è éd. 2022, n° 946. La jurisprudence récente ne semble pas cependant très accueillante à l'égard de la figure de la délégation incertaine : Civ 3, 17 déc. 2020, n° 19-21.733, RDI 2021, p. 152, obs. H. Périnet-Marquet.

467 V. not. Civ 1, 17 mars 1992, B. I n°84, D. 1992, p. 481, n. L. Aynès, JCP G 1992 II 21922, n. M. Billiau, RTDciv. 1992, p. 185, obs. J. Mestre, Defrénois 1992, art. 35593, p. 1423, n. L. Aynès.

se trouve alors face à une contradiction difficilement dépassable. La même opération si elle est qualifiée de novation par changement de débiteur débouchera sur l'extinction de l'obligation du débiteur et si elle est qualifiée de délégation sera parfaitement valable et obligera le délégué[468]. Certains auteurs ont proposé de dépasser cette contradiction en faisant dégénérer la délégation novatoire en délégation simple lorsque l'obligation primitive est nulle[469]. Leur idée est de considérer que la novation n'a pas pu produire effet compte tenu de la nullité de l'obligation primitive et de permettre au délégué d'opposer au délégataire cette nullité comme n'importe quelle exception opposable. Cette thèse a l'intérêt de neutraliser l'effet novatoire de la délégation induit par la novation et de conserver la circulation de l'obligation recherchée par la délégation. On peut cependant douter qu'elle soit respectueuse de la volonté des parties dans la mesure où celles-ci avaient souhaité libérer le délégant ce qui est l'un des objets de la délégation novatoire et que cela ne sera pas le cas en cas de délégation simple. Une autre voie est de reconnaître, comme la réforme du droit des obligations, opérée en 2016, nous y incite, une véritable autonomie à la délégation novatoire par changement de débiteur en refusant d'en faire une catégorie de novation[470]. Une telle analyse permettrait de solidifier le principe de l'inopposabilité des exceptions dans la délégation parfaite du moins lorsque l'obligation primitive est atteinte d'une nullité relative. L'obligation nouvelle du délégué sera étanche à l'extinction de l'obligation primitive[471].
Les effets de l'extinction peuvent être tout aussi complexes lorsqu'on s'intéresse à la situation des tiers.

---

[468] Ch. Goldie-Genicon, préc., n° 18; v. aussi L. Aynès, pour qui la nullité de l'obligation primitive ne peut pas être invoquée par le délégataire car il n'est pas partie au contrat conclu entre le délégant et le délégué (*La cession de contrat et les opérations juridiques à trois personnes,* Economica, 1984, n°66).

[469] F. Terré, Ph. Simler et Y. Lequette, *Droit civil, Les obligations,* Précis Dalloz, 10è éd. 2009, n°1457. Cette proposition doctrinale n'est pas reprise dans la dernière édition de cet ouvrage (13è éd. avec F. Chénedé, 2022, n° 1743).

[470] V. Ch. Larroumet, *Les opérations juridiques à trois personnes,* thèse Bordeaux, 1968, n° 227 et s. ; J. François, *Les obligations, Régime général,* Economica, 4e éd. 2017, n°671 ; L. Thibierge, « Délégation : l'inopposabilité des exceptions en question(s) », Dr et pat. déc. 2014, p. 30 et s., spéc. p. 36.

[471] Ph. Malaurie, L. Aynès et Ph. Stoffel-Munck, *Droit des obligations,* LGDJ Lextenso, 12è éd. 2022, n° 953. *Contra* M. Julienne, Régime général des obligations, 4è éd. LGDJ, 2022, n° 434.

B/ L'EXTINCTION POUR LES TIERS

Lorsqu'une créance ou une dette circule, le sort des créanciers de ceux qui sont à l'origine de cette circulation en sont nécessairement affectés, de même que les créanciers du vendeur et de l'acquéreur de n'importe quel bien le sont nécessairement en raison de leur gage commun[472]. Il en est de même des garants qui seront affectés par le changement opéré par ces opérations sur obligation.

Cette situation est parfois en partie réglée par les textes. Ainsi, l'article 1334 du Code civil, relatif à la novation dispose que « L'extinction de l'obligation ancienne s'étend à tous ses accessoires. Par exception, les sûretés d'origine peuvent être réservées pour la garantie de la nouvelle obligation avec le consentement des tiers garants ». Cette règle est logique dans la mesure où la novation n'a pas d'effet translatif. Elle n'est écartée que pour la garantie autonome[473]. On peut en revanche, avec d'autres[474], critiquer l'expression « tiers garants » car elle donne faussement l'impression que les sûretés consenties par le débiteur originaire lui-même pourraient être mobilisées par le créancier sans l'accord de ce dernier. Consenties par des tiers ou par le débiteur lui-même, ces sûretés pourront donc être, avec leur accord, « reportées » sur l'obligation nouvelle[475]. Cette solution est transposable à la délégation novatoire[476], le délégataire et ses créanciers ne pouvant pas en principe agir contre les garants personnels du délégué, sauf si ces derniers se sont engagés en ce sens. Cela peut correspondre à une exigence du délégataire[477]. En l'absence d'une stipulation contraire explicite, la dette du délégataire contre le délégant s'est éteinte et a été

[472] Art. 2285 du Code civil.

[473] Ph. Simler, *Cautionnement, Garanties autonomes, Garanties indemnitaires,* LexisNexis, 5è éd. 2015, n° 918.

[474] O. Deshayes, Th. Genicon et Y. -M. Laithier, *Réforme du droit des contrats, du régime général et de la preuve des obligations, Commentaire article par article,* LexisNexis, 2è éd. 2018, p. 782 ; Ch. Goldie-Genicon, Rép. droit civil, V° Novation, 2017, n°78.

[475] M. Julienne, ouvrage, préc., n° 417.

[476] J. Flour, J. -L. Aubert, E. Savaux, L. Andreu et V. Forti, *Droit civil, Les obligations, Le rapport d'obligation,* Sirey, 10é. éd. 2022, n° 208; M. Julienne, Régime général des obligations, 4e éd. LGDJ, 2022, n° 436.

[477] M. Billiau, *La délégation de créance, op. cit.,* n° 283.

remplacée par la dette du délégué sans que les accessoires ne soient transmis puisqu'on est en présence d'une obligation nouvelle[478].
Une autre hypothèse est cependant plus problématique. C'est celle qui survient lorsqu'on s'intéresse aux créanciers du délégant. Ces derniers pourraient avoir intérêt à mobiliser la créance que le délégant a sur le délégué. On rencontre ici l'épineuse question du sort de la créance du délégant sur le délégué lorsque ce dernier n'a pas été expressément libéré par le délégant[479]. La règle est en effet que, dans la délégation simple, le délégué qui est débiteur du délégant[480] n'est pas libéré par son seul engagement de délégation. L'article 1339 alinéa 4 du Code civil réserve la double novation – novation par changement de créancier induite de la novation par changement de débiteur - contenant une libération du délégant vis-à-vis du délégataire et du délégué vis-à-vis du délégant à la seule hypothèse de la délégation novatoire[481]. Lorsque le délégant n'est pas libéré, le délégué ne l'est pas non plus. Mais le délégant[482] et ses créanciers peuvent-ils agir contre le délégué ? La jurisprudence avait apporté une réponse négative à cette interrogation,

---

478 L. Aynès, *La cession de contrat et les opérations juridiques à trois personnes,* Economica, 1984, n°67.

479 On trouve ainsi couramment dans certains « actes de délégation », la formule suivante : « Il est expressément convenu que la présente délégation constitue une délégation parfaite et emporte novation par changement de débiteur aux rapports de droit existants entre le Délégataire et le Délégant, ce dernier étant libéré du paiement de la Dette Déléguée. Cette délégation parfaite est expressément acceptée par le Délégataire qui libère le Délégant de la Dette Déléguée à son égard. Cette délégation est également expressément acceptée par le Délégué qui se reconnaît débiteur du Délégataire au titre de la Dette Déléguée, cette acceptation libérant le Délégué de sa dette envers le Délégant à hauteur de la Dette Déléguée ».

480 S'il est courant en pratique que le délégué soit débiteur du délégant, il ne s'agit pas d'une condition de validité de la délégation (Civ 1, 9 décembre 1981, D. 1982, p. 445, n. J. Mestre ; Com 11 décembre 1984, D. 1985 IR p. 198, obs. A. Honorat ; Com 21 juin 1994, n° 91-19.281, B. IV n°225, JCP 1994 I 3803, n° 10, obs. M. Billiau, RTDciv. 1995, p. 113, obs. J. Mestre, Defrénois 1994, art. 35945, p. 1468, obs. D. Mazeaud), comme le sous-entend clairement aujourd'hui l'art. 1339 alinéa 1er du Code civil.

481 La réforme de 2016 a sur ce point brisé la solution retenue par la Cour de cassation : Com 27 février 1963, B. III n°128 ; Com 28 avril 1987, B. IV n°103, JCP 1987 IV 223, RTDciv. 1987, p. 760, obs. J. Mestre.

482 Cette question aurait pu être abordée dans le A/ consacré aux effets de l'extinction pour les parties mais elle se pose en pratique surtout pour les créanciers du délégant car ce dernier n'agira pas contre le délégué à qui il a demandé de s'engager auprès d'un tiers sous peine de se contredire (voir *infra*).

optant pour une paralysie de la créance du délégant sur le délégué[483]. La Cour de cassation avait, en effet, retenu que « ni le délégant ni ses créanciers, ne pouvaient, avant la défaillance du délégué envers le délégataire, exiger paiement »[484]. La chambre commerciale de la Cour de cassation en avait déduit que la saisie-arrêt opérée par les créanciers du délégant entre les mains du délégué ne le libérait pas envers le délégataire[485]. La technique de la condition semble la mieux adaptée pour expliquer cette solution : le délégant en demandant au délégué de s'engager envers le délégataire a renoncé à agir en paiement contre lui sous condition qu'il s'exécute auprès du délégataire[486]. La créance du

---

483 M. Billiau, *La délégation de créance, op. cit.,* n°106 et n° 238 et s. ; Ch. Larroumet, note sous Com 16 avril 1996, préc., spéc. p. 573 ; I. Dauriac, « Le sort de la créance du délégant envers le délégué au cours de la délégation », Defrénois, 1997, art. 36664, spéc. p. 1174 ; Ph. Simler, « L'énigmatique sort de l'obligation du délégué envers le délégant tant que l'opération de délégation n'est pas dénouée », *in Mélanges Aubert,* Dalloz 2005, p. 295 et s., spéc. p. 300 ; D. Houtcieff, « De la paralysie de la créance du délégant : petite métaphysique d'une pragmatique sanction », Mélanges Larroumet, Economica, 2009, p. 227 et s. ; L. Andreu, *Du changement de débiteur,* Dalloz, Nouvelle bibliothèque des thèses, 2010, n°163 ; J. François, ouvrage préc., n°659 ; O. Deshayes, Th. Genicon et Y. -M. Laithier, *Réforme du droit des contrats, du régime général et de la preuve des obligations, Commentaire article par article,* LexisNexis, 2è éd. 2018, p. 795.

484 Com 16 avril 1996, n° 94-14.618, B. IV n°120, D. 1996, p. 571, n. Ch. Larroumet et SC p. 333, obs. L. Aynès, JCP 1996 II 22689, n. M. Billiau, RTDciv. 1997, p. 132, obs. J. Mestre, Defrenois 1996, art. 36381, p. 1018, n. D. Mazeaud ; v. aussi : Com 24 juin 1986, n° 84-14.379, B. IV n°141, JCP 1986 IV 259, RTDciv. 1987 p. 550, obs. J. Mestre, Defrénois 2002, art. 37607, p. 1239, obs. R. Libchaber ; Com 14 février 2006, n° 03-17.457, D. 2006, p. 2862, obs. P. Crocq et D. 2007, p. 757, obs. D. R. Martin, JCP G 2006 II 10 145, n. M. Roussille, JCP E 2006, p. 1819, n. Ch. Lachièze, RTDciv. 2006, p. 319, obs. J. Mestre et B. Fages, Defrénois 2007, p. 553, obs. Ph. Théry, Droit et patrimoine juillet-août 2006, p. 95, obs. P. Crocq et Droit et patrimoine octobre 2006, p. 95, obs. Ph. Stoffel-Munck, Banque et droit mai-juin 2006, p. 74, n. N. Rontchevsky ; *comp.* Com 29 avril 2002, n° 95-15.072, D. 2002 p. 2673, n. D. Houtcieff, RDbancaire et fin., juillet-août 2002, comm. 135, obs. A. Cerles, Banque et droit juill-août 2002, p. 41, obs. N. Rontchevsky, JCP 2003, II, 10154, n. A. -S. Barthez, JCP N 2003, n°1357, S. Rezek.

485 *Ibidem.*

486 F. Terré, Ph. Simler et Y. Lequette, *Droit civil, Les obligations,* Précis Dalloz, 9è éd., 2009, n° 1447 (cette proposition doctrinale n'est pas reprise dans la dernière édition de cet ouvrage, 13è éd. avec F. Chénedé, 2022, n° 1750) ; Ph. Simler, « L'énigmatique sort de l'obligation du délégué envers le délégant tant que l'opération de délégation n'est pas dénouée », *in Mélanges Aubert,* Dalloz 2005, p. 295 et s., spéc. p. 301 ; *Contra* I. Dauriac, « Le sort de la créance du délégant envers le délégué au cours de la délégation », Defrénois, 1997, art. 36664, spéc. p. 1175 ; Ch. Larroumet, note sous Com 16 avril 1996, préc., spéc. p. 573.

délégant contre le délégué est toujours dans son patrimoine mais elle a été modifiée par la délégation[487].
Cette solution a été partiellement consacrée par l'ordonnance de 2016. L'article 1339 alinéa 2 du Code civil prévoit que tant que le délégué n'a pas payé le délégataire mais qu'il ne s'est pas non plus révélé défaillant vis-à-vis de ce dernier, « le délégant ne peut en exiger ou en recevoir paiement que pour la part qui excèderait l'engagement du délégué ». La créance est donc non plus totalement paralysée mais en partie saisissable en fonction du montant dû par le délégué au délégant. Et le même texte ajoute que le délégant « ne recouvre ses droits » contre le délégué « qu'en exécutant sa propre obligation envers le délégataire ». Ces solutions pourraient paraitre parfaitement logiques car qui demande à son débiteur de s'engager à payer un tiers, ici le délégataire, ne peut ensuite ignorer un tel engagement sous peine de manquer de se contredire[488]. L'alinéa 3 du même texte précise que « la cession ou la saisie de la créance du délégant ne produisent effet que sous les mêmes limitations », ce qui consiste à transposer aux créanciers ou ayants cause du délégant la solution prévue pour ce dernier : application simple de *nemo plus juris*.
Il n'en reste pas moins que du point de vue de l'extinction, c'est l'exécution de son obligation envers le délégataire qui éteindra son obligation envers le délégant et ses créanciers ou sa défaillance qui sortira, au contraire, de tels droits de créance de leur paralysie. Ce qui reviendrait à dire que le délégué serait en droit de choisir son créancier[489] et que le délégataire serait en concurrence avec le délégant dès que le délégué est défaillant[490]. Il n'en est rien depuis que l'ordonnance de 2016 a ajouté que le délégant « ne recouvre ses droits » contre le délégué « qu'en exécutant sa propre obligation envers le

---

[487] M. Billiau, *La délégation de créance, op. cit.*, n°291.
[488] Ch. Larroumet, note sous Com 16 avril 1996, préc., spéc. p. 573 ; Ph. Simler, « L'énigmatique sort de l'obligation du délégué envers le délégant tant que l'opération de délégation n'est pas dénouée », *in Mélanges Aubert,* Dalloz 2005, p. 295 et s., spéc. p. 298 ; D. Houtcieff, *Le principe de cohérence en matière contractuelle,* PUAM, 2001, n°921 et s. ; M. Roussille, note sous Com 16 avril 2006, préc., spéc. p. 1711 ; D. Houtcieff, « De la paralysie de la créance du délégant : petite métaphysique d'une pragmatique sanction », Mélanges Larroumet, Economica, 2009, p. 227 et s., spéc. n°5 ; M. Julienne, *Régime général des obligations,* LGDJ Lextenso, 4è éd. 2022, n°443 et s.
[489] L. Aynès, note sous Com 16 avril 1996, préc., spéc. p. 334.
[490] J. François, ouvrage préc., n°659.

délégataire »[491]. Cette rectification était nécessaire sous peine de laisser perdurer une fragrante contradiction avec l'objet et le but de l'opération délégation.

[491] Art. 1339 al. 2 du Cciv.

L'extinction par acte unilatéral dans la mise en œuvre de la prescription en droit public

Charles FROGER

Intérêt d'étudier la prescription extinctive. Bien que la prescription extinctive ne suscite pas autant de littérature au sein de la doctrine publiciste qu'elle ne le provoque dans la doctrine privatiste dont l'intérêt a été ravivé par la loi du 17 juin 2008, elle constitue assurément un mode extinctif des obligations en droit public. Derrière une apparente complexité, voire une certaine austérité, pointent des questions juridiques essentielles, à l'heure où la sécurité juridique semble devenir l'alpha et l'oméga du droit administratif, tant pour le citoyen que pour l'administration, imposant « *que ne puissent être remises en cause indéfiniment des situations consolidées par l'effet du temps* »[492]. Essentiellement fondée sur cette dernière exigence[493], la prescription extinctive consacre la victoire du fait sur le droit, en stabilisant juridiquement les situations factuelles existantes. Pour étudier sa mise en œuvre, et spécialement l'effet extinctif de l'acte unilatéral, il faut surmonter deux écueils.

Existence d'obligations publiques. Le premier repose sur l'inutilité du recours à la notion d'obligation en droit public[494], branche du droit historiquement forgée par le rejet de la notion de droits publics

---

492 CE, ass., 13 juill. 2016, *Czabaj*, n°387763, Lebon p. 340 ; CE, 17 juin 2019, n°413097, Lebon.

493 À propos de la prescription quadriennale, CE, 17 juin 2019, *Centre hospitalier de Vichy*, n° 413097, Lebon : « *La prise en compte de la sécurité juridique, qui implique que ne puissent être remises en cause indéfiniment des situations consolidées par l'effet du temps, est alors assurée par les règles de prescription prévues par la loi du 31 décembre 1968 relative à la prescription des créances sur l'État, les départements, les communes et les établissements publics ou, en ce qui concerne la réparation des dommages corporels, par l'article L. 1142-28 du code de la santé publique* » ; CE, 5 déc. 2005, *Tassius*, Lebon T. p. 815. À propos des prescriptions fiscales, CE, 26 juin 2014, *Polynésie Française*, n°355801, Lebon, *Dr. Fisc.* n° 42, 2015, comm. 628, note J. Turgot : « *le principe de sécurité juridique s'oppose à ce que puisse être légalement édictée une disposition instituant un droit de reprise au profit de l'administration fiscale excluant, de façon générale et absolue, l'application de toute prescription* ».

494 Résumant les raisons et présentant la littérature sur le sujet, voir F. Lombard et J.-C. Ricci, *Droit administratif des obligations*, Sirey-Dalloz, 2020, pp. 7-37. - Voir égal. A. Jacquemet-Gauché, « Le droit des obligations », *in* C. Testard et C. Roux (dir.), *Aux confins du droit administratif*, IFJD, 2023 pp. 177-192.

subjectifs et par le mythe d'une parfaite autonomie par rapport au droit privé[495]. L'utilisation de la notion d'obligation est toutefois possible autant qu'utile pour mieux comprendre la structuration contemporaine du droit administratif, matière animée par un fort mouvement de subjectivisation[496]. L'obligation est alors envisagée, classiquement, comme « *un lien de droit par l'effet duquel une personne se trouve contrainte – par suite de l'engagement et qui a été accepté ou de son comportement dommageable – à la nécessité d'exécuter – (positivement ou négativement) une prestation au bénéfice d'autrui. Semblablement, les sources des obligations en droit administratif et celles des obligations en droit privé* ». On peut toutefois ajouter, sans travestir la définition posée, « *l'obligation fiscale*, [entendu] *comme le lien de droit à caractère pécuniaire qui unit le redevable de l'impôt au Trésor public* »[497]. La particularité du rapport d'obligations en droit public se traduit par la présence d'au moins une personne publique, dont la nature juridique rétroagit largement sur les règles applicables, comme en témoigne le droit de la prescription extinctive.

Diversité des sources de la prescription. Le second écueil à surmonter est celui de la difficulté à appréhender les sources de la prescription extinctive en droit public, à la frontière du droit administratif et du droit de la comptabilité publique. Issues de règles propres aux personnes publiques, comme de textes également applicables aux particuliers, les sources sont multiples et conduisent à une nouvelle forme de « *chaos* »[498]. Elles reposent en premier lieu sur la prescription quadriennale instituée par la loi du 31 décembre 1968 (ancêtre de l'ancienne déchéance budgétaire quinquennale, puis quadriennale, créée par la loi du 29 janvier 1831)[499]. Cette prescription s'applique

---

495 M. Touzeil-Divina, *Dix mythes du droit public*, LGDJ-Lextenso, 2019. ; voir égal. G. Bigot, « Les mythes fondateurs du droit administratif », *RFDA* 2000, pp. 527-536.
496 Association Française pour la recherche en droit administratif, *Les droits publics subjectifs des administrés*, LexisNexis, 2011.
497 C. Gour, J. Molinier et G. Tournié, *Procédure fiscale*, PUF, 1982, p. 17. Voir égal, G. Tournié, « L'obligation fiscale : entre objectivité et subjectivité » in *Mélanges en l'honneur du Professeur Joël Molinier. Liber amicorum*, LGDJ, 2012, pp. 647-664.
498 A. Bénabent, « Le chaos du droit de la prescription extinctive », in *Mélanges dédiés à Louis Boyer*, PUSS 1996, pp. 123-133.
499 Loi n° 68-1250 du 31 décembre 1968 *relative à la prescription des créances sur l'État, les départements, les communes et les établissements publics*. Voir E. Picard, « Prescription quadriennale », *Rep. Cont. Adm.*, Dalloz, 2009, mise à jour 2014. A.

à l'ensemble des dettes des personnes publiques disposant d'un comptable public. Elle fait figure de prescription de droit commun des dettes publiques, sauf dispositions législatives dérogatoires, comme c'est le cas de la prescription décennale en matière de responsabilité hospitalière[500]. Elle n'est cependant « *qu'un mode d'extinction des dettes des collectivités publiques et ne peut, par suite, être opposée qu'aux créances que les intéressés entendent faire valoir contre ces collectivités* »[501]. Dans ce dernier cas, l'autre source majeure de la prescription extinctive en droit public est le code civil. Dès 1804, celui-ci a contenu un article 2227, sorte de clause passerelle, prévoyant l'application aux personnes publiques des dispositions relatives à la prescription. En raison de l'existence de la prescription spéciale des dettes publiques, ces règles avaient essentiellement vocation à s'appliquer aux hypothèses où la personne publique détient une créance sur un particulier, autrement dit, elles constituaient le droit commun des créances publiques[502]. L'inadvertance des parlementaires lors des débats de la loi du 17 juin 2008 a toutefois conduit à abroger cet article, sans procéder à son remplacement[503]. Mais comme l'avaient pressenti certains membres du Conseil d'État, l'impact de ce changement fut « *mineur* »[504]. Nonobstant cette suppression, le juge administratif n'a pas cessé d'appliquer les dispositions du code civil

---

Plantey et M.-C. Plantey, « Prescription quadriennale. Domaine – maniement – effet – contentieux », *Jcl. Administratif*, fasc. 111, janvier 2004, mise à jour 2014.

[500] Art. L. 1142-28 CSP ; sur la ligne de partage entre prescription décennale et prescription quadriennale, CE, 23 juill. 2014, n° 375829, Lebon ; *AJDA* 2014 p. 2204, concl. F. Lambolez.

[501] CAA Marseille, 28 juin 2021, n° 19MA03901, inédit.

[502] CE, Ass., 13 mai 1960, *Secrétaire d'État à l'Agriculture c/ Manière*, Lebon p. 328 ; *D.* 1961, p. 146, concl. M. Bernard ; *S.* 1961, III, p. 128, note C. Debbasch.

[503] G. Eckert et J.-P. Kovar, « La réforme du droit de la prescription : aspects de droit public », *LPA*, 2 avr. 2009, n°66, pp. 25-33 ; J. Latournerie, « La prescription administrative à l'épreuve de la réforme de la prescription en matière civile », *RDP* 2008, pp. 1552-1537 ; B. Plessix, « La réforme de la prescription en matière civile et le droit administratif », *RFDA* 2008, pp. 1219-1226 ; C. Poudre, « Les prescriptions administratives », *Gazette des communes*, 24 août 2009, pp. 46-49, spéc. p. 48-49 ; A. Baudeneau et A.-S. Bridon, « Les prescriptions des créances publiques », *Gazette des communes*, 23 août 2010, pp. 40-42.

[504] J. Lessi et O. Dutheillet de la Motte, « Prescriptions : le droit administratif à l'épreuve du temps », *AJDA* 2015 p. 215.

aux personnes publiques[505], soit en se référant directement aux nouvelles dispositions[506], soit en appliquant « *les principes dont s'inspirent les dispositions du titre XX du livre III du code civil* »[507]. Pour achever le tableau, il faut mentionner les nombreuses dispositions spéciales existant en matière de créances publiques. Outre des textes propres à certaines créances ordinaires raccourcissant les prescriptions[508], de nombreuses dispositions fiscales, contenues dans le code général des impôts comme dans le livre des procédures fiscales, instituent des délais spéciaux, non applicables aux créances ordinaires[509]. Si ces textes fiscaux conduisent à mettre à l'écart les durées du code civil, à commencer par celle quinquennale de droit commun de l'article 2224, leur mise en œuvre s'appuie largement sur ses dispositions.

Carences de la définition. Malgré ces sources multiples, il n'existe pas de définition générale de la prescription extinctive en droit public. Au mieux dispose-t-on de la définition de la prescription quadriennale, relativement évasive. L'article 1er de la loi du 31 décembre 1968 déclare ainsi que « *sont prescrites, au profit de l'État, des départements et des communes, sans préjudice des déchéances particulières édictées par la loi, et sous réserve des dispositions de la présente loi, toutes créances qui n'ont pas été payées dans un délai de quatre ans à partir du premier jour de l'année suivant celle au cours de laquelle les droits ont été acquis* ». La seule définition positive disponible, également applicable devant les juridictions administratives, est celle posée par l'article 2219

---

505 Pour un panorama depuis la réforme, C. Froger, « Le droit public de la prescription après la loi du 17 juin 2008. Quel rapport du juge administratif au droit privé après la réforme ? », *RDC*, 2024, à paraître.

506 Par ex. CE, avis, 28 mai 2014, n° 376501, *Le Mignon*, Lebon ; *AJDA* 2014, p. 1489, concl. B. Dacosta ; *JCP A* 2014, 2209, note R. Bourrel. en matière de responsabilité des constructeurs, CE, 12 avr. 2022, *Soc. Arest*, n° 448946, Lebon T, *BJCP* 2022. 199, concl. M. Pichon de Vendeuil ; *AJDA* 2022, p. 2026, note C. Froger.

507 Par ex, en matière d'indus de rémunérations des agents publics, CE, 31 mars 2017, *Dittoo et Holterbosch*, n° 405797, Lebon ; *AJDA* 2017, p. 2022, note C. Froger ; CE, 1er juill. 2021, n° 434665, Lebon.

508 L. Seurot, « Le raccourcissement des prescriptions », in Association Française pour la recherche en Droit Administratif, *Le temps en droit administratif*, Dalloz, p. 29.

509 CE, Sect., 30 mars 1990, *Leca*, Lebon, p. 81 ; *Dr. fisc.* 1990, n° 30, comm. 1554, concl. T. Le Roy ; *AJDA* 1990, p. 617, note P.-L. Frier ; CE, 17 juin 2013, *ministre du Budget, des Comptes publics, de la Fonction publique et de la réforme de l'État*, Req. n° 357569, inédit ; CE, 30 déc. 2014, n° 369102, Lebon T.

du code civil, à la suite de la réforme de 2008 : « *la prescription extinctive est un mode d'extinction d'un droit résultant de l'inaction de son titulaire pendant un certain laps de temps* ». L'imprécision de cette définition a fait l'objet de plusieurs remarques critiques en droit privé[510]. Largement transposable en droit public, la dernière d'entre elles est l'objet de la présente contribution.

Objet incertain de l'extinction. La prescription est un « *mode d'extinction d'un droit* ». Cette définition s'applique sans difficulté au domaine étudié, les obligations publiques. Il faut cependant noter que son champ d'application s'étend au-delà des droits subjectifs *stricto sensu*, même publics. Elle se retrouve également dans le cadre des pouvoirs répressifs conférés à l'administration, à l'image de la prescription triennale enfermant l'engagement des poursuites disciplinaires contre les agents publics[511] qui s'apparente bien plus à une prescription pénale. En outre, en précisant que l'effet extinctif porte sur « *le droit* », le législateur semble avoir pris position sur la controverse doctrinale aussi ancienne que récurrente relative à l'objet de l'extinction. Selon la thèse substantialiste, la prescription emporte extinction du droit substantiel, ici l'obligation elle-même ; selon la thèse processualiste, elle conduit à l'extinction de la seule action en justice. La thèse substantialiste paraît validée par la loi de 2008, malgré quelques contradictions persistantes des textes, tel le maintien de la qualification de fin de non-recevoir par l'article 122 du code de procédure civile. Pour différentes raisons, qu'on ne peut exposer ici[512], le droit public confirme, non également sans plusieurs incohérences[513],

[510] M. Mignot, « Les définitions des prescriptions extinctive et acquisitive, À propos des articles 2219 et 2258 », *LPA* 2 avr. 2009, n° 66, p. 3.

[511] Art. L. 532-2 CGFP : « *Aucune procédure disciplinaire ne peut être engagée au-delà d'un délai de trois ans à compter du jour où l'administration a eu une connaissance effective de la réalité, de la nature et de l'ampleur des faits passibles de sanction* ». Introduite par la loi n° 2016-483 du 20 avril 2016 relative à la déontologie et aux droits et obligations des fonctionnaires, cette prescription met fin à l'imprescriptibilité des poursuites disciplinaires dans la fonction publique. Voir A.-L. Girard, « La temporalité de l'imprescriptibilité », *RDP* 2018, pp. 739 ; C. Testard, « L'imprescriptibilité », in Association Française pour la recherche en Droit administratif, *Le temps en droit administratif*, préc., pp. 235-252.

[512] Voir C. Froger, *La prescription extinctive des obligations en droit public interne*, Dalloz, 2015, pp. 81-105.

[513] Par ex, sous-tendant une logique processualiste : CE, 20 sept. 2019, *H* et *R*. n° 420406, n 420489, Lebon T., concl., G. Pellissier ; CE, 4 mars 2021, n°433653,

la thèse substantialiste tout en en précisant la portée : la prescription éteint l'exigibilité de l'obligation.

Rôle affirmé du créancier. Le comportement du créancier, resté dans l'inaction durant une certaine durée, est l'un des éléments essentiels de la définition. La recherche de la volonté du créancier, dont les motivations peuvent varier, met l'accent sur le fondement moral de la prescription : « *le créancier doit agir lorsqu'il peut le faire matériellement, juridiquement et intellectuellement* »[514]. Cette préoccupation se retrouve en droit public, à plus forte raison lorsque la personne publique est créancière d'une personne privée. Elle dispose en effet d'importantes prérogatives de puissance publique facilitant le recouvrement de ses créances publiques. Le droit public de la prescription est ici plus souple que ne l'est le droit privé. Le juge administratif interprète largement les causes d'interruption, telle celle de l'article 2241 du code civil en principe limitée à la demande en justice, en reconnaissant un effet interruptif à toute manifestation unilatérale de la volonté du créancier d'agir en paiement, comme une simple lettre par laquelle l'administration informe l'agent de son intention de répéter une somme indûment versée[515]. L'exigence de protection des deniers publics est telle qu'à l'inverse du droit privé, le recours du débiteur privé contre le titre de perception émis par l'administration pour recouvrer sa créance interrompt la prescription. De l'autre côté, la législation sur la prescription quadriennale des dettes publiques consacre également pleinement la volonté du créancier privé de l'administration. L'effet interruptif est ainsi reconnu lorsque « *la demande ou la réclamation a trait au fait générateur, à l'existence, au montant ou au paiement de la créance, alors même que l'administration saisie n'est pas celle qui aura finalement la charge du règlement* »[516].

Rôle oublié du débiteur. La définition du code civil contient une importante lacune, ne rendant pas compte de la réalité du mécanisme extinctif. La seule réunion des critères posés par la loi ne suffit pas à

Lebon T. : « *La prescription quinquennale ainsi prévue ne porte que sur le délai pour exercer l'action, non sur la détermination de la créance elle-même* ».

514 M. Mignot, « Articles 2219 à 2223 », *JCl. Code civil*, LexisNexis, 2022, n° 12.

515 CE, 31 mars 2017, *Dittoo et Holterbosch*, préc. ; à propos des anc. art. 2244 à 2250 C. civ., CE, 20 avr. 2005, *Caisse d'allocations familiales de Maubeuge*, n° 257621, Lebon T.

516 Art. 2, loi du 31 décembre 1968, préc.

produire l'effet extinctif. En effet, celui-ci est subordonné à l'adoption d'un acte unilatéral du débiteur, entendu comme la formalisation de la manifestation de sa volonté individuelle afin de se prévaloir des effets de la prescription acquise. Pour le dire autrement, et suivant une partie de la doctrine privatiste, « *il faudrait plutôt considérer que la prescription place le débiteur dans la position de provoquer l'extinction de la dette par sa volonté unilatérale. Elle n'est donc pas en elle-même un mode d'extinction même si elle aboutit à l'extinction. En d'autres termes, le débiteur a le droit de provoquer l'extinction de l'obligation par sa volonté* »[517]. Finalement, ce dernier peut souhaiter se prévaloir de la prescription acquise, en l'opposant au créancier par acte unilatéral. Il peut aussi décider d'exécuter son obligation, alors même que les conditions légales pour bénéficier de l'effet extinctif sont remplies, ce qui explique l'absence de répétition de l'indu en tel cas[518]. Il peut encore, simplement et plus souvent, omettre d'opposer la prescription. L'effet extinctif de la prescription n'a donc rien d'automatique. Le droit public confirme largement cette assertion, de manière peut-être plus éclatante encore que le droit privé. En premier lieu, dans le cadre d'un rapport obligataire de droit public, le débiteur est tenu de prendre un acte unilatéral. Les règles du droit public enserrent de manière assez stricte les conditions de validité d'un tel acte, qu'il émane de la personne publique débitrice ou du débiteur privé de l'administration. En second lieu, en dehors des cas de renonciation, l'abstention du débiteur à opposer la prescription est toujours interprétée comme manifestant sa volonté tacite de ne pas bénéficier de l'effet extinctif, même en cas d'omission. Le juge se refuse en effet à voir dans l'institution un moyen d'ordre public.

I. L'opposition par un acte unilatéral du débiteur

Acte unilatéral manifestant la volonté du débiteur. Pour bénéficier des effets de la prescription, le débiteur doit manifester sa volonté. Cela se traduit par l'adoption d'un acte unilatéral, dont la nature et les conséquences sont toutefois différentes selon que cet acte est émis par la personne publique débitrice ou le débiteur de la personne publique.

---

[517] M. Mignot, « Les définitions des prescriptions », préc. Voir égal. P. Hoonakker, « La disposition de la prescription », *LPA* 2 avr. 2009, n° 66, pp. 19-24.

[518] Art. 2247 C. civ.

A. L'OPPOSITION PAR LA PERSONNE PUBLIQUE DÉBITRICE

Opposition extra-juridictionnelle : décision administrative unilatérale. Les règles relatives à l'opposition de la prescription par l'administration présentent d'indéniables spécificités résultant des dispositions de la prescription quadriennale, prescription de droit commun des dettes publiques. En pratique, l'opposition de la prescription peut résulter d'un acte unilatéral de l'administration, avant tout contentieux juridictionnel. L'opposition extra-juridictionnelle par la personne publique constitue généralement la réponse à la demande préalable que lui adresse le créancier privé pour faire valoir ses droits. Par exemple, en matière de contentieux indemnitaire, la victime est tenue de lier le contentieux en faisant naître une décision préalable de l'administration. Lorsque cette dernière estime la créance prescrite, elle peut opposer la prescription par un acte administratif unilatéral, en dehors de tout contentieux juridictionnel. Cet acte doit répondre, comme tout acte administratif, aux règles particulières de légalité externe, résultant ici de la loi du 31 décembre 1968.

Compétence de l'ordonnateur. L'acte administratif unilatéral doit en premier lieu être pris par une autorité administrative compétente. Sous l'empire de la déchéance, ancêtre de la prescription quadriennale, le laconisme de la loi du 29 décembre 1831 avait amené le Conseil d'État à préciser l'autorité compétente en réservant cette possibilité aux ordonnateurs principaux des dettes de l'État, c'est-à-dire aux agents administratifs auxquels les autorisations budgétaires sont immédiatement données. Autrement dit cela vise le ministre auquel incombe le règlement de la dette[519]. Cette jurisprudence perdure depuis la loi du 31 décembre 1968[520]. Cette règle figure aujourd'hui dans le décret du 11 février 1998[521] et vaut pour l'ensemble des personnes publiques bénéficiant de la prescription quadriennale. Par exemple, pour les communes, le maire est l'autorité compétente pour opposer la

---

[519] De manière constante, CE, 7 févr. 1896, *Cornaille, Leroy et autres*, Lebon p. 120 ; CE, 22 déc. 1963, *ministre des Finances et des Affaires économiques c/ Schitz*, Lebon p. 391.

[520] CE, Sect., 18 nov. 1977, *Salmon*, Lebon p. 452.

[521] Décret n° 98-81 du 11 février 1998 modifiant la loi n° 68-1250 du 31 décembre 1968 relative à la prescription des créances sur l'État, les départements, les communes et les établissements publics et relatif aux décisions prises par l'État en matière de prescription quadriennale.

prescription[522]. De même, dans le cadre de la déconcentration, les ordonnateurs secondaires, c'est-à-dire les agents auxquels les ordonnateurs principaux ont délégué les autorisations budgétaires, à savoir les préfets, peuvent également opposer la prescription quadriennale pour l'État[523]. En somme, avant d'ordonnancer le paiement, l'ordonnateur doit s'assurer que la créance n'est pas prescrite. Si tel est le cas, il peut opposer cette prescription à tout moment de la procédure administrative de paiement, c'est-à-dire lors de l'engagement, de la liquidation ou de l'ordonnancement proprement dit. La violation de cette règle de compétence sera relevée d'office par le juge administratif[524].

Délégation de signature. Par souci de simplification de la gestion administrative, en particulier dans les grandes collectivités publiques, à commencer par l'État, l'ordonnateur peut évidemment déléguer sa signature à un agent qui pourra alors complètement signer l'acte administratif opposant la prescription[525]. Cette délégation doit répondre aux règles générales régissant la délégation de signature. Le juge administratif facilite toutefois l'opposition de la prescription en précisant qu'« *un chef de service,* [...] *ayant qualité, en vertu de la délégation de signature qui lui a été régulièrement accordée à l'effet de signer au nom du ministre tous actes dans la limite de ses attributions, à l'exception des décrets, pour assurer la gestion administrative des agents, est compétent, même en l'absence de délégation portant expressément sur la prescription, pour opposer à l'un de ces agents, au nom du ministre, l'exception de prescription quadriennale à une demande d'indemnité* »[526]. Dans la même logique, les ordonnateurs suppléants, appelés à exercer les fonctions des ordonnateurs principaux ou secondaires lorsque ceux-ci sont empêchés ou absents, peuvent également faire valoir la prescription des dettes publiques[527].

---

[522] CE, Sect., 10 janv. 1969, *ORTF c/ Villard-Rebeyrat*, Lebon p. 19 ; CE, 27 févr. 1981, *Commune de Chonville-Malaumont*, Lebon p. 116.
[523] Décret n°98-81 du 11 février 1998, préc.
[524] CE, 17 mai 1974, *Herque*, *Dr. adm.*, 1974, n° 6, comm. 207 ; CAA Paris, 7 février 2003, *ministre de l'Intérieur*, *AJDA*, 2003, p. 843.
[525] CE, 1er mars 1961, *Dufour*, *RDP*, 1961 p. 870, obs. R. Drago.
[526] CE, 7 mai 2008, *Paoletti*, Lebon T. p. 852.
[527] CE, 17 juin 2009, *Syndicat inter-hospitalier de la Martinique*, Lebon T., p. 681.

Motivation de l'opposition. Toujours au titre de la légalité externe, l'acte administratif opposant la prescription doit remplir une règle de forme. Les décisions de prescription sont au nombre de celles entrant dans le champ d'application de la loi du 11 juillet 1979, aujourd'hui codifiée à l'article L. 211-2 du Code des relations entre le public et l'administration (CRPA). Celui-ci dispose que « *les personnes physiques ou morales ont le droit d'être informées sans délai des motifs des décisions administratives individuelles défavorables qui les concernent. A cet effet, doivent être motivées les décisions qui : [...]° Opposent une prescription, une forclusion ou une déchéance* ». Cette obligation conduit l'administration à expliciter les motifs de l'acte administratif, c'est-à-dire à expliquer les circonstances, les motifs de droit et de fait conduisant à opposer la prescription. Elle doit ainsi spécifier au créancier que celui-ci n'a pas agi en recouvrement durant le délai légal de quatre ans, en précisant par exemple le moment à partir duquel, selon elle, son créancier a eu connaissance de son droit et aurait dû le faire valoir[528]. Bien que l'exigence de motivation ne soit pas un vice de forme « *Danthonysable* »[529], comme souvent en la matière, le juge apprécie la motivation de manière compréhensive, quitte à lui faire perdre une partie de son contenu[530].

Opposition extra-juridictionnelle : exception de prescription. Il se peut que la personne n'ait pas opposé la prescription de manière extra-juridictionnelle, n'ayant par exemple jamais explicitement répondu à la demande en paiement du créancier. Si le silence gardé vaut toujours rejet[531], la décision implicite qui en résulte ne peut évidemment opposer la prescription. Rien n'empêche cependant que la personne publique oppose la prescription en cours d'instance juridictionnelle, à l'occasion du litige portant sur la contestation de l'obligation. Selon la nature

---

[528] CE, 22 juin 2001, *Dandrau*, n° 219630, inédit ; CE, 14 janv. 2002, *Bernard X.*, n° 217286, inédit.

[529] CE, 7 juill. 2016, *CARSAT d'Aquitaine*, n° 386304, Lebon T.

[530] CE, 21 nov. 2007, *Patouillet de Desservillers*, n° 275401, inédit : « *la décision qui contient les motifs de fait et de droit venant à l'appui de la position [du ministre], en ce qu'elle vise en effet précisément les textes applicables et constate l'absence de cause interruptive de la prescription pour en déduire les délais au cours desquels la prescription a couru doit être dès lors regardée comme suffisamment motivée au sens de la loi du 11 juillet 1979* ».

[531] Il s'agit d'une demande qui « *présente un caractère financier* », au sens de l'article L. 231-4 du CRPA, prévoyant que « *par dérogation à l'article L. 231-1, le silence gardé par l'administration pendant deux mois vaut décision de rejet* ».

publique ou privée de la créance détenue sur la personne publique, le litige est susceptible de relever du juge administratif comme du juge judiciaire. L'article 8 de la loi du 31 décembre 1968 fait du juge de l'action également celui de l'exception, autrement dit « *la juridiction compétente pour connaître de la demande à laquelle la prescription est opposée, en vertu de la présente loi, est compétente pour statuer sur l'exception de prescription* ». Il ne s'agit néanmoins pas d'une exception de procédure au sens processualiste du terme, devant être soulevée *in limine litis*. Le juge judiciaire, s'inspirant de l'article 122 du Code de procédure civile, fait de la prescription quadriennale des dettes publiques une fin de non-recevoir. Le juge administratif est plus mitigé : tantôt la prescription paralyse l'action, tantôt elle constitue une véritable défense au fond[532], ce qui paraît plus conforme à l'approche substantialiste.

Compétence du mandataire : exclusion initiale par le juge administratif. L'exception de prescription devant être opposée par l'ordonnateur en dehors du contentieux juridictionnel, le juge administratif, s'appuyant sur le décret de 1998, a longtemps estimé que celle-ci ne pouvait compétemment être opposée que par cette même autorité administrative durant un procès. Par conséquent, la qualité de mandataire d'une personne publique n'était pas suffisante pour se prévaloir de la prescription au nom de la personne publique mandante[533]. De même et de manière encore plus stricte, l'avocat, représentant la personne publique, ne pouvait opposer la prescription au nom de cette dernière dans ses écritures[534]. La personne publique devait donc, à l'occasion du procès, adopter un acte administratif unilatéral, opposant la prescription. Cette position s'expliquait par « *le*

---

532 CE, 31 janv. 2000, *Gonon*, Lebon T. p. 917, CE, Sect., 5 déc. 2014, *Commune de Scionzier*, n° 359769, Lebon p. 360, concl. A. Lallet (en ligne sur Arianeweb), *AJDA*, chron. J. Lessi et O. Dutheillet de la Motte ; *Dr. Adm.*, n° 3, 2015, comm. 22, note D. Jouve ; *JCP G*. 2015, chron. G. Eveillard, p. 1069.
533 CE, 8 févr. 2010, *Sophia-Antipolis*, Lebon T. p. 701 : « *L'exception de prescription ne peut être opposée que par l'autorité administrative compétente* » et qu'ainsi « *la société requérante ne saurait utilement se prévaloir de sa qualité de mandataire d'une personne publique, le syndicat mixte Sophia Antipolis, pour en invoquer le bénéfice* ».
534 CE, Sect., 29 juill. 1983, *Ville de Toulouse c/ Tomps*, Lebon p. 312 ; *AJDA* 1984, p. 41, concl. R. Denoix de Saint Marc ; CAA Bordeaux, 2 févr. 1998, *Consort U*, Lebon p. 559.

maintien d'une institution spécifique de la comptabilité publique »[535], nonobstant la loi du 31 décembre 1968, mais elle complexifiait largement la gestion administrative.

Compétence du mandataire en justice : divergence du juge judiciaire. Plus habitué aux dispositions du code civil qu'à celles de la prescription quadriennale spéciale, le juge judiciaire a au contraire rapidement accepté que le mandataire en justice, et spécialement l'avocat, oppose la prescription. Pour la Cour de cassation, « *aucune disposition de la loi du 31 décembre 1968 ne comportant l'exigence d'une production d'une décision expresse et spéciale de l'autorité ayant la qualité d'ordonnateur principal de la personne de droit public débitrice, l'avocat constitué par la commune agissant en la personne de son maire avait le pouvoir de la représenter en première instance pour les actes de procédure et d'opposer toute fin de non-recevoir* »[536]. Dans le même sens, bien que n'ayant pas la qualité d'ordonnateur, l'agent judiciaire de l'État (ancien agent judiciaire du Trésor), son représentant légal devant les juridictions judiciaires pour la quasi-totalité de ses créances ou dettes, peut valablement opposer la prescription[537].

Compétence du mandataire en justice : revirement du juge administratif. La position du juge administratif n'était donc pas partagée par son homologue judiciaire. Elle faisait également l'objet de critiques doctrinales pour sa lourdeur[538]. Elle a donc progressivement été assouplie[539], avant que le Conseil d'État ne rallie définitivement la

---

[535] R. Denoix de Saint Marc, concl. sur CE, Sect., 29 juill.1983, *Ville de Toulouse c/ Tomps*, préc.

[536] Civ. 3e, 19 janv. 2011, *Commune de Saint-Paul*, Bull. civ. III, n° 10 ; v. égal. Civ. 2e, 23 avr. 1986, *Ville de Montbéliard c/ Royer*, Bull. civ. II, n° 60.

[537] Civ. 2e, 18 févr. 1976, *Agent judiciaire du Trésor c/ Ali Abbés Ali*, Bull. civ. II, n° 58, *D.*, 1976, p. 136.

[538] E. Boehler, « A propos de la nature juridique de l'acte opposant la prescription quadriennale », in *Mélanges Paul Amselek*, Bruylant, 2005, pp. 99-129, spéc. p. 109.

[539] Voir par ex., CE, Sect., 10 oct. 1997, *Ministre du budget c/ P.*, n° 153168, Lebon : opposition possible par le directeur du personnel d'un ministère, titulaire d'une délégation pour intervenir en défense dans les contentieux engagés par les agents de son administration, alors même qu'il ne disposait d'aucune délégation en matière budgétaire ; CE, Sect., 25 juin 2004, *Société Philippe Filippini*, Lebon p. 271 : « *Considérant qu'aux termes de l'article 7 de la loi du 31 décembre 1968* [...], *il ne résulte pas que l'exception opposant la prescription quadriennale doive figurer dans*

Cour de cassation en 2014[540]. Le rapporteur public A. Lallet soulignait, dans ses conclusions, « *le piège que peut constituer la solution actuelle pour les collectivités représentées par des avocats rompus à la procédure civile, mais moins familiers des arcanes du droit administratif* ». Il invitait ainsi le Conseil d'État « *d'un même mouvement, à simplifier le droit de la prescription quadriennale, à rétablir la cohérence de votre propre jurisprudence et à mettre fin à une divergence entre les deux ordres de juridiction, en abandonnant l'exigence d'une manifestation de volonté expresse de l'ordonnateur qui ne repose sur aucun texte et présente des inconvénients pratiques, sans ménager de garantie supplémentaire au créancier* »[541]. Suivant son rapporteur public, le Conseil d'État estime désormais que les dispositions de la loi du 31 décembre 1968 « *ne déterminent pas l'autorité ayant qualité pour l'opposer ni ne régissent les formes dans lesquelles cette autorité peut l'invoquer devant la juridiction du premier degré. Ni ces dispositions, ni aucun élément tenant à la nature de la prescription ne font obstacle à ce que celle-ci soit opposée par une personne ayant reçu de l'autorité compétente une délégation ou un mandat à cette fin* ». Dès lors « *l'avocat, à qui l'administration a donné mandat pour la représenter en justice et qui, à ce titre, est habilité à opposer pour la défense des intérêts de cette dernière toute fin de non-recevoir et toute exception, doit être regardé comme ayant été également mandaté pour opposer l'exception de prescription aux conclusions du requérant tendant à la condamnation de cette administration à l'indemniser* »[542]. Cette solution a été étendue au service juridique de l'administration qui ne recourt pas toujours au service d'un avocat. Ainsi, la possibilité de soulever l'exception de prescription a été reconnue explicitement à tout « *agent auquel l'autorité compétente a donné délégation pour signer les mémoires en défense présentés au nom d'une collectivité publique devant la juridiction administrative* »[543].

---

un mémoire produit dans le cadre de l'instance au fond ou dans une décision individuelle expresse adressée au créancier ».

[540] CE, Sect., 5 déc. 2014, *Commune de Scionzier*, préc.

[541] A. Lallet, concl. sur CE, Sect., 5 déc. 2014, *Commune de Scionzier*, préc.

[542] CE, Sect., 5 déc. 2014, *Commune de Scionzier*, préc.

[543] CE, 27 nov. 2015, n°377645, Lebon T. p. 611, 740, concl. N. Polge (en ligne sur Arianeweb) ; voir déjà CE, 8 févr. 2012, *Ministre de la défense c/ H…*, n° 339256, Lebon T. : dès lors qu'il avait qualité, en vertu de la délégation de signature qui lui avait été régulièrement accordée, pour signer au nom du ministre de la défense le mémoire en défense devant le tribunal administratif dans le cadre des contentieux

Moment de l'opposition. Selon l'article 7 de la loi du 31 décembre 1968, afin d'être valablement opposée, la prescription quadriennale doit être invoquée « *avant que la juridiction saisie du litige au premier degré se soit prononcée sur le fond* ». Cette disposition a pour conséquence d'interdire de soulever la prescription « *en tout état de cause, même devant la cour d'appel* », contrairement à ce que prévoit l'article 2248 du Code civil[544]. Cette restriction tenait à la volonté des rédacteurs de la loi de 1968 d'inciter l'administration « *à faire valoir ses intentions dès le début du procès* »[545]. Dès 1970, P. Amselek s'interrogeait sur la manière d'entendre la formule « *avant que la juridiction saisie du litige au premier degré se soit prononcée sur le fond* » et concluait qu'« *il eût été peut-être plus sage de s'arrêter* » aux dispositions du code civil[546]. Rapprochant le droit public du fonctionnement des prescriptions privées, la jurisprudence administrative a atténué la portée de cette limitation. Ainsi, l'assertion « *décision juridictionnelle au fond* » est interprétée littéralement, ce qui conduit à considérer que la prescription peut être opposée après l'instruction, tant que le jugement n'est pas intervenu. Elle peut donc être soulevée dans une note en délibéré[547]. Ensuite, la prescription de la dette publique peut, dans un certain nombre de cas, être soulevée en appel. Ainsi, l'article 7 de la loi de 1968 doit être concilié avec la procédure de jugement sans instruction, c'est-à-dire sans échange de mémoires entre les parties ou autre mesure d'expertise. S'il advenait que l'administration ne découvre la prescription de sa dette qu'à l'occasion de l'introduction du recours par le créancier, l'autorité administrative ne serait pas mise en mesure de l'opposer avant que la

---

engagés par les agents de ce ministère, le signataire de ce mémoire était compétent, même en l'absence de délégation portant expressément sur la prescription, pour opposer à l'un de ces agents, au nom du ministre, l'exception de prescription quadriennale.

[544] Cette règle, dans sa rédaction antérieure à 2008 (anc. art. 2224 C. civ.) trouve d'ailleurs à s'appliquer aux dettes des personnes publiques lorsqu'elles n'entrent pas dans le champ d'application de la prescription quadriennale : Par ex. CAA Marseille, 11 janv. 2010, *Amparo A.*, n° 07MA01965, inédit : « *la chambre de commerce et d'industrie de Marseille-Provence, qui n'est pas dotée d'un comptable public et ne peut par suite opposer la prescription quadriennale prévue à l'article 1er de la loi du 31 décembre 1968, peut, même pour la première fois en appel, opposer la prescription décennale* ».

[545] Voir Débats parlementaires, *JOAN,* séance du 29 déc. 1968, p. 4931.

[546] P. Amselek, « La nature de la déchéance quadriennale depuis la loi du 31 décembre 1968 », *AJDA* 1970, pp. 465-484.

[547] CE, 30 mai 2007, *Commune de Saint-Denis de la Réunion*, préc.

juridiction n'ait statué au fond. Afin de rendre effectif ce moyen de défense, le Conseil d'État a pu autoriser l'opposition de la prescription pour la première fois en appel[548], voire, exceptionnellement, en cassation[549].

Contestation de l'acte d'opposition. Finalement, l'administration dispose de deux voies pour opposer la prescription, la décision administrative extra-juridictionnelle ou l'exception à l'occasion d'un litige portant sur la créance. Cette dualité pose la question des voies de droit ouvertes au créancier privé pour faire contester la légalité de l'opposition de la prescription. Dans la seconde hypothèse, la question est clairement résolue par la loi. La contestation de l'opposition de la prescription se fera donc dans le cadre des actions en justice devant le juge ou les juges administratif et judiciaire. La première hypothèse, celle dans laquelle l'opposition résulte d'un acte administratif adopté par la personne publique avant qu'un contentieux juridictionnel ne soit engagé sur la créance en litige, pose plus de difficulté. S'est longtemps posée la question de savoir si le créancier privé pouvait faire naître un contentieux autonome, en attaquant cet acte par la voie du recours pour excès de pouvoir. La jurisprudence laissait la doctrine partagée. Une partie des auteurs estimait qu'un tel recours était possible[550] ; une autre estimait que le requérant ne pouvait contester la prescription que dans le cadre d'un litige portant sur la créance, lequel relève du plein contentieux[551]. Le Conseil d'État a, en grande partie, tranché la question en 2012 : « *lorsque, dans le cadre d'un litige indemnitaire, l'administration oppose à la créance objet de ce litige la prescription prévue par les dispositions de la loi du 31 décembre 1968, le créancier qui entend contester le bien-fondé de la prescription doit le faire devant le juge saisi de ce même litige* ». Dans cette hypothèse, « *le créancier n'est par conséquent pas recevable à demander au juge de l'excès de*

---

[548] CE, 1er déc. 1982, *ministre du Budget c/ Autret*, Lebon T. p. 569 ; CE, 27 déc. 1997, *Mialon*, Lebon T., p. 753 ; CE, 15 mars 1999, *Voyer*, Lebon p. 729.
[549] CE, 25 avr. 2007, *ministre des Transports, de l'Equipement, du Tourisme et de la Mer c/ Hébert*, Lebon, p. 175 ; *RFDA* 2007, p. 1019, concl. R. Keller : « *En raison de la dispense d'instruction contradictoire à laquelle le juge du fond a recouru, le ministre des Transports [...] n'a pu opposer l'exception de prescription quadriennale en première instance ; qu'ainsi, le ministre est recevable à opposer cette prescription pour la première fois en cassation* ».
[550] P. Amselek, note sous CE, 2 mai 1973, *Guyot*, *Lebon*, p. 309 ; *AJDA* 1973, p. 370.
[551] R. Chapus, *Droit du contentieux administratif*, Montchrestien, 2008, 13e éd., pp. 742-743.

pouvoir l'annulation de la décision opposant la prescription quadriennale à la créance dont il se prévaut »[552]. Le recours pour excès de pouvoir serait donc définitivement fermé. Cependant, comme le relèvent certains auteurs, le litige indemnitaire n'est pas nécessairement porté devant le juge, et le Conseil d'État « *n'impose pas, semble-t-il, au créancier de réclamer sa créance en justice pour contester au contentieux la prescription quadriennale* »[553]. Faut-il en déduire qu'en l'absence de contentieux indemnitaire engagé sur le bien-fondé de la créance, le recours pour excès de pouvoir demeure possible contre la décision de prescription ? La question reste ouverte.

B. L'OPPOSITION PAR LE DÉBITEUR DE LA PERSONNE PUBLIQUE

Principe du titre de perception exécutoire. Le droit des créances publiques, que celles-ci soient fiscales ou ordinaires (c'est-à-dire étrangères à l'impôt ou au domaine), confère une importante prérogative de puissance publique à l'administration, visant à prémunir les finances publiques. Afin de percevoir promptement les sommes dues par les débiteurs privés, l'ordonnateur de la personne publique doit émettre un titre de recette, dont le nom change selon la nature de la créance en cause, afin d'établir et liquider le montant de la créance. Ce titre est exécutoire[554], ouvrant au comptable public la possibilité de poursuivre l'exécution forcée de la créance selon les voies administratives de recouvrement ou selon celles du code des procédures civiles d'exécution[555]. En application de la jurisprudence *Préfet de l'Eure*[556], les personnes publiques ne peuvent saisir le juge administratif afin qu'il ordonne le paiement de la créance.

---

[552] CE, 15 nov. 2012, *Commune de Cavalaire-sur-Mer*, Lebon p. 384 ; *JCP A* 2013, 2010, concl. B. Dacosta ; *Dr. adm.* 2013, n°1, comm. 5, note G. Eveillard ; *AJDA* 2013, p. 356, note F. Hoffmann.

[553] G. Eveillard, note sous CE, 15 nov. 2012, *Commune de Cavalaire-sur-Mer*, préc.

[554] Art. L. 252 A LPF : « *Constituent des titres exécutoires les arrêtés, états, rôles, avis de mise en recouvrement, titres de perception ou de recettes que l'État, les collectivités territoriales ou les établissements publics dotés d'un comptable public délivrent pour le recouvrement des recettes de toute nature qu'ils sont habilités à recevoir* » ; Art. 113, Décret n° 2012-1246 du 7 nov. 2012 relatif à la gestion budgétaire et comptable public.

[555] Art. 28 Décret n° 2012-1246 du 7 nov. 2012, préc.

[556] CE, 30 mai 1913, *Préfet de l'Eure*, Lebon. p. 583.

Débiteur privé en situation de demandeur. L'émission du titre exécutoire conduit à placer automatiquement le débiteur de la personne publique en position de demandeur. Afin de contester l'exigibilité du titre, il peut alors soulever la prescription de la créance. Cet acte d'opposition peut intervenir tant dans le cadre d'un contentieux non juridictionnel, parfois obligatoire, que durant l'instance juridictionnelle. Les règles ne sont cependant pas strictement identiques selon la nature fiscale ou ordinaire de la créance en litige. Ne seront ici traitées que les prescriptions d'assiettes, qui portent sur le rapport obligataire lui-même, et non les prescriptions de recouvrement, encadrant l'action du comptable pour diligenter les voies d'exécution forcée.

Opposition extra-juridictionnelle : recours administratif. Avant de saisir le juge, l'administré débiteur dispose toujours de la faculté d'exercer un recours administratif préalable, hiérarchique ou gracieux, c'est-à-dire « *une réclamation adressée à l'administration en vue de régler un différend né d'une décision administrative* »[557]. En matière de créances fiscales, un tel préalable est cependant obligatoire, sous peine d'irrecevabilité du recours juridictionnel ultérieur. Les titres de recettes fiscales doivent faire l'objet d'une réclamation préalable[558]. La prescription pourra être soulevée dès ce stade pré-juridictionnel par le contribuable. Lorsque la personne publique détient une créance ordinaire sur le débiteur privé, elle doit également émettre un ordre de recouvrer disposant d'un caractère exécutoire. A nouveau, comme en matière fiscale, le contentieux doit parfois d'abord être porté devant l'administration elle-même. Un recours administratif préalable n'est toutefois obligatoire qu'à l'égard des créances ordinaires de l'État[559] ; il reste toutefois possible, de manière facultative, pour les créances détenues par les collectivités territoriales et les établissements

[557] Art. L. 410-1 CRPA.

[558] Art. R. 196-1 à R. 198-10 LPF.

[559] Art. 118, Décret n° 2012-1246 du 7 nov. 2012, préc. La contestation juridictionnelle d'un titre exécutoire émis par un établissement public administratif n'est donc pas subordonnée à l'introduction d'un recours préalable : CAA Bordeaux, 21 nov. 2013, *Centre œnologique de Grézillac*, n° 13BX01847, inédit ; *AJDA* 2014, p. 414, concl. N. Normand.

publics[560]. Une nouvelle fois, la prescription pourra être invoquée dès ce stade.

Opposition juridictionnelle : contestation de l'exigibilité de la créance. Lorsque les réclamations contentieuses portées devant l'administration ne donnent pas entière satisfaction, les titres exécutoires peuvent être contestés dans un délai de deux mois à compter de la réponse explicite ou implicite. Deux voies sont ouvertes : celle de la contestation du bien-fondé de la créance, c'est-à-dire de son existence, son montant ou son exigibilité ; celle de la régularité du titre de perception. La jurisprudence rattache avec constance la question de l'opposition de la prescription d'assiette au bien-fondé de la créance[561], spécialement à son exigibilité, qu'elle soit fiscale comme ordinaire[562]. Si le contentieux de l'impôt est réparti entre les juridictions administratives et les juridictions judicaires selon la nature de l'imposition en cause, les règles relatives à l'opposition de la prescription sont sensiblement identiques. Le contribuable est autorisé à soulever la prescription pour la première fois devant le juge, alors même qu'elle n'aurait pas été présentée devant l'administration lors du recours administratif préalable obligatoire[563]. Au stade juridictionnel, le contentieux fiscal présente une particularité facilitant l'opposition de la prescription par le contribuable. L'article L. 199 C du Livre des procédures fiscales dispose que « *l'administration, ainsi que le contribuable dans la limite du dégrèvement ou de la restitution sollicités, peuvent faire valoir tout moyen nouveau, tant devant le tribunal administratif que devant la cour administrative d'appel, jusqu'à la clôture de l'instruction. Il en est de même devant le tribunal de grande instance et la cour d'appel* ». Cette disposition fait donc obstacle à la règle de la cristallisation des moyens, généralement applicable en contentieux administratif. Celle-ci implique que, passée l'expiration du délai de recours durant l'instance, le requérant ne peut

---

[560] Art. L. 1617-5, 2° CGCT ; voir CE, 24 juin 2009, *Communauté d'agglomération de Bourges*, *Lebon*, p. 235 ; *JCP A*, 2009, 2205, note G. Pelissier et 2226, note L. Erstein.

[561] CE, 25 févr. 1981, *Gouriou*, Lebon p. 107 ; *Dr. fisc.*, n°41, 1981, comm. 1810, concl. Schricke.

[562] Schématiquement, aux termes de l'article L. 1999 LFP, au juge administratif revient le contentieux des impôts directs et celui de la TVA, au juge judiciaire le contentieux des impôts indirects.

[563] CE, 3 juill. 1961, Lebon, p. 461 ; *Dr. fisc.*, n° 42, 1961, comm. 931.

normalement plus soulever de moyen se rattachant à une cause juridique nouvelle[564]. Grâce à cette disposition, le requérant peut au contraire soulever la prescription jusqu'à la clôture de l'instruction, en première instance ou en appel, et ce, même après l'expiration du délai de recours. Pour les créances ordinaires, comme en matière fiscale, si le requérant n'a pas soulevé la prescription à l'occasion du recours administratif préalable, facultatif ou obligatoire, il peut toujours l'exciper[565], à l'occasion de la contestation portant sur le bien-fondé de la créance[566]. Dans le contentieux des créances ordinaires, se pose également la question de l'invocabilité du moyen de la prescription passée l'expiration du délai de recours au cours de l'instance. A-t-elle une influence sur la possibilité d'invoquer la prescription ? Contrairement au contentieux fiscal, le contentieux des créances ordinaires ne connaît pas de disposition équivalente à celle de l'article L. 199 C du LPF, lequel est d'ailleurs explicitement écarté par la jurisprudence[567]. Cependant, le Conseil d'État a rattaché l'ensemble des moyens invocables contre un titre exécutoire à la même cause juridique[568]. Cette unité de cause juridique permet d'appliquer pleinement les termes de l'article 2228 du Code civil régissant les créances ordinaires. Celui-ci autorise le débiteur à opposer la prescription « *en tout état de cause, même en appel* ».

Exceptions au titre exécutoire. Pour conclure, il faut relever qu'il existe plusieurs exceptions au principe du titre exécutoire. La personne publique dispose alors d'un droit d'option entre émettre un tel acte ou saisir le juge. On peut relever trois hypothèses principales : le cas des créances contractuelles des personnes publiques[569] et par extension celui des créances quasi-délictuelles lorsqu'elles trouvent leur origine dans un contrat[570] ; les créances détenues par les établissements publics

[564] Le contentieux fiscal d'assiette connaissait trois causes juridiques distinctes : celle relative à la procédure d'imposition, celle liée à son bien-fondé et enfin celle afférente aux pénalités.
[565] CAA Versailles, 7 juin 2005, *Société SMAC Acéroïde*, Lebon T. p. 817. Voir plus généralement CE, 21 mars 2007, *Garnier*, Lebon p. 128 ; *Dr. adm.*, 2007, n° 5, comm. 78, note O. Guillaumont.
[566] CE, 28 sept. 2021, *Préfet de la région Pays-de-la-Loire*, n° 437650, Lebon.
[567] CE, 9 nov. 1994, *Société saumon Pierre Chevance*, Lebon T. p. 1137.
[568] CE, 13 mars 1996, *Association régionale pour l'enseignement et la recherche technologique et scientifique en Champagne-Ardenne*, Lebon p. 74.
[569] CE, 26 déc. 1924, *Ville de Paris c/ Chemin de fer métropolitain*, Lebon.
[570] CE, 24 févr. 2016, *Département de l'Eure*, n° 395194, Lebon.

industriels et commerciaux ; les créances détenues par une personne publique sur une autre personne publique[571]. Dans tous les cas, la personne publique créancière sera alors en situation de demandeur à l'instance, le débiteur privé de défendeur. La prescription sera alors soulevée comme défense pour faire obstacle au paiement[572].

II. La dénégation de l'ordre public procédural par le juge

Abstention. Le bénéfice de la prescription acquise repose exclusivement sur la volonté du débiteur. Il doit décider de soulever la prescription. Ce constat est confirmé par le refus du juge de faire de la prescription un moyen d'ordre public. Ce dernier ne se substitue jamais au débiteur, qu'il s'agisse d'une créance détenue sur une personne publique ou par celle-ci sur un débiteur privé.

A. L'ABSTENTION DE LA PERSONNE PUBLIQUE DÉBITRICE

Controverse initiale. Le point de savoir si la personne publique peut ou non disposer de la prescription quadriennale lorsque celle-ci est acquise a donné lieu à une importante controverse et à des évolutions qui paraissent aujourd'hui stabilisées. L'origine de celles-ci réside dans les particularités de la déchéance quadriennale, ancêtre de la prescription. Cette mesure d'ordre budgétaire a été instituée afin d'apurer rapidement les comptes publics, pour contourner des durées de prescriptions civiles alors trop longues. Sanctionnant l'inaction du créancier, elle produisait un couperet au plan strictement comptable.

---

[571] CE, 11 mai 2009, *Ville de Toulouse*, Lebon, p. 190 ; *BJCL*, 2009, n°66, p. 399, concl. B. Dacosta.

[572] La jurisprudence illustre cette question en matière d'actions en responsabilité extracontractuelle intentées par les personnes publiques dans le cadre de pratiques anticoncurrentielles. En la matière, qu'il s'agisse d'une action contre le cocontractant ou contre les tiers au contrat, mais solidairement responsable du cocontractant, la personne publique dispose de la faculté de choisir entre émettre un titre exécutoire ou engager une action contre tous les cartellistes (CE, 27 mars 2020, *Soc. Lacroix Signalisation*, n° 421758, Lebon). Les règles de prescription issues du code civil trouvent alors à s'appliquer : CE 22 nov. 2019, *SNCF Mobilité*, n° 418645, Lebon T. ; CE sect., 9 mai 2023, *Sté Gespace France et autres*, n° 451710, Lebon, concl. M. Pichon de Vendueil ; *AJDA* 2023, p. 11088, chron. A. Goin et D. Pradines.

Bien que les textes ne le précisaient pas, l'ordonnateur semblait avoir compétence liée pour l'opposer[573].

Ambiguïté de la loi. Afin de renforcer la protection des créanciers privés de l'administration, face à cette déchéance au régime particulièrement strict, dans un important arrêt de 1958, le juge administratif a écarté tout caractère d'ordre public, en laissant aux ordonnateurs la possibilité, en toute opportunité, d'opposer ou non l'extinction. Le considérant est particulièrement clair sur ce point : « *Si la déchéance édictée par les dispositions de l'article 148 de la loi du 31 décembre 1945 peut être opposée par le ministre au nom de l'État à tout moment avant le paiement de la dette et si le ministre ne peut valablement s'engager à y renoncer, celui-ci reste toutefois libre d'apprécier l'opportunité d'opposer ladite déchéance dans les tous les cas où elle peut être acquise à l'État* »[574]. Estimant qu'une telle décision mettait trop fortement en péril les intérêts financiers publics, l'administration, sous l'égide du ministère des finances, suivi en cela par le législateur, a souhaité transformer la déchéance en prescription, afin de rappeler son caractère d'ordre public. Malgré cette ambition affichée, la loi du 31 décembre 1968 n'imprime à l'institution qu'un « *ordre semi-public* »[575]. L'article 6 alinéa 1er dispose ainsi que « *les autorités administratives ne peuvent renoncer à opposer la prescription qui découle de la présente loi* ». Cependant, afin de préserver les droits des créanciers dans des hypothèses particulières, les alinéas 2 et 3 prévoient que « *par décision des autorités administratives compétentes, les créanciers de l'État peuvent être relevés en tout ou en partie de la prescription, à raison de circonstances particulières et notamment de la situation du créancier. La même décision peut être prise en faveur des créanciers des départements, des communes et des établissements publics, par délibérations prises respectivement par les conseils généraux, les conseils municipaux et les conseils ou organes chargés des établissements publics. Ces délibérations doivent être motivées et être approuvées par l'autorité compétente pour approuver le budget de*

---

573 Voir P. Amselek, « Le ministre des Finances et la déchéance quadriennale (À propos d'un arrêt récent du Conseil d'État) », *AJDA* 1966, pp. 29-38.
574 CE, 18 avr.1958, *Guern*, Lebon p. 214.
575 P. Amselek, « La nature de la déchéance quadriennale depuis la loi du 31décembre 1968 », *AJDA*, 1970, pp. 465-484, spéc. p. 479.

la collectivité intéressée ». Prise sous contrôle du juge[576], cette mesure gracieuse permet à l'ordonnateur de la personne publique, sur demande du créancier, de relever la prescription acquise, avant qu'elle n'ait été opposée par un acte unilatéral, comme après[577]. Ainsi, existe dans la loi du 31 décembre 1968 « *une contradiction entre l'affirmation solennelle d'un principe général d'interdiction de toute renonciation et l'organisation assez détaillée, malgré tout, d'un système de renonciation* »[578].

Absence de moyen d'ordre public. En dehors du relèvement, l'administration ne peut en principe pas renoncer à la prescription. L'effectivité réelle de cette affirmation nécessiterait que l'omission volontaire ou, plus encore, la simple négligence de la personne publique soient sanctionnées. Or, en cas de carence de l'ordonnateur, la seule garantie interne à l'administration réside dans le contrôle du comptable public. Celui-ci ne peut en principe décaisser une somme visant à payer une créance prescrite, sous peine d'engager sa responsabilité pécuniaire personnelle. En revanche, en cas de litige porté devant le juge, ce dernier refuse de pallier l'abstention de l'administration. La prescription des dettes publiques n'est pas un moyen d'ordre public. Cette jurisprudence constante sous l'empire de la loi du 29 janvier 1831[579] n'a pas évolué après l'entrée en vigueur de la loi du 31 décembre 1968[580]. Les juridictions du fond rappellent régulièrement que l'exception de prescription quadriennale des dettes publiques issue des dispositions de la loi du 31 décembre 1968, n'est pas d'ordre

---

576 CE, 31 janv. 1996, *Laplaud*, Lebon T. p. 804 *;* v. par ex. CAA Bordeaux, 10 mars 2022, n° 20BX00111, inédit.

577 CE, 2 avr. 2007, *M. A. c/ ministre de la Défense*, Req. n° 287793, inédit.

578 C. Blumann, *La renonciation en droit administratif*, LGDJ, 1974, p. 406.

579 CE, Sect., 24 juin 1949, *Legrand*, Lebon p. 309.

580 Par ex., CE, 25 janv. 1985, *Commune de Sanary-sur-Mer et de Bandol*, n° 45877 ; *AJDA* 1984, p. 41, concl. R. Denoix de Saint Marc ; *Dr. adm.*, 1985, n° 3, comm. 133 ; CE, 23 déc. 2010, *Nicole A. c/ Recteur de l'Académie Aix-Marseille*, n° 324924, inédit : « *Considérant que la cour administrative d'appel de Bordeaux s'est fondée, pour rejeter l'appel formé devant elle par Mme A, sur le motif tiré de ce que le recteur de l'académie d'Aix-Marseille, eu égard à l'expiration du délai de la prescription quadriennale, était tenu d'opposer cette prescription à la demande que lui avait présentée l'intéressée ; qu'en statuant ainsi* […], *la cour administrative d'appel de Bordeaux a commis une erreur de droit* » ; CE, 27 oct. 2000, *Centre hospitalier Sainte-Catherine de Saverne*, Lebon T. 1345.

public[581]. L'absence d'ordre publique s'applique également à l'égard des prescriptions spéciales de certaines dettes publiques, dérogeant à la prescription quadriennale. Ainsi, le Conseil d'État a affirmé qu'en estimant que le moyen tiré de l'expiration d'un délai spécifique pour bénéficier d'une allocation temporaire d'invalidité « *était d'ordre public et pouvait être relevé d'office dès lors que son bien-fondé ressortait des pièces du dossier qui lui était soumis, la cour a commis une erreur de droit dans la mesure où ce délai ne crée pas une forclusion mais présente le caractère d'un délai de prescription institué au profit de l'administration* »[582]. Il en va de même concernant les prescriptions spéciales en matière de pensions civiles et militaires[583]. Autrement dit, en l'absence de définition du moyen d'ordre public, « *la jurisprudence ne se distingue pas par sa témérité, puisqu'au minimalisme textuel répond le pointillisme jurisprudentiel* »[584].

Critiques. Cette position jurisprudentielle a fait l'objet de nombreuses critiques. Trois séries d'arguments ont pu être avancées. Pour certains auteurs, la possibilité de renoncer à la prescription de manière tacite, sans aucun contrôle du juge, reviendrait à payer une somme que la personne publique ne doit pas, car prescrite. Autrement, l'administration effectuerait une libéralité. Or, la jurisprudence administrative pose précisément un principe d'interdiction des libéralités, qui constitue lui-même un moyen d'ordre public[585]. Une telle critique perd cependant sa portée si l'on veut bien considérer que la prescription éteint seulement l'exigibilité de la créance. Pour d'autres auteurs[586], la possibilité de ne pas opposer la prescription, par volonté ou par omission, revient à entrainer une rupture d'égalité des créanciers

---

[581] CAA Marseille, 27 mai 2014, *Chambre régionale d'agriculture Provence Alpes Côte-d'Azur*, n° 13MA02546, inédit.
[582] CE, 6 déc. 2006, *Balle c/ Caisse de dépôts et consignations*, Lebon T. p. 1033.
[583] CE, 21 juin 2006, *Ministre de la Défense c/ Phan Quang Dai*, préc. ; CE, 20 juin 2007, *Grégoire*, Lebon T. p. 975.
[584] E. Akoun, *Les moyens d'ordre public en contentieux administratif*, thèse dactyl. Grenoble, 2013, t. 1, p. 51.
[585] C. Debouy, *Les moyens d'ordre public dans la procédure administrative contentieuse*, PUF, 1980, spéc. p. 319 ; J.-L. Pissaloux, « Réflexions sur les moyens d'ordre public dans la procédure administrative contentieuse », *RDP*, 1999, pp. 781-828, spéc. p. 812 ; L. Karam-Boustany, *L'action en responsabilité extra-contractuelle devant le juge administratif*, LGDJ, 2007, spéc. p. 326.
[586] G. Eckert et J.-P. Kovar, « La réforme du droit de la prescription : aspects de droit public », préc.

privés devant la loi. Le fait de refuser de voir dans la prescription un moyen d'ordre public conduit toutefois le juge à écarter une telle argumentation, en la qualifiant de moyen inopérant[587]. D'autres auteurs soulignent enfin le risque pesant sur les finances publiques. Il arrive ainsi que « *le juge condamne une personne publique à réparer des préjudices alors qu'il sait la créance prescrite et que la défense n'a pas soulevé ce point* »[588]. Tel a été le cas, par exemple, d'une condamnation de l'État par le tribunal administratif de Rennes dans le contentieux des algues vertes, alors qu'une partie de la dette était prescrite[589]. En résumé, la majorité de la doctrine partage l'idée que « *les prescriptions ne sont pas d'ordre public et le juge ne peut donc pas les soulever d'office en l'absence d'invocation de la partie intéressée. Cette situation n'est pas satisfaisante en droit public où l'Administration, dans l'évident souci d'une part, de protection des deniers publics, d'autre part, d'un égal traitement des individus, se voit interdire de renoncer au bénéfice de la prescription* »[590]. Si ces critiques sont toutes partiellement fondées, il est possible d'expliquer la jurisprudence par l'obligation qui pèse sur tout créancier d'exécuter ses obligations, exigence renforcée par la présence d'une personne publique en situation de débiteur impliquant l'utilisation de deniers publics. Le juge poursuit ici une forme de moralisation de l'action publique, en lien avec l'un des fondements de la prescription, en permettant le paiement de la dette, malgré une prescription acquise.

B. L'ABSTENTION DU DÉBITEUR DE LA PERSONNE PUBLIQUE

Disposition par le débiteur. Si l'on excepte la question des durées des délais, le régime des prescriptions des créances publiques ordinaires comme fiscales est essentiellement gouverné par les règles issues du code civil. Aux termes de l'article 2250, « *seule une prescription acquise est susceptible de renonciation* ». En outre, l'article 2251

---

[587] CAA Paris, 11 mai 1993, *ministre de la Défense*, n° 92PA00858, inédit. Ce raisonnement paraît néanmoins largement circulaire…

[588] H. Belrhali et A. Jacquemet-Gauché, « Trop ou trop peu de responsabilité ? Deux voix critiquent deux voies », *AJDA* 2018, p. 2056. Les autrices citent l'exemple du contentieux des algues vertes (TA Rennes, 12 avr. 2013, n° 1004000, *Département des Côtes-d'Armor c/ État*, *AJDA* 2013, p. 1758, note H. Belrhali-Bernard).

[589] TA Rennes, 12 avr. 2013, préc.

[590] F. Lombard et J.-C. Ricci, *Droit administratif des obligations*, préc., p. 542.

prévoit que « *la renonciation à la prescription est expresse ou tacite* », cette dernière « *résulte de circonstances établissant sans équivoque la volonté de ne pas se prévaloir de la prescription* ». Ceci explique que l'article 2248 du code civil précise que « *sauf renonciation, la prescription peut être opposée en tout état de cause, même devant la cour d'appel* ». De ces règles, il ressort que la prescription reste largement à la disposition du débiteur[591]. Le débiteur de la personne publique peut donc décider de satisfaire son obligation en renonçant à la prescription.

Renonciation non équivoque. La forme de la renonciation relève de l'appréciation souveraine des juges du fond. La question est d'importance lorsqu'il s'agit de se prononcer sur l'existence ou non d'une renonciation tacite. Le comportement du débiteur doit normalement révéler l'intention de renoncer, et non un simple oubli. En raison de la complexité du contentieux des créances publiques, le juge administratif s'assure avec une certaine vigilance que le débiteur, par ses agissements, a voulu renoncer à la prescription[592] et n'a pas, par simple erreur, effectué le versement de sommes qu'il ne savait pas être prescrites. Malgré ce contrôle sur la volonté de renoncer tacitement à la prescription, il reste possible que la somme soit payée en raison d'une omission pure et simple de soulever la prescription acquise.

Absence de moyen d'ordre public. En matière de créances publiques, le juge administratif s'en tient essentiellement au code civil. Or, son article 2247 dispose que « *les juges ne peuvent pas suppléer d'office le moyen résultant de la prescription* ». Ainsi, l'abstention du débiteur à soulever la prescription ne sera pas pallier par le juge. Si un soin particulier est apporté à l'examen des faits susceptibles de constituer une renonciation tacite à la prescription, la protection accordée au contribuable n'a jamais été poussée jusqu'à faire de la prescription de l'imposition un moyen d'ordre public[593]. Alors que le juge administratif

---

[591] Voir P. Hoonakker, « La disposition de la prescription », préc. ; D. Landraud, *La prescription extinctive et l'ordre public*, thèse dactyl. Lyon, 1971.

[592] CE, 11 juill. 2011, *Sicnasi*, Lebon T., p. 873 ; *Dr. fisc.*, 2011, n° 50, comm. 634, concl. L. Olléon et note L. Faulcon et A. Fournier ; CAA Versailles, 22 janv. 2008, *Jean-Luc X.*, n° 06VE02446, inédit

[593] CE, 9 mars 1936, *Société des plâtrières du Roussillon*, Lebon p. 301 ; CE, 29 avr. 1964, *Société Boutin*, Lebon T., p. 874 ; CE, 9 juin 1971, *Ferrero*, Lebon p. 431 ; *Dr. fisc.*, 1972, n° 17, comm. 648 ; CE, 17 mars 1999, *Gouet*, préc. Voir G. Gest, « De la

n'est plus lié par les dispositions du code civil en matière de prescription depuis 2008[594], il a fait le choix de s'en tenir à cette interdiction textuelle. En matière fiscale, les juridictions du fond rappellent fréquemment que « *les moyens tirés de la prescription d'assiette comme de la prescription de l'action en recouvrement ne sont pas d'ordre public*, dès lors « *le moyen tiré ce que le Tribunal aurait commis une irrégularité en s'abstenant de les soulever d'office ne peut qu'être écarté* »[595]. Les rapporteurs publics réaffirment plus largement que « *la prescription, qui n'est pas soulevée en défense et n'est pas d'ordre public, ne saurait être opposée valablement* »[596]. La position est donc largement identique à celle de la Cour de cassation qui applique l'article 2247 du code civil. Si l'on peut constater une « *incertitude qui innerve encore la marge de manœuvre laissée au juge pour relever d'office une prescription d'ordre public* »[597], celle-ci apparaît essentiellement à l'égard de prescriptions reposant sur une logique répressive[598], ou en lien avec la réparation d'une infraction[599], et ne se retrouve guère dans les stricts rapports obligataires. À nouveau, dans une logique de moralisation de l'exécution des obligations en droit public, le juge administratif, suivant le législateur, laisse le débiteur « *décider, en son âme et conscience, s'il entend bénéficier de ses effets spoliateurs* »[600] à l'égard de la collectivité publique et donc des finances publiques.

Finalement, traduisant le fondement moral de la prescription, s'impose en droit public, comme en droit privé, un schéma volontariste de la mise en œuvre de la prescription, reposant sur la manifestation unilatérale de

---

nature du moyen tiré de la prescription du droit de reprise de l'administration », in *Etudes de finances publiques offertes à Paul-Marie Gaudemet*, Economica, 1984, pp. 959-970.

[594] C. Froger, « Le droit public de la prescription après la loi du 17 juin 2008 », préc.

[595] CAA Paris, 8 juill. 2021, n° 20PA00259, inédit.

[596] G. Odinet, concl. sur CE 29 nov. 2019, *Pinault*, n° 410689, Lebon T., *AJDA* 2020, p. 313.

[597] J. Klein, « La prescription civile : 10 ans après la réforme - Ordre public ou ordre privé », *RDC* 2020, p. 142.

[598] Par ex., devant le juge administratif, à propos des poursuites engagées contre le comptable public et de l'obligation faite au juge des comptes de soulever d'office la prescription : CE, 30 déc. 2015, n° 385176, Lebon.

[599] Par ex. en matière de délit de presse : Civ. 1re, 10 sept. 2015, n° 14-18.262, Bull. civ.

[600] A. Collin, *Pour une conception renouvelée de la prescription*, Defrénois 2010, p. 489.

volonté du débiteur à faire valoir les effets de la prescription, sans que le juge pallie une éventuelle omission. Il serait opportun d'intégrer cet élément essentiel dans une définition repensée de la prescription extinctive.

L'effet extinctif de la confusion

Marion COTTET

1. **Définition, conditions et étendue de la confusion : éléments communément admis.** La confusion, mécanisme d'extinction des obligations, porte très bien son nom, de par les incertitudes dont elle est porteuse. Elle renvoie à une situation de fait dans laquelle une personne réunit sur sa tête des qualités incompatibles qui devraient être, et ont été, réparties sur des têtes différentes[601]. En matière d'obligations, il s'agit des qualités de créancier et de débiteur : la confusion se produit lorsque le créancier devient débiteur de sa propre créance ou, réciproquement, lorsque le débiteur devient créancier de sa propre dette. En matière de droits réels, où l'on évoque la notion de « consolidation » plutôt que celle de « confusion », il s'agit de la qualité de propriétaire et de la titularité d'un droit réel sur la chose d'autrui. Par exemple, la consolidation se produit lorsque le titulaire d'une servitude devient propriétaire du fonds servant ou, dit autrement, lorsque les fonds servant et dominant sont réunis entre les mains d'un même propriétaire. Il en va de même lorsque l'usufruit et la nue-propriété sont réunis sur la tête de l'usufruitier ou du nu-propriétaire. Cela se produit également lorsque le titulaire d'une hypothèque devient propriétaire du bien grevé ou, inversement, que le propriétaire d'un bien grevé devient titulaire de l'hypothèque.

En toutes ces hypothèses, la confusion est le résultat d'un transfert de droit[602]. Peu importe la source du transfert, qui peut être légale[603],

---

[601] V. D. Guével, « La confusion ou les confusions : théorie générale ou relativité générale ? », *Gaz. Pal.*, 31 oct. 1999, p. 3, spéc. n° 14, p. 1643, qui retient, au rang des occurrences de confusion qu'il choisit d'étudier, les hypothèses relevant de « l'idée de réunion sur une seule tête de qualités initialement attribuées, par nécessité, à deux sujets de droit distincts ».

[602] J. Ghestin, M. Billiau, G. Loiseau, *Le régime des créances et des dettes*, LGDJ, Traité de droit civil, 2005, spéc. n° 1087, p. 1108, note 29 : « La confusion est donc le résultat d'un transfert dont le mode de réalisation importe peu. Il ne peut rationnellement exister de confusion *ab initio*, car les côtés actif et passif ne peuvent naître du chef d'une même personne ».

[603] Tel est le cas de la dévolution légale reposant sur une succession *ab intestat*, laquelle doit être acceptée purement et simplement par l'héritier désigné par la loi pour que la confusion se produise au sein de son patrimoine.

conventionnelle[604] ou judiciaire[605] ou même résulter d'un acte unilatéral de volonté[606]. Peu importe la nature du droit, personnelle ou réelle. La notion de confusion désigne la situation factuelle consécutive à un transfert, dans laquelle une personne réunit en son patrimoine[607] les aspects actif et passif d'une même obligation ou d'un même contrat ou encore la propriété d'un bien et le droit réel qui grève le même bien. De cette définition découlent les conditions de la confusion : elle suppose un transfert de propriété ou de titularité à l'issue duquel les aspects actif et passif d'un droit se retrouvent au sein d'un même patrimoine. Pas plus que la définition ou les conditions de la confusion, l'identification des hypothèses de confusion ne pose de véritable

---

604 Les exemples sont ici nombreux : contrat de vente, donation, cession de créance, de dette ou de contrat, cession de titres permettant la restructuration de sociétés par fusion ou absorption…

605 Mesure d'exécution forcée ordonnée judiciairement et emportant transfert de la propriété d'un bien.

606 On en trouve des exemples à travers la dévolution volontaire de biens par le biais d'un testament ou encore l'exercice du droit de retrait prévu, en cas de cession d'une créance litigieuse, par l'article 1699 du Code civil, au profit du débiteur cédé. Pour une illustration, v. Com., 19 décembre 2006, n° 04-15.818, *Bull. civ. IV*, n° 252, qui retient que « le retrait litigieux emport[e] réunion des qualités de créancier et de débiteur dans la même personne et, en application de l'article 1300 du code civil [nouv. 1349], confusion de droit ».

607 L'article 1349 du Code civil évoque la réunion des qualités de créancier et débiteur dans une même personne et non dans un même patrimoine. Toutefois, la doctrine s'accorde à préciser que c'est au sein du même patrimoine que doit se produire la réunion, précision d'autant plus importante au regard des exceptions consacrées par le droit positif à la théorie de l'unicité du patrimoine. En ce sens, v. par ex. M. Julienne, *Régime général des obligations*, LGDJ, 4e éd., 2022, spéc. n° 649, p. 420, qui relève qu' « il ne peut y avoir confusion lorsqu'une créance et une dette se rattachent à deux patrimoines différents, quand bien même une seule et même personne en serait titulaire » et qui souligne en conséquence que « La référence faite par l'article 1349 à la seule notion de "personne", même si elle demeure pertinente dans la plupart des cas, ne rend donc pas tout à fait compte du droit positif ». *Adde* en ce sens V. Forti, *Régime général des obligations*, Bruylant, 2021, spéc. n° 447, p. 350 : « la confusion suppose davantage un même patrimoine qu'une même personne » ; O. Deshayes, T. Génicon, Y.-M. Laithier, *Réforme du droit des contrats, du régime général et de la preuve des obligations, Commentaire article par article*, Lexisnexis, 2e éd., 2018, spéc. p. 905, qui soulignent que « Les exceptions au principe d'unité du patrimoine obligent aujourd'hui à être plus précis [que la seule affirmation selon laquelle l'extinction se produit lorsque les qualités de créancier et de débiteur se réunissent "dans la même personne"]. Ce qui compte n'est pas que la créance et la dette tombent sur une même tête, c'est qu'elles tombent dans le même patrimoine ou dans le même compartiment de patrimoine, lorsqu'ils demeurent étanches. À défaut l'obligation survit ».

difficulté. Le plus souvent, on retrouve cette situation en matière successorale, en matière de vente ou de cession de biens ou encore en cas de restructuration de sociétés.
La question de l'étendue de la confusion n'est pas davantage problématique puisqu'elle répond à des règles somme toute assez intuitives. À cet égard, tout dépend de l'existence ou non d'une pluralité de sujets de droit. Pour s'en tenir au seul droit des obligations, il y aura une confusion totale dans le cas où l'obligation comporte, avant et après le transfert, un seul créancier et un seul débiteur. En revanche, il y aura une confusion partielle en présence d'une pluralité de créanciers ou de débiteurs, avant ou après la réalisation du transfert. Autrement présenté, la confusion sera partielle si le créancier ne devient débiteur que d'une partie de la dette (ce qui implique alors une pluralité de débiteurs) ou si le débiteur ne devient créancier que d'une partie de la créance (ce qui implique alors une pluralité de créanciers)[608]. Dans ces hypothèses, la confusion ne produira ses effets que pour la part de l'obligation dont les aspects actif et passif se retrouvent au sein du même patrimoine[609]. C'est ce que prévoit expressément l'article 1349-1, alinéa 1er, du Code civil, en énonçant : « Lorsqu'il y a solidarité entre plusieurs débiteurs ou entre plusieurs créanciers, et que la confusion ne concerne que l'un d'eux, l'extinction n'a lieu, à l'égard des autres, que pour sa part ». Ainsi, la confusion partielle produit une extinction partielle. Le droit des successions déroge toutefois à ce principe en organisant son propre système de règlement des dettes et des créances existant entre le *de cujus* et ses héritiers[610]. Hormis cette hypothèse particulière relevant du

---

608 En ce sens, v. J. François, *Les obligations, Régime général*, Economica, 3e éd., 2013, n° 122, p. 122.

609 La jurisprudence en donne à voir plusieurs exemples, souvent au sujet de contrats de bail. Ainsi, il a été jugé que dans une situation de cotitularité du bail entre plusieurs preneurs, la survenance d'une confusion en la personne de l'un des preneurs laisse persister le bail au profit de l'autre, qui a droit à la jouissance paisible du bien (Civ. 3, 5 oct. 2017, 16-16.467 ; Civ. 3, 19 nov. 2020, n° 19-11.648 ; Civ. 3, 19 nov. 2020, n° 19-10.408). L'extinction n'est alors que partielle, puisque le bail survit au profit de l'un des preneurs. De même, dans l'hypothèse où un bail, détenu par un preneur unique, porte sur une pluralité de terres qui sont réparties entre les héritiers du bailleur au décès de ce dernier, la confusion se produit uniquement pour la partie du bail portant sur les terres attribuées au preneur. Celui-ci reste, en revanche, preneur des terres attribuées à ses cohéritiers (en ce sens, v. Civ. 3, 24 juin 2009, n° 08-16.728 : « la confusion des droits locatifs et de propriété éteint le droit au bail sur les parcelles dont le preneur devient propriétaire »).

610 En ce sens, v. F. Zenati-Castaing et T. Revet, *Cours de droit civil, Obligations, Régime*, PUF, 2013, spéc. n° 129, p. 230, qui exposent que dans l'hypothèse « du

droit spécial, la question de l'extinction partielle est assez simplement traitée par les règles du régime général des obligations applicables en cas de pluralité de sujets.

2. **Effets de la confusion : débat.** Ni les conditions de la confusion, ni son étendue, ne posent donc de difficulté particulière. Ses effets, en revanche, prêtent davantage à discussion. Cela tient à une confrontation entre la théorie et la pratique. La théorie, en effet, veut qu'une obligation se tisse nécessairement entre deux personnes distinctes, l'une étant le sujet actif de l'obligation tandis que l'autre en est le sujet passif. En conséquence, l'obligation ne peut plus exister si le sujet actif et le sujet passif deviennent une seule et même personne. Parce qu'on ne peut pas imaginer qu'un créancier agisse en paiement contre lui-même, on est naturellement porté à considérer que le droit atteint de confusion doit s'éteindre, n'ayant plus de raison d'exister[611]. C'est pourquoi la confusion est conçue, depuis fort longtemps[612], comme un mode d'extinction de l'obligation. La pratique, toutefois, vient bousculer ce postulat de l'inutilité du droit détenu sur soi-même. Dans plusieurs situations, portées devant les tribunaux, s'est fait jour

---

débiteur qui succède au créancier, la méthode de liquidation successorale écarte le caractère partiel de la confusion. Elle consiste à attribuer l'obligation dans son entier à l'héritier débiteur (art. 864 CC), ce qui permet de faire jouer la confusion pour la totalité de l'obligation. Comme l'héritier débiteur est censé rapporter sa dette à la succession, et comme, en fin de compte, cette dette réduit sa part effective dans le partage, on parle de rapport en moins prenant ». *Adde* M. Mignot, *Encyclopédie Jurisclasseur Civil Code*, Art. 1349 et 1349-1 - Fasc. unique : RÉGIME GÉNÉRAL DES OBLIGATIONS. – Confusion, spéc. n° 3 : « La doctrine affirme en général que la confusion est partielle en cas de pluralité d'héritiers dont l'un succède au défunt alors qu'il était son créancier ou son débiteur. La dette ou la créance se transmettrait et se diviserait à ses cohéritiers, entraînant pour sa part une confusion partielle. *Les règles du droit des successions dérogent largement à ce schéma.* Il est établi un compte des créances et des dettes entre le cohéritier créancier et débiteur de la succession. Si la succession est créancière de ce dernier, la confusion sera totale, à concurrence de la valeur de sa part dans les biens successoraux. Si le cohéritier est créancier de la succession, sa créance sera réglée par voie de prélèvement ».

[611] V. par ex., exprimant très clairement cette logique, A. Bénabent, *Droit des obligations*, LGDJ, 18e éd., 2019, spéc. n° 832, p. 654 : « le lien d'obligation étant un lien personnel entre deux personnes, ou plutôt entre leurs patrimoines, il est évident que cette réunion emporte extinction de la dette, par impossibilité d'une "créance sur soi-même" ».

[612] En ce sens, v. D. Guével, *op. cit.*, n° 3, p. 1641, qui décrit le procédé comme « fort ancien » et souligne qu'il « fait partie des modes d'extinction issus du *Jus civile* et non de ceux, de moindre portée, créés par le droit prétorien ».

l'utilité, voire la nécessité d'une survie du droit atteint de confusion. L'extinction n'est plus alors apparue comme la solution la plus opportune. C'est cette confrontation entre la théorie et la pratique qui a fait naître des incertitudes sur le principe même de l'extinction par confusion.
La confusion doit-elle toujours conduire à l'extinction du droit ? Le droit positif n'est pas tranché. L'article 1349 du Code civil, dans sa rédaction issue de l'ordonnance du 10 février 2016[613], reste l'objet d'interprétations divergentes. Les propositions d'interprétation que l'on retiendra (II) succèderont à la présentation des incertitudes qui entourent, aujourd'hui encore, le principe extinctif de la confusion (I).

I. Incertitudes autour du principe extinctif de la confusion

Les incertitudes qui entourent le principe extinctif de la confusion sont le fruit d'une jurisprudence et d'une loi hésitantes (A). Elles n'ont pas été tranchées par la réforme du droit des obligations : les nouvelles dispositions relatives à la confusion continuent à susciter des controverses doctrinales (B).

A. LES HESITATIONS LEGALES ET JURISPRUDENTIELLES

3. **Éléments contradictoires.** Les hésitations tiennent à l'existence d'arrêts et de textes de loi qui paraissent contradictoires au sujet des effets de la confusion : certains postulent, voire affirment, que la confusion produit un effet extinctif tandis que d'autres posent des solutions qui semblent impliquer la survie du droit atteint de confusion, lequel serait alors non pas éteint mais seulement paralysé du fait de l'impossibilité de l'exécuter.

4. **Droit positif en faveur d'une extinction du droit confondu.** Dans le sens d'une extinction du droit, on trouve la jurisprudence qui retient que l'acquisition d'un bien loué par le preneur[614], ou la transmission du bien loué au preneur[615], entraîne l'extinction du bail par

---

[613] Ordonnance n° 2016-131 du 10 février 2016 portant réforme du droit des contrats, du régime général et de la preuve des obligations.
[614] Et, à l'inverse, la cession du bail au bailleur des lieux loués.
[615] Et, à l'inverse, la transmission du bail au bailleur des lieux loués.

confusion[616]. De cette extinction découlent plusieurs conséquences : les travaux et améliorations réalisés par le preneur échappent à l'assiette des droits d'enregistrement de la vente, à défaut d'avoir transité par le patrimoine du bailleur avant la vente[617] ; le preneur ne peut réclamer à son ancien bailleur le paiement d'indemnités pour améliorations, puisqu'il est devenu débiteur de sa propre créance en acquérant le bien loué[618] ; le preneur acquéreur ne peut plus se prévaloir du bail, éteint par confusion, à l'égard de son créancier qui, ayant poursuivi la vente de l'immeuble, s'en retrouve adjudicataire[619] ; la valeur de l'immeuble attribué à un héritier preneur doit être fixée en le considérant comme libre de location[620] ; le preneur qui subit la confusion parce qu'il hérite

---

[616] V. notam. Com., 4 déc. 2012, n° 11-25.958 : « la confusion des droits locatifs et de propriété éteint le droit au bail sur le bien immobilier dont le preneur devient propriétaire » ; Civ. 3, 15 juill. 1971, n° 70-11.507 ; Civ. 3, 30 nov. 2017, n° 16-23.498 : « la cession du bail au profit du bailleur a eu pour effet d'opérer son extinction, par la confusion des qualités de propriétaire et de preneur ».

[617] Com., 4 déc. 2012, n° 11-25.958, préc. ; Com., 12 juin 2012, n° 11-18.978. En réalité, la solution ne se justifie pas tant par l'extinction du bail que par le fait que le bail survit à la vente, fût-ce seulement pour un instant de raison. Comme le relève la Cour de cassation, « aucun transfert de la propriété des constructions réalisées par le preneur ne s'était produit entre son patrimoine et celui du bailleur avant cette acquisition ». L'extinction du bail par confusion est une conséquence de la vente, de sorte qu'au jour de la vente, les améliorations faites par le preneur lui appartiennent toujours, et continuent de lui appartenir après la confusion.

[618] Soc., 30 juin 1966, *Bull. civ. IV*, n° 663.

[619] Civ. 3, 15 juill. 1971, n° 70-11.507, *Bull. civ. III*, n° 459.

[620] Civ. 1, 8 déc. 1965, *Bull. civ. I*, n° 690 ; Civ. 1, 12 mai 1966, *Bull. civ. I*, n° 288 ; Civ. 1, 10 juill.1984, n° 83-12.065, *Bull. civ. I*, n° 226 ; Civ. 1, 17 mars 1987, n° 85-15.700, Bull. civ. I, n° 100 ; Civ. 1, 11 juin 1996, n° 94-16.608, *Bull. civ. I*, n° 252 ; Civ. 1, 21 oct. 2015, n° 14-24.926. La justification de cette solution constante fait débat. Plusieurs arguments sont généralement retenus par la jurisprudence. En premier lieu, la solution est justifiée par le fait que le bail s'éteint au jour du partage, par l'effet de l'attribution du bien à l'héritier qui en était preneur, de sorte qu'il doit être évalué comme libre de bail au jour du partage. Cette justification, toutefois, est contestée par certains auteurs, notamment parce qu'elle ne vaut plus dans une autre situation où la jurisprudence estime que le bien doit être évalué en tenant compte du bail, malgré son extinction par confusion (sur ce point, v. *infra*, n° 5, notes 631 et 632). Ces auteurs estiment que, contrairement à ce qu'affirment les arrêts, la solution ne s'explique pas par l'extinction du droit, car l'extinction se produit pour l'avenir au moment de l'attribution du bien, donc après son évaluation. En second lieu, et c'est la justification que préfèrent ces auteurs, les arrêts mentionnent également l'argument selon lequel l'évaluation est destinée à assurer l'égalité entre les copartageants. Le fait d'évaluer le bien libre de bail serait alors une façon d'assurer le rapport par l'héritier bénéficiaire de l'avantage conféré par le bail, l'idée étant que la concession du bail à un héritier a privé les autres de cet avantage (en ce sens, v. en premier lieu R. Savatier, D. 1967,

du bien loué est exposé à l'action en résiliation de son bail par ses cohéritiers, devenus bailleurs par l'effet de la transmission successorale[621].
À côté de ces solutions jurisprudentielles, la loi consacre aussi l'extinction du droit par confusion. Outre l'article 1349 du Code civil, qui dispose expressément que la confusion « éteint la créance et ses accessoires », et l'article 1349-1, qui fixe la mesure de l'extinction en présence d'une pluralité de débiteurs ou de créanciers, l'article 864 du Code civil prévoit, en matière successorale, que la créance de l'indivision contre l'un des copartageants doit être allotie à celui-ci au moment du partage, de façon à « s'étein[dre] par confusion ».

5. **Droit positif en faveur d'une survie du droit confondu.** À l'inverse de ces solutions qui consacrent l'extinction du droit atteint de confusion, d'autres solutions résultant de la jurisprudence ou de la loi impliquent une survie du droit malgré la confusion.
Tel est le cas de la jurisprudence qui permet au titulaire du droit atteint de confusion d'opposer ce droit aux tiers. Ainsi, il a été expressément affirmé que « la confusion n'éteint pas, d'une manière absolue, l'obligation du débiteur ; (…) si, en règle générale, elle fait matériellement obstacle à l'exercice de l'action du créancier qui ne peut agir contre lui-même, il ne peut en être ainsi lorsque cette action a pour objet de repousser les prétentions de tiers nées de la confusion et devant porter atteinte à des droits définitivement acquis au créancier antérieurement à l'acte ayant créé la confusion »[622]. En affirmant, d'une part, que l'extinction du droit n'est pas absolue et, d'autre part, que la confusion fait seulement « matériellement obstacle » à l'exercice de l'action du créancier, la Cour de cassation suggère que la confusion laisse survivre le droit, ce qui expliquerait qu'il puisse encore être opposé aux tiers, tout en le paralysant, ce qui expliquerait que son

p. 407, note sous Civ. 1, du 8 décembre 1965 ; préférant également cette justification, v. J. Ghestin, M. Billiau, G. Loiseau, *op. cit.*, n° 1101 p. 1119 : « cette solution se justifie par la règle de l'égalité dans le partage, mais ne vaut cependant que lorsque le droit au bail n'est consenti qu'au seul ayant-cause attributaire » ; J. François, *Les obligations, Régime général*, Economica, 6ᵉ éd., 2022, spéc. n° 149, note 4, p. 144).
[621] Civ. 3, 24 juin 2009, n° 08-16.728, préc. Il ressort de cet arrêt que les cohéritiers qui deviennent propriétaires et bailleurs par succession n'ont pas besoin de l'accord de leur cohéritier, preneur subissant la confusion, pour agir en résiliation du bail car la confusion fait perdre à l'héritier tant sa qualité de preneur que celle de bailleur ; son accord n'est donc plus requis pour solliciter la résiliation de son propre bail.
[622] Req., 11 mai 1926, *RTD civ.* 1926, p. 773, obs. R. Demogue.

exécution ne puisse être réclamée. De manière plus succincte, la Cour de cassation reconnaît que « la confusion laisse au titulaire de la créance qu'elle concerne la faculté d'opposer aux tiers les droits qu'il a acquis »[623], ou encore, que « dans les relations avec les tiers, les droits définitivement acquis avant l'événement qui a produit la confusion ne disparaissent pas du seul fait de celle-ci »[624]. Cette opposabilité aux tiers du droit atteint de confusion produit diverses conséquences : la qualité de preneur à bail, donc le droit à la jouissance du bien, de celui qui est devenu bailleur par confusion peut être opposée à un second preneur qui s'est vu consentir un bail concurrent par le précédent bailleur avant la confusion[625] ; en présence d'une sous-location, la confusion survenue en la personne du preneur principal, acquéreur des lieux loués, ne prive pas celui-ci de ses droits contre le sous-locataire, dont le contrat subsiste[626] ; l'acquisition d'un immeuble grevé de sûretés par l'un des créanciers hypothécaires laisse subsister la sûreté avec son rang à l'égard des autres créanciers privilégiés ou hypothécaires[627].

De même que les tiers peuvent se voir opposer le droit atteint de confusion, ils peuvent également opposer le droit confondu à celui en la personne duquel la confusion s'est produite. Ainsi, la jurisprudence

---

[623] Civ. 1, 8 déc. 1965, préc.

[624] Civ. 3, 14 novembre 2019, n° 18-12.170.

[625] Req., 11 mai 1926, préc. ; Civ. 3, 14 novembre 2019, préc.

[626] Civ. 3, 2 octobre 2002, n° 00-16.867, retenant que la disparition du bail principal par confusion n'entraîne pas la résiliation de la sous-location (alors qu'en principe, l'extinction d'un bail principal entraîne celle du sous-bail : Civ. 3, 10 octobre 1979, n° 78-14.876). Certains considèrent qu'il ressort de cette décision que la sous-locataire ne peut opposer à sa bailleresse la confusion du droit de celle-ci, lequel subsiste s'agissant d'un droit acquis antérieurement à la confusion (Y. Dagorne-Labbé, *Répertoire de droit civil Dalloz*, v° Confusion, janvier 2017, spéc. n° 21 ; J. Ghestin, M. Billiau, G. Loiseau, *op. cit.*, n° 1098, p. 1115 : « les droits acquis antérieurement à la survenance de la cause de la confusion continuent de développer leurs effets ultérieurement à l'égard des tiers dont le droit concurrent est lui-même antérieur »). Il est toutefois possible de retenir une autre lecture : plus qu'une survie du bail atteint de confusion, on peut y voir une exception au principe selon lequel le sous-contrat ne peut survivre sans le contrat qui lui sert de support.

[627] Civ., 29 janvier 1902, *DP* 1902, 1, p. 159 : « si l'hypothèque s'éteint par l'acquisition que fait le créancier hypothécaire de l'immeuble qui en est grevé, lorsqu'il n'existe sur cet immeuble ni privilège ni hypothèque autre que la sienne, le droit qui résulte de cette hypothèque se trouvant alors absorbé dans le droit de propriété, il en est autrement lorsque l'immeuble ainsi acquis est (…) affecté à la sûreté d'autres créances ». C'est dire que l'hypothèque atteinte de confusion survit pour pouvoir être opposée aux autres créanciers hypothécaires.

a reconnu non seulement l'opposabilité aux tiers du droit atteint de confusion, mais aussi son opposabilité par les tiers. Tel est le cas du bénéficiaire d'un nantissement sur un fonds de commerce confronté à une extinction par confusion du droit au bail faisant partie du fonds de commerce grevé : le preneur à bail devenu propriétaire des lieux loués ne peut valablement soutenir que le bail s'est éteint et qu'en conséquence, le nantissement ne porte plus que sur les autres éléments du fonds[628]. Autrement dit, le créancier nanti peut opposer le droit atteint de confusion comme s'il n'avait pas été éteint. C'est dire que la confusion est inopposable au créancier[629] : le titulaire du droit confondu ne peut opposer la confusion au tiers dont le droit est né antérieurement à celle-ci. De la même façon, il a été jugé qu'un preneur à bail commercial qui s'est engagé à céder son bail au locataire-gérant de son fonds de commerce ne peut invoquer l'extinction de son bail par suite de la confusion survenue en raison de l'acquisition des lieux loués pour échapper à sa promesse de cession[630]. Le tiers qui a acquis des droits sur le bien confondu antérieurement à la confusion ne peut donc pas se voir opposer la confusion. Tout se passe comme si, à son égard, le droit atteint de confusion avait survécu… ou comme si l'extinction ne s'était pas produite.

6. **Analyses discutables.** De manière plus discutable, d'autres solutions sont parfois mentionnées comme reposant sur un principe de survie du droit atteint de confusion. Tel est le cas de la jurisprudence qui impose de tenir compte de la valeur des droits confondus pour

---

628 Civ., 12 juillet 1933, *S.* 1935, 1, p. 289, note G. Lagarde, retenant, là encore, l'idée d'une extinction non absolue : « si la réunion sur une même tête des qualités de créancier et de débiteur crée généralement un obstacle matériel à l'exercice de l'action qui ne peut être intentée par un individu contre lui-même, il n'en résulte pas nécessairement une extinction absolue et définitive de la créance ».
629 Sur cette formulation, v. *infra*, n° 16 et s.
630 Civ. 3, 9 sept. 2014, n° 13-19.753.

évaluer le bien faisant l'objet d'une vente[631] ou d'une donation[632], ou encore de la règle qui impose, en matière successorale, de tenir compte des créances et dettes atteintes de confusion (celles du *de cujus* à l'égard d'un héritier) pour calculer la réserve héréditaire et la quotité disponible et pour établir la masse à partager. Ces solutions, toutefois, peuvent s'expliquer autrement que par la survie du droit atteint de confusion, simplement par le caractère non rétroactif de la confusion qui opère après le moment où le bien confondu a été évalué[633] ou intégré dans une masse à évaluer ou à partager[634]. De même, un arrêt de 1934 est parfois

---

[631] Pour des arrêts imposant de prendre en considération la moins-value résultant de l'existence d'un bail pour déterminer l'existence d'une lésion dans la vente de l'immeuble à son locataire, v. Civ., 9 avril 1932, *DH* 1932, p. 268 (retenant « que le titulaire d'un bail authentique ou à date certaine a, nonobstant toute vente que son bailleur ferait de l'immeuble loué, le droit de se maintenir dans les lieux jusqu'à l'expiration du temps fixé par son contrat ; que l'existence d'un tel bail est, par conséquent, de nature à influer sur la valeur vénale de l'immeuble ; (...) que si la nature des choses s'oppose à ce que le locataire exerce les droits qu'il tient de son bail quand c'est lui qui devient propriétaire de l'immeuble par l'acceptation (...) de la promesse de vente jointe au bail, la dépréciation subie par la chose en elle-même, du fait de la location restant à courir, n'en doit pas moins être prise en considération pour la détermination de la valeur de cette chose au jour où la vente devient parfaite » ; Req., 18 oct. 1927, *DP* 1928, 1, p. 35, note H. Lalou ; Civ., 29 janv. 1930, *Bull. civ.* n° 21 ; Req., 17 avril 1934, *S.* 1937, 1, p. 140 ; Civ. 1, 13 févr. 1951, *Bull. civ. I*, n° 63 ; Civ. 1, 16 nov. 1959, n° 57-11.615 ; Civ. 3, 13 mars 1979, n° 77-10.598 ; Civ. 3, 19 juin 2007, n° 06-17.699. Pour des arrêts imposant de tenir compte de la moins-value résultant de l'existence d'un bail pour fixer le prix de vente contesté par le locataire bénéficiaire d'un droit de préemption, v. Civ. 3, 7 nov. 1990, n° 89-12.226 ; Civ. 3, 12 nov. 1980, n° 79-11.166 ; Civ. 3, 22 févr. 1977, n° 75-14.197.

[632] Pour un arrêt imposant de prendre en considération la moins-value résultant de l'existence d'un bail pour déterminer les droits d'enregistrement en cas de donation, v. Com., 23 oct. 1984, n° 83-11.051.

[633] Ainsi, il a été souligné qu'il suffit « de constater que la confusion n'a pas vocation à rétroagir dans le temps. La confusion des qualités de propriétaire et de locataire sur la tête de l'acquéreur est nécessairement subséquente à la vente, donc postérieure au moment auquel il convient de se placer pour apprécier la lésion. Il est donc parfaitement logique de décider qu'il convient de tenir compte de la dépréciation due au bail, sans que l'on puisse en inférer que celui-ci n'est pas définitivement éteint par l'effet de la vente » (J. François, *op. cit.*, n° 149, p. 144). *Adde* en ce sens J. Ghestin, M. Billiau, G. Loiseau, *op. cit.*, n° 1096, p. 1115 : « cette solution s'explique néanmoins plus certainement par la règle selon laquelle cette lésion s'apprécie selon la valeur de l'immeuble au jour de la vente ».

[634] Là encore, il a été souligné à juste titre que la solution « peut plus simplement s'expliquer par l'absence de caractère rétroactif de la confusion. À partir du moment où l'obligation, créance comme dette, faisait partie du patrimoine du défunt, au jour de l'ouverture de la succession, il est normal d'en tenir compte aux fins d'évaluation

cité comme impliquant une survie du droit atteint de confusion : il avait été jugé que, par suite de la résolution de la vente ayant opéré confusion au profit de l'acquéreur-preneur, celui-ci pouvait invoquer le bail atteint de confusion à l'encontre de son vendeur-ancien bailleur[635]. La Cour de cassation avait retenu que les droits paralysés par la confusion pouvaient « renaître lorsque cette confusion vient à cesser », ce qui pouvait accréditer l'idée d'une simple paralysie du droit confondu, plutôt qu'une extinction. En réalité, il a été souligné à juste titre que cette solution s'explique par le caractère rétroactif de la résolution, qui implique la réactivation du droit dont l'extinction a été rétroactivement anéantie[636]. Cela n'implique nullement que la confusion laisse survivre le droit éteint.

7. **Conclusion : les réelles hypothèses de survie du droit confondu.** Si l'on admet ces justifications, il ne reste, pour impliquer une survie du droit malgré la confusion, que la jurisprudence qui admet l'opposabilité aux tiers ou par les tiers du droit atteint de confusion. Il faut y ajouter la règle issue de la loi, contenue à l'article L. 253-0-1 du Code monétaire et financier, qui autorise l'auto-détention d'obligations en admettant que les titres de créance puissent être acquis et conservés par leurs émetteurs aux fins de favoriser leur liquidité. Le texte précise expressément que cette possibilité déroge à l'article 1349 du code civil, c'est-à-dire à l'effet extinctif de la confusion affirmé par ce dernier texte. Il y a bien là une dérogation légale à l'effet extinctif, donc une survie légalement consacrée du droit malgré la confusion.

---

de la masse » (J. François, *op. cit.*, n° 148, p. 143-144). De fait, il est admis que les créances du *de cujus* sur les successeurs ne s'éteignent pas par le seul fait du décès : elles subsistent jusqu'à un éventuel paiement ou, à défaut, jusqu'au partage qui, une fois réalisé, peut emporter leur extinction par confusion grâce au mécanisme du rapport des dettes, lequel consiste à placer la créance contre l'héritier débiteur dans le lot de celui-ci au moment du partage, comme le prévoit l'article 864 du Code civil (en ce sens, v. M. Grimaldi, *Droit des successions*, LexisNexis, 7e éd., 2017, n° 963, p. 767). De même, les dettes du *de cujus* envers ses héritiers ne s'éteignent pas au jour du décès car la confusion ne se produit pas à ce moment-là, mais au jour du règlement successoral, si l'héritier recueille la dette dont il était créancier (en ce sens, v. M. Grimaldi, *op. cit.*, n° 585, p. 462). C'est donc bien que la confusion, si elle a lieu, se produit lors de la réalisation du partage ; toutes les opérations de liquidation réalisées en vue du partage doivent alors logiquement tenir compte de ces créances et dettes non encore éteintes.

635 Req., 12 déc. 1934, *RTD civ.* 1935, p. 652, obs. R. Demogue.

636 En ce sens, v. notam. J. François, *op. cit.*, spéc. n° 151, p. 146-147.

Les hésitations légales et jurisprudentielles qui entourent le principe extinctif de la confusion se prolongent par des controverses doctrinales sur cette même question.

B. LES CONTROVERSES DOCTRINALES

8. Dès avant la réforme du droit des obligations, les auteurs s'opposaient sur l'effet, extinctif ou non, de la confusion.

9. **Doctrine en faveur de l'effet extinctif de la confusion.** Certains auteurs, classiques et contemporains, présentent la confusion comme un mécanisme extinctif de droits[637]. Pour certains, la réforme du droit des obligations aurait tranché en faveur de cette interprétation, dès lors que le nouvel article 1349 du Code civil affirme expressément que la confusion éteint la créance et ses accessoires[638].
Toutefois, les tenants de l'effet extinctif de la confusion admettent des nuances afin d'expliquer la jurisprudence, partiellement consacrée par la loi, qui postule la survie du droit atteint de confusion[639]. Ainsi, en énonçant que la confusion « éteint la créance et ses accessoires, sous réserve des droits acquis par ou contre des tiers », le législateur a consacré les solutions jurisprudentielles qui admettent que certains tiers puissent opposer et se voir opposer le droit atteint de confusion. Cette

[637] V. notam. L. Andreu et N. Thomassin, *Cours de droit des obligations*, Gualino, 7e éd., 2022-2023, spéc. n° 1810 ; A. Bénabent, *Droit des obligations*, LGDJ, 18e éd., 2019, spéc. n° 832, p. 654 ; P. Delebecque, F.-J. Pansier, *Droit des obligations, Régime général*, LexisNexis, Objectif droit Cours, 10e éd., 2021, spéc. n° 514, p. 386 ; J. Flour, J.-L. Aubert, E. Savaux, L. Andreu et V. Forti, *Les obligations, t. III, Le rapport d'obligation*, Sirey, 10e éd., 2022, n° 304, p. 314 ; V. Forti, *op. cit.*, n° 449, p. 354 ; D. Guével, *op. cit.*, n° 24, p. 1645 ; M. Julienne, *op. cit.*, n° 652-653, p. 421-422 ; P. Malinvaud, M. Mekki, J.-B. Seube, *Droit des obligations*, LexisNexis, 15e éd., 2019, spéc. n° 982, p. 888 ; G. Marty, P. Raynaud et P. Jestaz, *Les obligations, t. II, Le régime*, Sirey, 2e éd., 1989, spéc. n° 267 et s., p. 240 et s. ; A. Sériaux, *Manuel de droit des obligations*, PUF, 4e éd., 2020, spéc. n° 225, p. 391 ; B. Starck , H. Roland et L. Boyer, *Droit civil. Les obligations, t. III, Régime général*, Litec, 6e éd., 1999, spéc. n° 440, p. 190 ; F. Terré, P. Simler, Y. Lequette, F. Chénedé, *Droit civil, Les obligations*, 12e éd., 2018, spéc. n° 1707, p. 1871.

[638] En ce sens, v. M. Julienne, *op. cit.*, n° 652-653, p. 421-422, affirmant que « l'ordonnance du 10 février 2016 confirme le caractère proprement extinctif de la confusion, qui était pourtant contesté » et estimant que, dès lors que le nouvel article 1349 du Code civil « ne dit mot d'une éventuelle paralysie », « la théorie de la paralysie de l'obligation ou du droit frappé de confusion semble condamnée ».

[639] Sur cette jurisprudence, v. *supra*, n° 5.

réserve est interprétée diversement par les auteurs[640] qui évoquent, pour les uns[641], un effet extinctif limité, pour les autres[642], un effet extinctif relatif.

10. **Doctrine en défaveur de l'effet extinctif de la confusion.** Pour d'autres auteurs, la réserve opérée par l'article 1349 du Code civil traduit l'adoption par le législateur d'une autre conception, selon laquelle la confusion laisserait subsister le droit[643]. Cette conception,

---

[640] Chez certains auteurs, les nuances sont telles qu'elles semblent entrer en contradiction avec le principe même, si bien que l'on ne sait plus vraiment s'ils estiment que la confusion produit un effet extinctif ou non. Ainsi, on peut lire chez une doctrine autorisée que le Code civil fait de la confusion une cause d'extinction des obligations : « Tel est, *grosso modo*, son effet », mais que « dans certaines circonstances, cet effet extinctif peut ne pas être définitif », au point qu'ils évoquent une « survie latente » de l'obligation et affirment que « même lorsque la confusion affecte l'intégralité d'une dette, l'effacement de celle-ci laisse subsister des traces, au moins dans les rapports entre l'intéressé et les tiers. » (F. Terré, P. Simler, Y. Lequette, F. Chénedé, *op. cit.*, n° 1707 et s., p. 1870 et s.). On lit également chez d'autres auteurs que la confusion a « un caractère extinctif limité » mais qu'elle « n'a pour effet que de faire obstacle à l'exécution de l'obligation (...) : [e]lle ne fait que paralyser l'obligation sans l'éteindre (...) ou, pour le moins, son effet extinctif n'est pas absolu mais limité » (Y. Dagorne-Labbé, *op. cit.*, n° 17-18).

[641] Y. Dagorne-Labbé, *op. cit.*, n° 17 : « La confusion n'a donc qu'un caractère extinctif limité » ; L. Andreu, N. Thomassin, *op. cit.*, qui présentent la réserve de l'article 1349 comme une limite à l'effet extinctif prenant la forme d'une fiction juridique.

[642] M. Julienne, *op. cit.*, n° 654 et s., p. 423 et s., qui souligne que la formule « sous réserve des droits acquis par ou contre des tiers » devrait permettre « de moduler ou de tempérer l'effet extinctif par ailleurs affirmé » et qui estime que si « la confusion est dotée d'un effet extinctif, celui-ci est néanmoins affecté d'une certaine relativité impliquant que l'obligation puisse être invoquée dans les rapports du titulaire de l'obligation avec les tiers » (*ibid.*, n° 657, p. 424) ; P. Delebecque, F.-J. Pansier, *op. cit.*, n° 514, p. 386, exposant que la position de la jurisprudence est en faveur d'un effet extinctif relatif : « c'est l'analyse retenue par la jurisprudence : la confusion a un effet extinctif, mais cet effet est relatif. » ; F. Chénedé, *Le nouveau droit des obligations et des contrats*, Dalloz, 2e éd., 2019-2020, spéc. n° 214.201, p. 265, estimant que la réserve de l'article 1349 du Code civil « consacre la *relativité de l'effet extinctif* ».

[643] En ce sens, Monsieur François estime que la réserve faite par l'article 1349, « du moins dans sa seconde composante, implique que la confusion soit analysée en une cause de paralysie plutôt qu'en une cause d'extinction pure et simple de l'obligation » (« L'obligation est certes paralysée, la personne sur la tête de laquelle la confusion est réalisée ne pouvant évidemment se poursuivre elle-même, mais cette paralysie n'est pas synonyme d'extinction absolue. A tout autre point de vue que l'exécution, l'obligation survit de manière latente. C'est bien ainsi que les auteurs de la réforme

qui était celle déjà soutenue par une partie de la doctrine avant la réforme de 2016, consiste à voir dans la confusion, plutôt qu'un mode d'extinction à proprement parler, la cause d'une impossibilité d'exécuter du fait de la réunion de deux qualités incompatibles dans une même personne[644]. La confusion laisserait alors survivre le droit, qui serait seulement paralysé ou suspendu[645]. Il a ainsi pu être affirmé que le mécanisme de la confusion peut être rapproché de celui de la suspension : « pendant que dure la confusion, le droit confondu subsiste et produit seulement ceux de ses effets qui n'impliquent ni l'exercice de l'action ni la mise en œuvre des voies d'exécution. En d'autres

---

ont conçu la confusion, à défaut de quoi ils n'auraient pu introduire de réserve concernant son effet extinctif. »), tout en contestant cette approche qu'il estime « problématique » au regard de la définition même du lien de droit qui suppose deux sujets distincts, un créancier et un débiteur (J. François, *op. cit.*, n° 147 et s., p. 142 et s.). *Adde* G. Chantepie et M. Latina, *Le nouveau droit des obligations, Commentaire théorique et pratique dans l'ordre du Code civil*, Dalloz, 2e éd., 2018, spéc. n° 1036 ; et, plus mesurés, O. Deshayes, T. Génicon, Y.-M. Laithier, *op. cit.*, p. 906, qui estiment que le tempérament prévu par l'article 1349 à l'effet extinctif de la confusion fait douter de la réalité de l'extinction produite par la confusion : « Aussi une thèse favorable à l'idée d'une simple mise en sommeil de l'obligation (d'une survie latente) était-elle défendue. Elle se trouve aujourd'hui relancée, sinon confortée. ».

644 Déjà en ce sens, v. notam. C. Demolombe, *Traité des contrats ou des obligations conventionnelles en général, t. V*, Auguste Durand, 1875, spéc. n° 715 et s., p. 546 ; G. Baudry-Lacantinerie et L. Barde, *Traité théorique et pratique de droit civil, Des obligations, t. III,* Librairie de la société du recueil général des lois et des arrêts, 3e éd., 1908, spéc. n° 1897, p. 233 et n° 1905, p. 239 ; C. Aubry et C. Rau, *Droit civil français*, par E. Bartin, t. IV, Librairies Techniques, 6e éd., 1942, spéc. n° 330, p. 360 ; M. Planiol et G. Ripert, *Traité pratique de droit civil français, t. VII, Les obligations*, 2e partie, avec le concours de P. Esmein, J. Radouant et G. Gabolde, 2e éd., 1954, spéc. n° 1300, p. 711 ; A. Colin et H. Capitant, par L. Julliot de la Morandière, *Traité de droit civil, t. II*, Dalloz, 1959, spéc. n° 1573-1574.

Plus récemment, v. J. Ghestin, M. Billiau, G. Loiseau, *op. cit.*, n° 1084, p. 1106 ; P. Malaurie, L. Aynès et P. Stoffel-Munck, *Les obligations*, Defrénois, 11e éd., 2020, n° 785, p. 699 ; F. Zenati-Castaing et T. Revet, *Cours de droit civil, Obligations, Régime*, PUF, 2013, spéc. n° 128, p. 228-229, qui sont toutefois mesurés : « si l'on peut avoir un doute sur le point de savoir si la confusion provoque vraiment l'extinction de l'obligation ou simplement sa paralysie, il est néanmoins certain que la confusion fait échec à l'obligation, qu'elle fait obstacle à son exécution et donc à son exigibilité, du moins, en l'état ». Un peu loin, toutefois, ils semblent prendre parti : « L'absence d'effet extinctif de la confusion se confirme dans le fait qu'elle n'est pas définitive ».

645 Certains auteurs invoquent un « principe de permanence » du droit confondu (J. Ghestin, M. Billiau, G. Loiseau, *op. cit.*, n° 1092, p. 1114).

termes, le droit confondu subsiste, mais seulement en tant que valeur »[646].

On le voit, avant comme après la réforme, les débats subsistent quant au point de savoir si la confusion produit, ou non, un effet extinctif, car certaines solutions admises en droit positif impliquent une extinction du droit confondu tandis que d'autres impliquent sa survie.

11. **Proposition doctrinale de conciliation entre les positions opposées.** Cherchant à réconcilier ces positions, un dernier auteur se situe à mi-chemin entre les deux conceptions précédentes : il estime que la confusion produit tantôt un effet extinctif, tantôt une simple paralysie du droit, selon que la situation de confusion est définitive ou temporaire. Ainsi, lorsque l'impossibilité d'exercer le droit confondu est seulement temporaire, l'obligation survivrait et serait simplement paralysée ; à l'inverse, lorsque l'impossibilité d'exercice est définitive, l'obligation s'éteindrait[647]. L'auteur invite alors à raisonner comme en matière de force majeure, où l'article 1218 du Code civil distingue désormais selon que l'empêchement est temporaire ou définitif[648]. Pour séduisante qu'elle soit, cette proposition n'en est pas moins très délicate à mettre en œuvre en pratique, tant il est difficile de déterminer *a priori* si une situation de confusion sera temporaire ou définitive. Il suffit qu'un bien soit revendu par son propriétaire pour qu'une situation qui pouvait paraître définitive, telle l'attribution d'un bien à un héritier preneur, s'avère finalement n'avoir été que temporaire. Faudra-t-il alors trancher la question de l'effet extinctif ou suspensif *a posteriori* ? Cela n'est évidemment pas souhaitable.

Tout cela nous mène à proposer une lecture du droit positif plus tranchée, moins en nuances.

---

[646] J. Ghestin, M. Billiau, G. Loiseau, *op. cit.*, n° 1084, p. 1106.

[647] M. Mignot, *op. cit.*, n° 57 et s.

[648] M. Mignot, *op. cit.*, n° 63 : « Il aurait été souhaitable de traiter la confusion à l'égal de la force majeure, à propos de laquelle la loi distingue l'empêchement définitif cause d'extinction de l'obligation, de l'empêchement temporaire, cause de suspension de l'exécution ».

II. Propositions autour du principe extinctif de la confusion

Le régime de la confusion, tel qu'il résulte de la jurisprudence et de la réforme du droit des obligations, nous semble pouvoir se traduire par les propositions suivantes : d'une part, la confusion provoque une extinction de l'obligation qui est à la fois automatique, définitive et absolue (A) ; d'autre part, l'opposabilité de l'extinction est limitée dans certaines circonstances pour préserver les droits acquis par ou contre des tiers (B).

A. UNE EXTINCTION AUTOMATIQUE, DÉFINITIVE ET ABSOLUE

12. **Un mécanisme extinctif.** D'abord, la confusion est, assurément, un mécanisme extinctif. Ce serait aller contre la volonté même du législateur que de soutenir l'inverse, dès lors qu'il est affirmé noir sur blanc à l'article 1349 du Code civil que la confusion « éteint la créance et ses accessoires ». Il n'y a pas là une simple paralysie ou suspension du droit. Il s'agit bel et bien d'une extinction pure et simple. Du reste, si la paralysie peut expliquer certaines solutions retenues par la jurisprudence en cas d'acquisition par le preneur du bien loué[649], seule l'extinction peut en justifier d'autres[650]. De même, seule l'extinction de l'obligation principale par confusion justifie que la caution soit libérée, comme le prévoit l'article 1349-1 du Code civil ; si l'obligation était simplement suspendue, il n'y aurait pas une libération

[649] L'impossibilité pour le preneur d'exiger le paiement d'indemnités pour améliorations auprès de son vendeur, ancien bailleur (Soc., 30 juin 1966, préc.), peut s'expliquer tout autant par l'extinction du bail que par sa paralysie, laquelle implique que l'exécution des droits paralysés ne puisse plus être exigée.

[650] L'impossibilité pour le preneur d'invoquer son bail en cas de cessation de la confusion par adjudication du bien profit d'un créancier (Civ. 3, 15 juillet 1971, préc.) ne peut s'expliquer que par l'extinction dudit bail. En effet, si le bail avait seulement été paralysé ou suspendu par la confusion, cette paralysie aurait pris fin lorsque la confusion a cessé, et le bail aurait pu être opposé au tiers créancier. Parce que le bail s'est éteint définitivement avec la confusion, la cessation de la confusion du fait du nouveau transfert de propriété ne peut faire revivre le bail éteint. De la même façon, seule l'extinction du bail explique que les cohéritiers devenus bailleurs puissent agir en résiliation du bail de leur cohéritier preneur sans l'accord de celui-ci (Civ. 3, 24 juin 2009, préc.). En effet, si le bail avait seulement été suspendu, le preneur devenu bailleur n'aurait pas perdu sa qualité de bailleur et il aurait dû consentir, avec ses cohéritiers, à l'action en résiliation qui constitue un acte de disposition nécessitant l'unanimité des coïndivisaires bailleurs.

de la caution mais seulement une suspension des poursuites à son égard[651]. C'est également une véritable extinction qui justifie qu'en cas de pluralité de débiteurs, chacun ne puisse être poursuivi puis agir en contribution que pour un montant auquel a été retranchée la part contributive de celui sur la tête duquel la confusion s'est produite[652]. En effet, une simple paralysie du droit serait vraisemblablement traitée comme une exception purement personnelle, que les autres codébiteurs ne peuvent invoquer, plutôt que comme une exception simplement personnelle qui peut être invoquée par les autres codébiteurs dans la mesure de la part contributive finale du codébiteur concerné par l'exception.
Pour toutes ces raisons, il nous semble opportun de considérer que la confusion produit véritablement un effet extinctif.

13. **Une extinction automatique.** Ensuite, cette extinction est, en droit positif, automatique, en ce sens qu'elle est déclenchée par le seul effet de la loi, lorsque les conditions en sont réunies. C'est ce qui ressort de la lettre de l'article 1349 du Code civil, qui énonce simplement que la confusion, qui résulte de la réunion des qualités de créancier et de débiteur d'une même obligation dans la même personne, éteint la créance et ses accessoires. L'extinction n'est donc subordonnée à aucune manifestation de volonté[653].

---

[651] Sauf à y voir une exception purement personnelle au débiteur principal, inopposable par la caution sous l'empire du droit antérieur à l'ordonnance n° 2021-1192 du 15 septembre 2021 (semblant raisonner ainsi, v. M. Mignot, *op. cit.*, n° 91, qui estime que la survie du cautionnement impliquerait des poursuites du créancier contre la caution, laquelle pourrait ensuite se retourner contre le débiteur devenu créancier, qui devrait alors restituer à la caution son paiement ; c'est pour éviter ce circuit d'actions que le droit positif retiendrait un principe de libération de la caution en cas de confusion entre le créancier et le débiteur principal). Quoi qu'il en soit, sous l'empire du droit actuel, l'exception de suspension des poursuites serait opposable par la caution au créancier (nouvel article 2298 du Code civil), ce qui ne veut pas dire que la caution serait libérée *stricto sensu*, mais qu'elle échapperait aux poursuites du créancier titulaire d'un droit suspendu. Pour qu'elle soit libérée, il faut qu'il y ait une véritable extinction du droit.

[652] En ce sens, v. M. Mignot, *op. cit.*, n° 90, qui estime qu'il y a là une véritable extinction de l'obligation justifiée par la volonté du législateur d'éviter un circuit d'actions récursoires.

[653] En ce sens, v. M. Julienne, *op. cit.*, n° 647, p. 420 : « La confusion est un mode d'extinction "légal", en ce sens qu'elle opère automatiquement par l'effet de la loi, et non par la volonté des parties ».

La question a toutefois été soulevée par un auteur de savoir s'il ne serait pas opportun de permettre à la personne qui cumule des qualités incompatibles de maintenir le lien de droit dans son patrimoine ou, au contraire, de provoquer son extinction[654]. Autrement dit, ne faut-il pas subordonner l'effet extinctif de la confusion à la volonté unilatérale de celui en la personne duquel elle se réalise ? Cette possibilité nous semble porteuse d'inutiles complications. Qui dit volonté dit interprétation : peut-on tacitement invoquer une extinction par confusion ou y renoncer ? Qui dit volonté dit aussi nécessité d'une règle supplétive : en l'absence d'expression de volonté, le droit atteint de confusion devra-t-il survivre ou s'éteindre ? Qui dit volonté dit encore articulation avec les droits des tiers : la volonté d'éteindre ou de laisser survivre le droit peut-elle s'imposer aux tiers ? Leur sera-t-elle toujours opposable ? Si non, quels sont les tiers fondés à ignorer la volonté exprimée par celui qui cumule les qualités incompatibles ?
L'auteur qui propose de faire une place à la volonté en matière de confusion, en autorisant la personne à s'en prévaloir ou non, tempère immédiatement son propos en soulignant que la volonté devrait être prise en compte « lorsque l'ordre public n'est pas en cause et que l'effet extinctif ne préjudicie aucunement aux tiers »[655]. Il faudrait alors définir l'ordre public en la matière. Par ailleurs, l'intérêt d'une personne à invoquer ou non une extinction de son droit se manifeste le plus souvent à l'égard des tiers, auxquels elle voudra opposer l'existence du droit ou, au contraire, son extinction. Y a-t-il alors vraiment des cas où la volonté d'éteindre ou de laisser le droit survivre ne préjudicie pas aux tiers ?
Autant de questions nouvelles qu'il faudrait résoudre si l'on subordonnait l'effet extinctif de la confusion à l'expression d'une volonté. Autant de questions nouvelles qui s'ajouteraient, sans les remplacer, aux questions déjà existantes sur le régime de la confusion, aujourd'hui conçue comme un mécanise extinctif automatique. La simplicité de l'automaticité nous semble l'emporter sur les avantages d'un mécanisme fondé sur la volonté.

14. **Une extinction définitive.** En outre, l'effet extinctif de la confusion exclut que le droit éteint puisse revivre en cas de cessation de la confusion. Contrairement à la simple paralysie, l'extinction exclut

---

[654] En ce sens, v. M. Mignot, *op. cit.*, n° 102.
[655] En ce sens, v. M. Mignot, *ibid.*

que le droit confondu puisse se maintenir une fois que la confusion a cessé. Ainsi, si la confusion ne produit ses effets que pour l'avenir[656], elle agit néanmoins de manière définitive.
Sur ce point, la plupart des auteurs s'accordent : seul un anéantissement rétroactif de la source de la confusion, telle une annulation ou une résolution du contrat qui a provoqué la confusion, peut faire revivre le droit anéanti. Il ne s'agit pas alors d'une spécificité de la confusion comme mode extinctif, mais simplement d'une application des règles relatives à la rétroactivité de certaines sanctions. Si, en revanche, la confusion ne cesse que pour l'avenir[657], alors l'effet extinctif n'est pas remis en cause.
Du reste, même les auteurs favorables à la thèse de la paralysie hésitent à admettre la renaissance du droit paralysé en cas de cessation non rétroactive de la confusion[658]. La jurisprudence ne l'a jamais admis : les

---

[656] La confusion n'a pas d'effet rétroactif. Cette absence de rétroactivité justifie plusieurs solutions évoquées précédemment, notamment la jurisprudence qui fait échapper les améliorations réalisées par le preneur à l'assiette des droits d'enregistrement de la vente (Com., 4 déc. 2012, préc. ; Com., 12 juin 2012, préc.), celle qui impose de tenir compte de la valeur des droits confondus pour évaluer le bien faisant l'objet d'une vente ou d'une donation (v. *supra*, n° 6 ; v. cep. M. Mignot, *op. cit.*, n° 69, que l'explication de la non-rétroactivité ne convainc pas au sujet de la lésion), ou encore la règle selon laquelle les créances et dettes du *de cujus* à l'égard d'un héritier doivent être intégrées dans le calcul de la réserve héréditaire (v. *supra*, n° 6). La non-rétroactivité de l'extinction par confusion est également illustrée par la jurisprudence qui permet au bailleur d'un local commercial, devenu preneur après avoir acquis le fonds de commerce exploité dans les lieux loués, d'agir à l'encontre d'un ancien preneur à bail pour obtenir l'indemnisation des dégradations commises par le dernier preneur ainsi que le paiement des loyers échus avant la cession du bail (Civ. 3, 30 nov. 2017, n° 16-23.498). La Cour de cassation a retenu cette solution au motif que les dettes litigieuses, antérieures à la cession du bail, n'ont pas été transmises, de sorte qu'aucune confusion ne s'est opérée à leur sujet. C'est dire que la transmission, donc l'extinction, ne s'opèrent que pour les dettes nées du bail postérieurement à la confusion. En ce sens, v. L. Ruet, *Defrénois* 4 octobre 2018, n° 140n6, p. 29, qui souligne que « Le mécanisme d'extinction attaché à la confusion ici par cession de contrat ne vaut que pour l'avenir. Le cédant locataire reste tenu envers le bailleur cessionnaire de l'arriéré de loyer et du coût de la remise en état des locaux. En effet, la créance de loyers litigieuse, née antérieurement à la confusion, et dont le cessionnaire du droit au bail n'est pas le débiteur, ne peut pas être atteinte par l'effet d'extinction attaché à la confusion. »
[657] Cela peut être le cas lorsque le bien confondu est de nouveau cédé par son propriétaire ou saisi par l'un des créanciers de celui-ci.
[658] En ce sens, v. J. François, *op. cit.*, n° 151, p. 146-147, soulignant que, si l'on analyse la confusion comme une cause de paralysie plutôt que d'extinction, « il conviendrait de décider que l'obligation est réactivée lorsque la cause de la confusion

seuls cas de « renaissance » du droit confondu sont consécutifs à un anéantissement rétroactif de la confusion[659]. À l'inverse, elle a jugé que l'extinction n'était pas remise en cause par la cessation non rétroactive de la confusion[660].
C'est donc bien qu'en droit positif, l'extinction qui se produit par suite de la confusion est définitive, sauf anéantissement rétroactif de l'acte qui a provoqué la confusion[661].

---

vient à disparaître ». Dans cette optique, « seule serait pertinente la solution [jurisprudentielle] consistant à décider que l'obligation neutralisée retrouve son efficacité même si la confusion cesse sans rétroactivité, ce que la doctrine hésite cette fois à admettre. Il est ainsi enseigné que si l'héritier cède ses droits successoraux, ou si le locataire revend l'immeuble qu'il a acquis, les droits éteints par confusion ne revivent pas ». Comp. J. Ghestin, M. Billiau, G. Loiseau, *op. cit.*, n° 1110, p. 1123, qui, non sans ambiguïté, affirment que « parce que la confusion n'éteint pas le droit substantiel, il peut y être mis fin par une manifestation de volonté du titulaire du droit confondu, pour l'avenir », suggérant ainsi que la cessation non rétroactive de la confusion puisse laisser persister le droit qui avait été confondu, tout en affirmant par ailleurs que l'anéantissement pour l'avenir « ne fait pas revivre le droit confondu ».

[659] Req., 12 déc. 1934, préc. ; Civ. 3, 22 juin 2005, n° 03-18.624.

[660] Civ. 3, 15 juill. 1971, préc., qui exclut que le bail, éteint par confusion, renaisse lorsque le bien qui était loué est saisi par le créancier de la personne sur la tête de laquelle la confusion s'est produite.

[661] L'existence d'exceptions légales, à les supposer caractérisées, n'invalide en rien le principe même de l'extinction définitive. Ainsi, deux dispositions sont parfois citées comme organisant la survie du droit confondu après la cessation de la confusion : l'article 2472 du Code civil, devenu article 2459 à l'occasion de l'ordonnance n° 2021-1192 du 15 septembre 2021, selon lequel les droits réels que le tiers détenteur avait sur l'immeuble avant sa possession renaissent (ou sont « retrouvés » par le tiers) après le délaissement ou la vente forcée de l'immeuble ; l'article 1698 du Code civil qui, en cas de cession de droits successoraux, oblige l'acquéreur à « faire raison » au vendeur de tout ce dont il était créancier, autrement dit, à lui rembourser les créances qu'il avait contre la succession. Le caractère de règles d'exception de ces deux dispositions a pu être contesté. D'une part, la « survie » des droits réels du tiers détenteur sur le bien détenu a pu être expliquée par le caractère rétroactif de l'adjudication ou du délaissement, donc par une disparition rétroactive de la confusion (v. notam. D. Guével, *op. cit.*, n° 46, p. 1649). D'autre part en matière de cession de droits successifs, on a pu estimer que la solution qui oblige l'acquéreur à payer à l'héritier le montant de la créance que celui-ci avait sur le défunt « n'atteste pas la renaissance de cette dernière » (J. François, *op. cit.*, n° 152, p. 147, note 2) ; de fait, il peut s'agir d'une nouvelle obligation légale attachée au contrat de cession de droits successifs. Quoi qu'il en soit, même s'il s'agit de véritables exceptions légales au principe de l'extinction définitive, on se rangera à l'opinion d'un auteur qui souligne que « la renaissance du droit frappé de confusion (…) demeure un phénomène exceptionnel dont la portée ne doit pas être exagérée » (M. Julienne, *op. cit.*, n° 655, p. 423).

15. **Une extinction absolue.** Enfin, l'extinction qui s'opère par la confusion est, à notre sens, une extinction absolue. Ici, il s'agit davantage d'une question sémantique que d'une question substantielle, puisque les tempéraments à l'effet extinctif se retrouveront à travers l'opposabilité[662]. Il reste que, si l'extinction d'une obligation peut être tantôt partielle, tantôt totale, elle ne peut être relative. Ce terme, évidemment connoté, renvoie à l'effet relatif des conventions.
La notion d'extinction relative signifierait, si l'on comprend bien[663], que l'extinction ne se produirait qu'entre les parties au lien de droit concerné et qu'elle n'aurait donc aucun effet à l'égard des tiers[664]. Or, si la jurisprudence tempère l'effet extinctif de la confusion en reconnaissant l'opposabilité du droit atteint de confusion à et par certains tiers, ce tempérament est loin de concerner l'intégralité des tiers au rapport de droit confondu. Il est également des situations dans lesquelles le droit éteint ne peut plus être opposé aux tiers ni par eux[665]. Évoquer un principe de relativité de l'extinction ou de la confusion, c'est donc suggérer un régime bien plus radical que celui qui ressort du droit positif. Si l'effet extinctif peut s'imposer aux tiers, c'est bien que cet effet n'est pas, par principe, relatif : il rayonne au-delà des seules parties au lien de droit concerné. À supposer que la notion même d'extinction relative existe et connaisse des applications en droit positif,

---

662 V. *infra*, n° 160 et s.

663 Sauf à utiliser la notion de relativité dans un sens plus courant (en ce sens, v. par ex. D. Guével, *op. cit.*, n° 78 et s., p. 1655, qui propose d'envisager la confusion à travers une approche dite de la « relativité générale »), mais l'on perdrait alors l'avantage de recourir à une notion juridique dotée d'un régime précis.

664 C'est ce que soutiennent notamment F. Zenati-Castaing et T. Revet, *op. cit.*, n° 129, p. 231, qui estiment que « De façon générale, le Code civil limite l'effet de la confusion au rapport qu'elle affecte et laisse la situation des tiers inchangée, leurs droits et obligations demeurent ». V. aussi en ce P. Malinvaud, M. Mekki, J.-B. Seube, *op. cit.*, n° 982, p. 888, pour qui « l'effet extinctif de la confusion n'est (…) pas total ; notamment dans les rapports avec les tiers, la créance confondue survit tant à leur profit qu'à leur détriment ».

665 Ainsi en va-t-il de la solution qui refuse au preneur acquéreur la possibilité de se prévaloir du bail confondu à l'égard de son créancier devenu adjudicataire de l'immeuble après la confusion (Civ. 3, 15 juill. 1971, préc.) : l'extinction ne se limite pas aux rapports entre le preneur et son bailleur, mais elle produit ses effets à l'égard du créancier du preneur, qui peut s'en prévaloir. Cela s'illustre également à travers l'arrêt qui autorise les cohéritiers du preneur devenu bailleur à agir en résiliation sans le consentement de celui-ci (Civ. 3, 24 juin 2009, préc.) : l'extinction du bail en la personne de l'héritier preneur produit ses effets à l'égard des cohéritiers, qui peuvent l'invoquer.

elle ne semble pas opportune pour décrire le régime de la confusion, tel qu'il a été dessiné par la jurisprudence et consacré par l'article 1349 du Code civil. L'extinction doit donc être considérée comme absolue, en ce sens qu'elle s'impose par principe non seulement aux parties mais aussi aux tiers. C'est sur le terrain de l'opposabilité de l'extinction que les tempéraments nous paraissent se situer, plutôt que sur le terrain de ses effets substantiels[666].

B. UNE OPPOSABILITÉ LIMITÉE DE L'EXTINCTION

16. **Opposabilité ou inopposabilité de l'extinction par confusion.** Selon les termes de l'article 1349 du Code civil, la confusion « éteint la créance et ses accessoires, sous réserve des droits acquis par ou contre des tiers ». Cette réserve peut se comprendre, non pas comme une limitation de l'effet extinctif (il n'y a pas de cas où le droit ne s'éteint pas, sauf exception légale), mais comme un tempérament prenant la forme d'une inopposabilité de l'extinction pour préserver les droits acquis par certaines personnes dans certaines situations. Ainsi, l'extinction par confusion serait par principe opposable *erga omnes* et, par exception, inopposable à et par certains tiers[667]. Ce tempérament étant ciblé quant aux personnes qu'il concerne, l'inopposabilité paraît être un mécanisme technique adapté pour mettre en œuvre cette volonté du législateur de protéger les droits acquis par ou contre les tiers : seules les personnes protégées sont fondées à considérer que l'extinction ne s'est jamais produite, donc à invoquer le droit malgré la confusion qui le frappe. Formellement, ce recours à l'inopposabilité peut reposer sur l'article 1349, malgré l'imprécision de ce texte sur la nature de la « réserve » qui y figure.

---

[666] En ce sens, v. J. Flour, J.-L. Aubert, E. Savaux, L. Andreu et V. Forti, *op. cit.*, n° 304, p. 314, soulignant que « L'idée d'extinction "partielle", également avancée par certains auteurs, est difficilement admissible. Une dette est éteinte ou elle ne l'est pas, mais elle ne saurait être éteinte en partie, sauf pour ce qui concerne son montant, ce qui n'est pas le problème ici. La question est plutôt de savoir si la confusion – et non l'obligation, comme le juge la Cour de cassation – est ou non opposable aux tiers ». *Comp.* M. Mignot, *op. cit.*, n° 63, qui reproche à l'actuel article 1349 du Code civil de lier à tort l'effet extinctif et la situation des tiers, « alors que les deux questions sont étrangères l'une à l'autre ».

[667] En ce sens, v. J. Flour, J.-L. Aubert, E. Savaux, L. Andreu et V. Forti, *op. cit.*, *loc. cit.*, « La confusion se réalisant de plein droit, par l'effet de la loi, et n'étant soumise à aucune condition particulière d'opposabilité, elle devrait être automatiquement opposable aux tiers, sauf à ceux ayant acquis antérieurement un droit sur la créance ».

17. **Hypothèses d'inopposabilité de l'extinction par confusion.** Substantiellement, cette inopposabilité devrait recouvrir les situations consacrées par la jurisprudence évoquée précédemment comme impliquant une survie du droit confondu[668], à l'exclusion toutefois de celles qui s'expliquent par le caractère non rétroactif de la confusion[669]. C'est aussi, d'ailleurs, parce que la confusion ne produit ses effets que pour l'avenir, qu'elle ne saurait remettre en cause des droits acquis antérieurement à sa survenance. Ainsi, l'extinction par confusion sera inopposable à ceux qui ont acquis des droits sur le bien confondu avant que la confusion ne survienne. Ces bénéficiaires de l'inopposabilité peuvent être des tiers au rapport de droit atteint par la confusion ou des parties à ce rapport. On retrouve ici toutes les solutions de jurisprudence permettant à la personne qui réunit des qualités incompatibles sur sa tête d'opposer aux concurrents antérieurs à la confusion le droit confondu : opposabilité du droit au bail confondu à un preneur concurrent[670] ; opposabilité du bail principal, atteint de confusion, au sous-locataire présent avant la confusion[671] ; opposabilité aux autres créanciers hypothécaires de la sûreté détenue sur le bien acquis par le créancier hypothécaire[672]. De même, figurent ici les solutions qui permettent aux tiers, titulaires de droits acquis avant la confusion sur le bien confondu, de faire valoir ces droits à l'encontre de la personne réunissant les qualités incompatibles : maintien du nantissement détenu sur un bail atteint, par la suite, de confusion[673] ; opposabilité de la promesse de cession portant sur un bail atteint de confusion postérieurement à la promesse[674].

18. **Critère de l'inopposabilité de l'extinction par confusion.** Dans l'ensemble de ces situations jurisprudentielles, les droits en concurrence ou en conflit ont été acquis avant la confusion. L'inopposabilité de la confusion permet alors d'éviter que la solution du conflit, telle qu'elle existait avant la confusion, ne soit modifiée par la survenance de la confusion. Autrement dit, elle permet de figer les solutions antérieures, les « droits acquis » par les tiers ou les parties

---

668 V. *supra*, n° 5.
669 V. *supra*, n° 6.
670 Req., 11 mai 1926, préc. ; Civ. 3, 14 nov. 2019, préc.
671 Civ. 3, 2 oct. 2002, préc.
672 Civ., 29 janv. 1902, préc.
673 Civ., 12 juill. 1933, préc.
674 Civ. 3, 9 sept. 2014, préc.

elles-mêmes, avant la confusion. C'est donc un critère temporel qui va déterminer l'opposabilité ou l'inopposabilité de la confusion : l'extinction par confusion est inopposable à ceux, tiers ou parties, qui ont acquis, antérieurement à la confusion, un droit sur le droit confondu (usufruit, nantissement[675]...) ou contre le titulaire du droit, ès qualité (promesse de cession) ; de même, la confusion est inopposable au titulaire du droit confondu qui aurait acquis, ès qualité, un droit contre des tiers avant la confusion (droit contre un sous-locataire, un preneur concurrent, ou priorité conférée par une sûreté de meilleur rang)[676].
En somme, si la confusion est en principe opposable *erga omnes* dès sa survenance, elle est exceptionnellement inopposable aux tiers ou par les tiers lorsqu'elle modifierait la solution d'un conflit de droits résolu antérieurement à la confusion.

---

[675] Sur ce point, v. M. Julienne, *op. cit.*, n° 658, p. 425, qui estime que la réserve des droits acquis par des tiers, faite par l'article 1349 du Code civil, trouve tout son intérêt en présence d'opérations non translatives sur les créances (usufruit, nantissement, saisie conservatoire...), par contraste avec les hypothèses de cession ou de subrogation qui excluent purement et simplement la possibilité du confusion, du fait du changement de patrimoine.

[676] Rappr. P. Delebecque et F.-J. Pansier, *op. cit.*, n° 514, p. 386 : « les tiers ne peuvent opposer au créancier l'effet extinctif de la confusion pour limiter les droits que celui-ci tient des droits acquis antérieurement à celle-ci et, symétriquement, le titulaire de la confusion ne peut invoquer son effet extinctif pour contrarier les droits acquis antérieurement à celle-ci par des tiers ».

La déchéance, mode d'extinction de l'obligation ?

Jean-Denis PELLIER

Résumé. *Généralement peu étudiée en tant que cause d'extinction de l'obligation, la déchéance mérite d'être réexaminée à la lumière de l'évolution récente des textes et de la jurisprudence. Il est possible d'émettre l'hypothèse selon laquelle il s'agirait d'une forme de réparation en nature du préjudice subi par le débiteur d'une obligation du fait d'un manquement commis par le créancier à son endroit. Cette réparation consisterait précisément à supprimer le dommage en privant le créancier de son droit.*

1. Notion de déchéance. Pour connue qu'elle soit, la notion de déchéance n'en demeure pas moins nimbée de mystère dans la mesure où elle semble rebelle à toute théorie. Peut-être est-ce dû à la variété de ses manifestations, comme en témoigne la définition qu'en donne le Vocabulaire juridique de l'Association Henri Capitant : « *perte d'un droit, d'une fonction, d'une qualité ou d'un bénéfice, encourue à titre de sanction, pour cause d'indignité, d'incapacité, de fraude, d'incurie, etc.* »[677]. Les causes ainsi que l'objet de la déchéance semblent donc être multiples, comme le mettent en lumière les travaux qui lui ont été consacrés[678].

Le mystère s'épaissit d'ailleurs lorsqu'on envisage cette notion dans le domaine du régime général des obligations, la déchéance étant traditionnellement étudiée au titre du terme, le débiteur pouvant perdre le bénéfice de celui-ci dans un certain nombre de cas[679]. Mais elle est

---

[677] G. Cornu (dir.), *Vocabulaire juridique de l'Association Henri Capitant*, 14ème éd., PUF, 2022, V. *Déchéance.*

[678] V. par ex. F. Luxembourg, *La déchéance des droits, Contribution à l'étude des sanctions civiles*, préf. A. Ghozi, éd. Panthéon-Assas, 2007 ; A. Rouast, *Déchéances protectrices et déchéances répressives dans le droit des successions*, RTD civ. 1952, p. 1 ; M. Sallé de la Marnierre, *La déchéance comme mode d'extinction d'un droit*, RTD civ. 1933, p. 1037 ; O. Sautel, *Sur la déchéance en droit privé (contribution à la théorie de la permanence de la cause)*, D. 1999, p. 487.

[679] V. par ex. Ph. Delebecque et F.-J. Pansier, *Droit des obligations, Régime général*, 10e éd., 2021, n° 144 et 145 ; M. Fabre-Magnan, *Droit des obligations, 1 – Contrat et engagement unilatéral*, 6e éd., PUF, 2021, n° 254 ; B. Fages, *Droit des obligations*, 13e éd., LGDJ, 2023, n° 508 ; J. Flour, J.-L. Aubert, E. Savaux, L. Andreu et V. Forti, *Droit civil, Les obligations, 3. Le rapport d'obligation*, 10e éd., Sirey, 2022, n° 42 ; V.

généralement laissée sous le boisseau lorsqu'il est question de l'extinction des obligations[680]. Il faut dire que cette présentation reflète parfaitement les dispositions du Code civil : sous l'empire du Code de 1804, la célèbre liste de l'ancien article 1234 ne contenait pas la déchéance et le chapitre IV du Titre IV du Livre III, dans sa rédaction issue de l'ordonnance n° 2016-131 du 10 février 2016 portant réforme du droit des contrats, du régime général et de la preuve des obligations, n'en fait pas plus mention. Pourtant, nombreuses sont les manifestations de la déchéance, celle-ci paraissant bel et bien aboutir à une extinction de l'obligation, en tout ou partie. Il suffit de citer l'exemple du cautionnement (notamment C. civ., art. 2299 et 2314) ou encore celui de la déchéance du droit aux intérêts (notamment C. consom., art. L. 341-48-1), pour en prendre conscience. Ce constat ne suffit pourtant pas à déterminer la nature de la déchéance. Celle-ci ne nous étant pas révélée, il semble nécessaire d'en étudier les sources (I), ainsi que le régime[681] (II) afin de tenter de la mettre en lumière.

I. Les sources de la déchéance

2. Déchéances textuelles et virtuelles. Si la déchéance résulte traditionnellement d'un texte, l'étude de la jurisprudence la plus récente

---

Forti, *Régime général des obligations*, 2e éd., Bruylant, coll. Paradigme, 2023, n° 55 et 56 ; J. François, Traité de droit civil, dir. C. Larroumet, T. 4, *Les obligations – Régime général*, 6e éd., Economica, 2022, n° 275 ; M. Julienne, *Régime général des obligations*, 4e éd., LGDJ, 2022, n° 69 et s. ; Ph. Malaurie, L. Aynès et Ph. Stoffel-Munck, *Droit des obligations*, 12e éd., LGDJ, 2022, n° 828 ; Ph. Malinvaud, M. Mekki et J.-B. Seube, *Droit des obligations*, 17e éd., LexisNexis, coll. Manuels, 2023, n° 889 ; A. Sériaux et G. Lardeux, *Manuel de droit des obligations*, 5ème éd., PUF, 2022, n° 177.

680 V. cependant F. Terré, Ph. Simler, Y. Lequette, F. Chénedé, *Droit civil Les obligations*, 13e éd., Précis Dalloz, 2022, n° 1801 ; F. Zenati-Castaing et T. Revet, *Cours de droit civil, Obligations, Régime*, PUF, 2013, n° 115 et s., qui y voient même « *l'archétype de l'extinction de l'obligation* » (n° 118). V. égal. A. Bénabent, *Droit des obligations*, 20ème éd., LGDJ, coll. Précis Domat, 2023, n° 851, invitant à distinguer « *la prescription de la déchéance que certains textes attachent au défaut d'utilisation d'un droit pendant un certain temps* ».

681 Il est certes traditionnellement professé que la détermination de la nature d'une institution permet d'en révéler le régime (V. J. – L. Bergel, *Différence de nature (égale) différence de régime*, RTD civ. 1984, p. 255). Mais ce dernier peut, réciproquement, éclairer la nature d'une institution (V. F. Rouvière, *Le revers du principe différence de nature (égale) différence de régime*, in Mélanges Jean-Louis Bergel, Bruxelles, Bruylant, 2013, p. 415).

révèle que le juge n'hésite pas à la prononcer de son propre chef. En somme, comme en matière de nullité, il existe des déchéances textuelles (A) et virtuelles (B).

A. LES DÉCHÉANCES TEXTUELLES

3. Loi ou convention. Il est traditionnellement enseigné qu'il n'existe pas de déchéance sans texte et, corrélativement, que les causes de déchéance sont d'interprétation stricte[682]. L'assertion serait fondée sur la nature pénale de cette institution, qui a pour effet de priver purement et simplement le créancier de son droit et ce, à titre de sanction[683]. Au demeurant, la jurisprudence semble corroborer cette idée lorsque, dans certains domaines, elle refuse d'étendre la déchéance au-delà des cas prévus par la loi[684].

Toutefois, il ne faudrait pas exagérer la portée de ce principe : le texte permettant de fonder une déchéance peut être non seulement légal[685],

---

[682] V. par ex. F. Luxembourg, *op. cit.*, n° 1010 et s. Rappr. M. Sallé de la Marnière, art. préc., n° 27 et s. Comp. S. Carval, *La responsabilité civile dans sa fonction de peine privée*, thèse, préf. G. Viney, LGDJ, coll. bibliothèque de droit privé, 1995, t. 250, n° 157 et s., opposant « *les déchéances prévues par un texte* » aux « *déchéances jurisprudentielles* ».

[683] V. en ce sens F. Luxembourg, *op. cit.*, n° 1010 ; M. Sallé de la Marnière, art. préc., n° 27.

[684] V. par ex. en matière de regroupements de crédits, Cass. 1ère civ., 9 janv. 2019, n° 17-20.565, RDC n° 2019/2, p. 54, obs. D. Fenouillet ; D. actu. 24 janv. 2019, obs. J.-D. Pellier : « *selon l'article L. 312-33 du code de la consommation, dans sa rédaction antérieure à celle issue de la loi n° 2014-344 du 17 mars 2014, le prêteur peut être déchu du droit aux intérêts, en totalité ou dans la proportion fixée par le juge, en cas de non-respect des différentes obligations visées par cet article, parmi lesquelles ne figurent pas les modalités d'information de l'emprunteur énumérées aux articles R. 313-12 à R. 313-14 du même code, relatifs au regroupement de crédits prévu à l'article L. 313-15, ces textes dans leur rédaction alors applicable* ». V. égal. Cass. 2ème civ., 27 févr. 2020, n° 18-25.160, D. 2020. 484 ; RDC n° 2020/2, p. 70, obs. J. Julien ; JCP E 11 juin 2020. 1227, note J.-D. Pellier, considérant, en matière de surendettement, que les causes de déchéance sont « *limitativement énumérées à l'article L. 761-1 du code de la consommation* ».

[685] Encore faut-il observer que les textes ne prévoient pas toujours expressément une déchéance, auquel cas il conviendrait de s'attacher à l'intention du législateur (V. en ce sens F. Luxembourg, *op. cit.*, n° 1010 ; M. Sallé de la Marnière, art. préc., n° 27). Tel est le cas, par exemple, en ce qui concerne le défaut de déclaration de créance dans le cadre d'une procédure collective (C. com., art. L. 622-26, al. 2) ou d'une procédure de rétablissement personnel avec liquidation judiciaire (C. consom., art. L. 742-11) ou encore dans le cadre d'une acceptation de la succession à concurrence de l'actif net (C. civ., art. 792). En faveur de la qualification de déchéance dans ces

mais également conventionnel[686], contrairement à certains domaines où la loi seule est source d'un droit[687]. Il n'y a en effet aucune raison de brider la liberté contractuelle en la matière, le législateur reconnaissant d'ailleurs lui-même cette possibilité[688], ainsi que la jurisprudence[689]. À cet égard, la déchéance se rapproche des droits de réflexion et de rétractation (C. civ., art. 1122)[690], ainsi que de la nullité[691] (C. civ., art. 1178, al. 1er)[692]. Mais peut-on aller plus loin dans l'analogie avec cette

---

hypothèses, V. F. Terré, Ph. Simler, Y. Lequette, F. Chénedé, *op. cit.*, n° 1801, p. 1978 (soulignant toutefois qu'en matière de procédures collectives, la déchéance est non extinctive).

686 V. en ce sens F. Luxembourg, *op. cit.*, n° 1011 ; M. Sallé de la Marnière, art. préc., n° 27, p. 1101 ; F. Terré, Ph. Simler, Y. Lequette, F. Chénedé, *op. cit.*, n° 1801, p. 1977 ; F. Zenati-Castaing et T. Revet, *op. cit.*, n° 116, p. 210.

687 Tel est le cas, par exemple, en matière de privilèges (C. civ., art. 2330, al. 1er et 2376, al. 1er).

688 La déchéance conventionnelle est bien ancrée en droit des assurances, par exemple (C. assur., art. L. 113-2, avant-dernier alinéa, admettant la possibilité d'une clause de déchéance pour déclaration tardive). V. à ce sujet Y. Lambert-Faivre et L. Leveneur, *Droit des assurances*, 14ème éd., Précis Dalloz, 2017, n° 537 et s.

689 V. par ex. Cass. 1ère civ., 4 juin 1996, n° 94-12.418, ayant admis la validité de la clause de déchéance d'une condition suspensive d'obtention d'un prêt pour défaut de justification de la demande de prêt dans le délai d'un mois à compter de la signature d'une promesse de vente.

690 Ce texte prévoit que « *La loi ou le contrat peuvent prévoir un délai de réflexion, qui est le délai avant l'expiration duquel le destinataire de l'offre ne peut manifester son acceptation ou un délai de rétractation, qui est le délai avant l'expiration duquel son bénéficiaire peut rétracter son consentement* ». V. à ce sujet F. Terré, Ph. Simler, Y. Lequette, F. Chénedé, *op. cit.*, n° 538 et 539.

691 Elle s'en distingue néanmoins en ce qu'elle « *sanctionne un comportement postérieur à la formation des droits incorporels* » (F. Zenati-Castaing et T. Revet, *op. cit.*, n° 116, p. 209). V. égal. M. Sallé de la Marnierre, art. préc., n° 15, p. 1063 et 1064 : « *Si, tout d'abord, nullité et déchéance se rapprochent en ce qu'elles consistent l'une et l'autre en la disparition d'un droit, elles se distinguent par le fait que la nullité est la sanction d'un fait contemporain d'un acte juridique, ou mieux, d'un vice originel de cet acte* ».

692 Ce texte prévoit qu' « *Un contrat qui ne remplit pas les conditions requises pour sa validité est nul. La nullité doit être prononcée par le juge, à moins que les parties ne la constatent d'un commun accord* ». L'analogie totale entre la nullité et la déchéance suppose néanmoins que l'on admette la possibilité pour les parties d'ériger un élément non prévu par la loi en condition de validité du contrat. En somme, la nullité devrait pouvoir être conventionnelle non seulement quant à sa mise en œuvre (comme l'admet expressément l'alinéa 1er de l'article 1178 précité), mais également quant à ses causes (ce qui demeure discutable au regard du même texte). V. à ce sujet F. Terré, Ph. Simler, Y. Lequette, F. Chénedé, *op. cit.*, n° 342. V. égal. Y.-M. Serinet,

dernière et considérer qu'il existe également des cas de déchéance sans texte ?

B. LES DÉCHÉANCES VIRTUELLES

4. Existence des déchéances virtuelles. L'adage « Pas de nullité sans texte » est bien connu[693]. Pourtant, il n'a pas la portée qu'on pourrait lui prêter de prime abord, la jurisprudence s'en étant affranchie depuis longtemps en consacrant des cas de nullité virtuelle[694], c'est-à-dire de « *nullité qu'aucun texte ne prévoit et que l'on déduit par interprétation de l'importance de la disposition transgressée* »[695].
Il semblerait que les déchéances suivent le même chemin, comme en témoigne le contentieux du crédit affecté : en cette matière, la jurisprudence met à la charge du prêteur une obligation de s'assurer de la régularité et de la bonne exécution du contrat financé par le crédit, avant de délivrer les fonds au vendeur ou au prestataire de service, sous peine d'être privé de sa créance de restitution[696]. Qu'est-ce que cette sanction si ce n'est une déchéance qui ne dit pas son nom ?[697]
De manière plus explicite encore, la jurisprudence a récemment consacré la déchéance du droit aux intérêts en matière de crédit aux

---

La constatation de la nullité par les parties : une entorse limitée au caractère judiciaire de la nullité, JCP G 2016, act. 845

693 V. H. Roland et L. Boyer, *Adages du droit français*, Litec, 4e éd., 1999, n° 317, p. 631 et s. V. égal. Dossier « *Pas de nullité sans texte* », RDC n° 2018/1, p. 122 et s.

694 V. à ce sujet D. Deroussin, *Pas de nullité sans texte. Eléments pour une archéologie d'une directive*, RDC n° 2018/1, p. 145.

695 G. Cornu (dir.), *Vocabulaire juridique de l'Association Henri Capitant*, *op. cit.*, V. *Nullité virtuelle.*

696 V. par ex. Cass. 1ère civ., 5 avr. 2018, n° 17-13.528 ; Cass. 1ère civ., 14 févr. 2018, n° 16-28.072. Sur ce contentieux, particulièrement prégnant en matière de financement de panneaux photovoltaïques, V. J. Lasserre Capdeville, *Le banquier et le financement de panneaux photovoltaïques : synthèse d'une jurisprudence hostile au prêteur*, RDBF 2019. Étude 6 ; *Le banquier et le financement de panneaux photovoltaïques. - Synthèse d'une jurisprudence nettement moins hostile au prêteur (juin 2019-juin 2021)*, JCP E 2021, 1565.

697 V. en ce sens O. Deshayes, *La déchéance* in « Les sanctions en droit contemporain, vol. 3, De la théorie à la pratique : illustration à partir du droit de la consommation » (dir. D. Fenouillet et T. Genicon), Dalloz, 2023, p. 41, n° 8 ; N. Mathey, *Financement d'installations photovoltaïques. Cantonnement de la responsabilité du prêteur*, RDBF 2020. Comm. 75. Comp. N. Éréséo, *Les nouveaux contentieux : le cas du crédit affecté*, LPA, 31 mai 2019, p. 9. V. égal. M.-O. Barbaud, *Les outils du nouvel équilibre entre prêteurs et consommateurs dans le contentieux des crédits affectés*, D. 2021, p. 887.

consommateurs sans fondement textuel : pour comprendre cette évolution, il faut tout d'abord rappeler que la Cour de cassation avait naguère jugé, sur le fondement de l'article 1907 du code civil (qui ne prévoit aucune sanction)[698], que l'inexactitude de la mention du taux effectif global dans l'écrit constatant tout contrat de prêt, comme l'omission de la mention de ce taux emportaient l'annulation de la clause stipulant l'intérêt conventionnel et la substitution à celui-ci de l'intérêt légal[699].

Mais l'ordonnance n° 2019-740 du 17 juillet 2019 relative aux sanctions civiles applicables en cas de défaut ou d'erreur du taux effectif global, prise en application de l'article 55 de la loi n° 2018-727 du 10 août 2018 pour un Etat au service d'une société de confiance, a changé la donne en érigeant la déchéance du droit aux intérêt en sanction de droit commun en la matière[700], l'article L. 341-48-1 du Code de la consommation prévoyant à cet égard, en son alinéa 1er, qu' « *En cas de défaut de mention ou de mention erronée du taux effectif global prévue à l'article L. 314-5, le prêteur peut être déchu du droit aux intérêts dans la proportion fixée par le juge, au regard notamment du préjudice pour l'emprunteur* »[701]. Or, la première chambre civile de la Cour de cassation a pu faire application de cette sanction à des contrats conclus avant l'entrée en vigueur de l'ordonnance précitée : « *pour permettre au juge de prendre en considération, dans les contrats souscrits antérieurement à l'entrée en vigueur de l'ordonnance précitée, la gravité du manquement commis par le prêteur et le préjudice subi par l'emprunteur, il apparaît justifié d'uniformiser le régime des sanctions et de juger qu'en cas d'omission du taux effectif global dans l'écrit*

---

698 Ce texte dispose simplement que « *L'intérêt est légal ou conventionnel. L'intérêt légal est fixé par la loi. L'intérêt conventionnel peut excéder celui de la loi, toutes les fois que la loi ne le prohibe pas. Le taux de l'intérêt conventionnel doit être fixé par écrit* ». Rappr. C. civ., art. 1343-1, al. 2 : « *L'intérêt est accordé par la loi ou stipulé dans le contrat. Le taux de l'intérêt conventionnel doit être fixé par écrit. Il est réputé annuel par défaut* ».

699 V. par ex. Cass. 1ère civ., 22 mai 2019, n° 18-16.281 ; Cass. 1ère civ. 15 oct. 2014, n° 13-16.555 ; Cass. 1ère civ., 21 janv. 1992, n° 90-18.120. Rappr. Cass. 1ère civ., 24 juin 1981, n° 80-12.903.

700 V. à ce sujet J.-D. Pellier, *L'harmonisation des sanctions civiles applicables en cas de défaut ou d'erreur du taux effectif global*, Contrats, conc. consom., déc. 2019, alerte 43.

701 V. égal. C. consom., art. L. 341-1, L. 341-25 et L. 341-26 (instituant la même sanction au stade de l'information précontractuelle) et C. consom., art. L. 341-4, L. 341-34 et L. 341-54 (prévoyant également cette sanction au stade des offres de crédit).

constatant un contrat de prêt, comme en cas d'erreur affectant la mention de ce taux dans un tel écrit, le prêteur peut être déchu de son droit aux intérêts dans la proportion fixée par le juge »[702].
Quoi que l'on pense de cette solution (qui a été réitérée par la suite)[703], il apparaît qu'elle offre au juge le pouvoir de prononcer la déchéance du droit aux intérêts sans le secours du moindre texte[704] ...
Si la Cour de cassation n'a pas hésité à franchir le Rubicon dans ce domaine, pourquoi en irait-il autrement dans d'autres cas ?
Mais cette audace est peut-être justifiable (autrement qu'en opportunité) eu égard à la nature de la déchéance, qu'il nous appartient de tenter de découvrir en examinant son régime.

II. Le régime de la déchéance

5. Conditions et effets. La déchéance est traditionnellement analysée comme une peine privée[705], ainsi que cela ressort de la définition communément admise de l'institution. Cette idée mérite toutefois d'être réexaminée à la lumière de son régime en droit contemporain. Dans cette perspective, l'étude des conditions de la déchéance (A) précèdera celle de ses effets (B).

A. LES CONDITIONS DE LA DÉCHÉANCE

6. Conditions de la responsabilité civile. La doctrine professe volontiers que si la déchéance nécessite la commission d'une faute de

---

[702] Cass. 1ère civ., 10 juin 2020, n° 18-24.287. V. égal. Cass. 1ère civ., 10 juin 2020, n° 20-70.001, avis n° 15004 (pt 8) : « *L'omission du taux effectif global dans l'écrit constatant un contrat de prêt comme l'erreur affectant la mention de ce taux dans un tel écrit justifient que le prêteur puisse être déchu de son droit aux intérêts dans la proportion fixée par le juge, même lorsque le contrat a été conclu avant l'entrée en vigueur de l'ordonnance du 17 juillet 2019 (1re Civ., 10 juin 2020, pourvoi n° 18-24.287, publié)* ». V. à ce sujet J.-D. Pellier, *L'unité des sanctions civiles relatives au TEG*, D. 2020, p. 1441.

[703] Cass. 1ère civ., 22 sept. 2021, n° 19-25.316. V. égal. Cass. com., 24 mars 2021, n° 19-14.307 et 19-14.404 ; Cass. com., 19 mai 2021, n° 19-18.605.

[704] *Comp.* G. Cattalano, *Le réputé non écrit et la nullité, les sanctions de la formation du contrat* in « Les sanctions en droit contemporain, vol. 3, De la théorie à la pratique : illustration à partir du droit de la consommation » (dir. D. Fenouillet et T. Genicon), Dalloz, 2023, p. 3, n° 13 (p. 10), soulignant l'avantage de la nullité et du réputé non écrit « *comparativement à d'autres sanctions qui elles, ne peuvent intervenir que soutenue par un texte comme la déchéance du droit aux intérêts en matière de crédit* ».

[705] V. à ce sujet F. Luxembourg, *op. cit.*, n° 626 et s.

celui qui en est frappé[706], elle n'implique pas forcément, en revanche, l'existence d'un préjudice subi par celui qui l'invoque[707]. La fonction de la déchéance serait donc essentiellement répressive et non réparatrice[708], contrairement à la responsabilité civile[709], avec laquelle il serait d'ailleurs possible de la cumuler[710]. Mais, pour pertinente que fût cette idée, elle mérite peut-être un réexamen en droit positif : tout d'abord, les auteurs qui l'avancent reconnaissent bien volontiers qu'elle n'est pas générale, comme en atteste, par exemple, l'avant-dernier alinéa de l'article L. 113-2 du Code des assurances, relatif aux assurances de dommages et de personnes, qui dispose que « *Lorsqu'elle est prévue par une clause du contrat, la déchéance pour déclaration tardive au regard des délais prévus au 3° et au 4° ci-dessus ne peut être opposée à l'assuré que si l'assureur établit que le retard dans la déclaration lui a causé un préjudice. Elle ne peut également être opposée dans tous les cas où le retard est dû à un cas fortuit ou de force majeure* ».

---

[706] V. par ex. M. Sallé de la Marnière, art. préc., n° 7, p. 1046 et n° 27, p. 1100. Rappr. F. Terré, Ph. Simler, Y. Lequette, F. Chénedé, *op. cit.*, n° 1801, p. 1977. *Contra* O. Sautel, art. préc., n° 9 et s., considérant que la déchéance peut résulter d'un « *manquement non fautif* ». Comp. F. Luxembourg, *op. cit.*, n° 901 et s., considérant que le fait générateur de la déchéance réside dans le manquement à une incombance, celle-ci étant définie comme « *l'exigence de diligence ou de probité nécessaire pour conserver le bénéfice d'un droit dont le non-respect ne peut faire l'objet d'une exécution forcée* » (n° 35). Pour un raisonnement analogue en matière de cautionnement, V. M. Séjean, *La bilatéralisation du cautionnement ?*, préf. D. Houtcieff, LGDJ, coll. « Bibl. dr. privé », 2011, t. 528, n° 273 et s. Pour une critique de la notion d'incombance, qui serait inutile, V. G. Forest, *Essai sur la notion d'obligation en droit privé*, préf. F. Leduc, Dalloz, coll. Nouv. Bibl. Thèses, 2012, n° 474 et s., spéc. n° 490 et s.

[707] V. par ex. F. Luxembourg, *op. cit.*, n° 922. V. égal. implicitement en ce sens O. Sautel, art. préc., n° 25. Rappr. F. Zenati-Castaing et T. Revet, *op. cit.*, n° 115, p. 208.

[708] V. en ce sens F. Luxembourg, *op. cit.*, n° 521. Rappr. M. Sallé de la Marnière, art. préc., n° 7. Comp. A. Rouast, art. préc., mettant en lumière l'existence de déchéances protectrices et répressives.

[709] V. cependant S. Carval, *op. cit.*, mettant en évidence la dimension punitive de la responsabilité civile dans la droite ligne des travaux de B. Starck (*Essai d'une théorie générale de la responsabilité civile considérée en sa double fonction de garantie et de peine privée*, thèse, dir. M. Picard, Paris, dactyl., 1947).

[710] V. à ce sujet F. Luxembourg, *op. cit.*, n° 941 et s.

On peut également citer un autre exemple célèbre, en matière de cautionnement : le bénéfice de subrogation ou de cession d'actions[711], prévu par l'article 2314 du Code civil, dont l'alinéa 1er, dans sa rédaction issue de l'ordonnance n° 2021-1192 du 15 septembre 2021 portant réforme du droit des sûretés[712], dispose que « *Lorsque la subrogation aux droits du créancier ne peut plus, par la faute de celui-ci, s'opérer en sa faveur, la caution est déchargée à concurrence du préjudice qu'elle subit* »[713].
Certes, le texte, dans son ancienne rédaction[714], ne prévoyait pas l'exigence d'un préjudice, mais celle-ci était admise depuis longtemps[715], si bien que l'ordonnance précitée n'a fait que la consacrer.
Ensuite et surtout, le législateur tend désormais à ériger l'existence d'un préjudice en condition de la déchéance : dans le domaine du cautionnement, prenant le relais de la jurisprudence[716], le nouvel article 2299 du Code civil, dans sa rédaction issue, là encore, de l'ordonnance du 15 septembre 2021[717], prévoit ainsi que « *Le créancier professionnel est tenu de mettre en garde la caution personne physique lorsque l'engagement du débiteur principal est inadapté aux capacités financières de ce dernier. A défaut, le créancier est déchu de son droit contre la caution à hauteur du préjudice subi par celle-ci* »[718].
En matière de crédit aux consommateurs, comme nous l'avons vu, le préjudice subi par l'emprunteur est un critère permettant de déterminer la mesure de la déchéance du droit aux intérêts que le juge sera amené

---

[711] V. à ce sujet D. Houtcieff, *Contribution à une théorie du bénéfice de subrogation de la caution*, RTD civ. 2006, p. 193.
[712] Ce texte est également applicable au tiers ayant constitué une sûreté réelle pour le débiteur (C. civ., art. 2325, al. 2).
[713] V. à ce sujet Ph. Simler, *Réforme du cautionnement*, JCP G Supplément au n° 43-44, 25 oct. 2021, p. 9, n° 40.
[714] Anc. art. 2314, al. 1er : « *La caution est déchargée, lorsque la subrogation aux droits, hypothèques et privilèges du créancier, ne peut plus, par le fait de ce créancier, s'opérer en faveur de la caution* ».
[715] V. à ce sujet Ph. Simler et Ph. Delebecque, *Droit des sûretés et de la publicité foncière*, 8ème éd., Dalloz, 2023, n° 279 et 280.
[716] Le devoir de mise en garde avait été consacré par la jurisprudence au profit de la caution non avertie, qui le sanctionnait par l'allocation de dommages et intérêts, compensant sa perte de chance de ne pas contracter. V. à ce sujet Ph. Simler et Ph. Delebecque, *op. cit.*, n° 131 et s.
[717] L'obligation prévue par ce texte pèse également sur le créancier bénéficiaire d'une sûreté réelle pour autrui (C. civ., art. 2325, al. 2).
[718] V. à ce sujet Ph. Simler, art. préc., p. 9, n° 20.

à prononcer, ce qui revient à en faire une condition de cette déchéance (en ce compris pour les contrats conclus avant l'entrée en vigueur de l'ordonnance du 17 juillet 2019 selon la jurisprudence)[719].
Plus particulièrement, dans le domaine du crédit affecté, l'existence d'un préjudice est également érigée, par la jurisprudence, en condition de la perte de sa créance[720] par le prêteur ayant débloqué les fonds sans avoir vérifié la régularité ou la bonne exécution du contrat financé par le crédit[721].
Certes, il existe de nombreux textes n'exigeant nullement un préjudice pour entraîner la déchéance : il suffit de songer, par exemple, aux nouveaux articles 2302 et 2303 du Code civil issus de l'ordonnance du 15 septembre 2021 précitée[722], sanctionnant par la déchéance de la garantie des intérêts et pénalités respectivement le manquement à l'obligation d'information annuelle de la caution quant au montant de la dette et au terme de son engagement ou à sa faculté de résiliation ainsi que le manquement à l'obligation d'information relative à la défaillance du débiteur[723]. Toutefois, il est possible de soutenir que le préjudice subi par la caution est alors présumé par le législateur, comme la jurisprudence nous y invite au demeurant : à titre d'exemple, la première chambre civile a pu considérer, au sujet de l'ancien article L. 313-22 du Code monétaire et financier (qui a largement inspiré le nouvel article 2302 du Code civil), que l'omission des informations prévues par ce texte « *ne peut, sauf dol ou faute distincte, être sanctionnée que par la déchéance des intérêts ; que la cour d'appel ayant souverainement retenu que M. X... ne justifiait pas d'une telle faute ayant causé un préjudice autre ou plus important que celui réparé par application de l'article précité, le moyen est sans fondement* »[724].

---

[719] Cf. *supra*, n° 4.
[720] Cette perte peut être analysée en une déchéance. V. *supra*, n° 4.
[721] V. par ex. Cass. 1ère civ., 7 déc. 2022, n° 21-21.389 ; Cass. 1ère civ., 15 juin 2022, n° 20-22.458 ; Cass. 1ère civ., 22 sept. 2021, n° 19-24.817 ; Cass. 1ère civ. 25 nov. 2020, n° 19-14.908 ; Cass. 1ère civ., 22 mai 2019, n° 18-16.150 ; Cass. 1ère civ., 23 janv. 2019, n° n° 18-10.494.
[722] Ces obligations pèsent également sur le créancier titulaire d'une sûreté réelle pour autrui (C. civ., art. 2325, al. 2) ainsi que sur la caution bénéficiaire d'un sous-cautionnement (C. civ., art. 2304).
[723] V. à ce sujet Ph. Simler, art préc., n° 25 et 26.
[724] Cass. 1re civ., 4 févr. 2003, n° 99-20.023. Rappr. Cass. com., 25 avr. 2001, n° 97-14.486 : « *Attendu qu'il résulte de l'article 48 de la loi du 1er mars 1984 que, sauf dol ou faute lourde du dispensateur de crédit, l'omission des informations prévues par ce texte est sanctionnée par la seule déchéance des intérêts* ». Comp. Cass. com., 20

C'est dire, implicitement mais nécessairement, que le manquement du créancier à son obligation d'information cause un préjudice à la caution et que ce préjudice est précisément réparé par la déchéance des intérêts. On peut d'ailleurs tenir un raisonnement analogue au sujet de la sanction du cautionnement disproportionné[725], si l'on veut bien y voir une hypothèse de déchéance[726]. Certes, la chambre commerciale de la Cour de cassation a pu considérer, sur le fondement de l'ancien article L. 341-4 du Code de la consommation (devenu par la suite l'article L. 332-1)[727] que, selon ce texte, « *la sanction du caractère manifestement disproportionné de l'engagement de la caution est l'impossibilité pour le créancier professionnel de se prévaloir de cet engagement ; qu'il en résulte que cette sanction, qui n'a pas pour objet la réparation d'un préjudice, ne s'apprécie pas à la mesure de la disproportion* »[728]. Mais cette jurisprudence était critiquable dans la mesure où il semblait difficile de ne pas voir dans les conséquences de la disproportion un préjudice subi par la caution, celui-ci se trouvant précisément réparé par la déchéance frappant le créancier[729]. Quoi qu'il en soit, l'on sait que l'ordonnance du 15 septembre 2021 a modifié cette sanction, désormais envisagée par l'article 2300 du Code civil[730] : « *Si le cautionnement souscrit par une personne physique envers un créancier professionnel était, lors de sa conclusion, manifestement*

---

oct. 1992, n° 90-19.872 : « *la sanction de l'article 48 de la loi du 1er mars 1984 en ce qui concerne l'obligation d'information de la banque s'ajoute à la sanction de droit commun et (...) en l'espèce la négligence de la caution à révoquer son engagement ne supprimait pas la négligence de la banque dans son obligation d'information* ».

[725] Jusqu'à la loi n° 2003-721 du 1er août 2003 pour l'initiative économique, les juges octroyaient à la caution des dommages et intérêts sur le fondement de la responsabilité civile. V. à ce sujet L. Aynès, P. Crocq et A. Aynès, *Droit des sûretés*, 16ème éd., LGDJ, 2022, n° 217.

[726] V. en ce sens Ph. Simler et Ph. Delebecque, *op. cit.*, n° 129.

[727] C. consom., anc. art. L. 332-1 : « *Un créancier professionnel ne peut se prévaloir d'un contrat de cautionnement conclu par une personne physique dont l'engagement était, lors de sa conclusion, manifestement disproportionné à ses biens et revenus, à moins que le patrimoine de cette caution, au moment où celle-ci est appelée, ne lui permette de faire face à son obligation* ».

[728] Cass. com., 22 juin 2010, n° 09-67.814.

[729] Rappr. C. Atias, *Propos sur l'article L. 341-4 du code de la consommation. – L'impossibilité de se prévaloir du bénéfice d'un engagement valable*, D. 2003, p. 2620, n° 7 : « *le préjudice subi du fait du créancier serait au cœur du débat* ». V. égal. n° 16 : « *le préjudice principal disparaîtra en mettant obstacle aux poursuites entreprises ou annoncées, et il n'y aura donc pas lieu à réparation* ».

[730] V. à ce sujet Ph. Simler, art. préc., n° 21.

disproportionné aux revenus et au patrimoine de la caution, il est réduit au montant à hauteur duquel elle pouvait s'engager à cette date ».
Si le préjudice n'apparaît pas formellement au sein de ce texte, l'on peut néanmoins considérer qu'il est sous-jacent dans la mesure où l'engagement de la caution se trouve précisément amputé du montant qui lui était préjudiciable[731].
Ces considérations nous invitent à formuler une hypothèse : la déchéance ne serait-elle pas, au fond, une forme de réparation découlant de la responsabilité civile de celui qui la subit ? C'est cette hypothèse qu'il nous appartient à présent de mettre à l'épreuve en étudiant les effets de la déchéance.

B. LES EFFETS DE LA DÉCHÉANCE

7. Réparation en nature et extinction de l'obligation. *Prima facie*, l'affirmation selon laquelle la déchéance serait une hypothèse de réparation semble jurer avec son effet, qui est de priver celui qui subit cette sanction d'un droit (de créance en l'occurrence) et non de le condamner à payer des dommages et intérêts. Mais cette contradiction peut aisément être résolue si l'on envisage la déchéance non plus du point de vue du créancier (qui est le prisme traditionnellement utilisé), mais à partir de celui du débiteur. Il est alors possible de soutenir que la déchéance n'est rien d'autre qu'une réparation en nature[732] du

---

[731] Rappr. V. Mazeaud, *Responsabilité civile et droit des sûretés*, Resp. civ. et assur., Mai 2017, dossier 6, n° 11, s'interrogeant sur la nature de cette sanction dès avant la réforme : « *Ne pourrait-on admettre un panachage des deux techniques, consistant précisément dans une véritable déchéance – et non dans l'allocation de dommages et intérêts –, laquelle serait toutefois proportionnée au préjudice subi et, partant, limitée à la part disproportionnée du cautionnement ? Une telle déchéance-réparation pourrait d'ailleurs être analysée, sur le terrain de la responsabilité contractuelle, en une forme de réparation en nature de sorte qu'elle n'impliquerait aucun texte particulier* ».

[732] On oublie trop souvent que la responsabilité civile peut déboucher sur une réparation en nature, qui est même préférable lorsqu'elle est possible. La proposition de loi portant réforme de la responsabilité civile en date du 29 juillet 2020 (tout comme le projet de réforme de la Chancellerie en date du 13 mars 2017) met en lumière cette possibilité, en matière extracontractuelle, en son article 1259 : « *La réparation peut être en nature, sous forme de dommages et intérêts, ou une combinaison des deux afin d'assurer la réparation intégrale du préjudice* ». Mais la réparation en nature est également possible en matière contractuelle. V. à ce sujet F. Terré, Ph. Simler, Y. Lequette, F. Chénedé, *op. cit.*, n° 862. V. égal. G. Viney,

préjudice subi par ce dernier[733] : au lieu de lui octroyer une réparation par équivalent, sous forme de dommages et intérêts, le juge fait cesser l'origine même du préjudice[734] en déchargeant le débiteur de son obligation[735]. Si cette dernière se trouve éteinte, c'est donc simplement le résultat de l'engagement de la responsabilité civile

---

Quelques questions débattues au sujet de la réparation en nature du dommage, RDC sept. 2020, n° 117c3, p. 35, citant d'ailleurs la déchéance en exemple.

[733] *Contra* C. Grare, *Recherches sur la cohérence de la responsabilité délictuelle, L'influence des fondements de la responsabilité sur la réparation*, Dalloz, 2005, n° 323, p. 240, au sujet de la responsabilité du créancier pour manquement à son obligation d'information à l'égard de la caution : « *Plus que la réparation d'un préjudice, les dommages et intérêts ont ici pour objet la réduction de l'engagement de la caution. Il y a alors apparition d'une police du contrat, exercée par le juge. Dans cette mesure, il aurait mieux valu aller jusqu'au bout et prononcer la déchéance du cautionnement (...)* » (l'auteur semble donc exclure que la déchéance puisse avoir pour fonction de réparer le préjudice de la caution). Comp. O. Deshayes, art. préc., n° 15, considérant, en matière de crédit, que « *la déchéance a une double fonction : elle répare pour partie le préjudice subi par l'emprunteur et elle punit pour le reste le prêteur fautif* ». On peut volontiers rejoindre l'auteur (spécialement dans les hypothèses de déchéance totale) tout en soulignant que les deux fonctions ne sont pas exclusives l'une de l'autre (V. S. Carval, *op. cit.*).

[734] Il n'y a aucune incompatibilité entre la cessation du préjudice et la notion de réparation. V. en ce sens M.-E. Roujou de Boubée, *Essai sur la notion de réparation*, préf. P. Hébraud, LGDJ, 1974, p. 207, considérant que « *les mesures qui auraient pour objet la cessation du préjudice lui-même, sont bien des mesures de réparation* ».

[735] V. en ce sens au sujet du bénéfice de subrogation, M. Mignot, *Droit des sûretés et de la publicité foncière*, 3e éd., LGDJ, 2017, n° 543 : « *La sanction est particulière puisqu'elle ne consiste pas en une réparation sous forme de dommages et intérêts mais en une forme de réparation en nature qui supprime l'origine du dommage. En effet, la déchéance qui frappe l'obligation de la caution supprime la possibilité d'un dommage subi par elle* ». *Contra* A. – S. Barthez et Houtcieff, Traité de droit civil, dir. J. Ghestin, *Les sûretés personnelles*, LGDJ, 2010, n° 1134 : « *Tandis que la « responsabilité contractuelle » entraîne une réparation donnant lieu à des dommages-intérêts, la décharge de la caution conduit par définition à une extinction pure et simple de sa dette* » ; M. Cabrillac, C. Mouly, S. Cabrillac, Ph. Pétel, *Droit des sûretés*, 11ème éd., 2022, n° 308, p. 213, qui y voient une « *déchéance, procédé technique et neutre qui n'est ni une responsabilité ni une sanction morale, mais simplement la privation d'un recours* ». *Comp.* J. François, *Droit civil,* dir. Christian Larroumet, T. VII, *Les sûretés personnelles*, Economica, 2004, n° 387, considérant, malgré les mérites de cette dernière thèse, qu' « *elle revêt une grande part d'artifice* » pour conclure qu' *« il n'y a aucune incompatibilité entre responsabilité et déchéance* ».

(contractuelle[736])[737] du créancier[738]. Ainsi pourrait-on expliquer que le juge s'affranchisse parfois des textes, quand la nécessité s'en fait sentir, afin de prononcer une déchéance à la mesure du préjudice subi par le débiteur : il ne fait qu'appliquer les principes élémentaires de la responsabilité civile[739].

Le recours à la réparation en nature est d'ailleurs opportun, en ce qu'il permet de sortir d'une impasse théorique en matière de cautionnement : on sait que l'engagement de la responsabilité civile du créancier à l'égard de la caution peut conduire les tribunaux à accorder à cette dernière une créance de dommages et intérêts[740] destinée à se compenser avec sa dette envers le créancier. Or, comme l'ont justement

---

[736] On peut considérer que cette responsabilité est de nature contractuelle. Certes, l'existence même de cette dernière a pu être contestée par une partie de la doctrine (V. en particulier Ph. Rémy, *« Responsabilité contractuelle » : histoire d'un faux concept*, RTD civ. 1997, p. 323). Mais l'ordonnance n° 2016-131 du 10 février 2016 semble avoir mis un terme à ce débat en envisageant « *la réparation du préjudice résultant de l'inexécution du contrat* » (C. civ., art. 1231 et s.). V. en ce sens G. Chantepie et M. Latina, *Le nouveau droit des obligations, Commentaire théorique et pratique dans l'ordre du Code civil*, 2ème éd., Dalloz, 2018, n° 679. Au demeurant, la proposition de loi portant réforme de la responsabilité civile du 29 juillet 2020, à la suite du projet de réforme en date du 13 mars 2017, raisonne également en termes de responsabilité contractuelle (art. 1250 et s.).

[737] Il est d'ailleurs significatif d'observer que le bénéfice de subrogation est fondé, par une partie de la doctrine, sur la notion de responsabilité (V. par ex. Ph. Simler et Ph. Delebecque, *op. cit.*, n° 192). Dans le même ordre d'idées, il conviendrait d'admettre que c'est toujours la responsabilité du créancier qui se trouve engagée en cas de manquement à son devoir de mise en garde (C. civ., art. 2299). C'est donc simplement la sanction de cette responsabilité qui a changé de nature à la faveur de l'ordonnance du 15 septembre 2021 : il s'agit désormais d'une réparation en nature et non plus par équivalent.

[738] *Comp.* J. Flour, J.-L. Aubert, E. Savaux, L. Andreu et V. Forti, *op. cit.*, n° 216, p. 237, note n° 2, considérant que la déchéance « *peut aboutir à l'extinction d'une obligation, comme conséquence de la privation d'un droit* ».

[739] *Contra* F. Zenati-Castaing et T. Revet, *op. cit.*, n° 117, p. 210 : « *la déchéance est un mécanisme objectif. Elle opère donc de plein droit sans qu'une intercession judiciaire soit nécessaire. Il suffit pour le débiteur de s'en prévaloir et de l'opposer au créancier* ». Rappr. O. Sautel, art. préc., n° 25 : « *Dans de très rares hypothèses, toutefois, le caractère objectif de ces conditions est complété par des éléments subjectifs* ».

[740] La Cour de cassation considère même, de manière contestable, qu' « *en dehors des cas visés par l'article 2037* [devenu l'article 2314] *du Code civil, la faute du créancier ne peut donner lieu qu'à l'allocation de dommages-intérêts à la mesure du préjudice subi* » (Cass. 1ère civ., 17 mars 1998, n° 96-16.190). Pour une critique de cette jurisprudence, V. Ph. Théry et C. Gijsbers, *Droit des sûretés*, LGDJ, Précis Domat, 2022, n° 129, p. 123.

observé d'éminents auteurs, « *la compensation produit les mêmes effets qu'un paiement, plus précisément ceux d'un double paiement croisé. À hauteur des dommages et intérêts obtenus, la caution est donc censée avoir payé la dette du débiteur, ce qui devrait, dans la même mesure, interdire au créancier de demander paiement de cette même dette au débiteur principal ou à d'autres cautions et permettre, corrélativement, à la caution d'exercer ses recours, tant contre le débiteur principal que, le cas échéant, contre, des cofidéjusseurs. Or, rien ne justifie que le débiteur principal soit, dans cette hypothèse déchargé, ne serait-ce que partiellement, ni que la caution puisse exercer les recours évoqués, susceptibles de lui procurer un enrichissement, puisque la prétendue compensation ne l'a nullement appauvrie* »[741].

La Cour de cassation, ayant certainement pressenti cette incongruité, a pu considérer « *qu'il résulte de la combinaison des articles 1234, 1294, alinéa 2, et 2288 du code civil que la compensation opérée entre une créance de dommages-intérêts, résultant du comportement fautif du créancier à l'égard de la caution lors de la souscription de son engagement, et celle due par cette dernière, au titre de sa garantie envers ce même créancier, n'éteint pas la dette principale garantie mais, à due concurrence, l'obligation de la caution* »[742].

La solution pour juste qu'elle puisse paraître, n'en demeure pas moins contraire aux principes régissant la compensation et à l'unicité de la dette à l'œuvre en matière de cautionnement[743] : la caution ayant

---

[741] Ph. Simler et Ph. Delebecque, *op. cit.*, n° 195, p. 225. Rappr. Ph. Théry et C. Gijsbers, *op. cit.*, n° 129, p. 123 : « *Formellement, il n'y a rien à redire. Pratiquement c'est autre chose. La caution est libérée sans avoir payé : les dommages et intérêts ne lui ont été accordés que pour permettre une compensation, c'est-à-dire une dispense de paiement. En revanche, le recours contre le débiteur lui permet d'être remboursée comme si elle avait payé. Bien que ces dommages et intérêts soient censés réparer le préjudice subi par la caution, ils influent sur la situation du débiteur principal qui doit rembourser la caution* ».

[742] Cass. com., 13 mars 2012, n° 10-28.635. V. égal. en ce sens Cass. com., 6 juill. 2022, n° 20-17.279 ; Cass. com., 25 janv. 2023, n° 21-12.220. Comp. Cass. com. 13 déc. 2005, n° 04-19.234, rendu au visa de l'ancien article 1234 du Code civil : « *si la caution solidaire ne peut opposer la compensation de ce que le créancier doit à son cofidéjusseur, elle peut se prévaloir de l'extinction totale ou partielle, par compensation, de la dette garantie* ». Sur cette question, V. J.-D. Pellier, *Retour sur la sanction du comportement fautif du créancier à l'égard de la caution : compensation versus déchéance*, JCP E 2023, 1070.

[743] V. à ce sujet J.-D. Pellier, *Essai d'une théorie des sûretés personnelles à la lumière de la notion d'obligation. Contribution à l'étude du concept de coobligation*, préf. P. Delebecque, LGDJ, coll. « Bibliothèque de droit privé », t. 539, 2012, spéc. n° 157 s.

opposé la compensation, le créancier devrait être considéré comme ayant été payé et le débiteur (ainsi que les cofidéjusseurs) libérés[744]. Comme l'ont justement affirmé les auteurs précités : « *Cette solution satisfait la raison, mais est incompatible avec la nature juridique unanimement reconnue à la compensation, dont l'effet extinctif est indéniable lorsque deux personnes sont réciproquement créancière et débitrice l'une de l'autre. C'est donc que la compensation est en l'occurrence une justification inadéquate de la solution. De fait, la caution victime du préjudice allégué n'est pas titulaire d'une créance préexistante vis-à-vis du créancier garanti, susceptible d'être opposée à celui-ci par voie de compensation. Il s'agit, pour elle, d'obtenir une réduction de son obligation fondée sur la responsabilité du créancier, et non une créance de dommages et intérêts susceptible de se compenser avec son obligation en qualité de caution* »[745].

---

[744] Certes, l'ancien article 1294, alinéa 2, du Code civil prévoyait que « *le débiteur principal ne peut opposer la compensation de ce que le créancier doit à la caution* ». Mais ce texte n'interdisait nullement au débiteur principal d'opposer au créancier la compensation dûment soulevée par la caution. V. en ce sens Ph. Simler, *Cautionnement, Garanties autonomes, Garanties indemnitaires*, 5ème éd., LexisNexis, 2015 n° 797.

[745] Ph. Simler et Ph. Delebecque, *op. cit.*, n° 195, p. 226. V. égal. Ph. Simler, *Cautionnement et dommages et intérêts : l'impossible compensation*, JCP G 2012, 616. Rappr. L. Aynès, P. Crocq et A. Aynès, *op. cit.*, n° 219, au sujet de la compensation : « *Ce détour est d'ailleurs devenu aujourd'hui inutile, puisque la caution peut invoquer la responsabilité du créancier, par voie d'exception, en réponse à la poursuite de celui-ci : c'est une cause de libération directe* » ; A. – S. Barthez et Houtcieff, *op. cit.*, n° 667 : « *la voie d'une véritable décharge, pour l'heure exclue par la jurisprudence, paraît largement préférable* » ; M. Cabrillac, C. Mouly, S. Cabrillac, Ph. Pétel, *op. cit.*, n° 277 : « *Il conviendrait seulement d'abandonner l'évocation de la compensation pour ranger cette solution sous la bannière d'une déchéance* » ; D. Legeais, *Droit des sûretés et garanties du crédit*, 15ème éd., LGDJ, 2022, n° 285 : « *En réalité, le mécanisme de la compensation est inapproprié. Faire bénéficier la caution d'une décharge règlerait les difficultés* » ; N. Martial-Braz, *Compensation et cautionnement : les liaisons dangereuses !* RD banc. et fin., sept. 2012, dossier 42 : « *Les fautes du créancier lors de la souscription du cautionnement pourraient ainsi être sanctionnées de manière plus cohérente et mesurée si le juge admettait une telle décharge, à défaut de mettre en œuvre les règles de la responsabilité civile. Une telle solution permettrait de ne dévoyer aucune des institutions en cause, qu'il s'agisse de la compensation ou du cautionnement, tout en conférant une réelle efficacité à la mesure comminatoire adoptée* » ; V. Mazeaud, art. préc., n° 10 : « *L'octroi de dommages et intérêts n'est finalement qu'un détour inutile, la mise en œuvre de la responsabilité du créancier aboutissant, ni plus ni moins, à une déchéance de ses droits* » ; M. Mignot, *op. cit.*, n° 543 : « *Il faudrait admettre beaucoup plus simplement que la faute du créancier doit être sanctionnée par la*

La notion de réparation en nature permet de résoudre la difficulté puisqu'il est alors inutile (et même impossible) de raisonner en termes de compensation, la caution n'étant pas titulaire d'une créance de dommages et intérêts : si l'obligation de la caution est éteinte, c'est simplement parce qu'elle obtient une réparation en nature du préjudice qui lui a été causé par le créancier[746], réparation qui consiste précisément dans la suppression, en tout ou en partie, de son

---

déchéance du cautionnement qui est une forme de sanction en nature, et certainement pas par la compensation qui produit des effets proches du paiement » ; Ph. Théry et C. Gijsbers, *op. cit.*, n° 130 : « *La référence à la compensation est certainement critiquable car, comme mode d'extinction des obligations, elle éteint nécessairement l'obligation du débiteur principal dont le créancier réclame le paiement. Pour que l'extinction de l'obligation de la caution soit sans effet sur l'obligation principale, il faut y voir un mode de réparation du préjudice causé à la caution qui permet de cantonner cette extinction – comme le fait l'article 2314 – au seul rapport du créancier et de la caution* ». V. égal. F. Juredieu, *La décharge de la caution*, RTD civ. 2021, p. 821, considérant, au sujet de la solution jurisprudentielle adoptée par la chambre commerciale le 13 mars 2012 (Cass. com., 13 mars 2012, n° 10-28.635), que « *le vrai visage de cette compensation hétérodoxe (...) n'est rien d'autre qu'une décharge de même nature que celle posée par l'article 2314 du code civil* ». Comp. J. François, *Compensation et cautionnement solidaire*, D. 2006, p. 988, spéc. n° 12 : « *A partir du moment où la compensation légale aboutit économiquement à un paiement du créancier, il est naturel que tous les cofidéjusseurs solidaires en profitent. Au contraire, la compensation judiciaire n'est en la circonstance qu'un moyen de sanctionner la faute commise par le créancier vis-à-vis d'une caution. Une fois la compensation ordonnée, le créancier n'aura reçu aucun paiement. La compensation judiciaire s'apparente à une compensation disciplinaire. L'extinction de la dette par compensation camoufle une déchéance, totale ou partielle, des droits du créancier contre la caution victime de sa faute. Or il n'y a pas de raison de faire rayonner cette déchéance au-delà du rapport particulier où la faute du créancier a été commise* ». V. égal. M. Julienne, *op. cit.*, n° 624, considérant que la compensation « *joue alors, non à la manière d'un paiement, mais comme une déchéance des droits du créancier contre la caution* » ; F. Zenati-Castaing et T. Revet, *Cours de droit civil, Sûretés personnelles*, PUF, 2013, n° 55 : « *lorsque le créancier lui a, par son fait, causé un dommage, la caution est en droit de faire, en même temps que sa demande de dommages et intérêts, une demande de compensation judiciaire* ».

[746] Sur la traduction procédurale de cette situation, V. Ph. Simler, *Cautionnement et dommages et intérêts : l'impossible compensation*, art. préc., qui y voit une défense au fond et non une demande reconventionnelle et soulignant qu'il suffirait que la Cour de cassation considère que « *quelle que soit la qualification procédurale de la demande de la caution tenant à une faute commise par le créancier à l'occasion de l'obtention de la garantie, cette demande ne peut avoir d'autre objet que le rejet de la prétention du créancier et l'extinction ou la réduction de son obligation* ».

engagement[747]. La déchéance aboutit ainsi bel et bien à l'extinction de l'obligation.

---

[747] Rappr. Ph. Théry et C. Gijsbers, *op. cit.*, n° 129, proposant de généraliser la sanction de la déchéance en matière de cautionnement (en prenant pour modèle l'article 2314 du Code civil) et considérant que « *même en tenant pour acquise la distinction entre le mécanisme de l'article 2314 et la responsabilité du créancier, rien n'interdirait, dans ce dernier cas, de choisir entre l'allocation de dommages et intérêts et une réparation en nature prenant la forme d'une extinction de l'obligation de caution à mesure du préjudice causé* ».

L'extinction pour non-déclaration de créance en droit civil

Nicolas KILGUS

1. Obligation de déclaration des créances en droit civil. – La longue procession des créanciers qui, munis de titres, cherchent à faire déclarer leurs créances est une image bien connue en droit des procédures collectives ! Elle correspond à la volonté de mettre en œuvre une démarche « collective » et d'ainsi éviter le prix de la course. Dans ce cadre, tous les créanciers disposent du même temps pour faire valoir l'existence de leurs créances. Ce n'est qu'une fois ce délai écoulé que le passif de l'entreprise en difficulté apparaît et qu'il est possible d'envisager un partage (qui en pratique ne sera, souvent, qu'un désintéressement très partiel !). Une telle démarche est bien plus rare en droit civil. Et pourtant ... elle existe même si ses finalités diffèrent parfois.

2. Caractère « collectif » de la déclaration de créance. – Une précision mérite cependant, d'emblée, d'être formulée. Il convient de ne pas confondre les notions : le sujet qu'il nous est proposé de traiter concerne la non-déclaration de créance et ne saurait de la sorte recouvrer les hypothèses où, individuellement, un créancier est invité à effectuer une démarche en vue de la préservation de ses droits. L'on songe notamment, en ce sens, au privilège de « séparation des patrimoines », prévu aux articles 878 à 881 du Code civil. Cette faculté correspond à un besoin qui peut être simplement exprimé : lorsque l'héritier reçoit le patrimoine du *de cujus*, qu'il est amené à « continuer », une confusion des patrimoines s'opère puisque le patrimoine reçu et le patrimoine présent ne formeront désormais plus qu'un tout ! Or, cette confusion peut porter préjudice aux créanciers du défunt ou de l'héritier. Tel sera le cas lorsque la succession est solvable tandis le successeur ne l'est. À l'inverse, tel sera également le cas si l'héritier, initialement largement solvable, accepte une succession largement déficitaire. Du fait de l'unicité du gage des créanciers, les dettes de l'héritier vont venir obérer les chances d'être payés pour les créanciers du défunt, et inversement[748].

---

[748] Cf. notamment, M.-C. Forgeard, « Fasc. 48 : PARTAGE (Partage de succession ; Règlement du passif ; Séparation des patrimoines ; Droits de préférence des créanciers) », *JurisClasseur Liquidations – Partages*, 10 janv. 2020, n° 31.

Partant, l'article 878 du Code civil dispose que « [les] créanciers du défunt et les légataires de sommes d'argent peuvent demander à être préférés sur l'actif successoral à tout créancier personnel de l'héritier ». Et, réciproquement, « les créanciers personnels de l'héritier peuvent demander à être préférés à tout créancier du défunt sur les biens de l'héritier non recueillis au titre de la succession ». Cette démarche ne saurait toutefois être rapprochée d'une déclaration de créance, car il manque l'aspect « collectif » précité. Comme le résume un auteur, « le droit de préférence de l'article 878 du Code civil n'a pas le caractère d'une procédure collective de liquidation et ne bénéficie pas aux autres créanciers de la succession quand il est demandé par l'un d'entre eux seulement : il s'agit d'un droit individuel qui peut être exercé collectivement ou isolément par chacun de ceux à qui il est reconnu »[749].
Nous souhaitons, dès lors, nous limiter aux seules dispositions où la déclaration de créance recouvre un tel aspect « collectif ». Trois illustrations peuvent, à notre sens, être citées.

2. Succession vacante. – En droit des successions, il est envisageable d'avoir des cas de vacance. Ceux-ci sont prévus à l'article 809 du Code civil et sont au nombre de trois : lorsque personne ne réclame la succession et il qu'il n'y a pas d'héritier connu, si les héritiers connus renoncent à ladite succession ou encore lorsque, à l'expiration du délai de six mois après l'ouverture de la succession, aucun héritier connu n'a opté. Cet état de vacance sera prononcé, *via* une déclaration de vacance, par une ordonnance du président du tribunal du lieu d'ouverture de la succession, à la demande de tout intéressé[750], et notamment le notaire s'agissant des successions ouvertes à compter du 1er novembre 2017. Dans ce cadre, une ordonnance de curatelle de la succession sera prise et devra faire l'objet d'une publicité par l'insertion d'un avis dans un journal d'annonces légales diffusé dans le ressort du tribunal compétent[751].
Une telle situation de vacance ne signifie pas, pour autant, que les biens concernés n'auront pas de propriétaire. Il s'agit uniquement d'une indétermination quant à leur titulaire, en attendant que les héritiers soient découverts ou que les biens échoient à l'État ou à la commune[752].

749 *Ibid.*, n° 54.
750 C. civ., art. 809-1.
751 C. proc. civ., art. 1342.
752 C. civ., art. 539 et 713.

Partant, déterminer avec précision le contenu de ladite succession est important et cette tâche sera confiée au curateur de la succession précité, soit l'administration du Domaine. Puisqu'il convient d'établir tant l'actif que le passif de la succession envisagée, celui-ci va réaliser deux tâches : dresser un inventaire des biens présents mais également des créanciers de la succession. Aux termes de l'article 809-3 du Code civil, ces derniers devront ainsi déclarer leurs créances auprès du curateur et des cas de non-déclaration – susceptibles d'entraîner une extinction de la créance – peuvent dès lors être envisagés.

3. Acceptation de la succession à concurrence de l'actif net. – Toujours en droit des successions, il est des situations où l'héritier ne connait pas avec précision la consistance de la succession et peut souhaiter vouloir ne pas mettre en péril son propre patrimoine du fait des dettes du *de cujus*. Il existe dès lors « un parti intermédiaire » entre une acceptation pure et simple de la succession et une renonciation à celle-ci[753]. Avant la loi du 23 juin 2006, ladite option était dénommée « acceptation sous bénéfice d'inventaire ». Désormais, elle est connue sous le vocable d'« acceptation à concurrence de l'actif net ». La logique est ici simple : il s'agit de mettre en place une séparation des patrimoines dans le cadre de la liquidation de la succession. Celle-ci sera considérée comme un tout, son actif ne répondant que de son seul passif. Et ce n'est qu'une fois le passif apuré, s'il demeure un *boni* de liquidation, que cet actif net va échoir à l'héritier. En outre, le caractère collectif de la démarche est particulièrement marqué dans cette hypothèse puisque – et c'est un apport de la loi du 23 juin 2006 – la mise en œuvre de cette option par un seul des héritiers implique de soumettre tous les autres au même régime[754]. À nouveau, la mise en œuvre d'une telle démarche implique de déterminer avec précision l'actif net, ce qui suppose de connaître avec exactitude le passif de la succession. Diverses exigences vont donc se succéder.

L'acceptation à concurrence de l'actif net implique un formalisme puisqu'il va supposer une déclaration faite au greffe du tribunal judiciaire du lieu d'ouverture de la succession[755] ou encore, depuis la loi du 18 novembre 2016 de modernisation de la justice du XXIe siècle

[753] Ch. Vernières, « Option successorale : acceptation à concurrence de l'actif net », in M. Grimaldi (dir.), *Droit patrimonial de la famille*, Dalloz Action, 2021/2022, n° 243.07.

[754] C. civ., art. 792-2.

[755] C. civ., art. 788 ; C. proc. civ., art. 1334 à 1338.

et à compter du 1er novembre 2017, auprès du notaire en charge de la succession. Il s'ensuit deux mesures de publicité. D'une part, le greffe du tribunal – ou, le cas échant, le notaire – publie la déclaration d'acceptation à concurrence de l'actif net au Bulletin officiel des annonces civiles et commerciales (BODACC)[756]. D'autre part, l'héritier devra, dans les quinze jours suivant la première publicité, réaliser l'insertion d'un avis dans un journal d'annonces légales diffusé dans le ressort du tribunal compétent[757]. Dans les quinze jours suivant la publicité au BODACC, les créanciers non munis de sûretés devront déclarer leurs créances. Et la non-déclaration pourra entraîner une extinction de la créance.

4. Distribution de deniers en dehors de toute procédure d'exécution. – Une dernière illustration, mettant en œuvre une exigence de déclaration de créance, peut encore être citée. Il s'agit, pour les meubles, de la distribution de deniers en dehors de toute procédure d'exécution. Celle-ci est, notamment, applicable à la distribution du prix provenant de la vente volontaire de meubles aux enchères publiques[758]. Elle est envisagée aux articles 1281-1 à 1281-12 du Code de procédure civile. Sa mise en œuvre se fait en deux temps.

D'abord, si une telle répartition est nécessaire et qu'elle ne peut s'opérer de manière amiable, la partie la plus diligente peut saisir, sous la forme du référé, le président du tribunal judiciaire dans le ressort duquel demeure le débiteur[759]. Celui-ci va désigner une personne chargée de la distribution, laquelle va séquestrer les fonds, sauf si la consignation des sommes concernées n'est ordonnée[760]. Celle-ci prélèvera sa rémunération sur les fonds à répartir, c'est-à-dire qu'elle se fera à charge des créanciers, au prorata de la somme qui doit revenir à chacun d'entre eux[761].

Ensuite, cette personne devra aviser les créanciers concernés par lettre recommandée avec demande d'accusé de réception. Il faudra leur

---

[756] C. proc. civ., art. 1335, al. 1 et 2.

[757] C. proc. civ., art. 1335, al. 3.

[758] F. et G. Roulois (dir.), « Fasc. 2065 : PROCÉDURE CIVILE. – Procédures spéciales à certains biens », *JurisClasseur Roulois*, 3 sept. 2020, n° 54.

[759] C. proc. civ., art. 1281-12. À noter que, si la procédure s'inscrit en matière commerciale, par exemple parce que le bien vendu était un fonds de commerce, c'est le président du tribunal de commerce qui est compétent.

[760] C. proc. civ., art. 1281-1.

[761] En cas de contestation à ce propos, ladite rémunération est fixée par le président du tribunal judiciaire (C. proc. civ., art. 1281-11).

indiquer qu'ils disposent d'un délai d'un mois pour lui adresser une déclaration de créance comportant un décompte des sommes réclamées en principal, intérêts et autres accessoires, précisant par ailleurs les privilèges et sûretés attachés à la créance[762]. Là encore, à défaut d'une telle déclaration, « le créancier est déchu du droit de participer à la distribution »[763].
Concernant les immeubles, une procédure équivalente est envisagée par le Code des procédures civiles d'exécution. En effet, les textes relatifs à la distribution du prix en matière de saisie immobilière trouvent également à s'appliquer, « sauf dispositions contraires, à la répartition entre créanciers du prix d'un immeuble vendu en dehors de toute procédure d'exécution, après purge des inscriptions »[764]. Dans ce cas, la procédure sera initiée par la partie la plus diligente devant le tribunal judiciaire. Celui-ci va désigner « un séquestre des fonds, à moins que la consignation auprès de la Caisse des dépôts et consignations ne soit ordonnée. La rétribution du séquestre est prélevée sur les fonds à répartir et supportée par les créanciers, au prorata de la somme qui revient à chacun d'eux »[765]. Cette procédure n'appellera toutefois guère de remarques pour deux raisons. D'une part, le législateur opère ici par renvoi vers le droit de la saisie immobilière, objet d'une autre contribution. En outre, et d'autre part, la sanction envisagée est identique avec celle prévue dans le cadre précité d'une distribution de deniers issus de la vente d'un bien meuble, à savoir que les créanciers défaillant quant à leur obligation de déclaration de leurs créances encourent une déchéance dans la procédure de distribution[766].

5. Problématique et plan. – Dans toutes les hypothèses précitées, une déclaration de créance est donc mise à la charge d'un créancier, et ce en matière civile. Et la non-déclaration est susceptible d'entraîner l'extinction de la créance comme sanction. Lorsqu'il s'agit d'analyser les modes d'extinction de l'obligation, un rapprochement (simple) pourrait sans doute être établi : en présence d'une obligation

---

762 C. proc. civ., art. 1281-3, al. 2.
763 C. proc. civ., art. 1281-3, al. 3.
764 C. proc. civ. ex., art. R. 331-3.
765 *Ibid.*, al. 2. La jurisprudence est venue préciser que ces dispositions ne sont applicables qu'à la seule procédure de distribution du prix d'un immeuble vendu en dehors de toute procédure d'exécution (Civ. 2e, 28 juin 2018, n° 17-15.054 ; *D. actu.*, 11 juill. 2018, obs. G. Payan ; *Gaz. Pal.*, 11 déc. 2018, p. 29, obs. N. Ansault).
766 C. proc. civ. ex., art. R.332-2, dernier al.

déclarative, le créancier commet une faute en ne procédant pas à ladite déclaration. Partant, l'extinction devrait être perçue telle une déchéance venant sanctionner ce comportement. En d'autres termes, à une *faute* correspondrait une *sanction*. Le raisonnement mérite assurément d'être éprouvé et il convient dès lors d'analyser plus en détail les cas d'extinction pour non-déclaration de créance précités. C'est tout d'abord le champ de l'extinction qui doit être envisagé afin de déterminer la « faute » en présence (I). Puis, les modalités de l'extinction, soit la sanction, devront être précisées (II).

I. Le champ de l'extinction : les conditions de la non-déclaration de créance

7. Plan. – L'extinction en cas de non-déclaration de créance reçoit un champ d'application limité. Il convient dès lors d'envisager les créances (A) puis les créanciers (B) concernés.

A. LES CRÉANCES CONCERNÉES

6. Exclusion des créances éteintes. – Le champ de l'extinction pour non-déclaration, s'agissant des créances concernées, appelle une première remarque. De manière évidente, la Cour de cassation a pu retenir que le paiement entraînant l'extinction des créances, celles dont le paiement a d'ores et déjà été effectué, par exemple en vertu d'un titre exécutoire par provision rendu contre le défunt, antérieurement à son décès, ne sont pas soumises à l'obligation de déclaration à la succession ayant fait l'objet d'une acceptation à concurrence de l'actif net[767]. En d'autres termes, il n'est pas nécessaire de déclarer une créance d'ores et déjà éteinte du fait de son paiement.

La solution énoncée par la Cour de cassation n'est toutefois pas sans susciter certaines réflexions, car les faits de l'espèce mettaient en réalité en présence deux obligations. D'une part, la condamnation de première instance, laquelle bénéficiait de l'exécution provisoire, envisageait une obligation de payer. Celle-ci avait sans conteste été exécutée. D'autre part, et cependant, une seconde obligation avait été mise à jour par les juges, soit une obligation de faire qui n'avait, pour sa part, été que partiellement exécutée. Et cette exécution partielle avait fait évoluer le

---

[767] Civ. 1re, 12 oct. 2022, n° 20-21.016 ; *D.* 2022, 2203, note P. Bouathong.

dommage et fondait la demande d'une nouvelle indemnité. Comme le remarque un auteur, deux interrogations peuvent être soulevées. La première, qui ne concerne pas directement notre propos, consiste à se demander « si la demande formulée en appel issue d'une évolution de la situation de fait est une continuité de la condamnation de première instance ou si elle constitue une nouvelle demande »[768]. La seconde concerne le type de créance devant être publié : uniquement les créances monétaires – comme c'est le cas en matière de procédure collective[769] – ou bien toutes les obligations, dont celles de faire ou de ne pas faire qui vont également, *in fine*, se résoudre en dommage et intérêts en cas d'inexécution ?

7. « Raison d'être » de l'obligation de déclaration. – Si l'on refuse d'opérer une distinction, que la loi n'établit pas, considérant donc que toutes les obligations, de payer, de faire ou de ne pas faire, doivent être déclarées dans le cadre d'une acceptation de succession à concurrence de l'actif net[770], il est alors envisageable de s'interroger quant à la raison d'être de la déclaration … et ainsi de cerner les enjeux quant à l'extinction, sanction d'une non-déclaration. Toutes les obligations de déclarer, quel que soit le cadre dans lequel elles interviennent, visent à « établir « une photographie du patrimoine »[771], soit celui du *de cujus* soit celui de la société en difficulté. La Cour de cassation illustre parfaitement l'idée lorsqu'elle affirme que « la déclaration de créance ayant pour but de déterminer de manière précise l'actif et le passif de la succession, les créanciers ne pouvaient s'y soustraire en rapportant la preuve de ce que les héritiers étaient informés de leur créance »[772].

---

768 P. Bouathong, note préc. L'auteur souligne toutefois l'importante pratique de la réponse (même si elle ne concerne pas le régime de l'extinction de l'obligation) : « [l]a réponse à cette dernière question est d'une importance particulière dans ce contexte puisqu'il s'agit alors de savoir si la nouvelle indemnité peut être demandée alors qu'elle n'a pas été déclarée à la succession ».

769 Cf. notamment, M.-L. Coquelet, *Entreprises en difficulté - Instruments de paiement et de crédit*, Dalloz, 2017, n° 228 ; P.-M. Le Corre, *Droit et pratique des procédures collectives*, Dalloz Action, 2021/2022, n° 663-14 ; C. Saint-Alary Houin, M.-H. Monsèrié-Bon et C. Houin-Bressand, *Droit des entreprises en difficulté*, LGDJ, coll. Domat, 2022, n° 686.

770 Cf. en ce sens, P. Bouathong, préc.

771 *Ibid.*

772 Civ. 1re, 16 janv. 2019, n° 18-11.916 ; *AJ fam.* 2019, 224, obs. J. Casey ; *JCP N* 2019, n° 5, act. 209, veille par S. Le Chuiton ; *D.* 2019, 2216, chron. S. Godechot-Patris et Cl. Grare-Didier.

Pourtant, les objectifs diffèrent : si la procédure collective se focalise sur les créanciers, car son but est, avant tout, d'organiser leur désintéressement, le droit des successions se concentre sur « l'idée de transmission », laquelle « participe de l'essence des successions, y compris celle acceptée à concurrence de l'actif net »[773]. Il s'agit de déterminer la consistance d'un patrimoine dans le but de faciliter sa *transmission.* Plus que le créancier, c'est ici l'héritier – et la transmission, qui doit être le plus efficace possible, afin que cette option soit choisie sans crainte – qui est au cœur du raisonnement !

8. Créances non définitivement fixées. – Cette volonté de disposer d'une photographie du patrimoine la plus exacte possible, qui permettra à l'héritier d'accepter sans mettre en péril son propre patrimoine, induit par conséquent que toutes les créances, même celles « dont le montant n'est pas encore définitivement fixé » doivent faire l'objet d'une déclaration et peuvent donc, à défaut, voir leur extinction prononcée. Comme l'énonce l'article 792 du Code civil, elles devront être « déclarées à titre provisionnel sur la base d'une évaluation »[774]. Plus largement, il importe peu que la créance litigieuse n'ait pas été consacrée par un titre antérieurement à l'ouverture de la succession[775].

De manière logique, une telle possibilité ne se retrouve pas dans le cadre d'une succession vacante : ici l'objectif de transmission est absent, dès lors qu'aucun héritier n'est en cause. Partant, l'article 809-3 du Code civil dispose simplement que « [l]a déclaration des créances est faite au curateur », sans envisager le sort des créances non définitivement fixées. Le raisonnement est différent, en ce que l'objectif premier réside dans le désintéressement des créanciers – et non dans une faveur à l'égard des héritiers – puisque la mission du curateur désigné est, à l'issue d'un délai de six mois suivant l'ouverture de la succession[776], de procéder ou faire procéder à la vente des biens, et ce jusqu'à l'apurement du passif[777]. Autrement dit, connaître la

---

[773] P. Bouathong, préc.

[774] Partant, les créanciers n'ayant qu'une créance non liquide sont tenus de la déclarer (Civ. 1re, 8 mars 2017, n° 16-14.360 ; *AJ fam.* 2017, 311, obs. N. Levillain ; *D.* 2017, 1859, chron. J. Mouty-Tardieu ; *ibid.*, 2119, obs. V. Brémond ; *RTD civ.* 2017, 459, obs. M. Grimaldi ; *JCP N* 2018, n° 8-9, 1110-6, obs. R. Le Guidec).

[775] Civ. 1re, 16 janv. 2019, n° 18-11.916, préc.

[776] C. civ., art. 810-1.

[777] C. civ., art. 810-2

consistance du passif s'inscrit dans une volonté de désintéressement des créanciers.

Enfin, le même raisonnement se retrouve s'agissant de la distribution de deniers en dehors de toute procédure d'exécution. Le Code de procédure civile l'énonce : [l]a personne chargée de la distribution avise les créanciers, par lettre recommandée avec demande d'avis de réception, qu'ils doivent, dans un délai d'un mois, lui adresser une déclaration comportant un décompte des sommes réclamées en principal, intérêts et autres accessoires. Le cas échéant, cette déclaration mentionne les privilèges et sûretés attachés à la créance. Les documents justificatifs sont joints à la déclaration »[778]. Là aussi, point de référence à des créances non encore déterminées dès lors que les seuls acteurs à envisager sont les créanciers, relativement à leur désintéressement. La même observation peut être faite pour la procédure de distribution du prix d'un immeuble vendu en dehors de toute procédure d'exécution[779]. S'agissant des créanciers concernés, un raisonnement similaire – fonction de l'objectif de la distribution – peut également être mis en œuvre.

B. LES CRÉANCIERS CONCERNÉS

9. Créanciers non déclarants et source de l'extinction. – Les créanciers concernés par une éventuelle extinction de leur créance semblent *a priori* pouvoir être aisément déterminés : ce sont ceux qui n'ont pas accompli la déclaration de leur créance, nonobstant qu'ils étaient tenus de le faire. En droit des successions, il s'agit des créanciers du *de cujus* dont la succession est vacante ou faisant l'objet d'une acceptation à concurrence de l'actif net. S'agissant de la distribution de deniers en dehors de toute procédure d'exécution, seront concernés les créanciers du débiteur auquel appartenait le bien vendu et dont le prix suppose la mise en œuvre d'une procédure de distribution.

Partant, la source de l'éventuelle extinction de la créance apparaît, elle aussi, assez aisément. C'est un acte juridique qui est parfois à l'origine de l'ouverture d'une situation donnant lieu à obligation de déclarer les créances : il s'agit de la déclaration par laquelle un héritier décide

---

[778] C. proc. civ., art. 1281-3, al. 2.
[779] C. proc. civ. ex., art. R. 331-3.

d'accepter la succession à concurrence de l'actif net. Parfois, c'est un jugement qui sera en cause. Dans le cadre d'une succession vacante, rappelons qu'une déclaration de vacance doit être prise, sous la forme d'une ordonnance, par le président du tribunal du lieu d'ouverture de la succession, à la demande de tout intéressé dont le notaire s'agissant des successions ouvertes à compter du 1er novembre 2017. En matière de distribution de deniers, il s'agit d'une décision, prise sous la forme du référé, par le président du tribunal judiciaire dans le ressort duquel demeure le débiteur, et ce à la demande de la partie la plus diligente. En revanche, l'obligation de déclarer la créance, faite au créancier, s'impose par l'effet de la loi. En d'autres termes, l'extinction éventuellement envisagée trouve sa source dans la loi, ce fondement n'étant guère contestable.

7. Enjeux du moment de la déclaration. – L'idée suivant laquelle il faut y voir une sanction de l'inaction du créancier mérite, pour sa part, davantage de développements, notamment dans le domaine du droit des successions. En effet, ce moment de la déclaration mérite d'être précisé concernant deux points.

D'une part, les créanciers seront payés dans l'ordre de leur déclaration. Comme le remarque le professeur Grimaldi, l'objectif n'est pas ici d'instaurer une procédure emportant un paiement égalitaire des créanciers chirographaires[780] ! Si tel était le cas avant la réforme opérée par la loi du 23 juin 2006, l'ancien article 808 du Code civil prévoyant un règlement des créanciers au marc l'euro (en l'absence d'opposition), c'est désormais une volonté d'inciter les créanciers à agir au plus vite qui l'emporte. Cette règle du « prix de la course » est affirmée tant s'agissant de l'acceptation d'une succession à concurrence de l'actif net[781] que concernant l'apurement d'une succession vacante[782]. Comme le remarque un auteur, « [c]'est la course à la déclaration, solution curieuse que même le droit des procédures collectives ne connaît pas »[783]. L'idée d'une exigence imposée au créancier semble donc apparaître avec force : il n'est pas seulement sanctionné s'il omet de

[780] M. Grimaldi, « N'est pas contraire à la Constitution la disposition légale prévoyant, au cas d'acceptation à concurrence de l'actif net, l'extinction des créances non déclarées », *RTD civ.* 2016, p. 908.
[781] C. civ., art. 796, al. 3.
[782] C. civ., art. 810-5, renvoyant à l'article 796 du Code civil.
[783] Ch. Vernières, préc., n° 243.22.

déclarer (du fait de l'extinction de sa créance) ; il le sera également s'il tarde à déclarer (la sanction n'est ici plus juridique mais pratique : celui qui déclare en dernier risque fort de ne pas être payé si l'actif successoral ne permet pas de couvrir l'ensemble des dettes).

D'autre part, s'agissant de l'acceptation à concurrence de l'actif net, la créance doit être déclarée dans le délai de 15 mois, lequel commence à courir à partir de la publicité au BODACC de l'acceptation à concurrence de l'actif net[784]. La Cour de cassation a toutefois eu à s'interroger quant au sort d'une créance déclarée « trop tôt », soit avant même la publicité précitée. Celle-ci a retenu : « après avoir relevé que la société Y. s'était bornée à signifier le jugement du 1er décembre 2008 au notaire chargé de la succession avant que l'acceptation à concurrence de l'actif net ait été régulièrement portée à la connaissance de l'ensemble des créanciers par une publication au BODACC intervenue le 23 novembre 2012, et retenu, à bon droit, que cette signification, effectuée en méconnaissance de la procédure spécifique instituée en la matière, aurait pour effet de faire bénéficier ce créancier d'une priorité de paiement illégitime par rupture d'égalité devant la loi, la cour d'appel en a exactement déduit qu'elle ne pouvait valoir déclaration de créance, au sens de l'article 792 du code civil, et que, dès lors, la créance était éteinte »[785]. La solution est d'autant plus sévère qu'en cas d'erreur dans l'insertion publiée, ledit délai ne commence pas à courir. Dans ce cas, une nouvelle insertion doit être faite et tous les créanciers, y compris ceux qui avaient déjà déclaré leur créance sur la base de la première insertion, devront à nouveau opérer une déclaration[786].

---

784 C. civ., art. 792, al. 1.

785 Civ. 1re, 31 mars 2016, n° 15-10.799 ; *D.* 2016, 2086, obs. V. Brémond ; *AJ fam.* 2016, 346, obs. S. Ferré-André ; *RTD civ.* 2016, 423, obs. M. Grimaldi ; *Gaz. Pal.* 2016, 1561, note S. Valory ; *JCP G* 2017, doctr. 127, chron. R. Le Guidec.

786 CE, 9e ch., 17 avr. 2019, n° 409430 ; *AJ fam.* 2019, 353, obs. N. Levillain. Et cette solution se justifie assurément au regard du prix de la course mis en œuvre : si tous les créanciers ne disposent pas, exactement, des mêmes informations, cette course deviendrait inique. Or, en cas d'erreur, une sistortion de l'information existerait, entre les « proches » qui peuvent repérer l'erreur et les « autres » qui n'ont que le BODACC comme seule source d'information. En ce sens, Robert Badinter soulignait déjà en 2006 l'injustice du prix de la course, « parce qu'un créancier peut ne pas avoir bénéficié de la même information qu'un autre » (R. Badinter, Travaux préparatoires, Sénat, séance du 16 mai 2006, cité par S. Godechot-Patris et Cl. Grare-Didier, chron. préc.).

La solution énoncée par la Cour de cassation se justifie parfaitement en droit, dès lors qu'on « voit mal comment une créance pourrait être valablement déclarée avant que n'intervienne l'acte juridique – l'acceptation à concurrence de l'actif net – qui en impose la déclaration ». En outre, de manière plus pragmatique, il a pareillement pu être retenu que, « dans la mesure où l'ordre des déclarations commande l'ordre des paiements, il est normal que l'on sanctionne les faux départs. Il ne faudrait pas que celui qui part avant le lancement de la course en tirât avantage »[787]. La sévérité de la sanction est toutefois soulignée, car le créancier verra en l'espèce sa créance s'éteindre, sauf s'il signifie à nouveau, cette fois-ci dans les temps ! Or, le créancier était titulaire d'un titre exécutoire – un jugement constatant la créance – et la signification dudit jugement constitue bien une notification du titre de créance au sens de l'article 788 du Code civil. Si l'objectif n'était que de sanctionner les créanciers négligents, voire ceux tentant un « faux-départ », il aurait été possible de traiter « le créancier comme un déclarant du premier jour, en réputant sa déclaration faite le jour même de la publication de l'acceptation, de sorte qu'il eût concouru avec les créanciers les plus diligents partis le moment venu »[788]. Un autre auteur s'interroge sur la possibilité de se limiter à une inopposabilité de la déclaration[789].

Il ressort peut-être de ces observations le témoignage d'une autre finalité de la déchéance, à savoir une volonté d'organiser un apurement du passif de la succession dans les meilleurs délais[790]. Le législateur soulignait lui-même cette volonté : la sévérité de la procédure mise en œuvre – et sa sanction – se justifie à l'égard des créanciers successoraux par la nécessité de protéger l'héritier et la volonté d'inciter les créanciers à la diligence[791]. Le délai de quinze mois est relativement

---

[787] M. Grimaldi, obs. préc., *RTD civ.* 2016, p. 423.

[788] *Ibid.*

[789] R. Le Guidec, chron. préc.

[790] Le même auteur ajoute en ce sens : « Il y a sans doute dans cet arrêt une volonté pédagogique, pour amener à connaître et mettre en œuvre comme il faut la procédure finalisée » (*ibid.*).

[791] Rapp. Sénat n° 343, 2005-2006, p. 86, par H. Richemont.

long[792] en ce qu'il est supérieur à celui d'un exercice comptable[793] : consulter régulièrement le BODACC s'impose dès lors aux créanciers. En matière de succession vacante, cette attention à la célérité du processus est d'autant plus prégnante qu'elle est seule en cause.

8. Lieu de la déclaration. – Une sévérité équivalente peut également être remarquée s'agissant du lieu de la déclaration. Ainsi, dans le cadre d'une acceptation à concurrence de l'actif net, lorsque le domicile élu pour la déclaration est l'étude du notaire en charge de la succession, la déclaration faite par le créancier au domicile de l'héritier acceptant ne pourra produire aucun effet[794]. Là encore, on le voit, il ne peut être question uniquement de sanctionner un créancier négligent, car il ne l'est pas. Il n'est pas davantage possible de raisonner sur le seul terrain de la connaissance quant à l'existence de la créance par les héritiers, dès lors qu'ils aient été convenablement informés en l'espèce. Comme le remarque un commentateur de l'arrêt du 16 janvier 2019 précité, « ce formalisme n'est pas là pour être pointilleux et agaçant. *Il est la garantie du prix de la course auquel sont soumis les créanciers non titulaires de sûretés* »[795]. Autrement dit, à nouveau, c'est l'efficacité de l'apurement (rapide) du passif – et donc de la transmission ou de l'extinction de la succession – qui est en jeu. Malgré l'existence d'une discipline collective stricte, la démarche ne s'inscrit pas dans une volonté de « collaboration » : il ne s'agit pas de placer les créanciers sur un pied d'égalité, sans quoi le prix de la course ne saurait trouver à s'appliquer s'agissant d'acteurs ayant satisfait à leur obligation déclarative et tous dotés de créances, voire parfois même d'un titre exécutoire antérieur au décès du *de cujus*[796].

---

[792] C'est également cette longue durée qui justifierait que, à la différence du droit des procédures collectives (C. com., art. R. 622-21), le représentant des créanciers n'a pas à avertir les créanciers connus qu'ils doivent lui déclarer leurs créances (cf. N. Levillain, « Fasc. 110 : ACCEPTATION SUCCESSORALE. – Acceptation à concurrence de l'actif net. – Effets », *JurisClasseur Notarial Formulaire*, 18 janv. 2023, n° 145).

[793] F. Gasnier, *L'organisation de la liquidation du passif successoral*, préf. Cl. Brenner, Defrénois, coll. Doctorat & Notariat, 2013, n° 202.

[794] Civ. 1re, 8 mars 2017, n° 16-14.360, préc. Cf. dans le même sens, Civ. 1re, 16 janv. 2019, n° 18-11.916, préc.

[795] J. Casey, obs. préc.

[796] Sur l'indifférence de l'existence d'un titre exécutoire relativement à l'obligation de déclarer sa créance, cf. Civ. 1re, 22 mars 2017, n° 15-25.545 ; *AJ fam.* 2017, 310, obs. N. Levillain.

9. Différence avec la distribution de deniers en dehors de toute procédure d'exécution. – La différence avec la procédure applicable à la distribution de deniers en dehors de toute procédure d'exécution est, encore une fois, parfaitement illustrée. Dans ce cadre, l'objectif premier est le désintéressement des créanciers et il n'est pas fait référence au prix de la course[797]. Les créanciers, s'ils sont respectueux de leurs obligations déclaratives, sont placés sur un pied d'égalité, à tout le moins s'agissant des créanciers chirographaires. La répartition les concernant se fera au marc l'euro[798]. Cela justifie alors une certaine souplesse dans les modalités même de la déclaration, comme en témoigne la jurisprudence. Ainsi, il a été retenu que, lorsqu'un créancier bénéficiait par ailleurs d'un nantissement, et qu'il a fait connaître sa volonté de se prévaloir dudit nantissement, revendiquant à plusieurs reprises le paiement de la créance, un tel comportement devait valoir déclaration. Partant, commettent une faute le séquestre et son mandataire qui négligent d'appeler ce créancier à la répartition du prix[799]. Plus largement, un auteur souligne que « les formes de la déclaration ne sont pas précisées. Celle-ci peut donc être faite par lettre simple ou lettre recommandée, ou encore par l'intermédiaire d'un avocat »[800].

L'extinction éventuelle de l'obligation envisagée ne peut se comprendre, dans ce cadre, que comme une sanction de la non-diligence des créanciers. Elle n'est rien de plus et aucun prix de la course n'est en cause. Les objectifs de la sanction ayant été analysés, il reste alors désormais à envisager plus en détails ses modalités.

---

[797] C. proc. civ., art. 1281-4 ; C. proc. civ. ex., art. R. 331-3.

[798] Cf. notamment, Ch. Laporte et R. Laher, « Fasc. 1700-35 : DISTRIBUTION DES DENIERS. – En cas de procédure d'exécution mobilière. – En dehors de toute procédure d'exécution », *JurisClasseur Procédure civile*, 10 juil. 2020, n° 62.

[799] Com., 22 mai 2002, n° 00-18.387 ; *Banque et Droit*, nov. 2003, 62, obs. J.-L. Guillot.

[800] A. Reygrobellet, « Procédure de distribution du prix de vente du fonds de commerce », in A. Reygrobellet et Ch. Denizot, *Fonds de commerce*, Dalloz Action, 2012/2013, n° 83.25.

II. Les modalités de l'extinction : la sanction de la non-déclaration de créance

10. Plan. – En cas de non-déclaration de la créance, une sanction – l'extinction – va trouver à s'appliquer. Si cette extinction est parfois directe, conséquence immédiate de la non-déclaration (A), tel n'est pas toujours le cas, l'extinction n'étant alors qu'éventuellement indirecte (B).

A. UNE EXTINCTION « DIRECTE » DE LA CRÉANCE

11. Importance de la sanction. – C'est en matière de droit des successions, et plus précisément en cas d'acceptation à concurrence de l'actif net, qu'apparaît le cas le plus direct d'extinction. En effet, la réforme opérée par la loi du 23 juin 2006 a souhaité organiser ici une procédure de règlement du passif afin de favoriser la transmission des biens du *de cujus*, et cela en protégeant le patrimoine personnel de l'héritier. Cela a déjà été dit, c'est désormais l'article 792, alinéa 2, du Code civil qui dispose que « [f]aute de déclaration dans un délai de quinze mois à compter de la publicité prévue à l'article 788, les créances non assorties de sûretés sur les biens de la succession sont éteintes à l'égard de celle-ci ». Et le texte ajoute que cette « disposition bénéficie également aux cautions et coobligés, ainsi qu'aux personnes ayant consenti une garantie autonome portant sur la créance ainsi éteinte ». En d'autres termes, c'est donc bel et bien une extinction légale de la créance qui est organisée, qui plus est définitive. Cette extinction ne saurait être remise en cause.

À ce propos, il convient de correctement distinguer les sanctions : si le débiteur déclare sa créance dans les temps impartis, mais à un moment ou l'actif successoral est d'ores et déjà épuisé (rappelons la règle du prix de la course), aucune « extinction » n'est encourue puisqu'il disposera toujours d'un recours contre les légataires de corps certains[801]. Une – maigre – planche de salut subsiste à son profit. En revanche, lorsque le créancier ne déclara pas sa créance dans le délai de quinze mois précité, il ne disposera d'aucun recours contre les héritiers

[801] C. civ., art. 799. S'agissant des légataires de sommes d'argent, il est en tout état de cause prévu que « [l]es legs de sommes d'argent sont délivrés après paiement des créanciers (C. civ., art. 796, al. 4).

ayant profité d'un actif net de la succession ! Sa créance est purement et simplement, et définitivement, éteinte !

12. Constitutionnalité de la sanction. – L'importance de cette sanction n'a pas été sans susciter des émois, notamment au regard de la projection du droit fondamental de propriété. La problématique de l'éventuelle contrariété de celle-ci, avec les articles 2 et 17 de la Déclaration des droits de l'homme et du citoyen de 1789, a été jugée sérieuse par la Cour de cassation[802]. Une question prioritaire de constitutionnalité a alors été posée au Conseil constitutionnel, lequel a jugé l'article 792, alinéa 2, précité conforme à la Constitution[803]. Or, les motifs du Conseil éclairent la raison d'être de cette extinction.

Tout d'abord, il convient cependant d'écarter le grief de la violation de l'article 17 précité. En effet, il ne s'agit pas dans ce cas d'une « privation » du droit de propriété au sens d'« expropriation ». Comme le résume parfaitement un auteur, cette « privation interdite s'entend d'une atteinte au droit de propriété d'une gravité telle qu'elle en "dénature le sens et la portée" »[804]. Or, ici, le titulaire de la créance n'est pas « exproprié malgré lui sans une juste et préalable indemnité »[805]. Il est uniquement déchu de son droit au titre d'une sanction, ce qui implique qu'il était en mesure d'agir afin de le conserver.

S'agissant de la conformité du dispositif avec l'article 2 de la Déclaration de 1789, deux points ont dû être précisés : l'atteinte au droit de propriété était justifiée par un motif d'intérêt général et elle était, de surcroît, proportionnée à l'objectif poursuivi. La décision du Conseil illustre dès lors l'esprit de l'extinction envisagée. Elle énonce que « le législateur a cherché, en assurant l'efficacité de l'acceptation à concurrence de l'actif net, à faciliter la transmission des patrimoines ». Partant, il « a ainsi poursuivi un objectif d'intérêt général ». Cette idée de protection de l'héritier – et d'inciter les créanciers à la diligence – ressortait également des travaux

---

[802] Civ. 1re, 6 juill. 2016, n° 16-40.128.

[803] Cons. const., 5 oct. 2016, n° 2016-574 QPC; *JO*, 7 oct., n° 124; *D.* 2016, 2001; *Constitutions*
2016, 546; *RTD civ.* 2016, 908, obs. M. Grimaldi.

[804] M. Grimaldi, art. préc., *RTD civ.* 2016 p. 908, citant Cons. const., 26 juill. 1984, n° 172 DC.

[805] *Ibid.*

parlementaires[806]. En outre, trois garanties sont offertes au créancier s'agissant de la proportionnalité de la sanction. D'abord, le créancier est mis en mesure de déclarer son droit dans un délai relativement long (quinze mois), à compter d'une publicité assurée à l'échelon national. Ensuite, et nous y reviendrons, le créancier titulaire d'une sûreté réelle n'a pas à effectuer une telle déclaration. Enfin, l'extinction du droit est écartée en cas de mauvaise foi de l'héritier, c'est-à-dire lorsque celui-ci dissimule une créance lors de l'établissement de l'inventaire[807].

En d'autres termes, l'idée déjà citée apparaît avec force : la procédure mise en œuvre – et la sanction de l'extinction en cas de non-déclaration – ne correspond pas à une procédure collective, au sens du livre VI du Code de commerce, dont l'objectif premier serait de désintéresser, de manière égalitaire, les créanciers chirographaires. Il s'agit de faciliter la transmission du patrimoine du *de cujus* dans un cadre où ses héritiers ne souhaitent pas mettre en péril leur propre patrimoine. *In fine*, il s'agit d'éviter que la succession soit vacante, faute d'héritier acceptant[808] ! L'enjeu réside dès lors au niveau de la confiance que porte l'héritier à l'égard de la procédure. C'est ce besoin de « confiance » qui justifie le caractère définitif de l'extinction, car il est impératif que l'héritier ait la *certitude*, passé un certain délai, qu'aucune nouvelle dette n'apparaîtra et ne viendra entamer le reliquat reçu, voire son propre patrimoine. Il est évident que la possibilité, pour un créancier, de faire valoir et de pouvoir chercher à recouvrer une créance non déclarée dans le délai précité met à mal cette confiance !

12. Portée de la sanction : cas des titulaires d'une sûreté réelle. – Ladite confiance justifie également le régime applicable aux sûretés venant éventuellement garantir la créance. Certes, le Code civil ne distingue pas suivant l'existence, ou non, d'une sûreté relativement à l'obligation de déclarer : tous les « créanciers de la succession déclarent leurs créances [...] »[809]. Néanmoins, cette non-déclaration n'aura pas le

---

[806] Cf. Rapp. Sénat n° 343, 2005-2006, p. 86, par H. Richemont, préc.
[807] C. civ., art. 800.
[808] Et, comme le relève le professeur Grimaldi, « il est de l'intérêt général que la gestion d'une succession dont la solvabilité est douteuse soit à la charge d'une personne privée, héritier ou un légataire, plutôt que d'une personne publique, propriétaire d'une succession en déshérence ou administrateur d'une succession vacante » (M. Grimaldi, art. préc., *RTD civ.* 2016 p. 908).
[809] C. civ., art. 792, al. 1er.

même effet, car les créanciers disposant d'une sûreté « sur les biens de la succession »[810] ne subiront pas la sanction précitée de l'extinction. Comme le relève un auteur, il ne faut pas voir ici une contradiction du texte, peut-être éventuellement uniquement une maladresse rédactionnelle. Les créanciers munis d'une sûreté sur les biens de la succession conservent un intérêt à déclarer, le plus rapidement possible, leurs créances dans l'hypothèse où la valeur du bien affecté en garantie serait insuffisant au regard du montant de leur créance. Cette déclaration va leur permettre de « prendre rang sur les autres biens de la succession »[811].

La distinction entre les deux types de créanciers est cohérente et correspond à la distinction entre droit réel et droit personnel. Le premier est directement en lien avec la chose, d'où son qualificatif de « réel ». De manière classique, il va suivre le bien en toutes les mains qu'il passe. Partant, le défaut de déclaration de la créance n'emporte pas son extinction puisque c'est, d'une certaine manière, le bien qui tient lieu de gage du créancier. Surtout, rappelons la finalité de la sanction, à savoir la protection de l'héritier qui ne souhaite pas voir la succession obérer son patrimoine personnel. Puisque le droit réel ne concerne qu'un bien envisagé, le gage des créanciers – lorsqu'ils mettent en œuvre ladite sûreté – ne peut s'étendre au-delà (si la valeur du bien ne suffit pas à les désintéresser, il a déjà été vu qu'ils devront déclarer leur créance pour espérer un paiement du surplus). Partant, le risque de « contamination », soit l'hypothèse où les dettes du *de cujus* viendrait porter atteinte au patrimoine personnel de l'héritier, n'est pas présent !

Cette protection de l'héritier acceptant à hauteur de l'actif net est illustrée par la procédure de paiement des créanciers, laquelle est strictement encadrée. Ainsi, l'héritier doit, d'abord, payer les créanciers inscrits suivant le rang de leur sûreté[812]. Ensuite, seulement seront payés les créanciers chirographaires qui ont déclaré leur créance, dans l'ordre des déclarations[813]. Enfin, rappelons que les legs de sommes d'argent seront, pour leur part, délivrés après paiement des créanciers[814]. S'agissant des créanciers hypothécaires, tout comme des créanciers

---

810 C. civ., art. 792, al. 2.
811 N. Levillain, fasc. préc., n° 139.
812 C. civ., art. 796, al. 2.
813 C. civ., art. 796, al. 3.
814 C. civ., art. 796, al. 4.

bénéficiant d'une sûreté sur un bien meuble, ils « sont payés par l'héritier acceptant à concurrence de l'actif net *au moyen du prix de vente du bien grevé* ou de la somme versée par lui en cas de conservation d'un bien »[815]. Cela signifie donc que le patrimoine personnel de l'héritier ne peut être concerné par ce paiement, même si l'ancienne règle, avant l'entrée en vigueur de la loi n° 2006-728 du 23 juin 2006, était encore plus explicite à ce propos. Elle prévoyait que « le successeur bénéficiaire devait déléguer aux créanciers inscrits le prix de vente de l'immeuble hypothéqué (C. civ., ancien, art. 806). Les créanciers étaient donc payés directement par l'acquéreur »[816]. La distinction entre le bien – assiette du gage des créanciers munis d'une sûreté réelle – et le patrimoine personnel de l'héritier est encore davantage marquée ! Surtout que, cela a déjà été mentionné à plusieurs reprises, « la fraction de créance assortie d'une sûreté réelle portant sur un bien dont le prix était insuffisant pour désintéresser le créancier inscrit est donc traitée comme une créance chirographaire », laquelle doit faire l'objet d'une déclaration au risque de son extinction[817].

13. Portée de la sanction : cas des titulaires d'une sûreté personnelle. – Les titulaires d'une sûreté personnelle ne bénéficient pas d'un tel traitement de faveur : ils doivent déclarer leur créance, sans quoi celle-ci va s'éteindre. Et cette extinction s'étend aux accessoires de la dette, qu'il s'agisse d'une caution, d'une garantie autonome ou bien de l'obligation du coobligé, étant toutefois précisé que l'extinction n'a alors lieu qu'à l'égard de la succession[818]. Il s'agit de l'application d'une règle de droit commun en matière de sûretés : le créancier négligent ne saurait donc réclamer le paiement de sa créance au garant. À nouveau, la logique de protection de l'héritier acceptant est manifeste puisqu'il s'agit d'inciter le créancier à déclarer sa créance, au risque de la voir disparaître ainsi que les sûretés personnelles qui l'accompagnent. Le législateur cherche à éviter que des créanciers se manifestent postérieurement au délai de quinze mois et viennent porter

---

[815] N. Levillain, fasc. préc., n° 151, nous soulignons.

[816] *Ibid.*

[817] *Ibid.*

[818] Comme l'explique bien Nathalie Levillain, si « le coobligé solidaire est intéressé à la dette – co-emprunteur d'une somme, coacquéreur d'un immeuble, etc. – il ne sera pas entièrement libéré de la dette. Il ne le sera que pour la quote-part dont la succession est débitrice, car la solidarité n'est une sûreté personnelle que pour la fraction supérieure à sa part » (*ibid.*, n° 148).

atteinte aux prévisions (à la sécurité juridique) de l'héritier quant à la consistance de l'actif net dont il va hériter et, surtout, relativement à sa volonté de ne pas voir son patrimoine personnel menacé par l'acceptation de la succession. Une telle sévérité, en cas de non-déclaration, n'est dès lors pas nécessaire en présence d'une succession vacante ou dans le cadre d'une distribution de deniers en dehors de toute procédure d'exécution.

B. UNE EXTINCTION « INDIRECTE » DE LA CRÉANCE

14. Sanction dans le cadre d'une succession vacante. – En présence d'une succession vacante, l'article 809-3 du Code civil se contente d'affirmer que « [l]a déclaration des créances est faite au curateur ». Et, s'agissant du paiement, le texte renvoie à l'article 796 déjà cité, lequel dispose que les « autres créanciers [c'est-à-dire sans n'ayant pas de sûreté] qui ont déclaré leur créance sont désintéressés dans l'ordre des déclarations ». En d'autres termes, il est demandé aux créanciers de déclarer leurs créances, leur paiement allant se faire dans l'ordre de la déclaration. Si cette exigence du prix de la course rappelle l'objectif de règlement rapide de la succession, la sanction n'est pas expressément prévue par le texte. Celle-ci se déduit pourtant de la procédure d'apurement du passif et l'extinction de la créance en tant que telle ne semble pas envisageable, et ce pour deux raisons. D'une part, il est imposé aux créanciers de déclarer leur créance, mais aucun délai n'est visé par le texte. Éteindre leur droit au terme d'un certain temps apparaît dès lors impossible. D'autre part, et surtout, le cas de la déclaration « tardive », soit celle intervenant après la reddition du compte par le curateur, est envisagée[819]. En effet, il est prévu que « les créanciers qui

[819] Le processus se fait en plusieurs étapes. Premièrement, pendant « les six mois qui suivent l'ouverture de la succession, le curateur ne peut procéder qu'aux actes purement conservatoires ou de surveillance, aux actes d'administration provisoire et à la vente des biens périssables » (C. civ., art. 810-1). Deuxièmement, à l'issue de ce délai, il va exercer l'ensemble des actes conservatoires et d'administration afin de procéder – ou faire procéder – à la vente des biens de la succession (C. civ., art. 810-2). Troisièmement, il dresse un projet de règlement du passif, les créances étant payées dans l'ordre précité de l'article 796 du Code civil. Ce projet sera publié, les créanciers pouvant saisir le juge aux fins de contestation (C. civ., art. 810-5). Quatrièmement, et enfin, « [l]e curateur rend compte au juge des opérations effectuées par lui. Le dépôt du compte fait l'objet de publicité » (C. civ., art. 810-7). Puis, après réception du compte, « le juge autorise le curateur à procéder à la réalisation de l'actif subsistant » (C. civ., art. 810-8).

déclarent leur créance postérieurement à la remise du compte ne peuvent prétendre qu'à l'actif subsistant. En cas d'insuffisance de cet actif, ils n'ont de recours que contre les légataires qui ont été remplis de leurs droits »[820]. Et le texte ajoute : « [c]e recours se prescrit par deux ans à compter de la réalisation de la totalité de l'actif subsistant »[821].

Puisque les créanciers peuvent toujours intervenir postérieurement à la reddition des comptes, aucune extinction directe de la créance ne peut être retenue. L'absence d'une telle sanction se comprend au regard des objectifs précités : dans le cadre d'une acceptation à concurrence de l'actif net, il y a lieu de protéger l'héritier acceptant et d'éviter que des manifestations tardives de certains créanciers ne viennent mettre en péril « l'actif net » auquel il pouvait légitimement s'attendre. Et c'est cette protection qui justifie, selon le Conseil constitutionnel, l'atteinte faite au droit de propriété des créanciers ! Or, en l'espèce, comme le remarque un auteur, « aucun héritier ne réclamant la succession, il n'y a pas lieu à les protéger comme en matière d'acceptation à concurrence de l'actif net. Il semble donc qu'à la différence de ce qui est prévu en cas d'acceptation à concurrence de l'actif net, il n'y a pas d'extinction des créances non déclarées »[822]. En d'autres termes, si le prix de la course est repris en matière de succession vacante, car la célérité du règlement de celle-ci reste un objectif important, la sanction de l'extinction des créances non déclarées n'est l'est, pour sa part, pas.

Il n'en demeure pas moins que le créancier non diligent risque néanmoins de « perdre » sa créance dans deux cas. D'une part, en pratique, la vacance de la succession correspond, notamment, aux cas ou les héritiers connus renoncent à la succession ou lorsque, à l'expiration du délai de six mois après l'ouverture de la succession, aucun héritier connu n'a opté[823]. Ces situations se rencontrent bien souvent dès lors que les intéressés savent – ou se doutent – que la succession est déficitaire ! Le prix de la course devient donc un fléau terrible du point de vue du créancier : dans une situation où le passif est supérieur à l'actif, celui qui est payé parmi les derniers … ne le sera

820 C. civ., art. 810-9, al. 1er.
821 *Ibid.*, al. 2.
822 Ch. Vernières, « Administration des successions vacantes et en déshérence », in M. Grimaldi (dir.), *Droit patrimonial de la famille*, Dalloz Action, 2021/2022, n° 248.24.
823 C. civ., art. 809, 2° et 3°.

concrètement pas, faute d'actif suffisant ! Il ne s'agit pas d'une extinction de la créance au sens du droit, mais le résultat est similaire. Le créancier ne sera jamais désintéressé[824] ! D'autre part, le recours déjà évoqué des créanciers qui déclarent leur créance postérieurement à la remise du compte – même à supposer qu'il subsiste encore un actif entre les mains des légataires ayant été remplis de leurs droits – se prescrit par deux ans à compter de la réalisation de la totalité de l'actif subsistant[825]. Ce bref délai se justifie par la protection, cette fois, des légataires qui doivent pouvoir disposer librement des sommes reçues, sans craindre l'apparition, des années plus tard, d'un créancier de la succession. Une extinction de la créance, indirecte, peut donc ici également être relevée, par l'effet de la prescription !

15. Distribution de deniers en dehors de toute procédure d'exécution. – Dans le cadre d'une distribution de deniers en dehors de toute procédure d'exécution, la sanction de la non-déclaration est énoncée par l'article 1281-3, alinéa 3, du Code de procédure civile : « À défaut de déclaration [...], le créancier est *déchu* du droit de participer à la distribution »[826]. À nouveau, l'énoncé de la sanction n'est pas des plus clairs ! Cette notion de déchéance du droit de participer à la distribution renvoie toutefois à la logique mise en œuvre dans le cadre d'une procédure collective. Cette déclaration n'est « qu'un simulacre de celle qui existe dans le redressement et la liquidation judiciaire des entreprises, ce qui s'imposait [...] parce que seule est en jeu la réalisation d'un bien du débiteur et non de tout l'actif de son patrimoine »[827]. Partant, la non-déclaration implique uniquement que le créancier ne participe pas à la distribution organisée : sa créance survit à cette non-déclaration. Deux auteurs résument parfaitement le propos : « [l]a sanction n'emporte pas extinction de la créance. Le créancier pourra donc en poursuivre le recouvrement par d'autres voies de

[824] Même dans l'hypothèse où la dette était garantie par une sûreté personnelle, la caution pourra reprocher au créancier son manque de diligence.
[825] C. civ., art. 810-9.
[826] Nous soulignons. La même sanction est reprise, pour les immeubles, à l'article R. 332-2 du Code des procédures civiles d'exécution. Les développements qui vont suivre s'appliquent de manière similaire à cette matière.
[827] H. Croze, « Aperçu rapide sur le décret n° 96-740 du 14 août 1996 instituant une procédure de distribution des deniers en dehors de toute procédure d'exécution », *JCP G* 1996, act. 42.

droit »[828]. La logique mise en œuvre se comprend au regard des objectifs poursuivis : le paiement, rapide, des créanciers implique une procédure de déclaration et la sanction de la non-déclaration. En revanche, il n'est question que du désintéressement des créanciers relativement à un bien cédé ; l'enjeu n'est pas la transmission d'un patrimoine et il n'existe nul besoin de protéger un héritier soucieux de préserver son patrimoine personnel. Partant, si la sanction de la déchéance du droit de participer à la distribution est envisagée, rien ne saurait justifier que la créance soit directement éteinte.

À nouveau, l'exigence de célérité peut cependant justifier une extinction indirecte. Comme en matière de succession vacante, l'exercice d'un recouvrement de la créance par d'autres voies de droit peut se confronter à la réalité : à « passer en dernier », l'on risque d'intervenir à un moment où l'actif est épuisé. En outre, les autres voies de droit seront soumises à des délais de prescription, autre cause d'extinction traitée dans le présent ouvrage.

---

[828] Ch. Laporte et R. Laher, fasc. préc., n° 78. Cf. dans le même sens, R. Martin et R. Bour, « Distribution des deniers : meubles, aéronefs, bateaux, navires », *Rép. proc. civ. Dalloz*, déc. 2019, n° 14 : « [l]e créancier ne perd pas sa créance ».

L'extinction consécutive à la déconsignation d'une somme d'argent

Marc Mignot

Hypothèse principale. – L'hypothèse de travail est celle visée à l'article 1245 du Code civil (art. 1257 anc.). Il faut supposer que le débiteur d'une obligation se heurte au refus de son créancier de recevoir la prestation due. Il doit alors le mettre en demeure d'exécuter sa prestation de réception de l'objet du paiement. Ce dernier supporte en effet une prestation propre de réception (C. civ., art. 1657. - art. 1264 anc.), distincte de celle du débiteur de livraison. Si le créancier ne s'exécute pas, le débiteur a la faculté de consigner l'objet monétaire du paiement à la Caisse des dépôts et consignations ou de séquestrer la chose autre qu'une somme d'argent auprès d'un séquestre (C. civ., art. 1345-1. - art. 1258 anc. et 1261 anc. – CMF, art. L. 518-17). Dans ce dernier cas, il y a dépôt judiciaire et non séquestre judiciaire (C. civ., art. 1961 3°)[829]. Il est alors dans l'ordre normal des choses que le créancier déconsigne ou récupère la chose auprès du dépositaire ou du séquestre. Ce n'est qu'à ce moment que la créance dont le créancier refusait de recevoir le paiement, s'éteint à due concurrence. Toute la question est de savoir quelle technique extinctive est utilisée pour aboutir à cette extinction. Car il n'est pas d'extinction sans technique extinctive dûment identifiée. Par souci de simplification, la présente réflexion se limitera à l'hypothèse de la consignation d'une somme d'argent, étant précisé que le dépôt judiciaire obéit aux mêmes principes.

Défectuosité de la loi. – Il n'est pas d'extinction sans technique extinctive dûment identifiée. Le législateur a perdu de vue cette évidence dans l'hypothèse qui est la nôtre. Sur ce point comme sur d'autres, les textes issus de l'ordonnance n° 2016-131 du 10 février 2016 portant réforme du droit des contrats, du régime général et de la preuve des obligations, sont défectueux. La loi prévoit que la consignation opérée par le débiteur auprès d'un tiers dépositaire le libère à compter de la notification de la consignation au créancier (C. civ., art. 1345-1 al. 3e, art. 1257 al. 2e anc.). La seule libération

[829] M. Mignot, Juris-Classeur Civil, art. 1955 à 1963, Fasc. 10, Séquestre, Généralités, 2021, n° 88.

véritable du débiteur résulte de l'extinction de sa dette. La consignation n'est pas en mesure de le libérer pour la simple et bonne raison qu'elle ne produit d'effet que dans la relation entre le débiteur et le dépositaire (C. civ., art. 1199, 1203) et qu'elle est faite à des fins conservatoires. La consignation allège seulement la condition du débiteur mais ne peut en soi produire l'extinction[830]. Celle-ci suppose que le créancier accepte de recevoir la somme d'argent consignée ou la reçoive effectivement. La doctrine classique précisait que la consignation *tient lieu* de paiement mais qu'elle n'est pas un paiement. Il fallait comprendre qu'elle produisait certains effets du paiement sans être un paiement[831]. En réalité, ce n'est pas la consignation qui est extinctive mais la déconsignation des sommes par le créancier auprès du dépositaire[832]. La difficulté est qu'aucun texte du Code civil n'est relatif à la déconsignation, donc à l'extinction de la créance cause de la consignation, comme si la question ne se posait pas. L'article R. 518-32 al. 1er du Code monétaire et financier qui en traite, n'est d'aucun secours. Il énonce que « Le paiement des sommes ou la remise des documents attestant de la restitution des valeurs consignées est effectuée [...] à ceux qui justifient leurs droits ... ». Tout dépend du mode d'acquisition et de la nature des droits dont le créancier serait titulaire. C'est vers la pratique qu'il faut se tourner pour trouver la

---

[830] En ce sens : Cass. 3e civ., 20 déc. 1977, n° 76-12.204 : Bull. civ. III, n° 461, p. 351. - J. Courrouy, La consignation d'une somme d'argent après offres réelles est-elle un payement ? : RTD civ. 1990, n° 11-12, p. 30 : « il est, dès lors, patent de constater qu'en notre matière, le législateur entend bien ne pas reconnaître aux offres réelles suivies de consignation un effet d'extinction de l'obligation à l'instar d'un paiement véritable, mais souhaite attribuer à cette situation voisine certains effets attachés au paiement ». – R. Libchaber, Recherches sur la monnaie en droit privé, préf. P. Mayer, Bibliothèque de droit privé, t. 225 : LGDJ, 1992, n° 464. – J. Martin de la Moutte, L'acte juridique unilatéral, Thèse Toulouse, Préf. P. Raynaud, Recueil-Sirey, Paris, 1951, n° 54 bis. – *Contra* : A. Sériaux, Conception juridique d'une opération économique : le paiement : RTD civ. 2004, p. 227, note 12.

[831] G. Baudry-Lacantinerie et L. Barde, Tome II, n° 1627.

[832] Ce que la doctrine contemporaine ne met pas en évidence : L. Andreu et N. Thomassin, Cours de droit des obligations, 6e éd., Amphi LMD, Gualino-Lextenso, 2021, n° 1764. - F. Chénedé, Le nouveau droit des obligations et des contrats, Consolidation – Innovation - Perspectives, 2e éd., Dalloz Reférence, Dalloz, 2018, n° 214.63. - J. François, Droit civil sous la direction de Ch. Larroumet, Tome IV, Les obligations, Régime général, 5e éd., Économica, Paris, 2020, n° 39. - M. Julienne, Le régime général des obligations après la réforme, 4e éd., LGDJ, 2022, n° 585-586. - Ph. Malaurie, L. Aynès et Ph. Stoffel-Munck, Droit des obligations, 11e éd., LGDJ-Lextenso, 2020, n° 708. - F. Terré, Ph. Simler, Y. Lequette et F. Chénedé, Les obligations, Précis, 13e éd., Dalloz, 2022, n° 1445.

solution. Celle-ci considère que le déposant attribue la créance en déconsignation par une stipulation pour autrui au créancier. L'extinction de la créance jusqu'alors impayée résulte d'une dation en paiement de la créance en déconsignation, donc finalement de l'acceptation par le créancier de l'attribution consécutive à la stipulation pour autrui.

Hypothèse secondaire. – A cette hypothèse principale, s'ajoute une hypothèse plus limitée mais beaucoup plus compliquée du fait de la diversité de ses applications et des lacunes de la loi. Il faut supposer une sûreté réelle sur un bien meuble ou immeuble. La défaillance du constituant de la sûreté contraint le créancier garanti à la mettre en œuvre par la réalisation du meuble ou de l'immeuble. Celui-ci est vendu par la procédure adéquate à un cessionnaire. La sûreté réelle d'origine se reporte par la subrogation réelle sur la créance de prix du constituant-cédant à l'égard le cessionnaire et se transforme en nantissement légal de créance. L'agent qui réalise la vente est chargé par la loi de consigner le prix payé par le cessionnaire. Cette consignation du prix ne libère ni le cessionnaire à l'égard du cédant, ni le débiteur à l'égard du créancier garanti. Une fois encore, la consignation est faite à des fins conservatoire et ne peut libérer quiconque. La loi est en général muette sur le report éventuel du nantissement sur la créance en déconsignation, sur la transmission de cette créance au créancier garanti et sur l'extinction de la créance garantie qui en résulte. Néanmoins certaines dispositions un peu marginales supposent que la sûreté, après s'être reportée sur la créance de prix, se reporte à nouveau sur la créance issue de la consignation. On peut voir dans ce report un effet du droit de suite de la sûreté réelle. L'extinction de la créance garantie s'inscrit dans le cadre du nantissement légal de créance.

I) La déconsignation dans la procédure de droit commun (C. civ., art. 1345)

Attribution et extinction. - Il faut distinguer deux mouvements : d'abord la créance en déconsignation est attribuée au créancier par une stipulation pour autrui ; ensuite il y a acceptation de l'attribution consécutive à la stipulation pour autrui et extinction de la créance à payer.

A) L'ATTRIBUTION DE LA CRÉANCE EN DÉCONSIGNATION AU CRÉANCIER

Caractère régulier ou irrégulier du dépôt. - La consignation à la Caisse des dépôts et consignations est le dépôt réel de l'objet dû dans un lieu désigné par la loi ou par le juge où il est conservé et mis à disposition du créancier[833]. Sous réserve de dérogations dues à sa particularité, ce dépôt relève des dispositions des articles 1917 à 1948 du Code civil. Lorsqu'il porte sur de la monnaie, il est un dépôt irrégulier qui transfère au dépositaire la propriété des sommes d'argent déposées[834]. Il en résulte que le déposant est créancier du dépositaire à concurrence des sommes déposées.

Déclaration de consignation. – Pour réaliser le dépôt à la Caisse des dépôts et consignations, le déposant remplit une déclaration de consignation qui mentionne diverses informations. Celle-ci contient des informations relatives au numéro de compte de consignation et de récépissé, au montant du versement en chiffres et en lettres, à la catégorie (offres réelles) et à la date de consignation, aux nom, prénoms et qualités du consignateur ou de son mandataire. La déclaration précise la cause de la consignation, l'origine des fonds consignés et l'identité du créancier. Le déposant doit produire toutes les pièces justifiant la consignation et permettant de connaître toutes les conditions de remboursement. La déclaration de consignation doit ainsi être accompagnée d'une copie de la signification ou notification de l'offre et de la mise en demeure. Si les offres (réelles) ont été faites à la barre ou d'avocat à avocat, la copie du jugement qui en donne acte est jointe à la déclaration de consignation. Cette dernière porte mention des principaux justificatifs qui doivent être produits à l'appui de la demande de remboursement[835]. Une fois la consignation réalisée, il est remis au

---

[833] C. civ., art. 1259 2° anc. – G. Baudry-Lacantinerie et L. Barde, Traité théorique et pratique de droit civil, 3e éd., Des obligations, Tome II, Lib. de la soc. du recueil général des lois et des arrêts, 1907, n° 1595. – C. Demolombe, Traité des contrats ou des obligations conventionnelles en général, 4e éd., Tome XXVIII, 1876, A. Durand et Hachette et Cie, n° 113, 117. – E. Garsonnet et Ch. Cézar-Bru, Traité théorique et pratique de procédure civile et commerciale, 3e éd., Tome VIII, Lib. Recueil-Sirey, 1925, n° 119. – M. Planiol et G. Ripert par J. Radouant, Traité pratique de droit civil français, 2e éd., Les obligations, 2e partie, Tome VII, LGDJ, 1954, n° 1211.

[834] En ce sens : M. Planiol et G. Ripert par R. Savatier, Traité pratique de droit civil français, 2e éd., Les contrats civils, 2e partie, Tome XI, 1954, LGDJ, n° 1169.

[835] Traité des consignations en France, LGDJ, 1998, n° 86-87, 140.

déposant un récépissé de consignation qui forme titre contre la Caisse des dépôts et consignations. Le récépissé énonce les arrêts, jugements, actes ou causes qui donnent lieu à ladite consignation (C. mon. fin., art. R. 518-31)[836]. La consignation doit alors être notifiée au créancier par le débiteur (C. civ., art. 1345-1 al. 3e). Concrètement, il devra notifier la copie du titre de la créance, celle de l'offre de paiement et de la mise en demeure et celle du récépissé de consignation. Le débiteur pourrait remplacer la notification par une signification à toutes fins utiles (C. civ., art. 1100-1 al. 2e, 1102 al. 1er. - CPC, art. 651 al. 3e).

Stipulation pour autrui. – La seule consignation ne crée aucun lien de droit entre le créancier et le dépositaire (C. civ., art. 1199, 1203). On doit se demander comment ce lien est créé. Les auteurs classiques considéraient que le dépositaire s'oblige *ex quasi contractu* à restituer les sommes déposées au créancier[837]. La référence au quasi-contrat de dépôt[838] explique en quoi consiste la relation entre le débiteur et le dépositaire, mais aucunement l'attribution de la créance en déconsignation au créancier. Il faut faire intervenir un autre mécanisme pour expliquer le transfert à ce dernier de cette créance. La consignation est l'occasion pour le débiteur d'attribuer la créance en déconsignation au créancier. Selon l'usage suivi par la Caisse des dépôts et consignations[839], le compte est ouvert au nom du créancier et en sous-titre seulement au nom du débiteur. Cette pratique est conforme à certaines dispositions légales (L. 31 mars 1896, art. 6, al. 1er. - L. 31 déc. 1903, art. 5, al. 2). Elle suggère l'existence d'une stipulation pour autrui voulue par le débiteur au bénéfice du créancier (C. civ., art. 1205)[840]. Une telle stipulation pour autrui était implicitement admise par l'article 1259, 4° ancien abrogé par le décret n° 81-500 du 12 mai 1981. Le texte prévoyait que le procès-verbal de dépôt soit signifié au créancier avec sommation de retirer la chose déposée. Il serait plus judicieux de considérer, comme en droit suisse, que la

[836] Traité des consignations en France, *op. cit.*, n° 88.
[837] Pothier, œuvres par Bugnet, 2e éd., Tome II, Traité des obligations, Marchal, Billard et Cie ; E. Plon, Paris, 1861, n° 582.
[838] R. Guillemot, Traité des consignations, 1868, n° 106, p. 126.
[839] http://consignations.caissedesdepots.fr/Refus-du-paiement.html
[840] A. Touzain, La consignation, Thèse Paris II, dir. Cl. Brenner, 2018, n° 685 s. qui semble admettre, malgré des hésitations, que la consignation est accompagnée d'une stipulation pour autrui.

stipulation pour autrui résulte *de l'usage* (CO, art. 112 II)[841]. De cette façon, l'attribution de la créance au créancier résulterait de la seule consignation, indépendamment de la volonté ou de l'absence de volonté du débiteur à cet égard.
L'attribution au créancier de la créance en déconsignation consécutive à la stipulation pour autrui est immédiate (C. civ., art. 1206 al. 1er). Le créancier devient titulaire de celle-ci dès l'attribution réalisée, avant même la notification faite par le débiteur.

Révocabilité. - Il faut distinguer la révocation de l'attribution résultant de la stipulation pour autrui, de la révocation de la consignation. La question était réglée d'une façon globale dans le droit ancien (C. civ., art. 1261 anc., 1262 anc.). Elle ne l'est plus aujourd'hui. Il faut donc s'en remettre aux dispositions de droit commun de la stipulation pour autrui et du quasi-contrat de dépôt. Le déposant peut révoquer son attribution consécutive à la stipulation pour autrui tant que la décision d'acceptation par le créancier ne lui est pas communiquée (C. civ., art. 1206 al. 2e)[842]. La révocation de l'attribution consécutive à la stipulation pour autrui anéantit seulement l'attribution en réintégrant la créance en déconsignation dans son patrimoine. Elle laisse donc subsister la consignation. Dans une autre hypothèse, le débiteur peut révoquer la consignation et, par voie de conséquence, l'attribution de la créance au créancier consécutive à la stipulation pour autrui. Il révoque la consignation en demandant à la Caisse des dépôts et consignations la déconsignation. On ne devrait d'ailleurs pas parler dans ce cas de révocation mais de résiliation du quasi-contrat de dépôt. La consignation étant faite à durée indéterminée, il peut y être mis fin à tout moment par la volonté du déposant (C. civ., art. 1211, 1944). Un avis du Conseil d'État en date du 16 mai 1810 décide que le receveur de la Caisse des dépôts et consignations doit rendre la chose ou la somme consignées au débiteur qui en réclame la restitution tant que la

[841] G. Bonnant, La consignation en droit civil suisse, Thèse Genève, Les presses de Savoie, 1950, p. 15, 37, 45. - P. Engel, Traité des obligations en droit suisse, 2e éd., Staempfli Éd., Berne, 1997, p. 422, 666. – D. Loertscher et A. Tolou *in* L. Thévenoz et F. Werro (dir.), Code des obligations I. Commentaire Romand, 3e éd., Helbing Lichtenhahn Verlag, Bâle, 2021, art. 92, n° 11. - A. Von Tuhr, Partie générale du Code fédéral des obligations, Tome II, Traduit de l'allemand par de M. Torrente et E. Thilo, Imp. Vaney-Burnier G., Lausanne, 1931, §66, p. 479 ; §82, p. 631.
[842] CA Paris, 1re ch., 24 juin 1925 : DP 1927, 2, p. 47. - C. Demolombe, Tome XXVIII, n° 147. – L. Larombière, Théorie et pratique des obligations, Nouvelle édition, Tome IV, A. Durand et Pedone-Lauriel, 1885, art. 1261, n° 1.

consignation n'a pas été acceptée par le créancier et que cette acceptation ne lui a pas été signifiée[843]. La jurisprudence est fixée en ce sens également. Le créancier qui a refusé les offres ne peut par la suite demander en référé l'autorisation de déconsigner. En effet, tant que la consignation n'a pas été acceptée par lui, le débiteur conserve la libre disposition des sommes déposées par suite d'offres réelles non acceptées et non validées judiciairement[844]. Du fait du caractère accessoire de l'attribution consécutive à la stipulation pour autrui, la résiliation du quasi-contrat de dépôt, c'est-à-dire la déconsignation par le déposant, entraîne nécessairement la révocation de l'attribution consécutive à la stipulation pour autrui.

B) L'ACCEPTATION OU LE REFUS DE L'ATTRIBUTION DE LA CRÉANCE PAR LE CRÉANCIER

Distinction. - Il faut distinguer deux hypothèses selon que le créancier refuse ou accepte l'attribution faite à son profit.

Refus. – Le créancier est libre de refuser l'attribution faite à son bénéfice par le débiteur. Son refus n'obéit à aucune condition de forme (C. civ., art. 1100-1 al. 2e et 1102 al. 1er)[845]. Il faut distinguer le refus exprès du refus tacite. Il y a refus exprès si le créancier demande la nullité des actes à l'origine du dépôt et du dépôt lui-même. En cas de nullité prononcée, le dépositaire devra restituer la chose au déposant. Il y a refus tacite si le créancier ne procède pas à la déconsignation, sans pour autant demander la nullité des actes. Compte tenu du refus, le débiteur-déposant pourra révoquer l'attribution consécutive à la stipulation pour autrui et demander la déconsignation à la Caisse des dépôts et consignations en résiliant le quasi-contrat de dépôt (C. civ., art. 1206 al. 2e).

---

843 Code de l'enregistrement, du timbre, du greffe, des successions, des mutations par décès, Société typographique Belge : Bruxelles, 1839, p. 377, avis n° 123. – C. Aubry et C. Rau par E. Bartin, Droit civil français, 6e éd., Tome IV, Lib. Techniques, 1942, n° 322, p. 304 et 305 et note 30. – M. Planiol et G. Ripert par J. Radouant, Tome VII, *op. cit.*, n° 1211. – Traité des consignations en France, *op. cit.*, n° 142.

844 T. civ. Seine, réf., 8 juin 1955 : Gaz. Pal. 1955, 2, p. 38.

845 C. Aubry et C. Rau par E. Bartin, Tome IV, *op. cit.*, n° 322, p. 304 et note 29. – G. Baudry-Lacantinerie et L. Barde, Tome II, n° 1630. – H. de Page, Traité élémentaire de droit civil belge, 3e éd., Tome III, Bruylant, Bruxelles 1967, n° 500.

Acceptation – Le créancier peut au contraire accepter l'attribution. L'acceptation n'est soumise à aucune condition de forme (C. civ., art. 1100-1 al. 2e et 1102, al. 1er, 1208)[846]. Elle peut précéder la déconsignation. L'acceptation étant réceptice, elle doit être notifiée au débiteur pour être efficace (C. civ., art. 1206 al. 3e). L'acceptation peut aussi résulter d'une demande en déconsignation faite directement à la Caisse des dépôts et consignations, auquel cas la notification devient inutile[847]. Le créancier accepte alors l'attribution faite à son profit en demandant la restitution de la somme déposée.

Jugement valant acceptation de l'attribution. - Le débiteur ne pourra demander, comme il le pouvait avant la réforme, l'attribution forcée de la créance au créancier (C. civ., art. 1262 anc.). Le jugement passé en force de chose jugée qui validait les offres et la consignation valait consignation *acceptée*[848]. D'après la jurisprudence, le jugement prononçait la validité des offres et de la consignation, constatait que le débiteur était libéré vis-à-vis de son créancier et opérait mainlevée le cas échéant de l'hypothèque qui garantissait la créance[849]. Pour que le débiteur fût libéré vis-à-vis de son créancier, il fallait qu'une décision validant les offres et la consignation eût acquis force de chose jugée[850]. Le jugement était constitutif : le juge remplaçait la personne du créancier. Il appréciait objectivement le caractère satisfactoire du paiement proposé par le débiteur au regard de l'intérêt du créancier[851]. En conséquence, le jugement entraînait l'extinction de la dette du débiteur à l'égard de son créancier[852]. Étant donné que ce jugement

---

[846] Dalloz, jurispr. gén., Tome 33, V° Obligations, n° 2244.

[847] Traité des consignations en France, *op. cit.*, n° 142.

[848] C. Aubry et C. Rau par E. Bartin, Tome IV, *op. cit.*, n° 322, p. 304-305. – G. Baudry-Lacantinerie et L. Barde, Tome II, *op. cit.*, n° 1632. – E. Garsonnet et Ch. Cézar-Bru, Tome VIII, *op. cit.*, n° 124. – Dalloz, jurispr. gén., Tome 33, V° Obligations, n° 2246. – M. Planiol et G. Ripert par J. Radouant, Tome VII, *op. cit.*, n° 1211. – Traité des consignations en France, *op. cit.*, n° 142-143, 146.

[849] Cass. 1re civ., 6 mars 1973, n° 71-14.780 : Bull. civ. I, n° 83. – Cass. 3e civ., 2 févr. 2000, n° 97-22.665 : JurisData n° 2000-000236 ; Bull. civ. III, n° 24 ; RTD civ. 2000, p. 333, obs. J. Mestre et B. Fages. – T. civ. Seine, 5e ch., 12 oct. 1955 : Gaz. Pal. 1956, 1, p. 157 ; D. 1956, somm. p. 87. – CA Paris, 2e ch. B, 8 févr. 1991, n° 90.6470 : JurisData n° 1991-020395.

[850] CE, ss-sect., 9 et 8 réunies, 12 oct. 1994, n° 141938 : JurisData n° 1994-052287.

[851] En ce sens : J. Martin de la Moutte, L'acte juridique unilatéral, Thèse Toulouse, Préf. P. Raynaud, Recueil-Sirey, Paris, 1951, n° 55.

[852] H. de Page, Tome III, *op. cit.*, n° 500. – Dalloz, jurispr. gén., Tome 33, V° Obligations, n° 2246.

supposait l'acceptation forcée de l'attribution de la créance au créancier, seule la loi pouvait prévoir son existence. Faute de disposition légale en ce sens sous l'empire du droit nouveau, le juge ne pourra, de sa propre autorité, forcer cette acceptation. On ne peut que regretter qu'une telle acceptation judiciaire n'ait pas été prévue. Elle seule est susceptible de mettre fin d'une façon définitive à la situation.

Acceptation et extinction de la créance. - Il reste à déterminer la cause d'extinction de la créance. Il n'est pas d'extinction sans technique extinctive dûment identifiée. L'attribution de la créance consécutive à la stipulation pour autrui n'est pas en soi une cause d'extinction. Elle en est le préalable nécessaire dans la situation qui nous intéresse mais elle ne réalise pas en soi l'extinction faute de constituer une technique extinctive. Il n'est pas nécessaire de chercher très loin cette technique. L'attribution de la créance est faite à titre de paiement, c'est-dire dans le cadre juridique de la dation en paiement[853]. Cette dation est particulière. D'abord, elle a pour source un acte unilatéral de volonté du stipulant qui attribue la créance au créancier à titre de paiement[854]. Ensuite, elle ne donne pas lieu à modification de l'objet de l'obligation payée par dation en paiement. On peut analyser la dation en paiement comme une convention modificative de l'objet de l'obligation[855]. Lorsqu'une obligation de somme d'argent est payée par une dation en paiement d'un droit personnel à l'égard d'autrui, il n'y a pas de modification de l'objet payé mais paiement de la même chose, une somme d'argent, par un tiers (C. civ., art. 1342-1, 1236 al. 1er anc.). Dans tous les cas, la dation en paiement qui un contrat suppose

---

[853] On notera qu'il est ici superflu de recourir à la dation aux fins de paiement, car le dépositaire est toujours solvable. Le créancier peut accepter l'attribution sans crainte de subir l'insolvabilité du dépositaire.

[854] M. Mignot, Juris-Classeur Civil, Art. 1205 à 1209, 2022, n° 11.

[855] N. Catala, La nature juridique du payement, Préf. J. Carbonnier, Imp. J. Reschly, Montpellier, 1960, n° 107. - A. Ghozi, La modification de l'obligation par la volonté des parties, Préf. D. Tallon, Bibliothèque de droit privé, Tome CLXVI, Paris, LGDJ, 1980, n° 241. - G. Marty, P. Raynaud et Ph. Jestaz, Les obligations, Tome II, Le régime, 2e éd., Sirey, 1989, n° 244. - Très nettement en ce sens : En ce sens : CA Douai, 1re Ch. civ., 5 déc. 1990 : JurisData n° 1990-051492 où le débiteur doit payer une obligation de somme d'argent mais où les parties conviennent de transformer cette obligation dans celle de transférer la propriété d'un appartement ayant une valeur équivalente. La cour d'appel estime que la dation en paiement est une transformation de l'objet de l'obligation et qu'elle a force obligatoire de sorte que le débiteur ne peut pas par la suite proposer à titre de paiement autre chose que l'objet de l'obligation modifiée. – *Contra* : A. Von Tuhr, Tome II, *op. cit.*, §56, p. 417.

l'acceptation par le créancier de l'attribution de la créance (C. civ., art. 1101). Cette acceptation vaudra à la fois consolidation de la créance dans son patrimoine et acceptation de la dation en paiement (C. civ., art. 1206 al. 2e). C'est donc cette acceptation qui opère extinction de la créance[856]. La solution est la même qu'en cas de paiement simple, sans mise en demeure préalable du créancier et de consignation. Le paiement suppose toujours l'acceptation du créancier. *Dominium invito non acquiritur*. La doctrine classique relative à la consignation n'a jamais clairement identifié la technique extinctive de la créance. Les auteurs croyaient à la véracité des dispositions de l'article 1257 al. 2e anc. du Code civil, tout en affirmant que le créancier ne peut devenir propriétaire sans son consentement et que l'extinction de la dette ne s'opère que par l'acceptation du créancier de la consignation[857].

II) La déconsignation consécutive à la réalisation d'une sûreté réelle

Distinction. - Il convient d'envisager d'abord les hypothèses de transformation d'une sûreté réelle mobilière ou immobilière en nantissement légal de créance, puis les modes de réalisation envisageables de ce nantissement légal de créance.

A) LES HYPOTHÈSES DE TRANSFORMATION

1) En cas de gage

L'hypothèse est celle d'une réalisation du gage de droit commun par la saisie-vente du bien gagé (C. civ., art. 2346 al. 1er. - CPC ex., art. L. 221-1 et R. 221-1 s.). Il faut considérer que les droits réels de garantie des créanciers gagistes se reportent sur la créance de prix née de la vente amiable ou forcée. Les droits réels de garantie issus du gage se

---

[856] En ce sens : G. Bonnant, La consignation en droit civil suisse, *op. cit.*, p. 49. - D. Loertscher et A. Tolou, *op. cit.*, art. 92, n° 12. - Plutôt en ce sens : CA Dijon, 1re ch., 22 déc. 1897 : DP 1898, 2, p. 351 ; Gaz. Pal. 1898, 2, p. 367 ; Pand. franç. 1900, 2, p. 65 mais l'arrêt ne distingue pas assez nettement les effets des offres réelles et ceux de la consignation acceptée.

[857] G. Baudry-Lacantinerie et L. Barde, Tome II, *op. cit.*, n° 1627, 1630, 1632. - Dalloz, jurispr. gén., Tome 33, V° Obligations, n° 2223, 2246. - L. Larombière, Tome IV, *op. cit.*, art. 1257, n° 4 et art. 1261, n° 1. - M. Planiol et G. Ripert par J. Radouant, Tome VII, *op. cit.*, n° 1211.

transforment en nantissement de créance. Le paiement du prix permet la radiation des inscriptions (CPC ex., R. 221-32. - art. R. 221-39. - C. com., art. 521-20). La distribution des deniers issus de la vente est faite en application des articles L. 251-1 et R. 251-1 à R. 251-11 du Code des procédures civiles d'exécution. S'il y a plusieurs créanciers et qu'une contestation survient, l'agent chargé de la vente essaye d'obtenir un accord des créanciers (CPC ex., art. R. 251-7). S'il ne l'obtient pas, il dresse un procès-verbal exposant les difficultés rencontrées et saisit immédiatement le juge de l'exécution du lieu de la vente en lui transmettant le dossier. Les sommes mises en répartition sont immédiatement consignées auprès de la Caisse des dépôts et consignations (CPC ex., art. R. 251-8). Tout intéressé peut alors saisir le juge de l'exécution qui procède à la répartition (CPC ex., art. R. 251-9).

Par exception, lorsque le gage de droit commun est constitué en garantie d'une dette professionnelle, les formalités de la réalisation de la sûreté sont simplifiées (C. civ., art. 2346 al. 2e). La vente publique de la chose peut être faite par un notaire, un huissier de justice (Ord. n° 45-2592 du 2 novembre 1945 relative au statut des huissiers), un commissaire-priseur judiciaire (Ord. n° 45-2593 du 2 novembre 1945 relative au statut des commissaires-priseurs judiciaires. – Ord. n° 2016-728 du 2 juin 2016 relative au statut de commissaire de justice) ou un courtier de marchandises assermenté (C. com., art. L. 131-28 et L. 322-4 à L. 322-13). Le Code civil ne règle pas la question du report du droit réel de garantie sur la créance de prix et celle de la radiation des inscriptions. La distribution des deniers est faite en application des articles 1281-1 à 1281-12 du Code de procédure civile. En présence de plusieurs créanciers, la partie la plus diligente devra avoir recours à la procédure de référé (CPC, art. 1281-1 al. 1er)[858]. Le président du tribunal judiciaire désignera une personne chargée de la distribution, vraisemblablement l'agent chargé de la vente, et lui attribuera la qualité de séquestre judiciaire, à moins que les fonds ne soient consignés à la Caisse des dépôts et consignations (CPC, art. 1281-1 al. 2e. – art. 1961 1°).

---

[858] Il semble que cela soit une hypothèse de procédure accélérée au fond (CPC, art. 481-1).

2) En cas d'hypothèque

a) La consignation faite pour valider la vente postérieure à la publication du commandement

Régularisation de la vente postérieure à la publication du commandement. - La procédure de saisie immobilière débute par un acte de saisie, le commandement, signifié au débiteur à la requête du créancier (CPC ex., art. L. 321-1, L. 321-2, R. 321-1). Le commandement doit être publié au service de la publicité foncière dans les deux mois de sa signification (CPC ex., art. R. 321-6). Les aliénations du droit immobilier saisi antérieures à la publication du commandement non publiées ou celles postérieures à la publication du commandement publiées sont inopposables au créancier poursuivant et à l'acquéreur de l'immeuble, sauf consignation auprès de la Caisse des dépôts et consignations d'une somme suffisante pour acquitter en principal, intérêts et frais, ce qui est dû aux créanciers inscrits ainsi qu'au créancier poursuivant (CPC ex., art. L. 321-5 al. 2e). Le principe est que les aliénations antérieures non publiées et celles postérieures même publiées sont inefficaces.

Par exception, les aliénations antérieures non publiées ou postérieures publiées peuvent être pleinement efficaces à certaines conditions. Pour l'essentiel, l'article L. 321-5 al. 2e du Code des procédures civiles d'exécution consacre la possibilité d'une régularisation de l'acte de vente par le vendeur et/ou l'acquéreur[859] résultant du paiement des créances garanties par ce dernier (C. civ., art. 1342-1) et entraînant la caducité rétroactive de toute la procédure de saisie. La consignation est subsidiaire par rapport à l'acceptation de l'offre (réelle) de paiement par l'acquéreur (C. civ., art. 1345, 1345-1, art. 1257 anc.)[860]. Si l'offre est acceptée, l'acquéreur est obligé de payer la somme offerte aux créanciers destinataires de celle-ci. L'acceptation de l'offre (réelle) suivie du paiement produit l'extinction des créances causes de la saisie.

---

[859] Cass. req., 23 avr. 1903 : DP 1905, 1, p. 121, note P. de Loynes ; S. 1906, 1, p. 137, note A. Tissier. - Cass. com., 24 oct. 1949, n° 38.757 : Bull. civ. II, n° 333, p. 962 ; S. 1950, 1, p. 157, note J. du Garreau de la Méchenie. - Cass. 3e civ., 23 juill. 1986, n° 85-10.937 : Bull. civ. III, n° 133, p. 104, considérant que la vente est inopposable à l'adjudicataire plutôt que nulle.

[860] V. la discussion rapportée par Jur. Gen., Tome 43, V° Vente publique d'immeubles, n° 674.

Dans ce cas, la question du report des droits réels de gage[861] ou de garantie sur la créance du vendeur contre l'acheteur ne se pose pas. Si l'offre est refusée, l'acquéreur devra consigner à la Caisse des dépôts et consignations une somme identique à celle de l'offre et notifier cette consignation aux créanciers concernés (C. civ., art. 1345-1. – CPC, art. 687 anc.)[862]. La consignation est irrévocable[863]. La loi dispose alors, par voie d'autorité, que la notification de la consignation libère le débiteur (C. civ., art. 1345-1 al. 3e). La formule est largement exagérée : la seule consignation ne vaut pas paiement des créanciers concernés. Ceux-ci seront réellement payés avec la déconsignation (V. *supra* I). Donc tant qu'elle n'a pas lieu, il faut tenir pour acquis que la créance de prix demeure dans le patrimoine du saisi vendeur à l'égard de l'acquéreur.

L'article L. 321-5 al. 2e ne règle pas clairement la question de la subrogation réelle et celle de la répartition des sommes consignées. Le texte prévoit que la somme consignée est *affectée spécialement* aux créanciers poursuivant et inscrits. Il est manifestement insuffisant. Il ne faudrait pas raisonner par rapport à la somme, considérée dans sa matérialité, mais par rapport à la créance. L'affectation spéciale est la manifestation du report des droits réels de gage ou de garantie sur la créance[864]. Cette subrogation s'opère au premier degré sur la créance de prix, puis au second sur la créance issue de la consignation du prix à la Caisse des dépôts et consignation. Les sûretés réelles portant sur la propriété de l'immeuble se transforment en nantissement légal de créance. Il faut alors résoudre la difficulté en appliquant les modes de réalisation du nantissement de créance ou en s'en inspirant. En l'absence d'opposition, les créanciers seront payés par la Caisse des

---

861 Sur le caractère réel du droit de gage (C. civ., art. 2284) : M. Mignot, Les principes généraux (droit commun) des sûretés en général et des sûretés personnelles et réelles en particulier (art. 2284 à 2287 avant-projet) *in* L. Andreu et M. Mignot (dir.), La réforme du droit des sûretés, Institut Universitaire Varenne, Collection Colloques et Essais, Vol. 75, 2019, p. 17.

862 Cass. com., 24 oct. 1949, n° 38.757, préc., l'annotateur (J. du Garreau de la Méchenie, *op. cit.*) souligne l'incohérence qu'il y a à permettre à l'acheteur de ne pas respecter les règles des articles 1257 et s. anciens du Code civil, tout en exigeant ce respect du débiteur, alors que leurs situations sont exactement les mêmes.

863 A. Chauveau, Code de la saisie immobilière, Commentaire de la loi du 2 juin 1841, Paris, Lib. Delamotte, 1841, Q n° 2306 III.

864 C. civ., art. 2350. - CPC anc., art. 135-d. - Ch. Cézar-Bru et P. Hébraud, La juridiction du président du tribunal, Tome I, Des référés par J. Seignolle, Litec, 1957, n° 281.

dépôts et consignations en fonction de leur rang par la présentation de la signification de la consignation à eux faite (art. R. 321-14). S'il y a des oppositions (CMF, art. R. 518-33), la question devra être réglée par le tribunal judiciaire[865].

b) La consignation faite dans le cadre d'une saisie immobilière

Vente amiable et vente publique. – Dans plusieurs hypothèses, la loi prévoit que la consignation du prix de l'immeuble vendu entraîne purge des hypothèques. C'est le cas lorsqu'en cours de saisie immobilière le juge autorise la vente amiable de celui-ci. La consignation du prix et le paiement des frais de la vente purgent de plein droit le droit de propriété de toute sûreté réelle du chef du saisi à la date de la publication du titre de la vente amiable (CPC ex., art. L. 322-14 réd. art. 6 II L. n° 2010-1609 du 22 déc. 2010. - art. R. 322-23 al. 1er). La subrogation réelle transforme la sûreté réelle immobilière en nantissement légal de créance. C'est ainsi que l'on peut comprendre l'article R. 322-23 al. 1er du Code des procédures d'exécution d'après lequel le prix consigné est « acquis » aux créanciers participant à la distribution. Néanmoins, le texte est ambigu car il ne distingue pas la créance de prix entre le vendeur et l'acheteur et celle relative au prix entre l'acheteur et le dépositaire, séquestre ou Caisse des dépôts et consignations.
Toujours en cas de saisie immobilière, lorsque l'immeuble fait l'objet d'une vente publique aux enchères, le prix de la vente est versé par l'adjudicataire au séquestre ou consigné à la Caisse des dépôts et consignations (CPC ex., art. L. 322-9)[866]. Le versement du prix ou sa consignation et le paiement des frais de la vente purgent de plein droit l'immeuble de toute sûreté réelle du chef du saisi à la date de la publication du titre de vente de l'immeuble (CPC ex., art. L. 322-14 réd. art. 6 II L. n° 2010-1609 du 22 déc. 2010)[867]. Le droit réel de garantie est reporté de la propriété de l'immeuble à la créance de prix

---

865 A. Chauveau, *op.* cit., Q n° 2306 III.

866 Cass. 3e civ., 8 janv. 1980, n° 78-13.257 : Bull. civ. III, n° 7 ; Journ. not. et av. 1980, art. 55439, p. 443, obs. J. Viatte ; RD imm. 1980, p. 194, obs. M. Dagot, jugeant que la consignation dans les mains d'un séquestre conventionnel conformément aux stipulations du cahier des charges équivaut à une consignation à la Caisse des dépôts et consignations.

867 Cass. com., 17 juill. 1984, n° 83-10.360 : Bull. civ. IV, n° 237, p. 196, le report du droit réel de garantie sur la créance de prix concerne toutes les hypothèques, y compris celle du Trésor public, en l'absence de dispositions légales contraires.

en sorte que l'hypothèque se transforme en nantissement légal de créance[868]. On peut dire la même chose au second degré s'agissant de la somme consignée à la Caisse des dépôts et consignations.

Purge légale des hypothèques. – En vue de purger la propriété de l'immeuble, le cessionnaire du droit de propriété peut notifier aux créanciers inscrits sur l'immeuble une offre de paiement direct du prix de vente (C. civ., art. 2464 al. 2e). En cas d'acceptation de l'offre de paiement du cessionnaire de la propriété de l'immeuble, la loi énonce qu'il peut consigner la somme auprès de la Caisse des dépôts et consignation (C. civ., art. 2467 al. 2e, 2481 anc.). Il faut néanmoins considérer que la consignation est *subsidiaire* par rapport au paiement direct. En l'absence de paiement direct, c'est-à-dire en présence de plusieurs créanciers *en désaccord sur leurs rangs respectifs*, la répartition de la valeur monétaire de l'immeuble relèvera des articles R. 331-3 à R. 334-3 du Code des procédures civiles d'exécution (C. proC. civ. ex., art. R. 331-3)[869]. La procédure est poursuivie[870] par la partie la plus diligente devant le tribunal judiciaire (C. proC. civ. ex., art. R. 331-3 al. 2e)[871] qui désigne le cas échéant un séquestre des fonds ou ordonne la consignation à la Caisse des dépôts et consignations (CPC ex., art. R. 331-3 al. 3e. – art. 2 1° ord. n° 1816 du 3 juill. 1816 relatifs aux attributions de la Caisse des dépôts et consignations créée par la loi du 28 avril 1816. - CMF, art. L. 518-17). D'après la loi, le

---

[868] Cass. civ., 4 juin 1850 : S. 1850, 1, p. 738, « la saisie d'un immeuble hypothéqué et l'adjudication qui en est la suite ont pour effet de convertir le droit réel des créanciers hypothécaires sur cet immeuble en un droit de préférence sur le prix ». - En cas de vente forcée, aucune disposition générale n'indique comme l'article R. 322-23 al. 1er du Code des procédure d'exécution que le prix consigné est acquis aux créanciers poursuivants (*Comp.* CPC ex., art. R. 322-57). Il faudrait qu'une disposition exprime l'idée d'une affectation de la créance de prix à ces créanciers. Il y a donc ici une lacune de la législation. - *Comp.* Cass. 2e civ., 5 déc. 1952, n° 1.867 : Bull. civ. II, n° 36, p. 25 considérant qu'en raison de la purge, le droit réel (et non la créance) se transporte sur le prix en distribution. - Cass. com., 17 juill. 1984, n° 83-10.360 : Bull. civ. IV, n° 237, p. 196, considérant qu'en raison de la purge, le droit de préférence du créancier hypothécaire est reporté sur le prix.

[869] R. Perrot et Ph. Théry, Procédures civiles d'exécution, 3e éd., Dalloz, 2013, n° 1015.

[870] La « *partie la plus diligente* » au sens de l'article R. 331-3 al. 2e du Code des procédure d'exécution devient ultérieurement la « *partie poursuivante* » au sens des articles R. 332-2, R. 332-3, R. 332-6 et R. 333-1 qui supporte les charges associées (demande de déclaration, rédaction du projet de distribution, etc.).

[871] Sur la compétence du tribunal judiciaire : Civ/17/06, p. 56.

droit réel immobilier est purgé des hypothèques par le paiement de sa valeur monétaire dans les mains des créanciers ou par sa consignation à la Caisse des dépôts et consignations (C. civ., art. 2467 al. 2e, 2481 anc.). La consignation du prix ne libère pas le cessionnaire de sa dette de prix à l'égard du cédant[872]. Elle fait naître une créance du cessionnaire à l'égard de la Caisse des dépôts et consignations en déconsignation. Les droits réels de garantie se reportent sur la créance de prix (C. civ., art. 2467 al. 2e, 2481 anc.). Il en résulte que l'hypothèque et le gage des immeubles par destination le cas échéant se transforment en nantissement légal de créance (C. civ., art. 2355)[873]. La créance née de la consignation du prix est indisponible car la consignation est *judiciaire* (C. civ., art. 2350. - CPC ex., art. R. 331-3 al. 3e). La déconsignation s'effectue par la remise, par l'avocat poursuivant dans les dix jours de la clôture de l'ordre, à la Caisse des dépôts et consignations, d'un extrait du procès-verbal du juge fait par le greffier du tribunal judiciaire. Cet extrait mentionne les noms et prénoms des créanciers colloqués, les sommes qui leur sont allouées, l'ordre de mainlevée des inscriptions des créanciers forclos ou rejetés (CMF, art. R. 518-34).

L'un des créanciers peut requérir la vente aux enchères de l'immeuble avec obligation de surenchérir du dixième en l'absence d'enchérisseur (C. civ., art. 2465, 2480 anc.). La vente forcée est réglementée par les articles 1281-16 à 1281-20 du Code de procédure civile (CPC, art. 832 à 838 anc.). L'adjudicataire doit payer le prix à un séquestre ou à la Caisse des dépôts et consignations dans un délai de deux mois à compter de l'adjudication (CPC ex., art. R. 322-56). Dans tous les cas, le versement du prix ou sa consignation et le paiement des frais de la vente par l'adjudicataire purgeront de plein droit l'immeuble de toute hypothèque et de tout privilège du chef du débiteur à compter de la publication du titre de vente (CPC ex., art. L. 322-14). En cas de

---

[872] Cass. 3e civ., 20 déc. 1977, n° 76-12.204 : Bull. civ. III, n° 461, p. 351 ; RTD civ. 1978, n° 7, p. 682, obs. Cl. Giverdon, la consignation (en réalité le séquestre) d'une fraction du prix dans les mains d'un notaire ne vaut pas paiement du prix de vente d'un immeuble et ne permet pas à l'acheteur d'obtenir la radiation de l'inscription du privilège du vendeur d'immeuble. - 6 janv. 1999, n° 96-19.460 : Bull. civ. III, n° 1 ; D. affaires 1999, p. 512 ; RTD civ. 1999, p. 414, obs. P.-Y. Gautier, le séquestre de sommes par le débiteur ne vaut pas paiement.

[873] E. Genin, Traité des hypothèques et de la transcription, Bruylant, Bruxelles, 1935, n° 2870.

séquestre ou de consignation, le droit réel de garantie se reporte sur la créance en restitution ou déconsignation en sorte que l'hypothèque se transforme en nantissement légal de créance. Lorsque la vente forcée ne porte que sur les immeubles par destination, elle est faite par un officier ministériel habilité par son statut à procéder à des ventes aux enchères publiques de meubles corporels et, dans les cas prévus par la loi, par des courtiers de marchandises assermentés (CPC, art. 1281-20 al. 1er réd. D. n° 2021-1888). Le versement du prix ou sa consignation et le paiement des frais de la vente purgent de plein droit l'immeuble par destination de toute sûreté (CPC, art. 1281-20 al. 3e réd. D. n° 2021-1888). La distribution du prix est réalisée en application des dispositions du titre III du livre III du code des procédures civiles d'exécution (art. L. 331-1 s. - art. R. 331-1 s.) (CPC, art. 1281-20 al. 4e réd. D. n° 2021-1888).

B) LA RÉALISATION DU NANTISSEMENT LÉGAL DE CRÉANCE

Les développements qui précèdent montrent que la loi ne fournit aucun modèle précis et unique de réalisation de la sûreté réelle. Néanmoins, si l'on met en perspective toutes les dispositions légales relatives à cette hypothèse, il apparaît qu'il y a une double subrogation réelle en cas de consignation du prix. Les droits réels de garantie d'origine[874] se reportent au premier degré sur la créance du prix du bien réalisé, puis au second degré sur la créance issue de la consignation du prix auprès de la Caisse des dépôts et consignation. Les deux textes le plus caractéristiques de ce point de vue sont l'article L. 321-5 al. 2e du Code des procédures civiles d'exécution et l'article 2350 du Code civil. Cette double subrogation est une conséquence du droit de suite de la sûreté réelle. Du fait de la subrogation réelle, la sûreté réelle d'origine, gage ou hypothèque, se transforme en nantissement légal de créance. Elle portait initialement sur la propriété mobilière ou immobilière d'un bien et se reporte sur la créance de prix d'abord puis sur la créance issue de la consignation. La déconsignation et l'extinction consécutive doivent être pensées dans le cadre de ce nantissement légal de créance et non par référence à une stipulation pour autrui légale.

[874] Il faut noter que le droit de gage général est assimilé dans certains cas à un droit réel de garantie (CPC ex., art. L. 321-5 al. 2e).

Les articles 2363, 2364 et 2365 règlent la question de la réalisation du nantissement de créance. Il faut distinguer trois hypothèses en fonction de l'exigibilité des créances garantie et nantie. Si la créance nantie est exigible avant la créance garantie, le nantissement de créance est prolongé par une fiducie légale de monnaie (C. civ., art. 2364 al. 2e). Si la créance garantie est exigible avant la créance nantie, le créancier a le choix entre le paiement direct par le débiteur de la créance nantie ou l'attribution en paiement (art. 2465). Si les deux créances sont exigibles en même temps, il peut encore choisir entre le paiement direct et l'attribution en paiement (art. 2465). La loi étant assez imparfaite, chaque hypothèse pose difficulté. Par exemple, on se demande si le paiement direct résulte d'une obligation légale existant entre le créancier nanti et le débiteur de la créance nantie. L'obligation légale semble exister (art. 2363, 2361-1) et résulter de la notification prévue à l'article 2363 al. 1er. Le droit direct devrait être reconnu par la loi ou la jurisprudence. Il l'est souvent lorsqu'il s'agit de la mise en œuvre d'une sûreté sur créance. C'est le cas par exemple lorsque la sûreté réelle d'origine se reporte sur la créance d'indemnité d'assurance (C. assur., art. L. 121-13)[875], lorsque le privilège mobilier porte sur une créance d'indemnité d'assurance (C. civ., art. 2332 8° anc.)[876] ou en cas de purge de l'hypothèque (C. civ., art. 2464 al. 2e, 2467)[877]. En l'absence

[875] Cass. civ., 17 juill. 1911 : DP 1912, 1, p. 81. - Cass. civ., 19 janv. 1932 : RGAT 1932, p. 288, obs. M. P. - Dans la même aff. : CA Pau, 15 juill. 1941 : RGAT 1941, p. 403, obs. M. P. et Cass. civ., 4 déc. 1946 : S. 1947, 1, p. 57 ; JCP G 1947, II, 3546, note A. Besson ; RGAT 1947, p. 63, obs. M. P. ; D. 1947, p. 25, jugeant que le créancier muni de la sûreté réelle est titulaire d'un droit propre contre l'assureur. - Cass. 1re civ., 30 mars 1978, n° 76-14.784 : Bull. civ. I, n° 130, p. 104 ; RGAT 1978, p. 515, obs. A. B. – Cass. 2e civ., 30 janv. 2002, n° 00-12.951, inédit : RGDA 2002, p. 458, obs. A. Favre Rochex. – CA Lyon, 1re ch., 12 juin 1935 : RGAT 1936, p. 311, obs. M. P. - M. Cozian, L'action directe, Thèse Dijon, LGDJ, Paris, 1968, n° 199 s.

[876] Cass. civ., 14 juin 1926 : Rec. pér. ass. 1926, p. 143 ; DH 1926, p. 393 ; DP 1927, 1, p. 57, Rapp. A. Colin, note L. Josserand ; S. 1927, 1, p. 25, note P. Esmein ; Gaz. Pal. 1926, 2, p. 235 ; Rec. Gaz. Trib. 1926, 1, p. 161. - Cass. civ., 19 janv. 1937 : S. 1939, 1, p. 97, note E.-H. Perreau ; DH 1937, p. 129. - Cass. 1re civ., 7 déc. 1971, n° 69-14.641 : Bull. civ. I, n° 308, p. 264 ; RGAT 1972, p. 535. - Trib. com. Roubaix, 16 janv. 1925 : Rec. pér. ass. 1926, p. 126. - P. Robino, Les privilèges et autres causes de préférence sur les créances, Thèse Bordeaux, Imp. Delmas, 1949, p. 238. – M. Mignot, Les modifications du droit des assurances par l'ordonnance n° 2021-1192 du 15 septembre 2021 : RGDA janv. 2022, p. 11.

[877] Cass. req., 11 mai 1863 : DP 1864, 1, p. 191 ; S. 1864, 1, p. 357. – Cass. civ., 9 avr. 1878 : S. 1878, 1, p. 319 ; DP 1878, 1, p. 372. – 27 janv. 1885 : Bull. civ. 1885, n° 14, p. 21. – M. Mignot, Juris-Classeur Civil, art. 2461 à 2472, Purge des hypothèques, 2022, n° 52-54.

de droit direct reconnu au créancier, le paiement direct est laissé au bon vouloir du *solvens* (C. civ., art. 1342-1). Le droit direct n'est que la mise en œuvre du droit réel de garantie portant sur la créance nantie. En cas de pluralité de créanciers nantis, l'ordre des paiements est déterminé par le rang découlant de la sûreté réelle d'origine.

Il convient finalement de coordonner ce système de réalisation imparfait du nantissement de créance avec l'hypothèse du nantissement légal de créance portant sur la créance issue de la consignation. La créance garantie et celle issue de la consignation sont exigibles. Le mode le plus simple de réalisation du nantissement légal de créance est le paiement direct du créancier garanti par la Caisse des dépôts et consignations. L'extinction résulte de ce mode de réalisation du nantissement légal de créance. Le paiement direct par la Caisse des dépôts et consignations au créancier garanti a un quadruple effet extinctif. Il éteint le droit direct et les trois rapports qui le justifient. Le quadruple effet extinctif s'explique par le lien entre le droit direct et les deux autres rapports. Il les représente d'un point de vue juridique et économique, donc il entraîne leur extinction lorsqu'il s'éteint lui-même. En l'occurrence, le paiement par la Caisse des dépôts et consignations au créancier garanti entraîne l'extinction de la créance en déconsignation, de celle de prix issue de la vente entre le cédant et le cessionnaire, de celle garantie par la sûreté réelle d'origine et de celle directe entre le créancier garanti et ladite Caisse. Le créancier garanti pourrait aussi opter pour l'attribution judiciaire en paiement de la créance issue de la consignation. L'hypothèse paraît peu vraisemblable du fait de la nécessité de saisir le juge.

Conclusion. – Deux modifications légales peuvent être proposées afin d'améliorer le droit positif. D'abord, il faudrait ajouter à l'article 1205 du Code civil un troisième alinéa ainsi rédigé : « La stipulation pour autrui résulte de la volonté du stipulant ou de l'usage ». La consignation constitue l'une des applications de la stipulation pour autrui résultant d'un usage. La consignation faite par application de l'article 1345 vaut stipulation pour autrui en faveur du créancier. Ensuite, il faudrait donner à l'article 2350 du Code civil la rédaction suivante : « Le séquestre ou la consignation de sommes, effets ou valeurs, ordonné judiciairement à titre de garantie ou à titre conservatoire, ou résultant de la réalisation d'une sûreté réelle, emporte affectation spéciale et droit de préférence au sens de l'article 2333 et 2340. Le nantissement légal de la créance en déconsignation (ou issue de la consignation) se réalise par application de l'article 2364 al. 1er ».

L'extinction consécutive à la réalisation des sûretés réelles (hors l'hypothèse d'une consignation)

Marc Mignot

Délimitation du sujet. – La présente contribution est relative à l'extinction de l'obligation consécutive à la réalisation des sûretés réelles traditionnelles et des propriétés-sûretés, à l'exception de l'hypothèse de la vente forcée donnant lieu à consignation des sommes perçues de l'acheteur. Cette question relève d'un autre rapport (M. Mignot, L'extinction consécutive à la déconsignation d'une somme d'argent).

Voie d'exécution sans procédure civile d'exécution. – Dans le domaine des sûretés réelles, le législateur privilégie des voies d'exécution qui sont indépendantes des procédures civiles d'exécution[878]. Souvent, le créancier réalise la sûreté en s'appropriant la chose objet d'un droit réel de garantie ou en conservant la chose détenue au titre d'une propriété-sûreté, sans avoir recours à la moindre procédure civile et au juge. La réalisation s'effectue d'une façon plus efficace et elle donne lieu le cas échéant à un contrôle judiciaire *a posteriori*.

Dation en paiement. - Le cadre général de raisonnement est la dation en paiement[879]. Son utilisation n'est pas générale et dépend des situations. La dation en paiement n'est pas consubstantielle au gage ou au nantissement de créance. Les sûretés réelles traditionnelles se réalisent sans le recours à la dation en paiement lorsque le créancier déclenche une saisie du bien objet de la sûreté. Les propriétés-sûretés se réalisent toujours par une forme de dation directe ou indirecte en paiement ou aux fins de paiement. La dation en paiement est consubstantielle à la fiducie-sûreté. Le transfert de la propriété est réalisé en vue du paiement. Le législateur ne perçoit pas clairement ce lien. Il ne règlemente pas la dation en paiement dans le cours du contrat en prévoyant, comme c'est le cas dans le gage immobilier, une dation

[878] V. sur la question, la réflexion générale de C. Séjean-Chazal, La réalisation de la sûreté, Préf. M. Grimaldi, Nouvelle Bibliothèque des Thèses, Vol. 190, Dalloz, 2019.
[879] Sur laquelle, v. F. Bicheron, La dation en paiement, Préf. M. Grimaldi, Éditions Panthéon-Assas, 2006 et, dans cet ouvrage, J.-F. Hamelin, La spécificité de la dation en paiement.

en paiement successive des fruits produits par les biens fiduciaires. Les sûretés réelles traditionnelles se réalisent par le truchement d'une dation en paiement lorsque le créancier bénéficie de l'attribution en paiement du bien objet de la sûreté. La réserve de propriété ne s'inscrit pas dans cette logique. Dans le domaine mobilier, le législateur a consacré une règle injustifiable qui ne relève d'aucun mécanisme connu. Idéalement, cette sûreté devrait conduire à la résolution du contrat translatif et à l'établissement d'un compte des restitutions.

Lacunes de la loi. - Les modalités de la dation en paiement sont diverses. La dation peut être le résultat d'un jugement ou d'un acte unilatéral de volonté du créancier. Elle peut avoir lieu en paiement ou à des fins de paiement[880]. Elle est le plus souvent directe mais peut être également indirecte. La dation en paiement n'est pas correctement réglée par la loi lorsqu'elle est utilisée dans le cadre de la réalisation de la sûreté. Les textes utilisent souvent le mot *imputation* pour exprimer l'idée d'une extinction de la créance garantie (C. civ., art. 2345, 2364 al. 1er, 2371 al. 2e, 2374-5, 2381). Ils paraissent distinguer l'imputation qui résultant d'une décision du créancier de celle qui est automatique et découle d'un autre acte ou d'un fait juridiques. Il ne faut pas s'y tromper. L'imputation envisagée n'a rien à voir avec celle visée à l'article 1342-10 du Code civil en cas de pluralité de dettes. Parfois, la loi énonce que le créancier affecte telle somme au règlement de sa créance. Qu'il soit fait référence à l'imputation ou à l'affectation, la loi suggère l'existence d'un acte unilatéral du créancier en vue de la mise en œuvre de la dation en paiement.

De lege ferenda, il serait souhaitable que la loi lie plus systématiquement la réalisation de la sûreté avec l'institution de la dation en paiement dont les effets seraient déclenchés par un acte unilatéral du créancier. Il faut absolument éviter toute réalisation de la sûreté plus ou moins automatiquement déclenchée par la défaillance du débiteur garantie. Celle-ci ne devrait jamais suffire. L'acte unilatéral du créancier peut avoir deux objets distincts : soit il opère transfert de la propriété de l'objet de la sûreté, conduisant ultérieurement à l'extinction de la créance garantie, soit il opère directement l'extinction

[880] Sur la distinction, A. Von Tuhr, Partie générale du Code fédéral des Obligations, Tome II, Traduit de l'allemand par de M. Torrente et E. Thilo, Imp. Vaney-Burnier G., Lausanne, 1931, §56, p. 417.

en précisant la créance garantie et l'objet employé en paiement de celle-ci. Deux hypothèses se distinguent : celle dans laquelle le transfert de la propriété de la chose est réalisé par un acte unilatéral de volonté du créancier en vue d'opérer l'extinction de la créance garantie ; celle dans laquelle l'extinction résulte d'un acte unilatéral du créancier rendu possible par le transfert préalable de la propriété de la chose, alors que ce transfert est demeuré neutre de ce point de vue. Tel sera le cadre de notre réflexion.

Plan. - On distinguera la réalisation de la sûreté réelle traditionnelle de la réalisation de la propriété-sûreté.

I) La réalisation en cas de sûreté réelle traditionnelle

Il y a lieu de traiter successivement la réalisation du gage de droit commun et celle du nantissement de créance.

A) LE GAGE DE DROIT COMMUN

Principe. - La vente forcée du bien mise à part (C. civ., art. 2346), la réalisation du gage par le créancier prend la forme d'une dation en paiement aux modalités diverses. Elle échappe toujours aux règles posées par le Code des procédures civiles d'exécution. Selon les hypothèses, le créancier peut devoir saisir le juge ou réaliser sa sûreté de façon purement privée. Dans le premier cas, la réalisation suppose une procédure judiciaire et, dans le second, elle s'effectue sans aucune intervention du juge. Dans les deux cas, le créancier n'a pas besoin préalablement d'un titre exécutoire. La décision du juge provoque l'extinction de la créance et rend donc ce titre sans utilité, sauf s'agissant éventuellement de la transmission de la détention du bien par le constituant. Le titre n'est pas non plus nécessaire en cas de pacte commissoire.

Attribution en paiement du droit gagé. - En cas de défaillance du débiteur, le créancier gagiste dispose du pouvoir d'attribution en paiement du bien ou plutôt du droit gagé (C. civ., art. 2347, 2348). Le transfert de ce droit a lieu à titre de paiement de la créance garantie. La valeur du droit est évaluée et son montant imputé sur celui de la créance garantie. L'attribution en paiement s'analyse comme une *dation en paiement*[881]. Elle est translative de la titularité du droit gagé. Même si le transfert du droit est forcé, le créancier cessionnaire est l'ayant cause à titre particulier du constituant cédant[882]. Ce transfert entraîne l'extinction de la créance garantie à concurrence de la valeur du droit transféré.

Caractère exceptionnel. - L'attribution en paiement est un mode exceptionnel de réalisation des biens du débiteur par le créancier. En effet, le mode de réalisation normal est leur vente forcée à un tiers et le paiement du créancier avec le prix obtenu de ce tiers. Il faudrait déduire de ce caractère exceptionnel, ce que ne fait pas la jurisprudence, que les dispositions sur le pouvoir d'attribution en paiement sont d'interprétation stricte.

Formalités de l'attribution judiciaire. – En principe, l'attribution en paiement n'est pas une mesure de justice privée. Le créancier gagiste doit la demander au juge. Il doit prouver l'existence de sa créance et celle du contrat de gage. Le juge doit vérifier ces éléments. Si les conditions de l'attribution judiciaire sont réunies, il ne peut refuser de l'ordonner. En cas d'urgence, le juge des référés a le pouvoir de

---

[881] En ce sens : Cass. 1re civ., 19 janv. 1955, n° 37.325 : Bull. civ. I, n° 34, p. 29. – 7 févr. 1962, n° 1.610 civ. 55 : Bull. civ. I, n° 91, p. 81. – Cass. com., 24 janv. 2006, n° 02-11.989 : Bull. civ. IV, n° 15, p. 14. – G. Baudry-Lacantinerie et P. de Loynes, Traité théorique et pratique de droit civil, Du nantissement, des privilèges et hypothèques et de l'expropriation forcée, 3e éd., Lib. de la soc. du recueil général des lois et des arrêts, Tome I, Paris, 1906, n° 117. – F. Bicheron, La dation en paiement, *op. cit.*, n° 287. – E. Becqué : JCP G 1959, II, 11169. – M. et S. Cabrillac, Ch. Mouly et Ph. Pétel, Droit des sûretés, 11e éd., LexisNexis, 2022, n° 1096 – M. Planiol et G. Ripert par E. Becqué, Traité pratique de droit civil français, 2e éd., Tome XII, Sûretés réelles (1re partie), LGDJ, 1953, n° 120. – Ph. Simler et Ph. Delebecque, Droit des sûretés et de la publicité foncière, Précis Dalloz, 8e éd., Dalloz, Paris, 2023, n° 647. – B. Starck : Rec. gen. lois 1959, p. 448. – *Comp.* Cass. civ., 26 juill. 1897 : Journ. Faillites 1900, art. 3397, p. 100. – Just. Paix de Paris, XIV arr., 14 déc. 1905 : Rec. Gaz. Trib. 1906, 1re partie, 2, p. 331 qui considère que l'acte par lequel un débiteur laisse un objet lui appartenant entre les mains de son créancier, avec la stipulation que ce dernier en deviendra propriétaire, à un prix convenu, si le débiteur ne se libère pas de sa dette à une époque déterminée, n'est pas un nantissement mais une dation en paiement conditionnelle parfaitement valable.

[882] M. Planiol et G. Ripert par E. Becqué, Tome XII, *op. cit.*, n° 119 considèrent que le créancier gagiste est comme un acheteur et le débiteur constituant comme un vendeur en sorte que ce dernier doit bénéficier du privilège du vendeur pour le remboursement de la soulte due par le créancier au cas où la valeur de la chose est supérieure au montant de la créance.

l'ordonner, en l'absence de contestation sérieuse (CPC, art. 834)[883]. En l'absence d'urgence et/ou en cas de contestation sérieuse, le créancier devra saisir le tribunal compétent au fond. On peut se demander si le juge de l'exécution est compétent en la matière. La réponse doit être positive si l'on considère que la question relève de *l'exécution forcée* (COJ, art. L. 213-6 al. 1er).

Cette faculté d'attribution porte sur le droit originairement donné en gage ou sur celui qui y est subrogé réellement (C. civ., art. 2341 al. 3e, 2342, 2342-1). Le transfert du droit au bénéfice du créancier résulte du jugement[884]. En cas d'attribution judiciaire, la loi ne donne pas de précision sur la question de l'évaluation de la valeur du droit gagé. Il semble donc que les règles anciennes doivent être reconduites. L'évaluation du droit gagé doit permettre de mettre en évidence sa valeur, c'est-à-dire la valeur d'usage du bien gagé[885]. L'attribution du droit au créancier gagiste étant l'œuvre du juge, l'estimation de cette valeur doit avoir lieu au jour du jugement d'attribution ou à la date la plus proche de ce jugement[886]. Afin d'éviter que cette valeur soit minimisée, l'estimation peut être faite par un consultant (CPC, art. 256) ou un expert (CPC, art. 263)[887], nommé d'office par le juge ou sur demande d'une partie (CPC, art. 143. – *Comp.* C. civ., art. 2078 anc.). Pour la fixation de la valeur d'attribution, le juge n'est pas lié par son estimation et peut se fonder sur les éléments de la cause (CPC, art. 246)[888]. La consultation ou l'expertise n'est pas obligatoire. Le juge peut procéder lui-même à l'estimation s'il possède les éléments

[883] CA Paris, 9e Ch., 28 déc. 1909 : S. 1910, 2, p. 169. – CA Paris, 14e Ch. C, 12 mars 1993 : JurisData n° 1993-020861 ; Dr. soc. 1994, comm. 48, obs. Th. Bonneau ; JCP G 1993, I, 3717, n° 16, obs. Ph. Delebecque.

[884] Cass. com., 25 janv. 2000, n° 97-18.431 : Bull. civ. IV, n° 21, p. 17.

[885] Trib. com. Marseille, 15 déc. 1958 : Banque 1961, p. 251, obs. X. Marin, s'agissant de l'attribution en paiement, la valeur réelle n'est pas la valeur de revente par le créancier gagiste devenu propriétaire.

[886] Trib. Lille, 24 avr. 1959 : Banque 1961, p. 251, obs. X. Marin.

[887] Th. Bonneau : Dr. soc. 1994, comm. 48.

[888] Trib. com. Lyon, 30 juin 1970 et CA Lyon, 5 mars 1971 : Journ. agréés 1971, n° 636, p. 207. – CA Lyon, 1re Ch., 16 oct. 1980 : JCP G 1981, IV, p. 376. – CA Grenoble, 1re Ch. civ., 29 sept. 1997 : Banque et Droit mars-avril 1998, p. 37, obs. J.-L. Guillot, fixation de la valeur de la chose par le juge à son prix de revente inférieur à l'estimation de l'expert.

d'appréciation suffisants[889]. En outre, les parties peuvent convenir d'une évaluation (C. civ., art. 1102 al. 1er, 1103)[890].

Dispositif de la décision. - La décision du juge doit prononcer l'attribution en paiement (C. civ., art. 2347 al. 1er). Il faut en déduire que le transfert de propriété et que l'extinction de la dette garantie sont judiciaires. Si le gage garantit plusieurs créances, l'imputation sera faite par le juge selon les règles de droit commun (C. civ., art. 1342-10). Le juge doit ordonner le cas échéant la remise de la chose dans les mains du créancier. Le transfert des risques aura lieu au moment du transfert judiciaire de la propriété (C. civ., art. 1196 al. 3e). Il serait juste que le juge prévoit, si le créancier en fait la demande, que le transfert des risques aura lieu seulement au moment de la remise de la chose dans ses mains.

Pacte commissoire. – Par exception, l'attribution en paiement peut être extrajudiciaire si un pacte commissoire est convenu entre les parties. Ce pacte est la convention accessoire au gage par laquelle le créancier stipule que la chose lui sera attribuée en paiement, s'il n'est pas payé à l'échéance (C. civ., art. 2348). Il pourra être inclus dans le contrat de gage ou être conclu ultérieurement. Certaines dispositions interdisent la conclusion d'un pacte commissoire lorsque le débiteur est fragile ou en difficulté. Le pacte commissoire inclus dans un gage garantissant un contrat de crédit à la consommation est considéré comme non-écrit (C. cons., art. L. 312-38 al. 3e). Il est également interdit de le conclure et de le réaliser après le jugement d'ouverture d'une procédure de sauvegarde, de redressement et de liquidation judiciaires (C. com., art. L. 622-7 I al. 3e. – art. L. 631-14 al. 1er. – art. L. 641-3 al. 1er).

Mise en œuvre et effets du pacte commissoire. - Les parties doivent préciser dans le contrat de gage les modalités de mise en œuvre du pacte commissoire. Celle-ci devra dépendre essentiellement d'un acte unilatéral réceptice du créancier. La condition de validité principale de

---

889 Cass. civ., 1er juill. 1856 : DP 1856, 1, p. 274 ; S. 1856, 1, p. 785, actions gagées dont la valeur dépend d'une cote publique et officielle. – Cass. req., 4 avr. 1866 : DP 1867, 1, p. 33 ; S. 1866, 1, p. 433, rentes sur l'État gagées dont la valeur est fixée par un cours de bourse.

890 Cass. com., 15 nov. 2005, n° 03-18.437 : Bull. civ. IV, n° 228, p. 247 ; Dr. et Patr. févr. 2006, p. 125, obs. Ph. Dupichot, l'évaluation conventionnelle des parties rend toute demande ultérieure d'évaluation de la chose irrecevable.

cet acte unilatéral est la défaillance du débiteur dûment caractérisée. Il est conseillé de prévoir une notification de cet acte unilatéral au constituant du gage par le créancier. Ce dernier doit être informé de la mise en œuvre du pacte car elle modifie sa situation de façon notable. Le principal effet de cet acte est d'opérer le transfert de la propriété du droit gagé au créancier (C. civ., art. 1196 al. 2e). Autrement dit, cet acte est un acte d'auto-attribution par le créancier de la propriété de son débiteur. Après la mise en œuvre du pacte, le constituant devra transférer le cas échéant la détention de la chose au créancier. Idéalement, le pacte devrait prévoir que cette obligation découle de sa mise en œuvre par le créancier.

Le transfert de la propriété entraîne l'extinction de la créance à concurrence de la valeur du droit transmis. L'extinction est directement consécutive à l'acte unilatéral du créancier. Assez souvent, les parties ne sauront quelle est l'étendue exacte de l'extinction qu'après que la valeur du droit aura été évaluée. Afin de protéger les intérêts du constituant, la loi impose le recours à un expert, à défaut de cotation officielle du bien sur une plate-forme de négociation au sens du Code monétaire et financier (C. civ., art. 2348 al. 2e). L'expert est désigné à l'amiable par les deux parties ou par le juge, à défaut d'accord. Dans le premier cas, les parties ont intérêt à déterminer dans leur convention les modalités de sa désignation, ainsi que la répartition entre elles de la charge de sa rémunération. Il n'est pas possible de déroger au recours à l'expertise, toute clause contraire étant réputée non écrite (même disposition, *in fine*). Il n'y a que dans l'hypothèse où le bien fait l'objet d'une cotation officielle sur un marché que son estimation par expertise n'est pas nécessaire. La nature de l'expert n'est pas déterminée par la loi. Lorsqu'il est nommé par les parties d'un commun accord, il est leur mandataire commun (*Comp.* C. civ., art. 1592)[891]. Il en résulte que la valeur qu'il retient s'impose à elles (C. civ., art. 1103), sauf erreur grossière de sa part dans l'estimation. S'il est nommé par le juge, l'expert aura la qualité d'expert judiciaire. La détermination concrète de la valeur du droit gagé donne la mesure de l'extinction réalisée.

---

[891] M. et S. Cabrillac, Ch. Mouly et Ph. Pétel, *op. cit.*, n° 1097. – Ph. Simler et Ph. Delebecque, *op. cit.*, n° 649.

B) LE NANTISSEMENT DE CRÉANCE

Système nouveau de réalisation purement civil. – Au moment de la réforme de 2006, le législateur aurait pu choisir de réaliser le nantissement de créance par le recours aux procédures civiles d'exécution. Il aurait été alors assez naturel de considérer que le créancier réalise exclusivement son nantissement par une saisie-attribution de la créance nantie (CPC ex., art. L. 211-1 et s. et art. R. 211-1 s.). Le créancier saisissant aurait alors dû justifier d'un titre exécutoire (CPC ex., art. L. 211-1, art. R. 211-1). Le législateur de 2006 a fait un autre choix, extrêmement favorable aux intérêts du créancier nanti, sacrifiant souvent ceux des autres créanciers du constituant. L'exécution du nantissement de créance est complètement indépendante des procédures civiles d'exécution. Il en résulte que le créancier peut faire produire effet à sa sûreté réelle sans disposer de titre exécutoire.

Hypothèses. – Il faut distinguer trois hypothèses en fonction de la date d'exigibilité des créances garantie et nantie.

1re hypothèse : la créance nantie est exigible avant la créance garantie

Cette hypothèse est réglée par les articles 2362 al. 1er, 2363 al. 1er et 2364 al. 2e du Code civil. La créance nantie doit être exigible (C. civ., art. 2364 al. 1er). La créance garantie ne le sera pas encore. La loi reconnaît le paiement direct comme mode de réalisation du nantissement. Le débiteur de la créance nantie doit avoir reçu notification de l'existence du nantissement par le créancier nanti. Après celle-ci, il doit payer seulement ce dernier (C. civ., art. 2363 al. 1er. – C. com., art. L. 521-1 al. 5e anc. – CMF, art. L. 313-28. – CCP, art. R. 2191-56. – CMP, art. 107 al. 2e anc.). Cela suppose que le créancier de la créance garantie est aussi créancier direct du débiteur de la créance nantie[892], donc que la notification a un effet créateur d'une troisième créance ou translatif de la créance nantie (C. civ., art. 2363 al. 1er, 2364 al. 2e). La créance garantie n'étant pas exigible, le nantissement de créance se transforme en fiducie de monnaie (C. civ., art. 2364 al. 2e,

[892] H.-D. Cosnard, Les nantissement des marchés *in Le gage commercial, Études de Droit Commercial, 1953, Dalloz, p. 596-597* selon lequel le créancier nanti aurait un « *droit propre* » contre l'État.

art. 2374)[893]. Le créancier conserve les sommes payées sur un compte ouvert à cet effet et spécialement affecté, à charge de les restituer si la créance garantie est exécutée par le débiteur (C. civ., art. 2364 al. 2e, 1re phrase)[894]. S'il vient à défaillir, le créancier de la créance garantie, huit jours après une mise en demeure restée sans effet, affecte les fonds déposés sur le compte au règlement de sa créance (C. civ., art. 2364 al. 2e, 2e phrase). L'affectation est un acte unilatéral du créancier d'extinction de la créance garantie. Cet acte est un acte obligatoire pour le créancier du fait de la destination des fonds. Le créancier est propriétaire d'une certaine quantité de monnaie en vue du paiement de la créance garantie. Il est donc dans la position d'un créancier *fiduciaire*. Cet acte n'est pas spécialement réglementé par la loi. Il obéit aux conditions habituelles d'existence des actes unilatéraux (C. civ., art. 1110-1 al. 2e, 1128). La condition essentielle de validité de cet acte est la défaillance du débiteur de la créance garantie. L'acte devra préciser le montant de la créance garantie, en principal et accessoires, le montant des sommes utilisées pour provoquer son extinction.

2e hypothèse : la créance garantie est exigible avant la créance nantie[895]

Cette hypothèse est réglée par les articles 2362 al. 1er, 2364 al. 1er et 2365 du Code civil. Le débiteur de la créance garantie doit être défaillant. Celui de la créance nantie doit avoir reçu notification de l'existence du nantissement (C. civ., art. 2363 al. 1er). Le créancier de la créance garantie dispose de deux possibilités : soit il attend l'échéance de la créance nantie et se fait payer directement par son débiteur, soit il demande ou prononce l'attribution en paiement de celle-ci. Dans le premier cas, il faut supposer que la notification l'a rendu directement créancier du débiteur de la créance nantie. Le paiement

---

[893] M. et S. Cabrillac, Ch. Mouly et Ph. Pétel, *op. cit.*, n° 812. – Une partie de la doctrine y voit plutôt un nantissement de monnaie : L. Aynès : Dr. et Patr. sept. 2007, p. 68. – Ph. Malaurie et L. Aynès par L. et A. Aynès et P. Crocq, Droit des sûretés, 16e éd., LGDJ-Lextenso, 2022, n° 350. - D. Legeais Les garanties conventionnelles sur créances, avant-propos J. Stoufflet, préf. Ph. Rémy, 1986, Économica, n° 104 et Dr. et Patr. juill.-août 2007, p. 58. - Ph. Théry et Ch. Gijsbers, Droit des sûretés, Précis Domat Droit privé, LGDJ, 2022, n° 275.

[894] Cass. civ., 30 mai 1947 : S. 1947, 1, p. 140 ; RTD com. 1948, n° 16, p. 128, obs. J. Hémard, le créancier nanti reçoit le paiement comme mandataire.

[895] Sur l'hypothèse : Ph. Dupichot, Le nantissement, un an après : LPA 27 mars 2008, n° 63, p. 31, n° 23. – Y. Picod et J.-J. Ansault, Droit des sûretés, 4e éd., Thémis Droit, PUF, 2022, n° 240.

direct à l'échéance aura un triple effet extinctif. Il éteindra la créance garantie, la créance nantie et la créance entre le créancier nanti et le débiteur de la créance nantie née de la notification. Ce triple effet extinctif révèle les liens qui existent entre les trois créances. La créance nouvelle entre le créancier nanti et le débiteur de la créance nantie est liée objectivement aux deux autres. Le schéma ressemble à celui d'une délégation (C. civ., art. 1338 al. 2e). Dans le second cas, il faut distinguer l'attribution en paiement judiciaire de l'attribution conventionnelle. La première est prononcée par le juge. La décision du juge opère transfert de la titularité de la créance nantie au créancier nanti. La second est encadrée par la convention des parties (C. civ., art. 2348, 2365). Celle-ci devra organiser les modalités du transfert de la créance nantie au créancier nanti et celles du paiement par le débiteur de la créance nantie. L'attribution de la créance nantie au créancier de la créance garantie permet à ce dernier d'échapper au concours avec les autres créanciers du créancier de la créance nantie. Devenu créancier par l'effet de l'attribution, le créancier nanti attendra l'échéance de la créance nantie pour se faire payer par le débiteur. La loi ne dit pas si l'attribution en paiement, judiciaire ou conventionnelle, est faite en paiement ou aux fins de paiement[896]. En principe, en cas d'hésitation, le choix est opéré en faveur de la dation aux fins de paiement. Dans ce cas, le cessionnaire de la créance transmise en vue du paiement supporte l'obligation de réaliser la créance transmise. Il agit de ce point de vue *comme un fiduciaire*, dans son intérêt et dans l'intérêt du débiteur (CO suisse, art. 172. - *Comp.* C. civ. italien, art. 1197 al. 1er et art. 1198). Il doit rendre compte de l'exécution de cette obligation (*Comp.* C. civ., art. 2022) et restituer la différence après imputation entre le montant de la créance et ce qui a été payé. La question de l'extinction de l'obligation n'est pas réglée par la loi. On doit se demander s'il y a extinction selon la volonté unilatérale du créancier ou extinction automatique dès la perception par le créancier du produit de la réalisation du droit cédé. Les textes et la doctrine font en général référence à l'imputation (art. 2364, 2373-2 al. 1er, 2374-5. – CO suisse, art. 172). Il n'y a pas d'imputation au sens strict en l'absence d'une

[896] En faveur de la dation en paiement : F. Bicheron, La dation en paiement, *op. cit.*, n° 465. – *Comp.* Cass. com., 23 juin 1992, n° 88-15.763 : Bull. civ. IV, n° 245, p. 170 ; RTD civ. 1993, n° 13, p. 357, obs. J. Mestre, débiteur du prix de marchandises qui se prétend libéré par dation en paiement de créances contre des tiers, jugé que « la cession de créances n'emporte pas par elle-même extinction de la dette du cédant envers le cessionnaire ».

pluralité de créances à payer (C. civ., art. 1342-10). La référence à l'imputation suggère l'existence d'un acte unilatéral du créancier à l'origine de l'extinction (C. civ., art. 2364 al. 2e, 2e phrase). *De lege ferenda*, il sera souhaitable qu'une disposition rende cet acte unilatéral nécessaire et en précise le contenu. L'acte est obligatoire parce que le créancier reçoit les sommes payées en vue du paiement de la créance garantie. Le créancier devrait préciser une fois encore la créance garantie en principal et accessoires et le montant utilisé par le créancier en vue de l'extinction de la créance.

3e hypothèse : la créance garantie et la créance nantie sont exigibles en même temps

Cette hypothèse est réglée par l'article 2364 al. 1er du Code civil. Le créancier nanti doit avoir notifié le contrat de nantissement au débiteur de la créance nantie (C. civ., art. 2363 al. 1er). Le créancier a le choix entre le paiement direct et l'attribution en paiement (C. civ., art. 2465). Les sommes payées par le débiteur de la créance nantie s'imputent sur la créance garantie (C. civ., art. 2364 al. 1er). Pour être parfaitement précis, ces sommes s'imputent *et* sur la créance objet du nantissement *et* sur la créance garantie.

II) La réalisation en cas de propriété-sûreté

Il faut distinguer classiquement la propriété retenue à titre de garantie et la propriété cédée à titre de garantie.

A) LA PROPRIÉTÉ RETENUE À TITRE DE GARANTIE

Revendication de la chose. – En cas de défaillance du débiteur, le propriétaire est en droit de demander la restitution de la chose (C. civ., art. 2371 al. 1er). Consécutivement, le débiteur doit restituer la chose au créancier (C. civ., art. 2371 al. 2e). Les conséquences de la mise en œuvre de la réserve de propriété ne sont pas les mêmes selon que le bien transmis avec réserve est un meuble ou un immeuble. En effet, l'article 2371 ne concerne que la propriété mobilière retenue à titre de garantie.

1° Meubles : Le Code civil dispose que « la valeur du bien repris est imputée, à titre de paiement, sur le solde de la créance garantie » (C. civ., art. 2371 al. 2e). La jurisprudence ajoute que la restitution n'est

pas faite en application d'une éventuelle résolution du contrat[897]. Disons d'emblée que le contenu de cette règle est fortement critiquable. On peut sérieusement douter de l'absence de résolution pour plusieurs raisons. D'abord, la reprise du bien est une forme de restitution dont la cause ne peut se trouver que dans la résolution. Ensuite, c'est la résolution qui fait recouvrer au créancier la libre disposition de la chose (C. civ., art. 2371 al. 1er)[898]. Néanmoins, la loi prévoit que le débiteur continue à devoir la créance résiduelle de prix, en contradiction avec la résolution réalisée (C. civ., art. 2371 al. 2e). Le débiteur devrait être libéré de l'obligation de payer le reliquat du prix en raison de la résolution (C. civ., art. 1229). La résolution est ici vraisemblablement extrajudiciaire et résulte d'un acte unilatéral réceptice de volonté du créancier (C. civ., art. 1225, 1226). La loi prévoit de façon imprécise que la restitution résulte d'une demande (C. civ., art. 2371 al. 1er). Le régime légal de droit commun des restitutions (C. civ., art. 1352 à 1352-9) est implicitement écarté (C. civ., art. 2371 al. 1er) au profit d'un régime simplifié et forfaitaire.
Il convient de comparer ce qui se passerait si le droit commun des restitutions était appliqué avec ce que prévoit la loi en cas de réserve de propriété. Il faut résoudre préalablement la question délicate de la bonne foi du débiteur. Il devrait être considéré comme de bonne foi car il ne reçoit pas le bien sans cause. Néanmoins, il peut être considéré comme de mauvaise foi car il est susceptible de devoir le restituer en cas de défaillance dans le paiement du prix. Si le droit commun avait été appliqué, le créancier aurait dû restituer le prix reçu du débiteur et ce dernier, la valeur de la jouissance du bien (C. civ., art. 1352-3 al. 1er, 1352-7, 2e phrase), en plus de celui-ci en nature (C. civ., art. 1252). La loi déroge à ces conséquences et prévoit un compte des restitutions entre le créancier et le débiteur forfaitaire, donc simplifié à l'extrême. Le débiteur doit rendre la chose dans l'état où elle se trouve au moment de la restitution. Il n'est pas tenu de restituer la valeur de la jouissance jusqu'à la demande en restitution émanant du créancier (*Comp.* C. civ., art. 1352-3 al. 1er, 1352-7, 2e phrase). De son côté, le créancier n'a pas à restituer les sommes perçues du débiteur comme acomptes sur le prix

---

[897] Cass. com., 1er oct. 1985, n° 84-12.015 : Bull. civ. IV, n° 222, jugé que l'action en revendication n'est pas une action en résolution de sorte que le créancier conserve sa créance contre le débiteur et peut produire pour celle-ci au passif. - Cass. com., 9 mai 1995, n° 92-20.811, inédit : RTD civ. 1996, n° 5, p. 441, obs. P. Crocq. – 23 janv. 2001, n° 97-21.660 : Bull. civ. IV, n° 23, p. 21.
[898] P. Crocq : RTD civ. 1996, n° 5, p. 444-445.

antérieurement à la restitution. Il y a là une évidente dérogation aux effets de la résolution du contrat. Ce règlement légal et forfaitaire sera inéquitable lorsque le débiteur aura payé une somme supérieure à la valeur de la jouissance par unité de temps. Il ne sera équitable que s'il paye au créancier une somme équivalente par unité de temps à la valeur de la jouissance.
La valeur actuelle de la chose au moment de la restitution est alors imputée *à titre de paiement* sur la créance résiduelle du propriétaire (C. civ., art. 2371 al. 2e)[899]. Lorsque les parties ont convenu d'une évaluation faite par un expert, celle-ci s'impose au juge qui ne peut donc pas la modifier[900]. La règle est absolument injustifiable sur le plan technique. D'abord, le débiteur devrait être libéré de l'obligation de payer le reliquat du prix, du fait de la résolution réalisée. Ensuite, la loi suggère l'existence d'une dation en paiement. Or la cause de cette dation en paiement est inexistante. Une dation en paiement suppose le transfert de la titularité d'un droit réel ou personnel du *solvens* à l'*accipiens*. Dans le présent cas, le débiteur ne transfère aucun droit sur le bien mais la seule détention matérielle de celui-ci. Il n'y a pas non plus de compensation faute pour les deux créances réciproques d'être fongibles (C. civ., art. 1347-1). Si la valeur de la chose excède le montant de la créance, le créancier doit au débiteur une somme égale à la différence (C. civ., art. 2371 al. 3e). Lorsque le bien a été financé par un prêteur subrogé dans la propriété, celui-ci n'est tenu de restituer les sommes qu'il a reçues en exécution du contrat de prêt que dans la mesure où la valeur du bien restitué excède le montant des sommes qui lui restent dues[901].

2° Immeubles : En cas de réserve de propriété portant sur celle d'un immeuble, la défaillance du débiteur permet au créancier de prononcer la résolution du contrat ou de la demander en justice (C. civ., art. 1224

[899] Cass. civ., 19 janv. 1942 : Bull. civ. 1942, n° 18, p. 29 ; JCP G 1942, II, 1815, note Becqué ; Gaz. Pal. 1942, 1, p. 153 ; S. 1942, 1, p. 62 ; DA 1942, p. 107 ; RTD civ. 1942, n° 1, p. 363, obs. J. Carbonnier, clause prévoyant que le vendeur reprendra la chose vendue en cas de défaillance de l'acheteur et que la valeur de celle-ci, telle que déterminée par un expert nommé en référé, sera imputée sur la créance résiduelle. – Cass. com., 5 mars 1996, n° 93-12.818 : Bull. civ. IV, n° 72, p. 59 ; JCP G 1996, I, 3960, n° 11, obs. M. Cabrillac ; D. 1996, somm. p. 222, obs. F. Pérochon ; RTD civ. 1996, n° 5, p. 443, obs. P. Crocq.
[900] Cass. civ., 19 janv. 1942, préc.
[901] Cass. com., 23 janv. 2001, n° 97-21.660 : Bull. civ. IV, n° 23, p. 21.

s.)[902]. Chaque partie doit alors restituer ce qu'elle a reçu en principal, le créancier le prix et le débiteur l'immeuble (C. civ., art. 1229 al. 4e, 1352). En outre, le débiteur doit indemniser le créancier de la valeur de la jouissance (C. civ., art. 1352-3). Et le créancier doit, le cas échéant, indemniser le débiteur de la valeur des impenses réalisées (C. civ., art. 1352-5). Les créances du compte se compensent selon la volonté de l'une ou l'autre partie (C. civ., art. 1347 al. 2e). La créance résiduelle doit être payée par son débiteur. Si le débiteur ne veut pas restituer l'immeuble, le créancier devra avoir recours à la procédure d'expulsion (CPC ex., art. L. 411-1).

Revendication du prix. - Si le créancier initial ne peut revendiquer la chose elle-même, il peut néanmoins revendiquer la créance de prix du débiteur contre le sous-débiteur (C. civ., art. 2372. – C. com., art. L. 624-18)[903]. À proprement parler, il n'y a aucune revendication du prix. La revendication est une action réelle qui vise à la restitution d'une chose dont le demandeur démontre qu'il est propriétaire. Dans l'hypothèse envisagée, la subrogation réelle emporte une cession forcée de la créance de prix au créancier[904]. Par l'effet de cette cession de créance, l'action du créancier contre le sous-débiteur est de nature personnelle et non réelle[905]. Il faut appliquer *mutatis mutandis* à cette cession de créance les articles 1321 à 1326 du Code civil. Il n'y a pas lieu de tenir compte des dispositions liées au caractère conventionnel de la cession (C. civ., art. 1321 al. 1er, 1322). La question de la date de la cession n'est pas déterminée clairement. Il faut tenir compte des

---

902 Cass. 3e civ., 14 déc. 2017, n° 16-25.465, inédit : LEDB mars 2018, n° 111e5, p. 6, obs. M. Mignot ; Defrénois 27 sept. 2018, n° 140m0, p. 25, obs. Ch. Gijsbers ; BJE mars 2018, n° 115u1, p. 110, obs. F. Pérochon, qui estime que l'article 2371 ne s'applique pas aux immeubles.

903 À propos du maître de l'ouvrage dans la position d'un sous-acquéreur : Cass. com., 5 nov. 2003, n° 00-21.357 : Bull. civ. IV, n° 162, p. 180.

904 Cass. com., 16 juin 2009, n° 08-10.241 : Bull. civ. IV, n° 81, « lorsque l'acquéreur d'un bien vendu avec réserve de propriété le revend, sans avoir payé l'intégralité du prix, la revente opère, par l'effet de la subrogation réelle, transport dans le patrimoine du vendeur initial du prix ou de la partie du prix impayé par le sous-acquéreur au jour de l'ouverture de la procédure collective du débiteur ». – *Comp.* Cass. com., 5 juin 2007, n° 05-21.349 : Bull. civ. IV, n° 152 qui précise que « le sous-acquéreur [ne peut] opposer au vendeur initial les exceptions qu'il pourrait faire valoir contre son propre vendeur ». - 18 janv. 2011, n° 07-14.181, inédit, *idem*.

905 Cass. com., 6 oct. 2009, n° 08-15.048 : Bull. civ. IV, n° 122, de sorte que le vendeur est un créancier antérieur en cas d'ouverture d'une procédure contre le sous-débiteur.

autres dispositions portant sur le régime de la cession. La cession doit être notifiée au débiteur cédé (C. civ., art. 1324 al. 1er). Le régime des moyens de défense opposables est régi par l'article 1324 al. 2e. La jurisprudence ne précise pas si le transfert de la créance est fait à titre de paiement ou aux fins de paiement. Dans le contexte, il est préférable de considérer qu'elle a lieu aux fins de paiement. Quoi qu'il en soit, le sous-débiteur devra payer le créancier. En cas de procédure collective, le sous-débiteur peut devoir remettre les sommes dues au mandataire judiciaire, qui les remettra ensuite au créancier initial à concurrence de sa créance (C. com., art. R. 624-16).

B) LA PROPRIÉTÉ CÉDÉE À TITRE DE GARANTIE

1) La fiducie de droit commun

Distinction. – Il faut supposer une fiducie relevant des articles 2011 et suivants du Code civil. Sa particularité est que les biens fiduciaires sont transmis dans le patrimoine fiduciaire du fiduciaire. Les textes prévoient deux modalités de réalisation, la réalisation par dation en paiement sans vente et la réalisation par vente et imputation du prix. Ceux-ci n'appliquent pas de façon symétrique ces deux modalités aux deux hypothèses qu'ils distinguent, selon que le fiduciaire est créancier ou ne l'est pas.

Le fiduciaire est créancier. – Lorsque le fiduciaire est créancier, les dispositions applicables semblent limiter la réalisation à la dation en paiement, à l'exclusion de toute vente (C. civ., art. 2372-3 al. 1er, 2488-3 al. 1er)[906]. La dation en paiement est consubstantielle à la fiducie-sûreté. Le transfert de la propriété est opéré dès la constitution de la fiducie en vue du paiement. Si le législateur était cohérent, il prévoirait une dation en paiement à effets successifs relativement aux fruits produits par les biens fiduciaires pendant le cours du contrat de fiducie. Il envisage seulement une dation en paiement terminale lorsque le débiteur est défaillant. La particularité de cette dation est que son effet extinctif est retardé au moment de cette défaillance. Dans le cadre de cette dation, la propriété du bien est transférée du patrimoine fiduciaire au patrimoine personnel du fiduciaire. Ce transfert a lieu

[906] Il est tout à fait envisageable que le fiduciaire soit tenu en cette qualité de vendre le bien et d'imputer le prix sur la créance garantie.

automatiquement dès la défaillance du débiteur sauf convention contraire. Pour assurer une réalisation plus sûre, il est conseillé de prévoir que le transfert de la propriété résulte d'un acte unilatéral de volonté du créancier. Cet acte manifeste sa volonté de réaliser sa sûreté et d'opérer extinction de la créance garantie. Le principe de l'extinction est une conséquence directe du transfert de propriété. L'étendue de celle-ci dépend de la valeur du droit transmis. Automatiquement ou en raison d'un acte unilatéral, le créancier devient alors un propriétaire ordinaire. La valeur du bien est déterminée par un expert nommé d'un commun accord ou par le juge, sauf si elle résulte, en matière mobilière, d'une cotation officielle sur une plate-forme de négociation au sens du Code monétaire et financier ou si le bien est une somme d'argent (C. civ., art. 2372-3 al. 2e, 2488-3 al. 2e. – *Comp.* C. civ., art. 2348). Cette méthode de détermination de la valeur est impérative. Toute clause contraire est réputée non-écrite (C. civ., art. 2372-3 al. 3e). Cette valeur est alors imputée sur la créance garantie. Le mot imputation ne doit pas être pris dans son sens technique de choix d'une dette payée en cas de pluralité de dettes (C. civ., art. 1342-10). Il doit être envisagé dans le sens d'extinction par le paiement. Si la valeur du bien est inférieure à la créance garantie, le fiduciaire demeure créancier de la différence. Si elle est supérieure à la créance garantie, le fiduciaire est débiteur de la différence à l'égard du fiduciant (C. civ., art. 2372-4 al. 1er). Le contrat de fiducie peut prévoir des modalités de réalisation différentes de celles qui viennent d'être exposées (C. civ., art. 2372-3 al. 1er, 2488-3 al. 1er).

Le créancier est distinct du fiduciaire. - Lorsque le fiduciaire n'est pas créancier, les textes prévoient soit la dation en paiement, soit la vente du bien. **1°** Dation en paiement : La dation en paiement n'est pas précisément réglementée. La loi ne prévoit aucun acte unilatéral du créancier aboutissant au déclenchement des effets de la dation. Il serait souhaitable que le contrat de fiducie contienne une clause en ce sens. Il semble que le transfert du bien a lieu directement du patrimoine fiduciaire du fiduciaire au patrimoine du créancier, sans passer par le patrimoine personnel du fiduciaire (C. civ., art. 2372-3 al. 2e, 2488-3 al. 2e). Le créancier peut alors exiger du fiduciaire la remise du bien (C. civ., art. 1221). Il n'y a pas lieu de craindre *a priori* que le fiduciaire refuse de s'exécuter. La valeur du bien est déterminée selon les modalités précitées, à la demande, semble-t-il, du fiduciaire (C. civ., art. 2372-3 al. 2e, 2488-3 al. 2e). Le fiduciaire doit payer préalablement les dettes nées de la conservation ou de la gestion du bien et tenir compte de sa créance en résultant contre le fiduciant. Ceci étant fait, si la valeur du bien est inférieure à la créance garantie, le créancier le demeure pour le reliquat et si la valeur du bien est supérieure au montant de la créance, le créancier devient débiteur de la différence à l'égard du fiduciant (C. civ., art. 2372-4 al. 1er, 2488-4 al. 1er). **2°** Vente : Il faut avoir conscience que la vente n'est qu'un élément du mécanisme global de réalisation de la sûreté. A celle-ci s'ajoute le contrat de fiducie, la dation aux fins de paiement et le paiement pour autrui. La dation n'est pas réalisée directement du fiduciant au fiduciaire mais du fiduciant au créancier par le truchement du fiduciaire. Elle nc porte pas sur le bien en nature dont la propriété a été transmise au fiduciaire mais sur les sommes obtenues par la vente du bien par le fiduciaire. La dation est donc une dation indirecte aux fins de paiement aboutissant *in fine* au paiement de la dette d'autrui, celle du fiduciant à l'égard du créancier. Le contrat de fiducie peut prévoir la vente du bien par le fiduciaire *es qualité* (C. civ., art. 2372-3 al. 2e, 2488-3 al. 2e). Le contrat de fiducie devrait prévoit un acte unilatéral du créancier obligeant le fiduciaire à vendre le bien à des fins d'exécution. Cette vente constitue une obligation supplémentaire pour le fiduciaire source d'une responsabilité éventuelle. Le bien n'est pas transféré d'abord dans le patrimoine personnel du fiduciaire mais laissé dans son patrimoine fiduciaire. Il est donc vendu par le fiduciaire en cette qualité à un tiers acheteur. La valeur du bien ne résulte pas d'une libre négociation entre le fiduciaire et l'acheteur mais d'une expertise réalisée dans les conditions précitées. Si le fiduciaire ne trouve pas d'acquéreur au prix fixé par expert, il peut vendre le bien ou le droit au prix qu'il estime, sous sa responsabilité, correspondre à sa valeur (C. civ., art. 2372-3 al. 4e). La loi n'indique pas les modalités de la vente. Des précisions auraient été, sur ce point, fort utiles. La préservation des intérêts, tant du fiduciant que du créancier bénéficiaire, dépend en effet de ses modalités. La loi ne distinguant pas, la vente pourra avoir lieu de gré à gré, aux enchères publiques ou par l'intermédiaire d'un courtier ou d'un commissionnaire. Une fois le bien vendu par le fiduciaire, la loi prévoit que le fiduciaire restitue au fiduciant le prix obtenu de l'acheteur déduction faite du montant de la créance garantie et des dettes nées de la conservation et de la gestion du bien (C. civ., art. 2372-4 al. 2e, 2488-4 al. 2e). Elle ne dit rien de la reddition du compte par le fiduciaire et de l'extinction de la dette. Le paiement de la dette garantie par le fiduciaire au créancier éteindra la créance garantie à due concurrence (C. civ., art.

1242-1). Ce paiement est fait par autrui mais il ne donne lieu à aucun recours du fiduciaire ni personnel, ni subrogatoire. Le fiduciaire ne s'appauvrit pas à titre personnel de la somme payée car elle provient du patrimoine fiduciaire. Et il ne devrait pas être subrogé malgré les termes de l'article 1346.

2) La cession fiduciaire de créances

Réalisation en cas de défaillance du cédant. – Les créances sont transmises à titre fiduciaire dans le patrimoine du créancier[907]. Le créancier cessionnaire doit recevoir le paiement de la créance cédée quand elle arrive à échéance. Il faut distinguer deux hypothèses selon que le cédant est défaillant ou n'est pas défaillant à ce moment. **1°** Défaillance préalable du cédant : Il faut supposer que la créance garantie arrive à échéance avant la créance cédée. Lorsque le cédant ne paye pas ce qu'il doit au cessionnaire à l'échéance, les sommes payées à ce dernier par le cédé s'imputent sur la créance garantie (C. civ., art. 2373-2 al. 1er). La loi suppose ici une dation légale aux fins de paiement. La dation aux fins de paiement est une dation en paiement immédiatement translative à l'effet extinctif retardé au jour du paiement par le cédé. La dation est légale car c'est la loi qui prévoit l'extinction de la créance garantie. D'un point de vue technique, il y a une certaine contradiction à prévoir une dation aux fins de paiement et un mécanisme d'extinction automatique de la créance garantie. Il aurait été préférable de disposer que le créancier est à l'origine d'un acte unilatéral extinctif qui détermine la créance payée en principal et accessoires et les sommes employées au paiement. **2°** Défaillance postérieure du cédant : Il se peut que le cédant soit défaillant après que le cessionnaire eut reçu le paiement de la créance cédée. Il doit alors conserver les sommes payées *à titre de fiduciaire*, le temps nécessaire à l'échéance du terme de la créance garantie. Il est prévu que le cessionnaire conserve les sommes payées par le cédé dans les conditions prévues aux articles 2374-3 à 2374-6 (C. civ., art. 2373-2 al. 2e). Il faut comprendre que la fiducie de créance s'accompagne d'une fiducie de monnaie. Le cessionnaire est toujours propriétaire de la monnaie payée par le cédé sans avoir néanmoins systématiquement la libre disposition de celle-ci. Le principe est qu'il dispose librement

[907] M. Mignot, La propriété-sûreté mobilière et immobilière : RLDC mars 2022, n° 201, p. 46-52.

des sommes reçues (C. civ., art. 2374-3). Dans ce cas, un intérêt peut être convenu au profit du cédant (C. civ., art. 2374-4 al. 2e). Par exception, une clause du contrat de fiducie peut imposer au cessionnaire une affectation des sommes, c'est-à-dire un emploi dans un placement déterminé. Le cessionnaire perd alors la libre disposition de la somme. Dans ce cas, les fruits et intérêts produits par la somme placée accroissent l'assiette de la garantie, sauf clause contraire (C. civ., art. 2374-4 al. 1er). Les sommes sont ainsi conservées jusqu'à l'éventuelle défaillance du cédant. Lorsque la créance garantie arrive à échéance, le cédant doit payer. S'il ne paye pas, le cessionnaire « peut imputer » le montant de la somme reçue du cédé, augmentée s'il y a lieu des fruits et intérêts, sur la créance garantie (C. civ., art. 2374-5, 1re phrase). La rédaction du texte suggère l'existence d'un acte unilatéral du cessionnaire dont les conditions d'existence et le régime ne sont pas déterminés par la loi. Lorsque le montant de la créance garantie est inférieur à celui de la créance cédée, le cessionnaire restitue l'excédent au cédant (C. civ., art. 2374-5, 2e phrase). La cession étant faite à titre de garantie et la créance divisible, le plus simple serait de diviser la créance en deux : le cédé ne payerait au cessionnaire que ce qui est dû par le cédant et le surplus de la créance directement au cédant.

3) La cession fiduciaire de somme d'argent

Distinction. – La loi distingue deux cas selon que le débiteur est défaillant ou ne l'est pas. Si le débiteur est défaillant, le fiduciaire peut imputer la somme transférée augmentée des intérêts sur la créance garantie. Il restitue la différence s'il y a lieu (C. civ., art. 2374-5). Le transfert fiduciaire est réalisé à titre de dation en paiement différée avec effet extinctif différé déclenché par acte unilatéral du créancier. Les conditions et le régime de cet acte unilatéral ne sont pas déterminés par la loi. Si le débiteur n'est pas défaillant, le créancier doit restituer au constituant la somme et les fruits qu'elle a produits le cas échéant (C. civ., art. 2374-6). Il y a tradition en cas de monnaie fiduciaire et chèque ou virement en cas de monnaie scripturale.

L'extinction en cas de liquidation judiciaire et amiable

Romain AZEVEDO

1. Liquidation judiciaire ou amiable. Au sens figuré, la liquidation désigne « *le fait de mettre fin à une chose, de la supprimer définitivement et dans toutes ses conséquences* »[908]. En droit, il est mis fin à une incertitude, en fixant ce qui était indéterminé. Cet effet de clarification est patent lorsque le terme de liquidation est appliqué à une créance dont il convient de chiffrer le montant ou à une masse de biens sur laquelle plusieurs personnes détiennent des droits. Dans cette seconde hypothèse qui nous intéresse, le terme de liquidation, pris isolément, désigne une « *suite d'opérations comptables, préalables au partage, qui consistent à isoler la masse à partager et à fixer les droits de chaque copartageant* »[909]. Cette technique d'identification d'un actif net, *a priori* neutre, prend une tournure particulière lorsque des qualificatifs tels que « judiciaire » ou « amiable » lui sont accolés, dévoilant les contours de catégories juridiques.
Les notions de liquidation judiciaire et de liquidation amiable renvoient à deux corps de règles en droit des affaires. Dans le livre VI du Code de commerce consacré aux « difficultés des entreprises », un titre IV a notamment pour objet « la liquidation judiciaire ». Cette procédure collective règlementée aux articles L.640-1 à L.644-6 du Code de commerce est « *destinée à mettre fin à l'activité de l'entreprise ou à réaliser le patrimoine du débiteur par une cession globale ou séparée de ses droits et de ses biens* »[910]. Par opposition à ces règles de droit de la faillite[911], la terminologie qui qualifie d'amiable la liquidation est couramment employée pour désigner le régime de liquidation des sociétés que contiennent le Code civil[912], applicable à toute société, et

---

[908] V° « Liquider », *in Dictionnaire de l'Académie française*, 9e éd., Consulté sur www.dictionnaire-academie.fr.

[909] V° « Liquidation », *in Vocabulaire juridique,* Association Henri Capitant, ss. la dir. de G. Cornu, PUF, 12e éd., 2018, spéc. p. 620.

[910] C. com., art. L.640-1, 2e al.

[911] Comme le révèle un auteur, le terme de faillite « (...) *invite à revenir à ce qui constitue l'essence de cette matière, à savoir le constat d'une faillite, d'un échec, celui qu'il s'agit de prévenir ou de traiter, en vue d'assurer soit le sauvetage, soit la liquidation de l'entreprise du débiteur* », F.-X. LUCAS, *Manuel de droit de la faillite*, Presses universitaires de France, 3e éd., 2021, spéc. n° 1, p. 13.

[912] C. civ., art. 1844-8 et 1844-9. *Adde* D. n° 78-704 du 3 juillet 1978 *relatif à l'application de la loi n° 78-9 du 4 janvier 1978 modifiant le titre IX du livre III du*

le livre II du Code de commerce[913], applicable aux sociétés commerciales.

Conformément au sens juridique du terme de liquidation, les règles applicables aux liquidations judiciaire et amiable organisent la réalisation d'actifs et l'apurement du passif, afin de déterminer s'il subsiste un actif.

La dualité de régimes tient à l'orientation différente de cette suite d'opérations. La liquidation amiable est gouvernée par le principe de liberté contractuelle. Les associés peuvent règlementer la liquidation conventionnelle de la société par une clause statutaire ou une décision collective. S'ils ne font pas usage de cette liberté, un régime supplétif s'applique dans le cadre d'une liquidation légale[914]. Cette latitude laissée aux associés se comprend parfaitement. La liquidation amiable est la conséquence naturelle de la dissolution de la société, dont les causes, multiples, ne dépendent pas nécessairement de la situation financière de la société[915]. Durant cette période, la société est en fin de vie. Sa personnalité morale survit, nécessairement, mais seulement, pour les besoins de la liquidation[916]. Cette caractéristique essentielle que la société partage avec le groupement d'intérêt économique[917] ou l'association[918] étend potentiellement les contours de la notion de liquidation amiable à toute personne morale. En revanche, l'ouverture d'une liquidation judiciaire n'est pas cantonnée aux débiteurs personnes morales, et ceux-ci ne perdent pas nécessairement leur

---

Code civil contenant des dispositions générales et des dispositions spécialement applicables aux sociétés civiles.

[913] C. com., art. L.237-1 à L.237-31.

[914] Des règles impératives doivent cependant être respectées. Sur ces deux procédures de liquidation au sens du droit des sociétés, v. not. P. LE CANNU et B. DONDERO, *Droit des sociétés*, LGDJ, 10e éd., 2023, spéc. n° 614 et s., p. 459 et s.

[915] En sus des causes de dissolution communes à toutes les sociétés, certaines causes sont spécifiques à certains types de sociétés, et parmi celles-ci, il est tout de même prévu l'hypothèse de capitaux propres inférieurs à la moitié du capital social dans les SA et SARL (C. com., art. L.225-248 et L.223-42). Sur ces causes de dissolution, v. not. M. COZIAN, A. VIANDIER et F. DEBOISSY, *Droit des sociétés*, LexisNexis, 35e éd., 2022, spéc. n° 743 et s., p. 299 et s.

[916] C. civ., art. 1844-8, 3e al.

[917] C. com., art. L.251-21 et L.251-22.

[918] C. com., art. L.237-2, applicable aux associations émettant des obligations (renvoi de C. mon. fin., art. L.213-18). La solution est étendue aux autres associations par la Cour de cassation (v. not. Cass. 1re civ., 13 mars 2007, n° 05-21.658 ; Cass. 3e civ., 4 oct. 1995, n° 94-10.299, *Bull. civ.* III, n° 214, p. 144 ; Cass. 2e civ., 3 janv. 1985, n° 83-13.421, *Bull. civ.* II, n° 2, p.2).

personnalité juridique à la clôture. La finalité poursuivie par cette procédure collective dépasse, en effet, celle d'une liquidation pure et simple. Il s'agit non seulement de liquider en réalisant des actifs et en apurant le passif, mais également d'assurer le « rebond » du chef d'entreprise ainsi que le maintien de l'activité et de tout ou partie des emplois qui y sont attachés[919].

2. **Les modes d'extinction de l'obligation**. La distinction entre la liquidation au sens du droit des sociétés et la liquidation au sens du droit des procédures collectives[920] étant posée, il est possible de s'interroger sur les modes d'extinction de l'obligation à l'œuvre dans ces deux régimes spéciaux. Dans ce cadre, il n'est pas question de lister toutes les situations où une obligation s'éteint. Ces situations sont banales lorsqu'interviennent les modes habituels d'extinction de l'obligation, tels que le paiement, la compensation ou la remise de dette, règlementés dans le Code civil au titre du régime général des obligations[921]. Une attention particulière doit être portée aux situations dans lesquelles un mode original d'extinction de l'obligation est mis en œuvre, ce qui n'est pas le cas de la liquidation au sens du droit des sociétés.

3. **L'extinction en cas de liquidation amiable**. L'apurement du passif ne présente pas d'importante spécificité au cours de cette liquidation. La Cour de cassation rappelle régulièrement que « *la liquidation amiable d'une société impose l'apurement intégral du passif* »[922] et en tire deux conséquences. D'abord, les dettes qui font l'objet d'un litige doivent, jusqu'au terme des opérations de liquidation en cours, être garanties par une provision. Ensuite, lorsque l'actif social ne permet pas de réaliser cette provision ou, plus largement, d'apurer le

---

919 C. com., art. L.640-1, 2e al., L.643-11 et L.642-1, 1er al.

920 Ces formules ont le mérite de distinguer clairement les régimes concernés (en ce sens, F.-X. LUCAS, « Vade mecum de la liquidation dite "amiable" des sociétés », *BJS* mars 2009, n° JBS-2009-058, p. 285).

921 Ceux-ci sont réglementés avec la confusion et l'impossibilité d'exécuter dans un chapitre IV consacré à « *l'extinction de l'obligation* » (C. civ., art. 1342 à 1351-1) dans le titre IV du livre III du Code civil.

922 V. not. Cass. com., 14 avr. 2021, n° 19-15.077 ; Cass. com., 10 nov. 2009, n° 08-22.137 ; Cass. com., 26 juin 2007, n° 05-20.569, *Bull. civ.* IV, n° 180 ; Cass. com., 11 oct. 2005, n° 03-19.161, *Bull. civ.* IV, n° 209 p. 225 ; Cass. com., 5 oct. 2004, n° 01-00.676 ; Cass. com., 9 juin 2004, n° 00-18.745 ; Cass. com., 9 mai 2001, n° 98-17.187, *Bull. civ.* IV, n° IV, n° 87 p. 83 ; Cass. com., 18 juin 1996, n° 94-18.530 ; Cass. com., 7 déc. 1993, n° 91-18.145, *Bull. civ.* IV, n° 465 p. 338.

passif, il revient au liquidateur amiable de différer la clôture de la liquidation amiable et de solliciter l'ouverture d'une procédure collective à l'égard de la société[923]. Il en est ainsi, quelle que soit la dette sociale, y compris lorsqu'elle a pour origine une condamnation de la société[924]. Il s'agira d'une procédure de liquidation judiciaire. La condition tenant au redressement manifestement impossible sera caractérisée, en même temps que celle d'un état de cessation des paiements, car il n'est pas possible de procéder au redressement d'une société en cours de dissolution[925].

L'apurement du passif ne présente pas non plus d'importante spécificité à la clôture de la liquidation au sens du droit des sociétés. La publication de la clôture est censée faire perdre à la société sa personnalité juridique[926]. Elle n'emporte pas pour autant l'extinction des créances et dettes de la société. La Cour de cassation a affirmé à plusieurs reprises que « *la personnalité morale d'une société subsiste aussi longtemps que les droits et obligations à caractère social ne sont pas liquidés* »[927] et la radiation du registre du commerce et des sociétés importe peu[928]. Les associés ne pourront donc pas soustraire la société au paiement de son passif non prescrit en procédant à sa dissolution puis à sa liquidation. L'assiette du droit de gage général des créanciers sociaux est ainsi préservée.

4. La reprise de la liquidation amiable. Une reprise de la procédure de liquidation au sens du droit des sociétés permettra aux créanciers d'exercer leur droit de poursuite sur le patrimoine de la

---

[923] V. not. Cass. com., 14 avr. 2021, n° 19-15.077 ; Cass. com., 10 nov. 2009, n° 08-22.137 ; Cass. com., 26 juin 2007, n° 05-20.569, *Bull. civ.* IV, n° 180 ; Cass. com., 5 oct. 2004, n° 01-00.676.

[924] Cass. com., 11 oct. 2005, n° 03-19.161, *Bull. civ.* IV, n° 209 p. 225.

[925] En ce sens, F.-X. LUCAS, « Vade mecum de la liquidation dite "amiable" des sociétés », *BJS* mars 2009, n° JBS-2009-058, p. 285.

[926] C. civ., art. 1844-8. *Adde*, C. com., art. L.237-2.

[927] V. not. Cass. soc., 14 déc. 2017, n° 16-21.026 ; Cass. crim., 14 mai 2014, n° 12-84.075, Bull. crim. n° 133 ; Cass. 3e civ., 10 févr. 2010, n° 09-10.982, *Bull. civ.* III, n° 42 ; Cass. 3e civ., 27 juin 2001, n° 99-21.853 ; Cass. com., 18 janv. 2000, n° 97-19.021 ; Cass. 3e civ., 10 avr. 1996, n° 94-14.411 ; Cass. com., 26 janv. 1993, n° 91-11.285, *Bull. civ.* IV, n° 33, p. 20 ; Cass. com., 2 mai 1985, n° 83-17.409, *Bull. civ.* IV, n° 139 p. 120 ; Cass. com., 15 mai 1984, n° 83-12.094, *Bull. civ.* IV, n°164 ; Cass. com., 12 avril 1983, n° 81-14.055, *Bull. civ.* IV, n°113 ; Cass. com., 30 mai 1978, n° 76-14.690, *Bull. civ.* IV, n° 156, p. 133. *Adde*, Cass. com., 7 avril 2010, n° 09-14.671.

[928] V. not. Cass. soc., 17 déc. 2014, n° 13-26.575.

société. La mission du liquidateur amiable ayant pris fin, un mandataire *ad hoc* devra être désigné à cette fin[929]. En présence d'une insuffisance d'actif, la clôture de la liquidation de la société[930] et sa radiation du registre[931] ne s'opposeront pas à l'ouverture d'une procédure collective de liquidation judiciaire à l'égard de la société dissoute[932].
Afin d'éviter la lourdeur d'une reprise de la procédure de liquidation, la jurisprudence permet aux créanciers sociaux d'agir directement contre les associés[933]. Ceux-ci n'échapperont donc pas à leurs obligations en procédant hâtivement au partage de l'actif de la société alors que certains créanciers n'ont pas été payés[934]. Le résultat de cette action dépendra de la forme de la société et de l'actif partagé entre les associés. L'ancien associé d'une société à responsabilité limitée supporte la dette sociale à concurrence de son apport. Il sera donc tenu à restitution « *dans la mesure de ce qu'il a pu percevoir indûment à l'occasion des opérations de partage (...) au titre de la reprise de ses apports et du boni de liquidation* »[935]. Plus sévèrement, l'ancien associé d'une société à risque illimité sera tenu du passif social au-delà du montant de son apport, conformément au caractère indéfini de son obligation aux dettes sociales.
Les créanciers sociaux pourront, en outre, agir à l'encontre du liquidateur amiable, sur le fondement de la responsabilité civile de droit commun. La clôture de la liquidation au sens du droit des sociétés en présence de créanciers sociaux caractérise une faute du liquidateur, quelle que soit la consistance de l'actif social. Naturellement, l'existence d'une insuffisance d'actif influe sur le préjudice dont les créanciers impayés peuvent demander la réparation. Si l'actif social est suffisant pour apurer le passif, il revient au liquidateur amiable d'apurer l'intégralité du passif[936] ; s'il s'agit d'un ancien dirigeant, sa faute devrait être facilement caractérisée, car sauf circonstances particulières

---

[929] Cass. soc., 28 mai 2013, n° 12-20.656.
[930] Cass. com., 12 avr. 1983, n° 81-14.055, *Bull. civ.* IV, n° 113.
[931] Cass. com., 4 juill. 1960, *Bull. civ.*, IV, n° 270 : Rev. sociétés, 1961, p. 45.
[932] Sous réserve du délai légal d'un an « *à compter de la radiation consécutive à la publication de la clôture des opérations de liquidation* » (C. com., art. L.640-5).
[933] V. not. Cass. 3e civ., 31 mars 2004, n° 01-16.971, Bull. civ. IV, n° 67 p. 62.
[934] Un délai de prescription de cinq ans court cependant à compter de la publication de la dissolution de la société commerciale (C. com., art. L. 237-13).
[935] Cass. com., 8 oct. 2013, n° 12-24.825, *Bull. civ.* IV, n° 150.
[936] Il revient au liquidateur de prouver l'insuffisance d'actif pour payer la créance contestée, et non à son titulaire de démontrer l'existence d'actifs suffisants pour le paiement (Cass. com., 14 avr. 2021, n° 19-15.077).

il ne peut pas ignorer la situation financière de la société[937]. Si les conditions de sa responsabilité sont réunies, le liquidateur sera tenu de réparer le préjudice du demandeur à hauteur du montant de la créance, lequel constitue le dommage causé par le défaut de provisionnement de la créance[938]. Si l'actif social est insuffisant pour apurer le passif, le liquidateur commet une faute s'il procède sciemment au paiement de certains créanciers, sans solliciter l'ouverture d'une procédure de liquidation judiciaire. Le préjudice du créancier impayé consistera alors en une perte de chance d'obtenir le paiement de sa créance[939].
Il résulte de ce qui précède que la liquidation au sens du droit des sociétés ne met pas en œuvre d'autres modes d'extinction que ceux du droit commun, que ce soit en cours de liquidation ou à la clôture.

5. L'extinction en cas de liquidation judiciaire. Les modes habituels d'extinction de l'obligation interviennent également durant la liquidation judiciaire, avec les particularités qu'implique la discipline collective. Le paiement des créanciers s'opère selon un ordre établi par la loi[940], sur le produit d'une cession globale ou isolée des actifs du débiteur[941]. Pour être compensées, les créances doivent être connexes[942], réciproques[943], certaines[944] et déclarées au passif[945], sans avoir à être liquides ou exigibles[946].
Les régimes spéciaux de liquidation diffèrent considérablement à la clôture. Contrairement à la liquidation au sens du droit des sociétés, il existe deux issues à la liquidation au sens du droit des procédures

[937] Cass. com., 6 déc. 2011, n° 10-25.720.
[938] Cass. com., 21 oct. 2014, n° 10-18.039.
[939] Cass. com., 26 juin 2007, n° 05-20.569, *Bull. civ.* IV, n° 180. En raison du caractère incertain du recouvrement de la créance, le montant des dommages-intérêts devrait être inférieur au montant de la créance.
[940] C. com., art. L.643-8.
[941] C. com., art. L.642-1 à L.642-24.
[942] C. com., art. L.622-7 et L.641-3.
[943] Il en résulte que la compensation ne peut pas jouer dans l'intérêt collectif des créanciers (Cass. com., 28 mars 1995, n° 93-13.937, *Bull. civ.* IV, n° 105 p. 93 ; Cass. com., 13 avr. 2022, n° 20-22.389, F-B).
[944] Cass. com., 24 sept. 2002, n° 00-20.787. La Cour de cassation a cependant admis le jeu de la compensation lorsque la créance est « *vraisemblable* » (Cass. com., 21 févr. 2012, n° 11-18.027, *Bull. civ.* IV, n° 44).
[945] Cass. com., 20 oct. 2021, n° 20-13.829, F-B ; Cass. com., 3 mai 2011, n° 10-16.758, *Bull. civ.* IV, n° 66 ; Cass. com., 15 oct. 1991, n° 89-20.605, *Bull. civ.* IV, n° 290 p. 201.
[946] Cass. 3e civ., 20 nov. 2002, n° 00-14.423, *Bull. civ.* III, n° 230 p. 198.

collectives. Selon que les créanciers ont été désintéressés ou non, la liquidation judiciaire est clôturée pour extinction du passif ou insuffisance d'actif[947]. Dans cette seconde hypothèse, une règle originale est contenue dans l'article L.643-11 du Code de commerce qui dispose que « *le jugement de clôture de liquidation judiciaire pour insuffisance d'actif ne fait pas recouvrer aux créanciers l'exercice individuel de leurs actions contre le débiteur* ».
L'impossibilité pour les créanciers d'agir à l'encontre du débiteur pourrait constituer un mode spécial d'extinction *lato sensu* de l'obligation, ce qu'il convient, en premier lieu, de vérifier (I), avant d'envisager, en second lieu, les remèdes à cette extinction à la disposition du créancier (II).

I. L'identification d'un mode d'extinction de l'obligation pour insuffisance d'actif

Un mode spécial d'extinction *lato sensu* de l'obligation lors de la clôture de la liquidation judiciaire pour insuffisance d'actif paraît se révéler à l'étude, d'une part, de la portée de la règle de non-reprise des poursuites individuelles (A), et, d'autre part, de sa raison d'être (B).

A. LA PORTÉE DE LA RÈGLE DE NON-REPRISE DES POURSUITES INDIVIDUELLES

6. La portée limitée de la règle. La portée de la règle de non-reprise des poursuites individuelles prévue au I de l'article L.643-11 du Code de commerce est doublement limitée.
D'abord, des conditions sont posées relativement à la nature de la créance du demandeur et à l'objet de l'action intentée. Comme son nom l'indique, la règle de non-reprise des poursuites individuelles a seulement pour effet de pérenniser l'arrêt des poursuites imposé en cours de procédure aux créanciers soumis à la discipline collective. Seuls sont donc empêchés de reprendre leurs poursuites les créanciers titulaires de créances antérieures ou assimilées, ne remplissant pas les conditions du privilège de procédure[948], et dont l'action tend au

[947] C. com., art. L.643-9.
[948] C. com., art. L.641-3, 1er al. et L.641-13.

paiement d'une somme d'argent ou à la résolution d'un contrat pour défaut de paiement d'une somme d'argent[949].

Ensuite, la lettre du texte paraît limiter l'effet de la règle de non-reprise des poursuites au lien d'obligation qui unit les créanciers au débiteur redevenu *in bonis*[950]. Il n'est pas expressément prévu d'« effacement » des créances. Incontestablement, la règle de non-reprise ne constitue pas littéralement un mode d'extinction de l'obligation, mais elle n'en développe pas moins selon nous un effet extinctif à travers ses conséquences, effet qu'il nous semble intéressant d'analyser.

7. **L'application de la règle au débiteur personne morale**. Cet effet extinctif de l'obligation paraît éclatant lorsque la règle est appliquée à la clôture de la liquidation judiciaire pour insuffisance d'actif d'un débiteur personne morale. La règle de non-reprise des poursuites individuelles produit ses effets que la liquidation au sens du droit des procédures collectives précède ou suive une liquidation au sens du droit des sociétés.

Les deux types de liquidation entretiennent, en effet, des liens entre elles. Avant la modification du 7° de l'article 1844-7 du Code civil opérée par l'ordonnance n° 2014-326 du 12 mars 2014, la dissolution de la société intervenait au jour du prononcé du jugement d'ouverture d'une procédure de liquidation judiciaire. Depuis l'entrée en vigueur de cette ordonnance le 1er juillet 2014, le texte prévoit que « *la société prend fin : (…) 7° par l'effet d'un jugement ordonnant la clôture de la liquidation judiciaire pour insuffisance d'actif* ». Il en est ainsi selon le livre VI du Code de commerce « *lorsque la poursuite des opérations de liquidation judiciaire est rendue impossible en raison de l'insuffisance de l'actif* »[951].

Les deux types de liquidation peuvent donc se succéder.

Premièrement, il se peut que le terme du contrat de société arrive à échéance au cours d'une procédure de liquidation judiciaire,

[949] C. com., art. L.641-3, 1er al. et L.622-21, I.

[950] L'expression vise ici le débiteur qui n'est pas soumis à une procédure collective (sur les sens de l'expression, v. F. PÉROCHON et Ph. ROUSSEL GALLE, « Être ou ne pas être *in bonis…* », *in Mélanges en l'honneur de Jean-Luc Vallens*, Joly éditions, 2017, p. 133).

[951] C. com., art. L.643-9.

entraînant la dissolution automatique de la société[952] et mécaniquement sa liquidation amiable[953]. Dans une telle hypothèse, un jugement de clôture pour extinction du passif ne devrait exercer aucune influence sur la dissolution consécutive à l'expiration du terme de la société, dont la personnalité ne subsiste que pour les besoins de sa liquidation. L'adoption d'un raisonnement par analogie avec la solution rendue sur le fondement du 7° de l'article 1844-7 du Code civil, dans sa rédaction antérieure à l'ordonnance n° 2014-326 du 12 mars 2014, permet de le confirmer. Il a été jugé que « *le jugement de clôture pour extinction du passif est sans influence sur la dissolution, consécutive au prononcé de la liquidation judiciaire, de la personne morale dont la personnalité ne subsiste que pour les besoins de sa liquidation* »[954].

Deuxièmement, il se peut qu'une dissolution de la société, notamment pour cause de mésentente entre associés, révèle un état de cessation des paiements et conduise à l'ouverture d'une procédure de liquidation judiciaire.

L'impact sur le passif social de ces ouvertures successives dépend de la combinaison des régimes spéciaux de liquidation amiable et judiciaire. En l'état du droit positif, la clôture d'une liquidation judiciaire pour insuffisance d'actif d'une société devrait toujours impliquer une clôture de la liquidation au sens du droit des sociétés et la disparition de la personnalité juridique[955]. Comme il a été précisé plus haut, le régime de la liquidation amiable permet cependant aux créanciers impayés de demander la réouverture de la procédure s'il existe des actifs résiduels, sans se voir opposer la perte de la personnalité morale de la société ou sa radiation du registre[956]. Une telle option leur sera fermée si une clôture de la liquidation judiciaire pour insuffisance d'actif est intervenue entre-temps. La règle de non-reprise des poursuites individuelles rendrait impossible la réouverture d'une liquidation amiable après la désignation d'un mandataire *ad hoc*. Cette règle produira ainsi ses effets malgré la clôture de la liquidation au sens du

---

[952] Pour l'éviter, les dirigeants sont tenus, un an au moins avant la date d'expiration de la société, de réunir les associés afin qu'ils décident si la société doit être prorogée (C. civ., art. 1844-6, 2e al.).

[953] Les associés pourront heureusement bénéficier de la procédure de régularisation instituée par la loi n° 2019-744 du 19 juillet 2019 (C. civ., art. 1844-6, 4e al.).

[954] Cass. com., 26 oct. 1999, n° 97-12.640, *Bull. civ.* IV, n° 196 p. 166.

[955] En ce sens, v. not. P. LE CANNU et B. DONDERO, *Droit des sociétés*, LGDJ, 10e éd., 2023, spéc. p. 459, note de bas de page n° 83.

[956] V. *supra* n° 3.

droit des sociétés. De plus, la société étant dissoute, un paiement spontané de la créance est exclu postérieurement à la clôture.
La dissolution de la personne morale n'est donc pas un obstacle aux poursuites des créanciers, contrairement à la règle de non-reprise des poursuites qui paraît produire un effet extinctif.

8. L'application de la règle au débiteur personne physique. À l'égard d'un débiteur personne physique, la caractérisation de cet effet extinctif est discutable. Les conséquences de la règle de non-reprise des poursuites sont connues.
Du point de vue du créancier, la non-reprise des poursuites **équivaut** en règle générale à une extinction de sa créance[957]. Si le créancier met en œuvre une procédure de saisie-attribution à l'encontre du débiteur[958], ce dernier pourra lui opposer la perte de son droit de poursuite, en contestant la saisie dans le délai d'un mois à compter de la dénonciation faite par le créancier[959]. En l'absence de contestation, le créancier obtiendra le paiement de la créance attribuée par l'acte de saisie, mais pourra encore subir ultérieurement l'action en répétition de l'indu formée par le débiteur[960].
En prenant un peu de hauteur, il est alors possible de distinguer juridiquement l'existence du droit de son exercice. Seul le droit de poursuite étant impacté par la non-reprise des poursuites, l'intérêt du créancier pourrait ne pas sembler sacrifié. Il est ainsi généralement affirmé en doctrine que la règle prévue au I de l'article L.643-11 du Code de commerce « *n'entraîne pas l'extinction de la dette, mais paralyse le droit de poursuite des créanciers* »[961] ; « *les droits des créanciers sont paralysés pour une durée indéfinie, et le passif est*

---

[957] Sur les preuves généralement invoquées de l'absence d'équivalence de la suppression de l'action en justice et du paiement de la créance, v. not. P.-M. LE CORRE, *Droit et pratique des procédures collectives 2023/2024*, Dalloz, 12e éd., 2022, spéc. n° 592.541, p. 2159.
[958] La poursuite est bien engagée à l'encontre du débiteur dont la liquidation judiciaire a été clôturée pour insuffisance d'actif, car la saisie-attribution emporte attribution immédiate et de plein droit au créancier saisissant de la créance du débiteur saisi à l'encontre du tiers saisi.
[959] C. pr. civ. ex., art. L.211-4 et R.211-11.
[960] Cass. com., 30 janv. 2020, n° 18-18.922, F-P+B+I.
[961] Ph. PÉTEL, *Procédures collectives*, Dalloz, 11e éd., 2023, spéc. n° 417, p. 253. En ce sens, v. not. F. PÉROCHON, avec le concours de M. Laroche, F. Reille, T. Favario et A. Donnette, *Entreprises en difficulté*, LGDJ, 11e éd., 2022, spéc. n° 2467, p. 1001.

"apuré" sans avoir été payé »[962]. Il en résulte que le débiteur est « *déchargé définitivement du passif qui n'a pas été réglé* »[963], mais « *le droit substantiel des créanciers (…) n'est pas éteint* »[964]. L'analyse est suivie par la Cour de cassation qui a affirmé à plusieurs reprises que « *le jugement de clôture pour insuffisance d'actif n'entraîne pas l'extinction des dettes* »[965].

9. La possibilité d'un paiement spontané. Conformément à cette analyse, la règle de non-reprise des poursuites contre le débiteur ne vaut pas paiement. Une exécution volontaire de l'obligation est donc encore possible. Le paiement de la dette, même prescrite[966], par le débiteur personne physique redevenu *in bonis* à la clôture de la liquidation judiciaire pour insuffisance d'actif ne donnera pas lieu à répétition de l'indu. En payant le créancier dont l'action est paralysée, le débiteur accomplit son devoir moral de répondre de ses dettes. L'obligation étant dépourvue de contrainte étatique, certains auteurs y voient l'existence d'une obligation naturelle[967]. La survivance du lien d'obligation justifie alors la validité de ce paiement spontané du débiteur.

Au soutien de l'approche en termes d'effet extinctif, un raisonnement par analogie avec le régime de la prescription peut être tenté, en rapprochant cette situation de celle du paiement d'une dette prescrite. Selon l'article 2249 du Code civil, « *le paiement effectué pour éteindre une dette ne peut être répété au seul motif que le délai de prescription était expiré* ». Comme la portée de la règle de non-reprise des poursuites individuelles, celle de la prescription extinctive est discutée. Aux

---

962 L. ANDREU, N. BINCTIN et Ph. DELEBECQUE, *Traité de droit des affaires - Effets de commerce et entreprises en difficulté*, tome 4, LGDJ, 18e éd., 2018, spéc. n° 964, p. 845.

963 J. VALLANSAN, avec la collaboration de L. Fin-Langer, *Guide des procédures collectives 2022/2023*, LexisNexis, 2022, spéc. n° 117, p. 47.

964 *Ibid.*

965 Cass. 2e civ., 15 févr. 2018, n° 17-15.208. V. égal. Cass. com., 19 nov. 2013, n° 12-24.652 ; Cass. 2e civ., 17 janv. 2007, n° 04-30797, *Bull. civ.* II, n° 6, p. 5 ; Cass. soc., 8 juin 1995, n° 93-14157, *Bull. civ.* IV, n° 194 p. 143.

966 C. civ., art. 2249.

967 En ce sens, v. not. F. PÉROCHON, avec le concours de M. Laroche, F. Reille, T. Favario et A. Donnette, *Entreprises en difficulté*, LGDJ, 11e éd., 2022, spéc. n° 2467, p. 1002 ; P.-M. LE CORRE, *Droit et pratique des procédures collectives 2023/2024*, Dalloz, 12e éd., 2022, spéc. n° 592.531, p. 2158 ; M. MENJUCQ, B. SAINTOURENS, B. SOINNE (dir.), *Traité des procédures collectives*, LexisNexis, 3e éd., 2021, spéc. n° 3076, p. 2299 ; G. RIPERT, *Traité de droit commercial*, LGDJ, t. 2, 13e éd. par R. Roblot, 1992, spéc. n° 3275, p. 1212.

termes de l'article 2219 du Code civil, « *la prescription extinctive est un mode d'extinction d'un droit résultant de l'inaction de son titulaire pendant un certain laps de temps* ». Il ne peut pas être induit de ce texte que la prescription extinctive produit ses effets sur le droit substantiel, car le législateur pourrait ne faire référence qu'au droit d'agir[968]. Toutefois, comme un auteur l'a relevé, si l'obligation devait subsister par l'effet de la prescription extinctive, celle-ci « *ne serait plus que l'ombre d'elle-même* (…). *De là à reconnaître qu'elle est éteinte, le pas est vite franchi* »[969]. Face à cette incertitude, certains auteurs émettent l'hypothèse qu'en excluant le caractère indu du paiement de la dette prescrite, l'article 2249 du Code civil « *traduit seulement une renonciation à la prescription de la part du débiteur, qui préfère payer sa dette* »[970].

Pour vérifier s'il en est de même pour la règle étudiée, il convient d'envisager l'hypothèse qu'en payant spontanément, le débiteur redevenu *in bonis* renonce à invoquer à l'avenir la règle de non-reprise face aux éventuelles poursuites des créanciers. Rien ne semble interdire une telle renonciation. La règle de non-reprise des poursuites, essentielle à la clôture de la liquidation judiciaire, constitue pourtant une règle exorbitante du droit commun des obligations, règle d'ordre public propre au droit des faillites[971]. Une telle faveur que le débiteur accorde à l'un de ses créanciers au détriment des autres ne devrait pas choquer pour autant, étant donné les autres hypothèses de renonciation instituées récemment par le législateur[972]. En revanche, une renonciation anticipée à l'invocation de ce moyen de défense devrait être exclue puisqu'elle méconnaîtrait la discipline collective imposée, par principe, aux créanciers. De même, une renonciation opérée *a posteriori* par une autre personne que le débiteur devrait être privée d'effet. Il devrait en résulter la restitution au débiteur du paiement

---

968 En ce sens, v. not. L. ANDREU et N. THOMASSIN, *Cours de droit des obligations*, Gualino, Lextenso, 6e éd., 2021, spéc. n° 1863, p. 651.

969 M. JULIENNE, *Régime général des obligations*, LGDJ, Lextenso, 4e éd., 2022, spéc. n° 696, p. 456, à propos de la prescription extinctive.

970 L. ANDREU et N. THOMASSIN, *Cours de droit des obligations*, Gualino, Lextenso, 6e éd., 2021, spéc. n° 1863, p. 651. V. égal. *Ibid.*, spéc. n° 1859, p. 648.

971 Comp. P.-M. LE CORRE, *Droit et pratique des procédures collectives 2023/2024*, Dalloz, 12e éd., 2022, spéc. n° 592.531, p. 2159.

972 On songe aux renonciations de l'entrepreneur individuel à l'insaisissabilité des droits portant sur sa résidence principale ou sur tout bien foncier, bâti ou non bâti, non affecté à l'usage professionnel (C. com., art. L.526-3, 2e al.) ou à la séparation de ses patrimoines (C. com., art. L.526-25).

effectué par le liquidateur judiciaire pour le compte du débiteur après la clôture de la liquidation judiciaire pour insuffisance d'actif. Dans une telle hypothèse, il a d'ailleurs été jugé par le Conseil d'État que le versement du liquidateur judiciaire « *ne peut être regardé comme procédant d'un apurement spontané de sa dette fiscale par* (le débiteur) *qui aurait ce faisant tacitement renoncé à se prévaloir de son défaut d'exigibilité. Il suit de là que le requérant est fondé à demander à ce que cette somme lui soit restituée* »[973].
Cette tentative d'analyse sous l'angle d'une renonciation paraît en réalité vouée à l'échec, car il est difficile de considérer le paiement spontané du débiteur comme une renonciation à la règle de non-reprise, alors que cette dernière ne concerne pas les prérogatives du débiteur, mais les poursuites des créanciers. L'approche de la règle de non-reprise en termes d'effet extinctif est résolument incompatible avec la validité du paiement spontané du débiteur personne physique redevenu *in bonis*[974]. La caractérisation d'un mode spécial d'extinction de l'obligation pourrait autoriser le débiteur ayant payé par erreur à obtenir la restitution de la somme.

10. Une « quasi-extinction ». Au-delà de la validité du paiement spontané du débiteur, l'obligation qui est censée subsister par l'effet de la règle de non-reprise des poursuites individuelles est méconnaissable. La paralysie de l'exercice du droit ne revient-elle pas à nier son existence ?[975] Pour l'avenir, le créancier est ici empêché, par principe, d'obtenir l'exécution forcée en justice du lien d'obligation qui l'unit au débiteur. La règle de non-reprise des poursuites individuelles n'introduit pas seulement une limite à l'exécution forcée de la créance, mais pose précisément le principe contraire. Il est ainsi porté atteinte à ce qui constitue le noyau de la définition de la notion d'obligation.

---

[973] CE, 10e et 9e chambres réunies, 13 févr. 2019, req. n° 401752, mentionné dans les tables du recueil Lebon.
[974] Sauf à considérer que le régime applicable à ce mode spécial d'extinction de l'obligation autorise un paiement spontané du débiteur lui permettant de respecter ses engagements antérieurs, conformément à la finalité particulière poursuivie à la clôture de la liquidation judiciaire pour insuffisance d'actif tenant notamment au « rebond » (v. *infra* n° 11 et s.).
[975] Motulsky affirmait qu'« *avoir un droit subjectif ne signifie rien d'autre que d'**être habilité par l'ordre juridique positif à faire jouer "l'effet juridique" d'une règle de droit*** » : H. MOTULSKY, *Principes d'une réalisation méthodique du droit privé, La théorie des éléments générateurs des droits subjectifs*, Dalloz, 2002, spéc n° 26, p. 30 (souligné en italique dans le texte).

Que reste-t-il de l'obligation ? Le créancier ne peut pas agir en paiement de la somme d'argent ou en résolution du contrat pour défaut de paiement de la somme d'argent[976]. Dans une affaire concernant la caisse de mutualité sociale agricole, le créancier a même été interdit de faire usage de la prérogative spéciale offerte par le Code rural et de la pêche maritime[977] consistant à compenser sa créance correspondant aux cotisations impayées avec les pensions de retraite dues à l'exploitant agricole[978]. Or, comme le relève un auteur, la lettre du texte interdit seulement la reprise des actions et « *opposer la compensation n'est pas exercer une action* »[979]. L'obligation civile à l'origine de ces prestations peut-elle être considérée comme éteinte à compter de la clôture de la liquidation judiciaire pour insuffisance d'actif[980] ? Est-ce un indice révélant que la règle de non-reprise des poursuites n'influe pas seulement sur le droit processuel, mais également sur le droit substantiel ? Il sera également impossible au créancier d'agir en responsabilité contre le liquidateur judiciaire ou contre le liquidateur amiable en arguant du non-paiement de sa créance.

De là à considérer que l'obligation est éteinte, le pas nous semble devoir être franchi, non pas grâce à l'approche technique du régime actuel qui vient d'être adoptée et qui paraît insuffisante à le justifier, mais en raison d'une approche globale de la matière dans laquelle s'insère la règle de non-reprise des poursuites individuelles.

En l'état actuel des textes, la portée de la règle de non-reprise paraît limitée à une « **quasi-extinction** » de l'obligation, qui trouverait sa

---

[976] La règle de non-reprise des poursuites individuelles devrait également impacter l'exécution forcée des obligations en nature, étant donné l'appréciation extensive de la notion de créance de somme d'argent adoptée par la Cour de cassation. Sur cette jurisprudence « *réaliste mais peu respectueuse de la lettre du texte* » qui « *tend à dilater la notion de créance de somme d'argent et à généraliser l'interdiction des poursuites en l'étendant à toutes les actions pouvant aboutir de près ou de loin à un paiement de la part du débiteur* », v. F. PÉROCHON, avec le concours de M. Laroche, F. Reille, T. Favario et A. Donnette, *Entreprises en difficulté*, LGDJ, 11e éd., 2022, spéc. n° 1053 et s., p. 464 et s. *Comp.* K. LAFAURIE, *La force obligatoire du contrat à l'épreuve des procédures d'insolvabilité*, préf. G. Wicker, Bibl. dr. privé, t. 595, LGDJ, 2020, spéc. n° 115, p. 110.

[977] C. rur., art. L.725-1.

[978] Cass. com., 8 juill. 2008, n° 05-20.497, *Bull. civ.* IV, n° 144.

[979] F. PÉROCHON, avec le concours de M. Laroche, F. Reille, T. Favario et A. Donnette, *Entreprises en difficulté*, LGDJ, 11e éd., 2022, spéc. n° 2469, p. 1003.

[980] Sous l'empire du régime antérieur à la loi du 26 juillet 2005 ayant substitué la sanction de l'inopposabilité des créances non déclarées à celle de l'extinction, v. Cass. com., 13 nov. 2007, n° 06-14.372, *Bull. civ.* IV, n° 239.

source dans le jugement de clôture de la liquidation judiciaire pour insuffisance d'actif. La validité du paiement spontané l'illustre. Toutefois, si l'on s'intéresse à la raison d'être de la règle, cette clôture pourrait traduire un mode **spécial** d'extinction **totale** de l'obligation.

B. LA RAISON D'ÊTRE DE LA RÈGLE DE NON-REPRISE DES POURSUITES INDIVIDUELLES

11. La logique particulière de la faillite. La finalité étendue de la liquidation judiciaire justifie la soumission du débiteur et de ses créanciers à un ensemble de règles contraignantes formant une discipline collective. Les règles de l'interdiction des paiements ou de l'arrêt des poursuites individuelles en font partie[981]. L'importance des difficultés conditionne alors le déroulement de la liquidation judiciaire et la conservation de la personnalité morale de la société à la clôture de la procédure.

La logique est profondément distincte dans la liquidation au sens du droit des sociétés où l'on ne retrouve pas la nécessité de traiter au plus vite des difficultés pour assurer notamment le « rebond » du chef d'entreprise. Le principe d'égalité des créanciers qui constitue le corollaire du caractère collectif de la liquidation judiciaire[982] ne se retrouve pas en liquidation amiable où règne le prix de la course[983].

La logique propre au droit de la faillite rend indispensable l'enchevêtrement des régimes spéciaux de liquidation judiciaire et amiable lorsque le débiteur est une personne morale. L'impératif de célérité explique que l'ouverture d'une liquidation au sens du droit des procédures collectives constitue une obligation pour tout débiteur, personne physique exerçant une activité professionnelle indépendante ou personne morale de droit privé, en état de cessation des paiements et

---

[981] C. com., art. L.622-7, I, 1er al. et L.622-21, I (C. com., art. L.641-3 en liquidation judiciaire).

[982] En procédure collective, ce principe semble se traduire en une « *égalité devant la loi de la procédure* » (en ce sens, R. AZEVEDO, *Le caractère collectif des procédures collectives*, av.-propos F. Pérochon, préf. F.-X. Lucas, Bibl. dr. entr. diff., t. 20, LGDJ, 2020, pp. 93-175, spéc. n° 261, p. 169). Plus récemment, v. A. CHAPON-LE BRETHON, *Le principe d'égalité entre créanciers*, préf. D. Robine, Bibl. dr. entr. diff., t. 25, LGDJ, 2021.

[983] Même s'il n'y est pas tenu, il semble qu'en pratique le liquidateur dresse un état estimatif distinguant le passif privilégié et le passif chirographaire (en ce sens, v. M. COZIAN, A. VIANDIER et F. DEBOISSY, *Droit des sociétés*, LexisNexis, 36e éd., 2023, spéc. n° 811, p. 318).

dont le redressement est manifestement impossible[984]. L'objectif de « rebond » nous paraît apte à justifier ensuite que la clôture d'une liquidation au sens du droit des procédures collectives ait un effet extinctif portant non seulement sur le droit processuel, mais également sur le droit substantiel. Il s'agirait ainsi d'un mode spécial d'extinction de l'obligation justifié par la logique particulière à l'œuvre en procédure collective.

12. L'ancienneté de la règle. Depuis la loi du 25 janvier 1985[985], la règle de non-reprise des poursuites constitue l'effet incontournable du prononcé de la clôture d'une liquidation judiciaire pour insuffisance d'actif. Hier, cela aurait pu être perçu comme un bouleversement ouvrant considérablement le « *droit de ne pas payer ses dettes* »[986]. La règle ne choque plus aujourd'hui et pourrait même sembler banale. Le législateur a d'ailleurs récemment admis expressément un « *effacement des dettes* » à la clôture d'une procédure collective[987] impécunieuse. L'ordonnance n° 2014-326 du 12 mars 2014 a, en effet, institué une procédure de rétablissement professionnel dont la clôture « *entraîne effacement des dettes* »[988]. Certaines de ses conditions d'ouverture, identiques à celles de la liquidation judiciaire[989], manifestent sa proximité avec cette procédure.
Le rétablissement professionnel a ceci de particulier que sa clôture ne conduira pas à une clôture de la liquidation au sens du droit des sociétés, puisqu'il est réservé aux débiteurs personnes physiques. L'objectif poursuivi lors de la clôture de la procédure y est néanmoins identique. C'est d'ailleurs la règle de non-reprise des poursuites individuelles à la clôture de la liquidation judiciaire pour insuffisance d'actif qui a inspiré l'effacement des dettes à l'issue du rétablissement professionnel, sur le

---

[984] C. com., art. L.640-1 et L.640-2.
[985] Art. 169, L. n° 85-98 du 25 janvier 1985 *relative au redressement et à la liquidation judiciaires des entreprises*, JORF du 26 janv. 1985, p. 1099.
[986] G. RIPERT, « Le droit de ne pas payer ses dettes », *D. H.*, 1936, chron. p. 57, à propos du délai de grâce.
[987] La qualification de procédure collective est discutée. V. not. P.-M. LE CORRE, « Premiers regards sur l'ordonnance du 12 mars 2014 réformant le droit des entreprises en difficulté », *D*, 2014, 733, spéc. n° 41 ; P. PÉTEL, « Entreprises en difficulté : encore une réforme ! », *JCP E*, 2014, 1223, spéc. n° 22 ; F. REILLE, « Une nouvelle procédure qui n'en est pas une : le rétablissement professionnel », *RPC*, 2014-2, dossier 22, spéc. n° 11.
[988] C. com., art. L.645-11. *Adde*. C. cons., art. L.741-2 et L.742-22.
[989] C. com., art. L.645-1 et L.640-2, 1er al.

modèle du rétablissement personnel du livre VII Code de la consommation[990]. Comme l'affirme un auteur, « *on ne peut qu'être frappé par la similitude des effets qui existe entre l'effacement des dettes par le jugement de clôture du rétablissement professionnel et la non-reprise des poursuites par le jugement de clôture de liquidation judiciaire pour insuffisance d'actif* »[991].

13. La raison d'être de la règle. La notion d'insuffisance d'actif qui justifie la clôture de la liquidation judiciaire doit être entendue largement. Il y a naturellement insuffisance d'actif lorsque le passif n'est pas apuré alors qu'il ne reste plus aucun actif réalisable, ce qui semble être le cas le plus fréquent de clôture d'une liquidation judiciaire. Il y a également insuffisance d'actif en cas de clôture « *pour disproportion* »[992], lorsque l'intérêt de la poursuite des opérations de liquidation « *est disproportionné par rapport aux difficultés de réalisation des actifs résiduels* »[993], nouveau cas de clôture introduit par l'ordonnance n° 2014-326 du 12 mars 2014[994].

Dans ces deux cas de clôture, un lien de causalité est tracé entre l'impossibilité d'exécuter la créance dans laquelle se trouve le débiteur et l'insuffisance d'actif. Cette situation particulière appelle un traitement juridique particulier. Comme l'évoque avec justesse un auteur, « *le principe de non-reprise des poursuites* ***clarifie*** *la situation sans aggraver vraiment le sort des créanciers qui, même en restant*

---

[990] En ce sens, F. PÉROCHON, avec le concours de M. Laroche, F. Reille, T. Favario et A. Donnette, *Entreprises en difficulté*, LGDJ, 11e éd., 2022, spéc. n° 2455, p. 997.

[991] V. MARTINEAU-BOURGNINAUD, « L'effacement des dettes en rétablissement professionnel », *in L'effacement des dettes*, P. Cagnoli et P.-M. Le Corre (dir.), L'harmattan, 2022, p. 105, spéc. p.122. Dans ces conditions, « *il ne serait pas déraisonnable d'harmoniser les solutions* » : J. GHESTIN, M. BILLIAU et G. LOISEAU, *Traité de droit civil - Le régime des créances et des dettes*, LGDJ, 2005, spéc. n° 1295, p. 1314.

[992] L'expression est empruntée au Professeur Jocelyne Vallansan : J. VALLANSAN, « L'écran de la clôture de la liquidation judiciaire », *in Le patrimoine de la personne physique à l'épreuve des procédures collectives : quels nouveaux enjeux ?*, Actes du colloque tenu le 29 mai 2015 à la Faculté de Droit et de Science Politique de Montpellier, LexisNexis, 2015, p. 55, spéc. p. 56.

[993] C. com., art. L.643-9.

[994] Les difficultés de réalisation d'actifs résiduels, tels que des biens invendables en raison d'une pollution, ne s'opposent plus à la clôture de la liquidation judiciaire. Après la dissolution de la société, ces biens devraient revenir à l'État ou à la commune (sur ce point, v. B. ROLLAND, *JurisClasseur Commercial*, « Fasc. 3250 : Environnement et procédures collectives », spéc. n° 84).

vigilants des années durant, n'auraient généralement pas pu agir faute pour le débiteur d'être redevenu suffisamment prospère »[995]. Dans ce cadre, la nécessité de prendre en compte la faiblesse de l'actif en organisant une mesure de « rebond » pragmatique nous semble fonder l'existence d'un mode spécial d'extinction de l'obligation.

La règle de non-reprise des poursuites individuelles vise alors principalement le débiteur personne physique dont elle assure le « rebond » dans une situation critique d'insuffisance d'actif. Cela tient à l'origine au « *souci d'aligner la situation de l'exploitant individuel sur celle du dirigeant de personne morale à responsabilité limitée en lui permettant de reconstruire sa vie professionnelle sans subir les séquelles financières d'un premier échec* »[996].

Toutefois, la règle de non-reprise des poursuites individuelles est également utile aux associés de la personne morale. L'écran de la société permet effectivement à l'associé de la personne morale qui est fréquemment son dirigeant d'entreprendre à nouveau. La « *purge* »[997] des dettes permet plus radicalement au débiteur, personne physique ou personne morale, de « *se refaire une virginité patrimoniale* »[998]. Il en résulte que les associés ne pourront pas faire l'objet de poursuites engagées par les créanciers sociaux après la clôture de la liquidation au sens du droit des sociétés, qui suivra celle de la liquidation au sens du droit des procédures collectives[999].

S'il s'avérait que l'insuffisance d'actif n'était pas réelle à la clôture de la liquidation judiciaire, le lien de causalité tracé entre l'insuffisance d'actif et l'impossibilité d'exécuter la créance dans laquelle se trouve le débiteur serait rompu, et la règle de non-reprise des poursuites individuelles n'aurait plus lieu d'être. Lorsque « *des actifs n'ont pas été réalisés ou que des actions dans l'intérêt des créanciers n'ont pas été engagées pendant le cours de la procédure* », l'article L.643-13 du Code de commerce permet la reprise de la procédure. L'effet rétroactif de cette reprise permettra de réaliser les actifs du débiteur[1000]

---

[995] F. PÉROCHON, avec le concours de M. Laroche, F. Reille, T. Favario et A. Donnette, *Entreprises en difficulté*, LGDJ, 11e éd., 2022, spéc. n° 2454, p. 997.

[996] Ph. PÉTEL, *Procédures collectives*, Dalloz, 11e éd., 2023, spéc. n° 416, p. 253. V. égal. G. RIPERT, *Traité de droit commercial*, LGDJ, t. 2, 13e éd. par R. Roblot, 1992, spéc. n° 3275, p. 1212.

[997] Ph. PÉTEL, *Procédures collectives*, Dalloz, 11e éd., 2023, spéc. n° 416, p. 253.

[998] *Ibid.*

[999] V. *infra*, n° 21.

[1000] Il importe peu que le débiteur soit une personne morale, dès lors que l'existence de dettes sociales est un obstacle à la perte de la personnalité morale de la société,

subsistants à la clôture de sa liquidation judiciaire, pour en répartir le produit entre les créanciers selon l'ordre établi par la loi[1001].

14. La situation particulière du créancier forclos. La logique particulière qui nous paraît fonder l'effet extinctif de la règle de non-reprise des poursuites individuelles est absente lorsque le créancier est forclos pour ne pas avoir déclaré sa créance dans le délai légal à compter de la publication du jugement d'ouverture de liquidation judiciaire[1002]. Sauf à être relevé de sa forclusion, le créancier n'est pas admis dans les répartitions et les dividendes. La créance non déclarée au passif est inopposable à la procédure collective[1003].

Cette sanction du défaut de déclaration au passif ne constitue pas dans la situation étudiée un autre mode spécial d'extinction de l'obligation[1004]. La règle de l'arrêt des poursuites qui s'impose durant la procédure au créancier forclos ainsi qu'à tout créancier titulaire d'une créance antérieure ou postérieure non privilégiée a un caractère définitif à la clôture de la liquidation judiciaire pour insuffisance d'actif, en application de la règle de non-reprise des poursuites individuelles. Si le créancier se trouve dans l'un des cas exceptionnels de reprise prévus par le texte, le défaut de déclaration au passif ne l'empêchera pas d'agir en paiement à l'encontre du débiteur. La Cour de cassation l'a admis en cas de fraude du débiteur[1005].

À la différence de la règle de non-reprise des poursuites individuelles, la sanction de la négligence du créancier appelle un traitement juridique particulier du créancier forclos durant la procédure. À l'issue de la procédure collective, l'impossibilité dans laquelle se trouve le créancier forclos d'agir à l'encontre du débiteur n'est qu'une conséquence de la soumission de ce créancier aux règles de la discipline collective imposées à la plupart, dans un esprit collectif. Ce caractère collectif pourrait également fonder un autre mode spécial d'extinction de

---

même en cas de radiation du registre du commerce et des sociétés (v. *supra* n° 3 et not. Cass. soc., 17 déc. 2014, n° 13-26.575).

[1001] C. com., art. L.643-8.

[1002] C. com., art. L.641-3, 4e al.

[1003] Cass. com., 3 nov. 2010, n° 09-70.312, *Bull. civ.* IV, n° 165. *Adde,* C. com., art. L.622-26, 2e al.

[1004] En revanche, plusieurs hypothèses d'effacement des dettes peuvent être révélées à l'étude de la procédure de vérification du passif : P. CAGNOLI, « L'effacement dans la vérification du passif », *in L'effacement des dettes*, P. Cagnoli et P.-M. Le Corre (dir.), L'harmattan, 2022, p. 143.

[1005] Cass. com., 26 juin 2019, n° 17-31.236, FS-PB.

l'obligation dans un autre type de procédure collective. L'objectif de continuation de l'activité justifie que des remises de dettes soient imposées à certains créanciers, dans le cadre des classes de parties affectées, en application de la loi de la majorité[1006].
Après avoir évoqué les raisons pour lesquelles la règle de la non-reprise des poursuites individuelles nous semble dissimuler un mode spécial d'extinction *lato sensu* de l'obligation, il reste à envisager les remèdes dont dispose le créancier pour s'en affranchir.

II. Les remèdes à l'extinction de l'obligation pour insuffisance d'actif

Le créancier soumis à la règle de non-reprise des poursuites individuelles dispose de deux voies pour obtenir le paiement de ce qui lui est dû. Il lui est parfois permis, d'une part, de reprendre ses poursuites à l'encontre du débiteur (A) et, d'autre part, d'engager de nouvelles poursuites à l'encontre de tiers (B).

A. LA REPRISE DES POURSUITES CONTRE LE DÉBITEUR

15. Des limites à l'effet extinctif de la règle. Les créanciers peuvent reprendre leurs poursuites individuelles dans certaines situations particulières listées à l'article L.643-11 du Code de commerce[1007]. Cette reprise exceptionnelle des poursuites ne remet pas en cause l'identification d'un mode spécial d'extinction de l'obligation à la clôture de la liquidation judiciaire pour insuffisance d'actif. Il nous semble que ces cas de reprise des poursuites individuelles, en l'état actuel des textes, marquent les limites de l'effet extinctif à la clôture de la liquidation judiciaire pour insuffisance d'actif.
D'abord, il est intéressant de remarquer que dans les cas où il est fait exception à la règle de non-reprise des poursuites individuelles[1008],

---

[1006] Ces classes étant constituées en procédure de sauvegarde ou de redressement judiciaire (C. com., art. L. 620-1, 2e al, L. L. 631-1, 3e al., L 626-30-2, 2e al. et L.631-19), l'étude de ces remises de dettes dépasse le sujet de notre étude (v. L. C. HENRY, « L'effacement dans les plans », *in L'effacement des dettes*, P. Cagnoli et P.-M. Le Corre (dir.), L'harmattan, 2022, p. 123 ; F.-X. LUCAS, « Les plans de sauvegarde et de redressement adoptés par les classes de parties affectées », *BJE* janv. 2022, n° BJE200k9 ; F. PÉROCHON et Ph. ROUSSEL GALLE, « Classes de créanciers et sûretés réelles », *RDBF*, n° 2, Mars 2022, dossier 20.
[1007] C. com., art. L.643-11, I, II, III, et IV.
[1008] C. com., art. L. 643-11, 1° à 3° du I et II.

l'article L.645-11 du Code de commerce fait pareillement exception à la règle de l'effacement des dettes à la clôture du rétablissement professionnel[1009]. Dans l'esprit du législateur, lorsqu'il est permis au créancier de reprendre ses poursuites, l'effacement de la dette doit également être remis en cause.
Ensuite, la remise en cause de l'extinction du droit de poursuite du créancier, et, selon nous, de sa créance, est parfaitement justifiée par la poursuite d'impératifs prépondérants sur le « rebond » du chef d'entreprise. Heureusement, celui-ci n'est pas poursuivi aveuglément par le législateur.

16. Le profit modéré. Certains cas de reprise des poursuites individuelles consistent à limiter une faveur octroyée au débiteur.
Le 1° du I de l'article L. 643-11 du Code de commerce permet aux créanciers de reprendre leur poursuite individuelle à l'encontre du débiteur sur les « *biens acquis au titre d'une succession ouverte pendant la procédure de liquidation judiciaire* »[1010]. Durant la procédure, ces biens sont mis à l'abri ; ils ne peuvent pas être réalisés par le liquidateur, sauf accord du débiteur[1011]. Pour autant, il ne doit pas être permis au débiteur qui a hérité pendant la liquidation judiciaire de revenir à meilleure fortune en cours de procédure, sans en répondre face à ses créanciers après la clôture.
Le 3° du III de l'article L. 643-11 du Code de commerce empêche le débiteur de bénéficier à deux reprises d'une clôture pour insuffisance d'actif d'une liquidation judiciaire, à laquelle le législateur assimile la clôture d'un rétablissement professionnel, pendant une période de cinq ans.
Le 4° du III de l'article L. 643-11 du Code de commerce évite qu'un débiteur ayant le centre de ses intérêts principaux dans un autre État membre de l'Union européenne exerce une activité professionnelle en

---

[1009] Les cas de reprise des poursuites auxquels l'article L.645-11 du Code de commerce ne renvoie pas (C. com., art. L.643-11, 1°, 2° et 4° du III) sont spécifiques à la liquidation judiciaire. L'hypothèse d'une fraude à l'égard d'un ou de plusieurs créanciers est prévue à l'article L.645-12 du Code de commerce lorsque le débiteur a obtenu le bénéfice de cette procédure par une description incomplète de son actif ou de son passif. Le délai de cinq ans devant être écoulé depuis la clôture d'une liquidation judiciaire pour insuffisance d'actif ou d'un rétablissement professionnel (C. com., art. L.643-11, 3° du III) est érigé en condition d'ouverture de la procédure (C. com. art. L.645-2).
[1010] C. com., art. L.643-11, I, 1°.
[1011] C. com., art. L.642-22.

France, alors que ses créanciers ont subi les inconvénients d'une procédure secondaire au sens du règlement européen du 20 mai 2015[1012], dont les effets ont été limités aux biens se trouvant sur le territoire français.

17. La faute sanctionnée. D'autres cas de reprise des poursuites individuelles sanctionnent la faute du débiteur. Il en est ainsi en cas d'infraction pour laquelle la culpabilité du débiteur a été établie[1013], en cas de fraude généralisée[1014], en cas de fraude commise au préjudice d'organismes de protection sociale[1015], lorsque le débiteur a été condamné à la faillite personnelle[1016] ou a été reconnu coupable de banqueroute[1017]. Le respect de la dignité des créanciers peut également justifier la reprise de leurs poursuites lorsqu'elles sont fondées sur des « *droits attachés à la personne du créancier* », telles que des créances de nature alimentaire[1018].

18. Les modalités de la reprise. Les conditions strictes pour bénéficier de l'un de ces cas de reprise des poursuites individuelles montrent leur caractère exceptionnel dans l'esprit du législateur.
La caractérisation d'une fraude à l'égard d'un ou de plusieurs de créanciers suppose en particulier une marge d'appréciation du tribunal. Le caractère subjectif de ce cas de reprise des poursuites implique une autorisation du tribunal, qui peut être obtenue concomitamment ou postérieurement à la clôture de la procédure[1019].
Les autres cas de reprises étant conditionnés au respect de conditions objectives, la reprise des poursuites y est de droit[1020]. Si le juge n'a pas

[1012] Art. 3 et 34 et s., Règlement (UE) 2015/848 du Parlement européen et du Conseil du 20 mai 2015 *relatif aux procédures d'insolvabilité*.
[1013] C. com., art. L. 643-11, 2°, I.
[1014] C. com., art. L. 643-11, IV. La « *fraude à l'égard d'un ou de plusieurs créanciers* » est caractérisée lorsque le débiteur a dissimulé certains actifs (Cass. com., 26 oct. 1999, n° 97-12.092, *Bull. civ.* IV, n° 186 p. 158).
[1015] C. com., art. L. 643-11, 3°, I.
[1016] C. com., art. L. 643-11, 1°, III.
[1017] C. com., art. L. 643-11, 2°, III.
[1018] La qualification de « *créance hors procédure* » pourrait alors emporter l'exclusion de toutes les contraintes de la procédure collective, v. R. AZEVEDO, *Le caractère collectif des procédures collectives*, av.-propos F. Pérochon, préf. F.-X. Lucas, Bibl. dr. entr. diff., t. 20, LGDJ, 2020, spéc. n° 864 et s., p. 534 et s.
[1019] C. com., art. L. 643-11, IV.
[1020] En ce sens, J. VALLANSAN, avec la collaboration de L. Fin-Langer, *Guide des procédures collectives 2022/2023*, LexisNexis, 2022, spéc. n° 669, p. 255.

alors à statuer, des modalités de mise en œuvre doivent tout de même être respectées. Le V de l'article L.643-11 du Code de commerce conditionne la reprise des poursuites du créancier admis à l'obtention d'un titre exécutoire délivré par le président du tribunal, statuant par une ordonnance sur requête[1021]. S'il s'avère que le créancier dispose déjà d'un titre exécutoire, il reste tenu de faire constater par le président du tribunal statuant par ordonnance qu'il se trouve dans l'un des cas de reprise des poursuites prévus par le texte. Celui dont la créance n'a pas été vérifiée est alors pénalisé[1022], car il doit en outre établir l'existence de sa créance devant le juge de droit commun[1023].
En sus de ces conditions issues du droit de la faillite, encore faut-il que le demandeur ait intérêt à agir, que son action ne soit pas prescrite, et que des biens du débiteur soient susceptibles d'être saisis dans un délai relativement court après la clôture de la liquidation judiciaire[1024].

19. La neutralité de la liquidation amiable. À l'égard du débiteur personne morale, la clôture de la liquidation au sens du droit des sociétés qui suivra celle de la liquidation judiciaire pour insuffisance d'actif ne remettra pas en cause ces cas de reprise des poursuites individuelles. La dissolution de la personne morale importe peu. Le créancier bénéficiera des cas de reprise des poursuites individuelles prévus par l'article L.643-11 du Code de commerce, dès lors que « *la personnalité morale d'une société subsiste aussi longtemps que les droits et obligations à caractère social ne sont pas liquidés* »[1025].

[1021] L'ordonnance visera tant l'admission définitive du créancier que le jugement de clôture pour insuffisance d'actif, contiendra l'injonction de payer et sera revêtue par le greffier de la formule exécutoire (C. com., art. R. 643-20).
[1022] En ce sens, F.-X. LUCAS, *Manuel de droit de la faillite*, Presses universitaires de France, 3e éd., 2021, spéc. n° 345, p. 363.
[1023] C. com., art. R. 643-20, 2e al.
[1024] Sur l'interruption du délai de prescription par la déclaration de créance ou sa suspension durant la procédure collective, v. not. J. VALLANSAN, avec la collaboration de L. Fin-Langer, *Guide des procédures collectives 2022/2023*, LexisNexis, 2022, spéc. n° 670, p. 256 ; F. PÉROCHON, avec le concours de M. Laroche, F. Reille, T. Favario et A. Donnette, *Entreprises en difficulté*, LGDJ, 11e éd., 2022, spéc. n° 2714 et s., p. 1092 et s.
[1025] V. not. Cass. soc., 14 déc. 2017, n° 16-21.026 ; Cass. crim., 14 mai 2014, n° 12-84.075, Bull. crim. n° 133 ; Cass. 3e civ., 10 févr. 2010, n° 09-10.982, *Bull. civ.* III, n° 42 ; Cass. 3e civ., 27 juin 2001, n° 99-21.853 ; Cass. com., 18 janv. 2000, n° 97-19.021 ; Cass. 3e civ., 10 avr. 1996, n° 94-14.411 ; Cass. com., 26 janv. 1993, n° 91-11.285, *Bull. civ.* IV, n° 33, p. 20 ; Cass. com., 2 mai 1985, n° 83-17.409, *Bull. civ.* IV, n° 139 p. 120 ; Cass. com., 15 mai 1984, n° 83-12.094, *Bull. civ.* IV, n°164 ; Cass.

Lorsque la société prenait fin par l'effet d'un jugement ordonnant la clôture de la liquidation judiciaire pour insuffisance d'actif, sous l'empire du régime antérieur à l'ordonnance n° 2021-1192 du 15 septembre 2021[1026], la Cour de cassation a affirmé que « *le jugement de clôture pour insuffisance d'actif est sans influence sur la dissolution, consécutive au prononcé de la liquidation judiciaire, de la personne morale dont la personnalité subsiste pour les besoins de la liquidation* »[1027]. Il en était déduit que le créancier titulaire d'une créance de nature indemnitaire ou salariale constitutive de droits attachés à la personne devait recouvrer l'exercice individuel de son action contre le débiteur.

20. Un impératif supérieur. Lorsque les conditions qui viennent d'être énoncées pour une reprise des poursuites ne sont pas réunies, il semble admis en jurisprudence que le créancier incite le débiteur à s'exécuter.

La Cour de cassation a, en effet, autorisé une caisse d'assurance maladie ou une caisse de retraite à réduire les prestations versées à l'assuré. Les juges du droit ont considéré que l'absence de règlement intégral des cotisations antérieures du fait de la clôture de sa liquidation judiciaire pour insuffisance d'actif « *a pour effet d'exclure la période durant laquelle des cotisations n'ont pas été payées du calcul du montant des prestations* »[1028]. Le débiteur est ainsi dispensé du paiement des prestations dont la caisse n'est pas en droit d'exiger le paiement, tout en étant proportionnellement[1029] privé du bénéfice d'un taux plein si toutes les cotisations n'ont pas été payées. Le débiteur est alors incité à payer l'ensemble de ses cotisations, y compris celles pour

---

com., 12 avril 1983, n° 81-14.055, *Bull. civ.* IV, n°113 ; Cass. com., 30 mai 1978, n° 76-14.690, *Bull. civ.* IV, n° 156, p. 133. *Adde*, Cass. com., 7 avril 2010, n° 09-14.671.

[1026] C. civ. art. 1844-7, 7°.

[1027] Cass. soc., 8 nov. 2011, n° 10-21. 776 ; Cass. soc., 25 oct. 2011, n° 10-21.775 ; V. égal. Cass. soc., 13 mai 2008, n° 06-44.125.

[1028] Cass. 2e civ., 15 févr. 2018, n° 17-15.208 ; Cass. com., 13 mars 2007, n° 05-20.396, *Bull. civ.* IV, n° 85. V. égal. Cass. com., 5 avr. 2016, n° 14-21.277, *Bull. civ.* IV, n° 1205 ; Cass. com., 13 nov. 2007, n° 06-14.372, *Bull. civ.* IV, n° 239 ; Cass. 2e civ., 17 janv. 2007, n° 04-30.797, *Bull. civ.* II, n° 6, p. 5.

[1029] La proratisation a été récemment adoptée dans des arrêts obligeant à prendre en compte les paiements partiels des cotisations dues au titre d'une année (Cass. 2e civ., 25 nov. 2021, n° 20-17.234, FS-B+R. *Adde,* Cass. 2e civ., 12 mai 2021, n° 19-20.938, FS-P-R).

lesquelles l'obligation civile nous semble, par principe, éteinte, et pas seulement paralysée. L'exclusion de l'effet extinctif de la dette nous semble cependant ici justifiée par l'impératif jugé prépondérant de financement du régime d'assurance maladie ou du régime de retraite.
En tous les cas, les créanciers qui ne peuvent pas reprendre leurs poursuites à l'encontre du débiteur pourront faire jouer d'autres techniques pour recouvrer leur créance, s'ils avaient pris soin de se prémunir contre sa défaillance.

B. L'ENGAGEMENT DE NOUVELLES POURSUITES CONTRE LES TIERS

21. L'extinction par ricochet de l'action contre les associés. La règle de non-reprise des poursuites individuelles « *permet au débiteur personne physique de ne pas supporter indéfiniment le poids de son insolvabilité en cas de retour à meilleure fortune* »[1030]. Son intérêt n'est pas pour autant limité aux personnes physiques, quand bien même la personne morale est ensuite dissoute[1031].
En jurisprudence, il est admis que les créanciers sociaux agissent à l'encontre des associés après la clôture de la liquidation au sens du droit des sociétés et la perte de la personnalité morale de la société[1032]. Cette solution favorable aux créanciers, en ce qu'elle évite la lourdeur d'une reprise de la procédure de liquidation amiable, n'est pas transposable à l'hypothèse d'une clôture de la liquidation judiciaire pour insuffisance d'actif. L'action des créanciers sociaux à l'encontre des associés est engagée sur le fondement de leur obligation aux dettes sociales. Il est opéré un lien entre la dette des associés à l'égard de la société[1033] et la dette de celle-ci à l'égard des tiers.

[1030] J. VALLANSAN, avec la collaboration de L. Fin-Langer, *Guide des procédures collectives 2022/2023*, LexisNexis, 2022, spéc. n° 666, p. 254.

[1031] *Contra*, J. VALLANSAN, avec la collaboration de L. Fin-Langer, *Guide des procédures collectives 2022/2023*, LexisNexis, 2022, spéc. n° 666, p. 254. V. égal. *supra* n° 13.

[1032] V. *supra n°* 4 et not. Cass. 3e civ., 31 mars 2004, n° 01-16.971, Bull civ. IV, n° 67 p. 62.

[1033] Le caractère indéfini ou non de l'obligation aux dettes sociales déterminera si l'associé doit être tenu au-delà du montant de son apport ou seulement « *dans la mesure de ce qu'il a pu percevoir indûment à l'occasion des opérations de partage (…) au titre de la reprise de ses apports et du boni de liquidation* » (Cass. com., 8 oct. 2013, n° 12-24.825, *Bull. civ.* IV, n° 150).

Si l'on admet que la règle de non-reprise des poursuites individuelles n'influe pas seulement sur le droit à agir, mais également sur le droit substantiel, l'action des créanciers sociaux à l'encontre des associés doit être rejetée. L'extinction de l'obligation qui lie la société à ses créanciers devrait empêcher ces derniers d'agir sur ce même fondement à l'encontre des associés. En revanche, si seul le droit de poursuite du créancier à l'encontre de la personne morale était impacté lors de la clôture de la liquidation judiciaire pour insuffisance d'actif, celle-ci ne s'opposerait pas à l'exercice de l'action.
Le résultat qu'implique l'effet extinctif de la règle de non-reprise des poursuites individuelles nous semble alors correspondre au souhait de traiter de manière semblable le chef d'entreprise, qu'il s'agisse d'un entrepreneur individuel, définitivement déchargé de son passif[1034], ou d'un dirigeant de personne morale, qui est souvent l'un de ses associés.

22. La survivance de l'action contre le codébiteur. À l'inverse, il n'y a pas de difficultés à admettre les poursuites du créancier lorsqu'elles sont engagées à l'encontre d'une autre personne que le débiteur, tenue d'une dette semblable. En droit, cette situation est traduite par la technique de la coobligation. Il est admis en jurisprudence que le « (…) *codébiteur (...) ne peut invoquer l'interdiction de reprendre les poursuites contre son conjoint prévue par l'article L. 643-11 du code de commerce, qui ne lui profite pas en raison de sa qualité de débiteur tenu d'une obligation* ***distincte*** »[1035].
Cette solution résulte de l'application combinée des I et II de l'article L.643-11 du Code de commerce. Conformément au principe d'unicité de la procédure collective, la lettre du texte, au I, restreint le domaine de la règle de non-reprise des poursuites aux « *actions contre le débiteur* », c'est-à-dire celui dont la liquidation judiciaire a été clôturée. Au II, le droit d'agir du créancier à l'encontre des coobligés est consacré implicitement lorsqu'il est affirmé que ces derniers peuvent « *poursuivre le débiteur s'ils ont payé à la place de celui-*

[1034] Depuis la L. n° 2022-172 du 14 février 2022 en faveur de l'activité professionnelle indépendante, il ne s'agira que du passif professionnel si l'on ne se trouve pas dans l'hypothèse d'une procédure collective « totale » concernant les deux patrimoines de l'entrepreneur individuel. Pour une étude générale, v. not. J.-Fr. HAMELIN et N. JULLIAN (dir.), *La réforme du statut de l'entrepreneur individuel*, LGDJ, 2022.
[1035] Cass. com., 2 févr. 2022, n° 20-18.791, F-B. Nous soulignons.

ci»[1036]. Par hypothèse, le paiement du créancier a eu lieu, nécessairement avant la reprise de leurs poursuites, éventuellement après la clôture.
La situation du codébiteur peut être rapprochée de celle de la caution qui supporte la dette du débiteur, mais seulement à titre accessoire.

23. La survivance de l'action contre la caution. Lorsque sa dette est solidaire, le codébiteur paraît consentir une garantie personnelle pour la partie de la dette qui n'est pas la sienne propre[1037]. Sa situation est alors similaire à celle de la caution.
Le respect du droit de créance exclut que la clôture d'une liquidation judiciaire pour insuffisance d'actif constitue une échappatoire, non seulement pour la caution, mais également pour le codébiteur solidaire. Au soutien de la poursuite de la caution postérieurement à la clôture de la liquidation judiciaire pour insuffisance d'actif, l'absence d'effet extinctif de la règle de non-reprise des poursuites est généralement invoquée. Il a ainsi été jugé, sous l'empire du régime antérieur à la loi du 26 juillet 2005, que « *si, en application de l'article 169 de la loi du 25 janvier 1985, les créanciers ne recouvrent pas l'exercice individuel de leur action contre le débiteur dont la liquidation judiciaire a fait l'objet d'une clôture pour insuffisance d'actif, ils conservent, la dette n'étant pas éteinte, le droit de poursuite à l'encontre de la caution du débiteur* »[1038].
Comment pourrait-on alors admettre l'extinction du lien d'obligation principal et le maintien du lien d'obligation accessoire ? Rien ne paraît justifier, du point de vue de la technique juridique, la survivance du lien d'obligation accessoire alors que s'éteint le lien d'obligation principal. La politique législative nous semble commander une telle solution, en même temps que l'effet extinctif de la règle de non-reprise des

[1036] *Comp.* ant. Cass. com., 24 mars 2004, n° 01-17.288, retenant la qualification d'exception purement personnelle au débiteur dont la liquidation judiciaire a été clôturée ne pouvant pas être opposée par le codébiteur solidaire. *Adde* C. civ., anc. réd. art. 2313.

[1037] En ce sens, v. not. L. ANDREU et N. THOMASSIN, *Cours de droit des obligations*, Gualino, Lextenso, 6e éd., 2021, spéc. n° 1617, p. 571. Sur la solidarité sans intérêt à la dette (C. civ. art. 1318), v. not. *ibid.*, spéc. n° 1634, p. 576 ; M. MIGNOT, « Plaidoyer pour l'abrogation de l'article 1216 du Code civil », *RLDC* mai 2006, p. 27.

[1038] Cass. com., 8 juin 1993, n° 91-13.295, *Bull. civ.* IV, n°° 230 p. 163.

poursuites, qu'il n'est pas question d'assimiler à un paiement[1039]. L'évolution législative paraît le confirmer.

Depuis l'ordonnance n° 2021-1192 du 15 septembre 2021, la qualification d'exception purement personnelle ou inhérente à la dette ne conditionne plus la possibilité pour le créancier de se retourner contre la caution. Aux termes du premier alinéa de l'article 2298 du Code civil, « *la caution peut opposer au créancier toutes les exceptions, personnelles ou inhérentes à la dette, qui appartiennent au débiteur* », sous réserve de l'incapacité du débiteur personne physique, dont il a eu connaissance lors de la conclusion du contrat de cautionnement. Cela nous semble devoir être approuvé, dès lors que le critère de l'exception purement personnelle paraissait seulement apte à expliquer *a posteriori* l'invocabilité ou non de l'exception.

L'alinéa second du texte interdit ensuite expressément à la caution de « *se prévaloir des mesures légales ou judiciaires dont bénéficie le débiteur en conséquence de sa défaillance, sauf disposition spéciale contraire* ». Comme le relève un auteur, la raison d'être de ce texte « *est précisément d'écarter le jeu de l'accessoire dans des hypothèses où,* ***en droit commun*** *et sans discussion aucune, la caution serait libérée* »[1040]. La non-reprise des poursuites pouvant être qualifiée de « mesure », ce texte empêche la caution d'être déchargée sur le fondement de la non-reprise des poursuites individuelles du créancier à l'encontre du débiteur, personne physique ou personne morale[1041].

Le souhait du législateur est clair et l'analyse que nous adoptons de la **mesure spéciale** de non-reprise des poursuites en termes de droit substantiel n'empêchera pas de l'exaucer.

[1039] Comme cela a été précisé plus haut, l'effet extinctif nous semble exister, alors même qu'un paiement spontané du débiteur est possible, v. *supra* n° 9.

[1040] F. PÉROCHON, avec le concours de M. Laroche, F. Reille, T. Favario et A. Donnette, *Entreprises en difficulté*, LGDJ, 11e éd., 2022, spéc. n° 2302, p. 940. Nous soulignons.

[1041] V. not. L. ANDREU, « Le cautionnement et le droit des entreprises en difficulté après les ordonnances de réforme du 15 septembre 2021 », *RDBF*, n° 1, janv. 2022, dossier 10, spéc. n° 10 s. ; L. ANDREU et B. ROUSSEL, « Le créancier garanti par une sûreté pour autrui face aux mesures d'alignement des régimes », *BJE* nov. 2022, n° BJE200u5 ; K. LAFAURIE, « L'après-procédure collective pour les garants du débiteur », *RPC*, n° 4, juill. 2022, dossier 24.

Le créancier titulaire d'une créance ayant fait l'objet d'un effacement à la clôture du rétablissement professionnel pourra d'ailleurs également se retourner contre la caution[1042].

Le caractère exorbitant du droit de la faillite, précisément ici le souhait d'assurer le « rebond » du débiteur, nous semble justifier non seulement l'effet extinctif de la règle de non-reprise, mais également la survivance du lien d'obligation accessoire de la caution[1043]. L'intérêt de la caution ne nous semble pas sacrifié pour autant puisqu'elle pourra s'opposer à la poursuite du créancier en envisageant les mesures de l'article 1343-5 du Code civil, celles du livre VI du Code de commerce ou du livre VII du Code de la consommation.

L'extinction de l'obligation en cas de liquidation judiciaire et amiable révèle ainsi l'équilibre recherché par le législateur entre la poursuite de la finalité particulière de la procédure collective et le respect de la parole donnée, notamment le respect des sûretés consenties antérieurement à l'ouverture de la procédure.

[1042] En ce sens, v. not. K. LAFAURIE, « L'après-procédure collective pour les garants du débiteur », *RPC*, n° 4, juill. 2022, dossier 24, spéc. n° 7 ; F. PÉROCHON, avec le concours de M. Laroche, F. Reille, T. Favario et A. Donnette, *Entreprises en difficulté*, LGDJ, 11e éd., 2022, spéc. n° 2595, p. 1048 ; V. MARTINEAU-BOURGNINAUD, « L'effacement des dettes en rétablissement professionnel », *in L'effacement des dettes*, P. Cagnoli et P.-M. Le Corre (dir.), L'harmattan, 2022, p. 105, spéc. p.119.

[1043] Il semble que l'esprit actuel du texte s'oppose à ce que le retour à meilleure fortune du débiteur s'opère au détriment d'une caution, dès lors que la caution pourra reprendre ses poursuites individuelles si le débiteur redevient solvable, au risque de compromettre son « rebond » si le montant de la créance est important.

L’extinction et le surendettement

Véronique MARTINEAU-BOURGNINAUD

Les modes d’extinction de l’obligation. - Le Code civil, au sein du chapitre IV, du titre IV, du livre III, relatif à l’extinction de l’obligation[1044] énumère les cas généraux d’extinction répartis en cinq sections. Il s’agit du paiement[1045], de la compensation[1046], de la confusion[1047], de la remise de dette[1048] et de l’impossibilité d’exécution[1049]. Il existe cependant d’autres mécanismes d’extinction de l’obligation non mentionnés au sein de ce chapitre, tel que par exemple la prescription[1050], tout aussi efficaces. Ces modes d’extinction relèvent du régime général des obligations et la question est alors de savoir s’il existe des régimes spéciaux d’extinction des obligations relevant du droit de la défaillance économique dans le champ duquel entrent le droit des entreprises en difficulté et le droit du surendettement[1051].

Exclusion du surendettement du champ de la directive insolvabilité. - A cet égard, la directive européenne 2019/1023 du 20 juin 2019, dite insolvabilité, exhorte les Etats membres à veiller à ce que les entrepreneurs insolvables aient accès au moins à une procédure pouvant conduire à une remise de dettes totale[1052] entrainant l’extinction du passif afin de faciliter le rebond du débiteur. Toutefois, le particulier surendetté relevant du livre VII du Code de la consommation, n’est pas inclus dans le périmètre de la directive qui ne comprend pas de règles contraignantes relatives au surendettement des consommateurs mais seulement une incitation faite aux États membres

---

[1044] L. Andreu, « L'extinction de l'obligation », *Dr. & patr.* mai 2016, p. 88.
[1045] Section 1 : Le paiement (Articles 1342 à 1346-5).
[1046] Section 2 : La compensation (Articles 1347 à 1348-2).
[1047] Section 3 : La confusion (Articles 1349 à 1349-1).
[1048] Section 4 : La remise de dette (Articles 1350 à 1350-2).
[1049] Section 5 : L'impossibilité d'exécuter (Articles 1351 à 1351-1).
[1050] C. civ., art. 2219.
[1051] C. Saint-Alary-Houin (dir.), *Le périmètre du droit de la défaillance économique*, Actes du colloque, Toulouse, 2010, Association des Juristes de la Défaillance Économique, *Rev. proc. coll.* 2011, n° 1, Dossier.
[1052] Directive (UE) 2019/1023 du 20 juin 2019 sur la restructuration et l'insolvabilité des entreprises, Art. 20, JOUE n°L172/49, 26 juin 2019.

d'instaurer une remise de dettes[1053]. La remise de dette au sens de la directive s'entend de l'annulation de dettes échues ou à échoir, dans le cadre d'une procédure pouvant comprendre une réalisation d'actifs ou un plan de remboursement, ou encore les deux[1054]. Le droit français semble avoir répondu à cette incitation puisqu'il offre aux consommateurs surendettés un dispositif spécifique d'effacement de leurs dettes en cas de rétablissement personnel avec ou sans liquidation judiciaire[1055], procédure qui a par ailleurs inspiré le rétablissement professionnel du Livre VI du Code de commerce[1056].

Opposabilité des exceptions par la caution. - Or, la jurisprudence a fait de l'extinction de l'obligation une conséquence de l'effacement[1057] et, par là même, élargi le périmètre de l'extinction de l'obligation. La question de savoir s'il fallait voir dans ce mécanisme une exception inhérente à la dette[1058] ou « *une faveur personnelle au seul débiteur* »[1059] a largement été débattue. De la réponse dépendait le sort de la caution dans la mesure où elle ne pouvait se prévaloir que des exceptions inhérentes à la dette[1060]. L'ordonnance n°2021-1192 du 15 septembre 2021 portant réforme du droit des sûretés est venue clore ce débat relatif à la qualification de l'exception. En effet, l'article 2298 du Code civil dispose désormais que la caution peut opposer au créancier toutes les exceptions, personnelles ou inhérentes à la dette, qui appartiennent au débiteur sans toutefois pouvoir se prévaloir des

---

[1053] Directive (UE) 2019/1023 du 20 juin 2019 sur la restructuration et l'insolvabilité des entreprises, Considérant 21, JOUE n°L172/22, 26 juin 2019.

[1054] Directive (UE) 2019/1023 du 20 juin 2019 sur la restructuration et l'insolvabilité des entreprises, Art. 2, JOUE n°L172/39, 26 juin 2019.

[1055] C. consom., art. L. 741-1 à L. 743-2.

[1056] C. com., art. L. 645-1 à L. 645-12.

[1057] Cass. 2ème civ., 27 février 2014, n° 13-10.891, *Bull. civ.* II, n° 59 ; *Gaz. Pal.* 20 mars 2014, p. 22, note M.-P. Dumont-Lefranc ; *D.* 2014, p. 1081, note D. R. Martin; *D.* 2014, p. 1772, chron. T. Vasseur ; *LPA* 19 mai 2014, p. 7, note T. Stéfania ; *BJE* juill. 2014, p. 217, obs. F. Pérochon et p. 245, note F. Macorig-Venier ; *RTD civ.* 2014, 370, obs. H. Barbier ; *Rev. proc. coll.* 2014, comm. 112, obs. S. Gjidara-Decaix ; *RDBF* 2014, comm. 133, obs. S. Piedelièvre.

[1058] F. Macorig-Venier, « Le rétablissement professionnel », *Droit & pat.* 2014, n°238 ; M. Bourassin, « Sûretés et surendettement des particuliers », *LPA* 10 oct. 2012, p. 4, n° 59 ; K. Lafaurie, *La force obligatoire du contrat à l'épreuve des procédures d'insolvabilité,* LGDJ 2020, coll. Thèse, Préface G. Wicker, n°357.

[1059] F. Pérochon, *Entreprises en difficulté*, LGDJ 2014, 10ème éd., n° 1441.

[1060] C. civ., art. 2313 ancien.

mesures légales ou judiciaires dont bénéficie le débiteur en conséquence de sa défaillance, sauf disposition spéciale contraire[1061].

Distinction extinction et effacement de la dette. - Néanmoins, le problème de la portée extinctive de l'effacement se pose en droit du surendettement dans la mesure où les textes opèrent une distinction terminologique entre extinction et effacement. En effet, alors que le législateur a supprimé au sein du Livre VI du Code de commerce toute extinction de la dette pour lui substituer une inopposabilité au débiteur[1062], il a maintenu la subtilité sémantique au sein du Livre VII du Code de la consommation qui recèle toujours des cas spéciaux d'extinction de la dette destinés à sanctionner le créancier négligent. Les mots ont un sens et la question est de savoir si les effets attachés aux deux dispositifs d'extinction seront identiques. L'enjeu est important puisqu'il s'agit de déterminer si la créance éteinte, quel que soit le mécanisme extinctif, est à jamais irrecouvrable car considérée comme payée, et si l'obligation qui en est à l'origine se trouve également éteinte. Quelles seront les conséquences de l'extinction légale et de l'extinction décidée par la jurisprudence consécutive à l'effacement de la dette, pour le débiteur et pour les tiers, créanciers, cocontractants ou garants ? L'anéantissement de la créance par son extinction laisse-t-elle subsister le manquement contractuel laissant au créancier non satisfait le droit d'exercer une action pour défendre ses droits subsistants ? Le droit commun des obligations a-t-il vocation à s'appliquer en droit du surendettement en l'absence de disposition spéciale ?

Plan. - Pour tenter de répondre à ces questions, il convient d'étudier dans un premier temps les causes d'extinction de l'obligation en droit du surendettement avant d'envisager les effets de l'extinction.

I. Les causes d'extinction en droit du surendettement

Le lien d'obligation. - Le lien d'obligation qui lie le créancier au débiteur, droit personnel, peut être envisagé de deux façons : du côté actif, il renvoie au droit de créance, du côté passif, à l'obligation du

[1061] C. civ., art. 2298, modifié par Ordonnance n°2021-1192 du 15 septembre 2021 - art. 3.
[1062] C. com., art. L. 622-26.

débiteur, à la dette. Le droit du surendettement fait application de cette vision ambigüe de l'obligation et la loi prévoit des dispositifs d'extinction de la créance, tandis que la jurisprudence est venue élargir le périmètre de l'extinction de la dette.

A. LES DISPOSITIFS LÉGAUX D'EXTINCTION DE LA CRÉANCE

Certains de ces dispositifs empruntent au droit commun des obligations tandis que d'autres sont propres au droit du surendettement.

1. L'extinction de la créance par le droit commun des obligations

Le paiement. - Les mécanismes d'extinction des créances, issus du droit commun des obligations, tantôt emportent satisfaction du créancier, tantôt viennent sanctionner sa négligence. Ils ont vocation à s'appliquer en droit du surendettement, pour les créances hors procédure. Il s'agit là des créances qui ne sont pas impactées par la procédure et peuvent être payées par le débiteur. Ainsi, lorsque le débiteur procède au paiement d'une créance alimentaire, cet acte ne faisant l'objet d'aucune interdiction[1063], il va de soi que l'obligation alimentaire est éteinte et le débiteur libéré à l'égard du créancier satisfait par application de l'article 1342 du Code civil. Et dans l'hypothèse où le créancier d'aliments accorderait des remises de dettes au débiteur[1064], ce dernier se trouverait alors libéré de son obligation par application de l'article 1350 du Code civil.

La prescription. - De la même façon, le débiteur peut invoquer la prescription pour bénéficier de l'extinction de son obligation en raison de l'inaction de son créancier. En effet, « la prescription extinctive est un mode d'extinction d'un droit résultant de l'inaction de son titulaire pendant un certain laps de temps »[1065] dont l'effet libérateur est avéré.

[1063] C. consom., art. L. 722-5.
[1064] C. consom., art. L. 711-4.
[1065] C. civ., art. 2219.

2. *L'extinction de la créance par le droit spécial du surendettement*

Extinction par l'effet de la procédure. - Certaines dettes vont se trouver purement et simplement éteintes par le seul effet de la recevabilité de la demande de traitement de la situation de surendettement ou de l'adoption de mesures imposées par la commission ou le juge des contentieux de la protection en cas de recours. Il en est ainsi des intérêts qui se trouvent réduits au taux légal[1066] voire à zéro lorsque la situation du débiteur l'exige[1067]. Une telle mesure ne peut s'analyser autrement que comme une extinction de la dette[1068].

Extinction par négligence du créancier. - Mais le Livre VII du Code de la consommation relatif au traitement des situations de surendettement prévoit également des cas spécifiques d'extinction de la créance destinés à sanctionner le créancier négligent dans le cadre d'une procédure de rétablissement personnel. Ainsi, les créances dont les titulaires n'ont pas été avisés de la décision de rétablissement personnel sans liquidation judiciaire imposée par la commission et n'ont pas contesté cette décision dans le délai de trente jours à compter de la notification sont éteintes[1069]. De même, les créances dont les titulaires n'ont pas formé tierce opposition à l'encontre du jugement prononçant le rétablissement personnel avec ou sans liquidation judiciaire dans les deux mois à compter de la publicité de la décision au BODACC sont éteintes[1070]. Enfin, dans le cadre d'un rétablissement personnel avec liquidation judiciaire, les créances qui n'ont pas été produites dans les deux mois à compter de cette publicité sont également éteintes, sauf à ce que soit prononcé par le juge un relevé de forclusion[1071].

[1066] C. consom., art. L. 721-2, R. 721-4 (avant la décision de recevabilité pour une période n'excédant pas trois mois) ; C. consom., art. L. 733-1 (pendant la durée du plan imposé pour les échéances ayant fait l'objet d'un report ou d'un rééchelonnement).

[1067] Cass. 1ère civ. 12 janvier 1994, n°92-04.070, *Bull. civ.* I, n°21.

[1068] K. Lafaurie, *La force obligatoire du contrat à l'épreuve des procédures d'insolvabilité*, LGDJ 2020, coll. Thèse, Préface G. Wicker, n°353.

[1069] C. consom., art. L. 741-3.

[1070] C. consom., art. L. 741-6, L. 741-9 et L. 742-20. Cass. 2e civ., 18 octobre 2018, n°17-19.932, F-D ; Act. proc. coll., n° 19, Novembre 2018, Alerte 271.

[1071] C. consom., art. L. 742-10 et L. 742-11.

B. LES MÉCANISMES JURISPRUDENTIELS D'EXTINCTION DE LA DETTE

Admission de mécanismes d'extinction. - Deux mécanismes d'extinction de la dette ont été admis par la jurisprudence dans le cadre d'une procédure de surendettement. Il s'agit, d'une part, de la compensation qui relève du droit commun des obligations et entraine la satisfaction indirecte du créancier, et, d'autre part, de l'effacement, dispositif propre au droit du surendettement, non satisfactoire pour le créancier.

1. L'extinction de la dette par satisfaction indirecte du créancier : la compensation

La compensation, un paiement interdit ? - La compensation entraine l'extinction simultanée de deux obligations réciproques[1072] opérant un double paiement automatique[1073] et forcé[1074] à hauteur de la plus faible d'entre elles, quand bien même les conditions légales requises de fongibilité, de certitude, d'exigibilité et de liquidité[1075] ne seraient pas définitivement acquises à la date à laquelle l'un des débiteurs invoque la compensation[1076]. « *Si les conditions sont réunies, elle produit le même effet extinctif que le paiement* »[1077], à condition que l'un des débiteurs l'invoque[1078], et certains auteurs assimilent la compensation à un paiement[1079]. La difficulté qui surgit alors est que le débiteur dont la demande de traitement de sa situation de surendettement est

---

[1072] C. civ., art. 1347.

[1073] L. Andreu, « De l'effet automatique de la compensation », in *Mél. D. R. Martin*, LGDJ, coll. Mél., 2015, p. 1.

[1074] C. Saint-Alary-Houin, M.-H. Monsèrié-Bon et C. Houin-Bressand, *Droit des entreprises en difficulté*, 13 éd. LGDJ 2022, n°709.

[1075] C. civ., art. 1347-1.

[1076] Cass. 2ème civ., 13 octobre 2016, n°15-23.437, Publié.

[1077] Ph. Simler, *Extinctions des obligations : compensation, confusion, remise de dette, impossibilité d'exécution*, JCl. Civil Code, Essentiel, n°8.

[1078] C. civ., art. 1347. Pour une critique de l'ajout de cette condition par l'ordonnance n° 2016-131 du 10 février 2016 : V° : L. Andreu, « Proposition de modification de l'article 1347, alinéa 2, du Code civil : l'effet extinctif de la compensation », *RDC* 2017, n° 114c3, p. 206.

[1079] V° notamment : B. Fages, *Droit des obligations*, LGDJ, coll. Manuel, 11e éd., 2021, n° 508 ou 514 et s. ; P. Malinvaud, M. Mekki, J.-B. Seube, 16ème éd., LexisNexis 2021, n°939 et s. J. Ghestin, M. Billiau, G. Loiseau, Traité de droit civil, (dir.) J. Ghestin, *Le régime des créances et des dettes*, LGDJ, 2005, n° 972.

recevable, a interdiction de payer, en tout ou partie, une créance autre qu'alimentaire, sauf autorisation du juge des contentieux de la protection[1080]. Dès lors la question se pose de savoir si la compensation peut être admise dans la mesure où elle est assimilée à un paiement ou, à tout le moins, un « *quasi-payement* »[1081] puisqu'elle n'emporte qu'une satisfaction indirecte du créancier[1082]. Ainsi appréhendée, la compensation ne saurait être admise dans le cadre d'une procédure de surendettement postérieurement à la décision de recevabilité pour des dettes nées antérieurement à cette dernière, compte tenu de l'article L. 722-5 du Code de la consommation qui interdit tout paiement[1083]. La jurisprudence rendue en droit des entreprises en difficulté, lequel entretient des rapports consanguins avec le droit du surendettement, avait ainsi rejeté la compensation sur le fondement de l'article L. 622-7 du Code de commerce qui interdit tout paiement d'une créance née antérieurement au jugement d'ouverture de la procédure. Elle avait néanmoins admis la compensation des dettes connexes[1084], exception à l'interdiction de paiement consacrée ensuite par la loi[1085]. Compte tenu de la similitude de l'interdiction de paiement posée par les textes consumériste avec celle prévue au Livre VI du Code de commerce, il avait été suggéré que l'exception jurisprudentielle des dettes connexes, à défaut d'exception légale prévue au sein Livre VII du Code de la consommation, pouvait être transposée en matière de surendettement permettant ainsi à la compensation de s'opérer mais de manière restrictive[1086].

[1080] C. consom., art. L. 722-5.

[1081] L. Andreu, « Réflexions sur la nature juridique de la compensation », *RTD com.* 2009, p. 655.

[1082] A. Bénabent, *Droit des obligations*, LGDJ, coll. Précis Domat, 19e éd., 2021, n° 781 et s ; F. Terré, P. Simler, Y. Lequette et F. Chénédé, *Droit civil – Les obligations*, Précis, Dalloz 13ème éd. 2022, n°1678.

[1083] V. Martineau-Bourgninaud, *Procédures de surendettement des particuliers et rétablissement personnel*, LGDJ, coll. « Droit au paiement », 2018, n° 429. En ce sens : CA Limoges, ch. civ., 25 juin 2015, n° RG : 14/01410.

[1084] Cass. com., 19 mars 1991, n° 89-17083, *Bull. civ.* IV, n° 105 ; *JCP* 1991, II, 21726, note J.-F. Montredon, *JCP* E 1991, II, 174, note D. Legeais ; *D.* 1991, Jp., 542, note G. Duboc.

[1085] C. com., art. L. 622-7.

[1086] V. Martineau-Bourgninaud, *Procédures de surendettement des particuliers et rétablissement personnel*, LGDJ, coll. « Droit au paiement », 2018, n° 429.

Admission de la compensation. - Contre toute attente, la seconde chambre civile de la Cour de cassation dans un arrêt rendu le 30 juin 2022 est allée bien au-delà de cette simple exception pour admettre sans réserve la compensation. En l'espèce, le mécanisme extinctif avait joué en dehors de tout lien de connexité entre les créances et alors même que les conditions requises, de certitude, de liquidité et d'exigibilité des créances, s'étaient trouvées réunies postérieurement à la décision de recevabilité de la demande de traitement de la situation de surendettement, ce qui aurait dû rendre la compensation inconcevable. Pourtant, la Haute juridiction décide que les dispositions de l'article L. 722-5 prohibant tout paiement « ne font pas obstacle à ce que la dette d'un débiteur admis à une procédure de surendettement soit éteinte par l'effet de la compensation, lorsqu'elle est invoquée par le créancier, cette opération n'aggravant pas l'insolvabilité de ce débiteur et ne constituant ni un paiement, mais l'extinction simultanée d'obligations réciproques, ni un acte volontaire de disposition de son patrimoine »[1087]. Cette solution qui emporte la négation de toute qualification de paiement au mécanisme de la compensation, permet cependant au créancier qui l'invoque d'obtenir un résultat analogue puisqu'il est satisfait. Toutefois, elle vient heurter de plein fouet l'objectif de rebond, cher au législateur contemporain. En effet, la compensation dès lors qu'elle éteint la créance du débiteur vient inévitablement amoindrir ses chances de rebond en l'empêchant d'améliorer sa solvabilité par le recouvrement de cette créance. En outre, elle confère au créancier chirographaire un avantage exorbitant en lui offrant « *l'équivalent d'une sûreté* »[1088] ou « *d'un très efficace privilège* »[1089]. Le créancier ainsi avantagé se trouve hors concours et court-circuite les autres créanciers, même hypothécaires[1090]. Cette atteinte inadmissible à l'égalité et à la loi du concours entre créanciers avait conduit la chambre commerciale à refuser d'admettre la compensation en procédures collectives. Les procédures du Livre VI du Code de commerce sont destinées à permettre la poursuite de l'activité

[1087] Cass. 2ème civ., 30 juin 2022, n°21-10.272 ; *Gaz. Pal.* 27 sept. 2022, n° GPL440e2, obs. E. Mouial Bassilana ; *JCP E* 2022, n°39,1318, p. 45, obs. J.-D. Pellier.

[1088] P. Malaurie, L. Aynès, P. Stoffel-Munck, *Droit des obligations*, LGDJ 12ème éd. 2022, n°782.

[1089] F. Terré, P. Simler, Y. Lequette et F. Chénédé, *Droit civil – Les obligations*, Précis, Dalloz 13ème éd. 2022, n°1678.

[1090] Cass. 1ère civ., 24 octobre 2019, n°18-20.586, inédit ; *JCP G* 2020, chron. 677, n° 7, obs. G. Loiseau.

de l'entreprise, le maintien de l'emploi et l'apurement du passif[1091] tandis que les mesures du Livre VII du Code de la consommation poursuivent l'objectif de remédier à la situation du surendetté en fonction de sa capacité de remboursement. Dès lors, la commission de surendettement des particuliers, ou le juge en cas de contestation, concentrés sur cet objectif, ne sont par conséquent pas tenus de respecter le principe d'égalité de traitement entre les créanciers[1092] posé en droit des entreprises en difficulté.

2. *L'extinction de la dette sans satisfaction du créancier : la remise et l'effacement*

Extinction par la remise. - Il arrive que l'extinction de la dette se produise sans satisfaction du créancier par l'effet d'une remise de dette ou de son effacement.

« La remise est le contrat par lequel le créancier libère le débiteur de son obligation »[1093]. Elle constitue donc un mode d'extinction de l'obligation mais sans satisfaction du créancier à défaut de paiement effectif. Animée d'une intention libérale, la remise d'une dette peut s'analyser comme une libéralité rapportable à la succession[1094]. Mais cette renonciation conventionnelle prend une coloration bien particulière en droit du surendettement puisqu'elle est directement liée aux mesures de traitement de la situation de surendettement proposées par la commission de surendettement voire imposées par elle ou par le juge. Le créancier subit une situation qu'il n'a pas voulue et la remise perd alors son caractère généreux et spontané pour devenir un acte intéressé. Le créancier se résigne en effet à consentir à la remise pour participer au traitement de la situation de surendettement tant il a intégré l'idée qu'il ne sera pas payé. À cet égard, il convient de distinguer la remise de dette de la réduction de la dette imposée par la

---

[1091] C. com., art. L. 620-1 et L. 631-1.

[1092] V. Martineau-Bourgninaud, *op. cit.*, n° 552. Cass. 1re civ., 5 avr. 1993, n° 92-04184, *Bull. civ.* I, n° 142 ; Cass. 1re civ., 21 mai 1996, n° 94-04156, NP ; Cass. 1re civ., 9 juill. 1996, n° 95-04009, *Bull. civ.* I, n° 302 ; Cass. 2e civ., 22 mars 2006, n° 04-04140, NP ; CA Paris, 26 févr. 2008, n° 07/00029 ; CA Colmar, 16 janv. 2017, n° 16/02026 ; *Gaz. Pal.* 2 mai 2017, n° 17, p. 37, obs. J. Lasserre Capdeville ; *RDBF* n° 2, mars 2017, comm. 85, obs. S. Piédelièvre.

[1093] C. civ., art. 1350.

[1094] Cass. 1ère civ., 21 septembre 2022, n°20-22.139, FS-B ; *Dalloz actualité* 07 octobre 2022, note. M. Jaoul.

commission de surendettement ou accordée par une décision du juge qui n'a d'effet qu'à l'égard du débiteur ayant bénéficié des mesures de surendettement. La réduction de la dette qui laisse ainsi subsister le principe de la créance dans son montant initial, ne peut avoir d'effet à l'égard du codébiteur même solidaire[1095].

Extinction par l'effacement. - L'effacement des dettes a été introduit dans le Code de la consommation par la loi n°98-967 du 29 juillet 1998 relative à la lutte contre les exclusions dans le cadre des mesures recommandées par la commission de surendettement[1096], avant d'être consacré par la loi Borloo du 1er août 2003 qui a instauré la procédure de rétablissement personnel[1097]. À l'exception de certaines dettes[1098], notamment alimentaires ou pénales, l'effacement, mesure de désendettement sans paiement, porte sur toutes les autres dettes et peut être partiel ou total. L'effacement partiel des créances, à la demande du débiteur, peut être imposé par la commission de surendettement, par une décision spéciale et motivée, en le combinant avec les autres mesures imposées par elle visées à l'article L. 733-1 du Code de la consommation[1099]. En revanche, l'effacement total découle de la procédure de rétablissement personnel avec ou sans liquidation judiciaire. Il ne résulte donc pas de la demande du débiteur et s'opère de plein droit, soit par l'effet de la décision de la procédure de rétablissement personnel sans liquidation judiciaire imposée par la commission de surendettement[1100], soit par l'effet du jugement de clôture de la procédure de rétablissement personnel avec liquidation judiciaire prononcé par le juge[1101]. « *L'effacement serait une cause d'extinction de la dette non assimilable à un paiement* »[1102], la Cour de cassation ayant décidé que l'effacement ne valait pas paiement.

1095 Cass. 1ère civ., 6 novembre 2001, n° 00-04.206, *Bull.* 2001, I, N° 269, p. 170 ; *D.* 2002 p. 2444, note J. Revel.
1096 Ancien C. consom., art. L. 331-7-1.
1097 Loi n° 2003-710 du 1er août 2003 d'orientation et de programmation pour la ville et la rénovation urbaine, dite loi *Borloo.*
1098 C. consom., art. L. 711-4 et L. 711-5.
1099 C. consom., art. L. 733-4-2°.
1100 C. consom., art. L. 741-2. Cass. 2e civ., 23 novembre 2023, n°22-11.535, F-B ; *LEDEN* janv. 2024, n°DED202a5, obs. K. Lafaurie.
1101 C. consom., art. L. 742-22.
1102 J. François, « Qu'est-ce que l'effacement de la dette d'un débiteur insolvable ? », note sous Cass. 2e civ., 10 janvier 2019, n°17-21.774, publié, *D.* 2019, p. 411.

Effacement ne vaut pas paiement. - Manifestation de la clémence du législateur à l'égard du débiteur en vue de favoriser son rebond[1103], le terme d'« effacement » des dettes, bien peu juridique pour figurer dans un texte de loi[1104], pose un problème sémantique[1105]. La doctrine s'efforce d'en préciser les contours[1106] allant jusqu'à affirmer qu'il est « *synonyme d'extinction* »[1107]. La jurisprudence faisant œuvre prétorienne a, en effet, assigné à l'effacement la fonction d'éteindre les dettes du débiteur sans pour autant valoir paiement de ces dettes[1108], ce qui contribue à obscurcir le paysage dans un domaine, celui de l'insolvabilité, où la sécurité juridique est pourtant essentielle. L'effacement désignerait la faculté offerte au débiteur d'empêcher le processus normal de règlement d'une dette mais ne saurait se substituer au paiement qui aux termes de l'article 1342 alinéa 1er du Code civil, est l'exécution volontaire de la prestation due et matérialise « *l'acte d'exécution de l'obligation* »[1109]. Il est en effet difficile, voire impossible, de concevoir l'un sans l'autre, « *de sorte que si la dette est éteinte autrement que par son exécution, il n'y a pas de paiement* »[1110]. C'est ainsi que la Cour de cassation a décidé que « l'extinction de la créance, du fait de l'effacement des dettes, consécutif à la clôture pour insuffisance d'actif de la procédure de rétablissement personnel, n'équivaut pas à son paiement »[1111].

1103 J.-L. Borloo, « Une seconde chance pour les ménages surendettés », *AJ Famille* 2003, n°10, p.328.

1104 P.-M. Le Corre, « Le rétablissement professionnel, dix questions-réponses », Gaz. Pal. 28 juin 2016, n°269n9, p. 73 ; Marie-Hélène Monsèrié-Bon « L'effacement des dettes dans le droit des entreprises en difficulté », *Dr. & patr.* 2009, n°184, p. 64.

1105 V. Martineau-Bourgninaud, « L'effacement des dettes en rétablissement professionnel », in *L'effacement des dettes*, (Dir.) P.-M. Le Corre et P. Cagnoli, L'harmattan 2023, p. 105.

1106 J. François, op. cit.

1107 K. Lafaurie, *La force obligatoire du contrat à l'épreuve des procédures d'insolvabilité*, LGDJ 2020, coll. Thèse, Préface G. Wicker, n°355.

1108 Cass. 2e civ., 27 févr. 2014, n° 13-10891, *Bull. civ.* II, n° 59 ; *Gaz. Pal.* 20 mars 2014, p. 22, note M.-P. Dumont-Lefranc ; *LPA* 19 mai 2014, p. 7, note T. Stefania ; *BJE* 2014, p. 217, obs. F. Pérochon et p. 245, note F. Macorig-Venier ; *D.* 2014, 1081, note D. R. Martin ; *RTD civ.* 2014, 370, obs. H. Barbier ; *D.* 2014, Chron. C. cass., 1731, obs. T. Vasseur ; *JCP G* 2014, doct. 998, 8, obs. M. Billiau.

1109 M. Billiau, *JCP G*, n° 40, 29 Septembre 2014, Chron. Régime de l'obligation, doctr. 998, spéc. n°8.

1110 J. Ghestin, M. Billiau et G. Loiseau, *Le régime des créances et des dettes*, *Traité de droit civil*, LGDJ, 2005, n° 529.

1111 Cass. 2e civ., 27 févr. 2014, n° 13-10891, *Bull. civ.* II, n° 59 ; *Gaz. Pal.* 20 mars 2014, p. 22, note M.-P. Dumont-Lefranc ; *LPA* 19 mai 2014, p. 7, note T. Stefania ;

Causes légales de l'effacement et de l'extinction. - Au sein du Livre VII du Code de la consommation, le terme d'effacement cohabite avec celui d'extinction mais ne saurait y être totalement assimilé. En effet, l'effacement de la dette trouve son origine dans la procédure de rétablissement personnel, tandis que l'extinction de la créance trouve sa cause dans l'incurie du créancier qui a omis de produire sa créance ou de faire tierce opposition dans les délais légaux, et que la loi vient sanctionner[1112]. Les causes étant distinctes, il convient d'examiner si l'effacement et l'extinction de la créance produisent les mêmes effets.

II. Les effets de l'extinction en droit du surendettement

Libération partielle du débiteur. - L'extinction de la dette, dans le cadre du traitement d'une situation de surendettement, se fait sans satisfaction du créancier ce qui exclut la qualification de paiement. En effet, le paiement aux termes de l'article 1342 du Code civil est l'exécution volontaire de la prestation due et produit un double effet[1113]. D'une part, il libère le débiteur à l'égard du créancier, et, d'autre part, il éteint la dette, sauf lorsque la loi ou le contrat prévoit une subrogation dans les droits du créancier précise le texte. Dès lors, les mécanismes d'extinction de la créance entrainent l'arrêt des poursuites et l'arrêt du cours des intérêts, le créancier ayant perdu tout pouvoir de contrainte sur le débiteur pour obtenir satisfaction[1114]. Mais dans la mesure où l'extinction ne vaut pas paiement, elle ne saurait libérer totalement le débiteur des obligations inhérentes au contrat ayant fait naitre la dette ni éteindre les garanties qui y sont attachées pour, justement, en assurer

---

BJE 2014, p. 217, obs. F. Pérochon et p. 245, note F. Macorig-Venier ; *D.* 2014, 1081, note D. R. Martin ; *RTD civ.* 2014, 370, obs. H. Barbier ; *D.* 2014, Chron. C. cass., 1731, obs. T. Vasseur ; *JCP G* 2014, n° 40, doctr. 998, 8, obs. M. Billiau ; Cass. 2e civ., 10 janvier 2019, n°17-21.774, publié ; *BJE* mars 2019, n° 116t4, p. 42, obs. K. Lafaurie ; *GPL* 23 avril 2019, n° GPL350r1, obs. E. Mouial-Bassilana ; Defrénois 23 mai 2019, n° 148t5, p. 37, note J.-B. Seube ; *Act. proc. coll.* 2019, comm. 59, obs. Th. Le Bars ; *Rev. proc. coll.* n° 5, Septembre 2019, comm. 126, obs. S. Gjidara-Decaix; *RDBF* 2019, comm. 54, note S. Piedelièvre ; *JCP G* 2019, doctr. 183, obs. P. Grosser; *Gaz. Pal.* 23 avr. 2019, n° 16, p. 28, note J. Lasserre Capdeville

[1112] C. consom., art. L. 741-3 et L. 741-6.

[1113] A. Bénabent, *Droit des obligations*, LGDJ, Précis Domat, 19ème éd., 2021, n°753, p. 607.

[1114] Ce que les civilistes allemands appellent la « Haftung » par opposition à la « Schuld » qui est la dette, l'engagement du débiteur, ce à quoi le créancier peut prétendre pour obtenir satisfaction.

le paiement. Aussi convient-il de s'interroger sur les effets de l'extinction de la créance en droit du surendettement quelle qu'en soit la cause, légale ou judiciaire, sur les droits du créancier et sur les garanties accessoires de sa créance.

A. LES EFFETS DE L'EXTINCTION SUR LE CRÉANCIER

Restriction du droit d'exercer des actions. - La question est ici de savoir si l'absence de satisfaction du créancier, du fait du non-paiement de sa créance, laisse subsister un lien d'obligation à l'égard du débiteur. L'extinction de la dette, conséquence directe de son effacement emporte en toute logique interdiction pour le créancier d'exercer une action en paiement à l'encontre du débiteur même en réparation de son préjudice subi du fait du non-paiement de la créance effacée[1115] quand bien même elle serait de nature salariale[1116]. Remplacer une dette effacée par une autre dette de dommages-intérêts du même montant contredirait la lettre de l'article L. 741-2 du Code de la consommation, sauf à justifier d'un préjudice distinct de celui du défaut de paiement. En revanche, l'extinction de la dette par l'effet de la procédure de surendettement « *ne « blanchit » pas le débiteur défaillant qui reste exposé aux autres conséquences de son manquement* »[1117], et l'effacement de la dette n'a ni pour objet ni pour effet d'entraîner la privation du droit de propriété du créancier au sens de l'article 17 de la Déclaration des droits de l'homme et du citoyen du 26 août 1789[1118]. Aussi la préservation de ses droits lui permet-elle d'exercer une action en revendication ou en résiliation, le manquement contractuel du débiteur n'ayant pas disparu.

[1115] Cass. 2e civ., 4 nov. 2021, n° 16-21.392, F-D ; *GPL* 8 mars 2022, n° GPL433c5, note E. Mouial-Bassilana ; *Procédures* 2022, chron. 1, p. 7, spéc. n°10, obs. C. Cardini et S. Lemoine ; *Rev. proc. coll.*, n°4, juillet 2022, comm. 61, obs. S. Gjidara-Decaix.
[1116] Cass. 2e civ., 26 oct. 2023, n°22-16.448, F–B ; *LEDEN* déc. 2023, n° DED201y6, obs. K. Lafaurie ; *D.* 2024. 92, note J.-D. Pellier ; *Act. proc. coll.* n°20, 8 décembre 2023, alerte 270, obs. T. Le Bars.
[1117] A. Bénabent, *Droit des obligations*, LGDJ, coll. Précis Domat, 19e éd., 2021, n° 835.
[1118] QPC, Cass. 2e civ., 19 décembre 2013, n°13-40.065, F-D ; *Rev. proc. coll.* 2014, comm. 46, note S. Gjidara Decaix.

1. L'action en revendication

Absence de transfert du droit de propriété au débiteur. - L'extinction de la créance en droit du surendettement est une situation subie par le créancier qu'il s'agisse de l'extinction sanction ou de l'extinction du fait de l'effacement de sa créance. La clause de réserve de propriété subordonne le transfert de propriété au complet paiement de l'obligation qui en constitue la contrepartie[1119]. Or, l'effacement de la dette ne valant pas paiement, l'obligation n'est pas exécutée et le débiteur ne peut donc pas se déclarer propriétaire du bien vendu.

Transposition des solutions jurisprudentielles. - Ainsi, la Cour de cassation, appelée à statuer sur les droits du propriétaire vendeur confronté à la procédure d'insolvabilité de son acheteur dans le cadre d'une vente à terme, a décidé que même si elle libère l'acquéreur de l'obligation de payer la partie du prix restant due, l'extinction de la créance du vendeur non déclarée et n'ayant pas donné lieu à relevé de forclusion ne constitue pas le terme contractuellement fixé pour le transfert de propriété[1120]. Cette solution, certes rendue par la chambre commerciale de la Cour de cassation, peut être transposée en droit du surendettement qui renvoie au même dispositif d'extinction de la dette[1121] que celui, prévu par feu l'article 53 de la loi du 25 janvier 1985 pour défaut de déclaration des créances[1122], sur lequel la décision était fondée. La solution étant rendue en cas d'extinction de la créance venue sanctionner l'omission de déclaration du créancier, la question se pose alors de savoir quel est le sort du droit de propriété du vendeur en cas d'effacement de la dette, mesure imposée au créancier indépendamment de son comportement.

[1119] C. civ., art. 2367.

[1120] Cass. com. 9 janvier 1996, n°93-12.667, *Bull. IV* N° 8 p. 5 ; *JCP G* 1996, I, 3935, n° 19, obs. M. Cabrillac ; *JCP E* 1996, I, 554 ; *RTD civ.* 1996, p. 436, obs. P. Crocq ; *RTD com.* 1997, p. 331, obs. A. Martin-Serf ; *Dr. & patr.* mai 1996, p. 85, obs. M.-H. Monsèrié ; *JCP G* 1996, I, 3942, n° 4, obs. P. Simler et P. Delebecque.

[1121] C. consom., art. L. 741-3 ; L. 741-6 ; L. 741-9 ; L. 741-20 ; L. 742-10 et L. 742-11.

[1122] Loi n° 85-98 du 25 janvier 1985 relative au redressement et à la liquidation judiciaires des entreprises, art. 53, codifié C. com., art. L621-46, abrogé par Loi n°2005-845 du 26 juillet 2005.

Absence d'effet libératoire de l'effacement. - La Cour de cassation, saisie de la question, a décidé que l'effacement est une cause d'extinction mais ne vaut pas paiement[1123]. Aux termes de l'article 1342 du Code civil, le paiement est l'exécution volontaire de la prestation due. L'effacement, même s'il entraine l'extinction de la créance, ne peut donc être constitutif de paiement puisqu'il ne résulte pas d'une exécution volontaire du débiteur. Bien au contraire, l'effacement est la résultante soit d'une mesure[1124] ou d'une décision de rétablissement personnel sans liquidation judiciaire[1125] imposées par la commission de surendettement, soit du jugement de clôture de la procédure de rétablissement personnel avec liquidation judiciaire prononcé par le juge[1126]. Il se produit par l'effet de la loi ou d'un jugement indépendamment de la volonté du débiteur ou de celle du créancier, lequel ne renonce pas à ses droits même si ses droits de poursuite en paiement sont paralysés. Aussi l'effacement ne produit-il que l'effet extinctif du paiement à l'exclusion de l'effet libératoire. Le débiteur se trouve certes délivré de son passif mais non libéré de l'obligation contractuelle qui avait fait naître la dette.

Maintien du droit de propriété du créancier vendeur. - Il en résulte que l'extinction de la créance du prix de vente du fait de l'effacement de la dette consécutif à la clôture pour insuffisance d'actif de la procédure de rétablissement personnel dont le débiteur a bénéficié n'équivalant pas à un paiement, le transfert de propriété n'a pu se produire au profit de l'acquéreur du bien vendu sous réserve de propriété[1127]. Le créancier peut donc exercer son droit de revendication et récupérer le bien dont il est demeuré propriétaire. Dans l'hypothèse où le bien serait essentiel au débiteur, l'échec à la revendication se fera en procédant au paiement de la somme restant due, pourtant effacée et donc éteinte, sur autorisation du juge des contentieux de la protection[1128]. Il en résulte que « *la propriété réservée survit à la disparition de la créance, au détriment de*

[1123] Cass. 2e civ., 27 févr. 2014, n° 13-10891, *Bull. civ.* II, n° 59 ; *Gaz. Pal.* 20 mars 2014, p. 22, note M.-P. Dumont-Lefranc ; *LPA* 19 mai 2014, p. 7, note T. Stefania ; *BJE* 2014, p. 217, obs. F. Pérochon et p. 245, note F. Macorig-Venier ; *D.* 2014, 1081, note D. R. Martin ; *RTD civ.* 2014, 370, obs. H. Barbier ; *D.* 2014, Chron. C. cass., 1731, obs. T. Vasseur.

[1124] C. consom., art. L. 733-4.

[1125] C. consom., art. L. 741-2.

[1126] C. consom., art. L. 742-22.

[1127] Cass. 2e civ., 27 févr. 2014, n° 13-10891, *op. cit.*

[1128] C. consom., art. L. 722-5 al. 2.

l'acquéreur libéré du paiement du prix »[1129]. Si l'on retient la seule qualité de créancier muni d'une sûreté, la clause de réserve de propriété[1130], la solution heurte de plein fouet la règle de l'accessoire[1131]. Mais si l'on considère la qualité de propriétaire du revendiquant, plutôt que celle de créancier garanti, la solution adoptée est tout à fait logique[1132]. Il est alors permis d'admettre de déroger à la règle de l'accessoire car l'extinction de la créance ne saurait faire perdre au vendeur réservataire son droit de propriété, « *droit réel principal, exclusif et absolu* »[1133], tant qu'il n'a pas reçu paiement. L'effacement de la dette ne valant pas paiement, le prix ne peut donc avoir été payé et le créancier non satisfait peut toujours faire valoir son droit de propriété.
Ce même raisonnement a conduit la Cour de cassation à accueillir favorablement l'action en résiliation d'un créancier bailleur non satisfait pour défaut de paiement des loyers, l'effacement de la créance laissant, là encore, subsister le manquement contractuel.

2. *L'action en résiliation*

Maintien de l'inexécution contractuelle. - L'effacement n'étant pas constitutif d'un paiement, il est impossible d'admettre que l'obligation ait été exécutée ce qui empêche le débiteur « *de bénéficier du droit au maintien des contrats pour lesquels il s'est montré fautif* »[1134]. La Cour de cassation a ainsi décidé que « l'effacement de la dette locative qui n'équivaut pas à son paiement ne fait pas disparaître le manquement contractuel du locataire qui n'a pas réglé le loyer, de sorte qu'il ne prive pas le juge, saisi d'une demande de résiliation judiciaire du contrat de bail, de la faculté d'apprécier, dans l'exercice de son pouvoir souverain, si le défaut de paiement justifie de prononcer la résiliation du bail. »[1135]

1129 F. Pérochon, « Le revendiquant », *Rev. proc. coll.* 2017, n°6, dossier 15.
1130 Désormais intégrée dans les sûretés réelles : C. civ., art. 2367.
1131 V° Infra, II, B, 2°.
1132 S. Piedelièvre, obs. sous Cass. 2e civ., 27 février 2014, n° 13-10891, *RDBF* 2014, n°3, comm. 113.
1133 M. Bourassin, « Sûretés et surendettement des particuliers », *LPA* 10 oct. 2012, p. 4, n° 105.
1134 S. Piedelièvre, obs. sous Cass. 2e civ., 10 janvier 2019, n°17-21.774, *RDBF* 2019, n°2, comm. 54.
1135 Cass. 2e civ., 10 janvier 2019, n°17-21.774, publié; *BJE* mars 2019, n° 116t4, p. 42, obs. K. Lafaurie ; *GPL* 23 avril 2019, n° GPL350r1, obs. E. Mouial-Bassilana ; *Defrénois* 23 mai 2019, n° 148t5, p. 37, note J.-B. Seube ; *Act. proc. coll.* 2019,

La résiliation du contrat de bail pour défaut de paiement des loyers prononcée par le juge continue donc à produire ses effets en dépit de l'extinction de la dette de loyer par l'effet de son effacement. « *N'étant pas un payement, l'effacement de la dette ne supprime pas l'inexécution qui en est à l'origine* »[1136], et l'extinction de la dette qui en est la conséquence ne saurait entrainer l'absolution du débiteur dont la faute n'est pas pardonnée. Aussi l'effacement de la dette locative à l'issue d'une procédure de traitement d'une situation de surendettement, alors que la clause résolutoire était acquise, est-il inopérant, sauf à violer l'article L. 741-2 du Code de la consommation[1137]. Le bailleur, s'il ne peut poursuivre en paiement de la dette locative impayée, reste fondé à obtenir la résiliation du bail, soit par l'effet de la clause résolutoire acquise avant la décision de recevabilité du dossier de surendettement[1138], soit judiciairement postérieurement à celle-ci, et l'expulsion du locataire indigent, au risque d'entrainer son exclusion sociale.

Efficacité des clauses résolutoires. - Aussi, afin d'améliorer la prévention des expulsions locatives et de mieux articuler les procédures de surendettement et celles d'expulsion, le législateur a-t-il prévu que les décisions prises par la commission de surendettement s'imposent ou se substituent à celles du juge de l'expulsion[1139]. Toutefois, si les solutions jurisprudentielles susvisées connaissent désormais quelques aménagements pour les baux d'habitation, elles demeurent applicables

---

comm. 59, obs. Th. Le Bars ; *Rev. proc. coll.* n° 5, Septembre 2019, comm. 126, obs. S. Gjidara-Decaix ; *RDBF* 2019, comm. 54, note S. Piedelièvre ; *JCP G* 2019, doctr. 183, obs. P. Grosser ; *Gaz. Pal.* 23 avr. 2019, n° 16, p. 28, note J. Lasserre Capdeville.

[1136] M. Billiau, obs. sous Cass. 2e civ., 10 janvier 2019, n°17-21.774, *JCP G* 2019, doct. 749, n°9.

[1137] Cass. 2e civ. 18 février 2016, n°14-17.782, F-P+B ; *Gaz. Pal.*, 10 mai 2016, n°264k9, p. 42, obs. E. Mouial-Bassilana ; *Rev. proc. coll.* 2016, comm. N°109, obs. S. Gjidara-Decaix ; *D.* 2016, p.1102, obs. N. Damas ; Procédures 2017, chron 2, obs. C. Cardini.

[1138] Cass. 3e civ., 6 juill. 2022, n°21-19.427, F-D ; *GPL* 27 sept. 2022, n° GPL440e5, obs. E. Mouial-Bassilana ; *RDBF* 2022, comm. 138, obs. S. Piédelièvre.

[1139] C. consom., art. L. 714-1 créé par la loi n° 2018-1021 du 23 novembre 2018 portant évolution du logement, de l'aménagement et du numérique, dite loi ELAN. V° : V. Avena-Robardet, « Impact de la loi ELAN sur les familles », *AJ fam.* 2018, p.638 ; N. Damas, « La loi ELAN et les baux d'habitation », *AJDI* 2019, p. 26. ; L. Tranchant, « L'impact de la loi ELAN sur les baux civils », *RDI* 2019, p. 30 ; B. Vial-Pedroletti, « La loi ELAN et le bail d'habitation », *Loyers et copr.* 2019, dossier 2.

pour les autres contrats tel que par exemple le crédit-bail au sujet duquel il a été observé un réel engouement pour les ventes de véhicules mais aussi de biens de consommation, tels que téléphone, ordinateur, électroménager[1140]. Cette évolution des modes de distribution est préoccupante car elle fragilise le consommateur qui se verra dépossédé de ces biens par le crédit-bailleur demeuré propriétaire. Or, ces biens s'ils avaient été financés par un crédit à la consommation, même affecté, seraient insaisissables, le débiteur en étant alors le propriétaire, sauf au prêteur à insérer dans le contrat de prêt une clause de réserve de propriété pour garantir le paiement de sa créance. Le régime de faveur octroyé au créancier repose sur sa qualité de propriétaire. Il ne devrait donc pas bénéficier au créancier titulaire d'un simple droit personnel et l'extinction de la dette devrait, en principe, avoir pour effet d'éteindre les sûretés qui en sont les accessoires[1141].

B. LES EFFETS DE L'EXTINCTION SUR LES SÛRETÉS GARANTISSANT LA CRÉANCE

L'opposabilité des exceptions. - Il résulte des dispositions du droit commun des obligations que l'extinction de l'obligation éteint la créance et ses accessoires[1142], notamment les sûretés dont elle se trouve assortie, libère la caution, même solidaire[1143], et le codébiteur[1144]. L'article 2298 du Code civil, dans sa rédaction issue de l'ordonnance n°2021-1192 du 15 septembre 2021 réformant les sûretés, prévoit désormais que la caution peut également opposer au créancier les exceptions liées à la dette et celles personnelles au débiteur. En principe, les exceptions inhérentes à la dette touchent à l'existence même de cette dette, tel que par exemple son paiement ou sa compensation[1145]. Tandis que les exceptions personnelles au débiteur insolvable concernent les impossibilités d'agir contre lui en raison des mesures de traitement de sa situation de surendettement ou de la

---

1140 V. Martineau-Bourgninaud, *op. cit.*, n°436.

1141 M. Bourassin, « Sûretés et surendettement des particuliers », *LPA* 10 oct. 2012, p. 4.

1142 C. civ., art. 1349 (confusion).

1143 C. civ., art. 1349-1 (confusion) ; C. civ., 1350-2 (remise de dette) ; art. 1347-6 (compensation).

1144 C. civ., art. 1347-6 ; art. 1350-1.

1145 C. civ., art. 1347-6.

procédure de rétablissement personnel dont il bénéficie[1146]. Ces règles qui fragilisent considérablement les chances pour le créancier d'être payé, reçoivent-elles application en cas d'effacement ou d'extinction des créances garanties en raison des mesures de traitement de la situation de surendettement du débiteur ?

1. Le sort de la caution ou du coobligé

Exclusion des cautions personnes morales. - À titre liminaire, il convient de souligner que le livre VII du Code de la consommation s'intéresse aux dettes dont le montant a été payé en lieu et place du débiteur par des cautions personnes physiques à l'exclusion des cautions personnes morales[1147]. En conséquence, les cautions personnes morales sont contraintes de payer le créancier sans pouvoir exercer ensuite un quelconque recours contre le débiteur principal dont la dette aura été éteinte, ce qui, au demeurant, « *porte atteinte à un élément essentiel du cautionnement* »[1148]. L'objectif de cette discrimination est d'éviter que les organismes prêteurs ne contournent les effets redoutables du mécanisme de l'effacement de la dette en garantissant leur créance par une personne morale, le plus souvent une filiale[1149].

Le sort des cautions personnes physiques. - Le droit du surendettement envisage ainsi la situation dans laquelle le créancier, en raison de la défaillance de son débiteur, a poursuivi la caution ou le coobligé en paiement et obtenu satisfaction. En effet, dans cette hypothèse, les dettes dont le montant a été payé en lieu et place du débiteur par la caution ou le coobligé, personnes physiques, échappent à l'effacement décidé par la commission de surendettement dans le cadre des mesures imposées[1150], ou résultant de la décision d'ouverture de rétablissement personnel sans liquidation judiciaire[1151] ou de la

---

[1146] V. Martineau-Bourgninaud, *op. cit.*, n°835. Par exemple, en procédure collective, une conciliation est une exception personnelle : Cass. com., 6 juillet 2022, n° 20-20.085, Publié.

[1147] Depuis la loi n° 2010-737 du 1er juillet 2010 portant réforme du crédit à la consommation.

[1148] L. Aynès, P. Crocq, *Droit des sûretés*, 10e éd., LGDJ, 2016, n° 137.

[1149] V. rapport du comité de suivi de l'application des dispositions relatives au surendettement de la loi n° 2003-710 du 1er août 2003, spéc., p. 35 ; P. Flores, « La réforme de la procédure de surendettement du 1er juillet 2010 », *AJ fam.* 2011, p. 10.

[1150] C. consom., art. L. 733-4.

[1151] C. consom., art. L. 741-2.

clôture de la procédure de rétablissement personnel[1152]. La Cour de cassation a ainsi décidé que même si la dette a été effacée, le coobligé qui a payé en lieu et place du débiteur conserve néanmoins son recours personnel contre ce dernier[1153]. Le débiteur surendetté, censé ne plus l'être par l'effet de l'effacement, se trouve donc obligé de rembourser la somme acquittée par son garant ou codébiteur solvens au titre d'une créance pourtant éteinte du fait de son effacement[1154]. On se retrouve dans une situation kafkaïenne et solliciter une nouvelle procédure de traitement de sa situation de surendettement pour faire face à ce passif persistant sera vain, puisque cette dette ne peut à, aucun moment, faire l'objet d'effacement. En revanche, il pourra implorer la clémence du garant et obtenir son accord pour des remises de dette ou des rééchelonnements dans la mesure où les créances dont le montant a été payé en lieu et place du débiteur par la caution ou le coobligé, personnes physiques, ne sont pas visées à l'article L.711-4 du Code de la consommation qui renvoient aux dettes exclues de toute remise et de tout rééchelonnement. Mais à défaut d'accord du garant personne physique, le débiteur trainera le fardeau de sa dette dont seul le paiement est susceptible d'entrainer l'extinction.

Inopposabilité des mesures légales ou judiciaires. - Plutôt que d'exercer ses recours personnel et subrogatoire contre le débiteur et de se heurter à son impécuniosité, la caution, non encore actionnée en paiement par le créancier, peut-elle se prévaloir de l'extinction de la dette à l'encontre de ce dernier ? Une réponse affirmative serait surprenante et inciterait la caution à résister à la demande du créancier dans l'espoir d'un effacement salvateur consécutif à la procédure de surendettement du débiteur principal. Le Livre VII du Code de la consommation, contrairement au Livre VI du Code de commerce, ne contient cependant aucune disposition intéressant les cautions ou les coobligés en cas de plan amiable ou imposé destiné à mettre fin à la situation de surendettement du débiteur et il convient donc de s'en remettre au droit commun des obligations et aux solutions jurisprudentielles existantes.

[1152] C. consom., art. L. 742-22.

[1153] Cass. 2e civ., 26 juin 2014, n° 13-14576, F-D ; *Rev. proc. coll.* 2015, n° 140, obs. S. Gjidara-Decaix ; *LPA* 8 janv. 2015, note T. Stéfania.

[1154] Cass. 2e civ., 19 janvier 2022, n°20-12.863, F-D.

Caractère de mesures légales ou judiciaire de l'effacement et de l'extinction. - Les modifications introduites par l'ordonnance n°2021-1192 du 15 septembre 2021 relative aux sûretés ont déplacé le débat de la qualification des exceptions, inhérentes ou personnelles au débiteur, vers la nature, légale ou judiciaire, des mesures octroyées au débiteur dans le cadre du traitement de sa situation de surendettement. En effet, l'article 2298 du Code civil modifié, dispose en son alinéa 2 que la caution ne peut se prévaloir des mesures légales ou judiciaires dont bénéficie le débiteur en conséquence de sa défaillance, sauf disposition spéciale contraire. La Cour de cassation, sur le fondement des textes anciens avait décidé que la caution pouvait se prévaloir de la prescription biennale de l'article L. 218-2 du Code de la consommation[1155] ou de l'extinction de la dette par l'effet de la compensation en dépit de l'admission du débiteur à une procédure de surendettement[1156]. Dans ces hypothèses, l'extinction de l'obligation joue indépendamment de la procédure de surendettement et n'est donc pas la résultante de la défaillance du débiteur. En conséquence, ces solutions devraient pouvoir être reconduites sous l'empire du nouveau texte. En revanche, l'extinction de la créance comme l'effacement de la dette existant au sein du Livre VII du Code de la consommation constituent indéniablement des mesures légales ou judiciaires[1157], exceptions désormais inopposables par les garants, indépendamment de leur nature, personnelle au débiteur ou inhérente à la dette. Au demeurant le nouveau dispositif, peu favorable aux cautions, ne fait que consacrer les solutions jurisprudentielles précédemment rendues qui entendaient donner à l'engagement de caution une solide assise.

Solutions jurisprudentielles. - La Cour de cassation avait ainsi décidé que les mesures de traitement de surendettement imposées aux créanciers bénéficient au seul débiteur principal et sont sans influence

---

[1155] Cass. 1ère civ., 20 avr. 2022, n°20-22866, Publié rendu sous l'empire de l'ancien article 2313 du Code civil.

[1156] Cass. 2e civ., 30 juin 2022, n°21-10.272, Publié; *GPL* 27 sept. 2022, n° GPL440e2, obs. E. Mouial Bassilana ; *JCP E* 2022, n°39,1318, p. 45, obs. J.-D. Pellier.

[1157] V. Martineau-Bourgninaud, « L'effacement des dettes en rétablissement professionnel », in *L'effacement des dettes*, (Dir.) P.-M. Le Corre et P. Cagnoli, L'harmattan 2023, p. 105, spéc. p. 118 ; F. Pérochon avec le concours de M. Laroche, F. Reille, Th. Favorio, A. Donnette, *Entreprises en difficulté*, 11ème éd., LGDJ 2022, n°2595 ; K. Lafaurie, « L'après-procédure collective », *Rev. proc. coll.* 2022-4, doss. 24, n°7.

sur les obligations des cautions qui ne peuvent s'en prévaloir[1158], peu importe que le paiement effectué par la caution ait eu lieu avant ou après la décision de la commission. De la même façon, s'agissant des mesures amiables, la Cour de cassation dans un arrêt rendu le 13 novembre 1996 avait décidé que malgré leur caractère volontaire, les mesures consenties par les créanciers dans le plan conventionnel de règlement, prévues à l'article L. 732-2 (*ancien L. 331-6*) du Code de la consommation ne constituent pas, eu égard à la finalité d'un tel plan, une remise de dette au sens de l'article 1350-2 (*ancien 1287*) du Code civil dont la caution pourrait se prévaloir pour se prétendre libérée[1159]. Toutefois, la doctrine, en se fondant sur une jurisprudence contraire de la chambre commerciale rendue à propos du règlement amiable du Livre VI du Code de commerce[1160] et sur sa consécration ultérieure dans les textes par l'ordonnance du 18 décembre 2008[1161], a pu émettre l'idée de l'obsolescence de cette solution jurisprudentielle[1162]. Tandis qu'il était soutenu qu'à défaut de disposition spéciale de la loi, la position adoptée par la Cour de cassation dans cet arrêt, bien que peu favorable à la caution et totalement inique au regard du traitement favorable dont elle bénéficie en droit des entreprises en difficulté[1163], devait être maintenue[1164].

[1158] Cass. 1re civ., 26 avr. 2000, n° 98-10693, *Bull. civ.* I, n° 122 (rendu à propos d'un redressement judiciaire civil imposé par le juge).

[1159] Cass. 1re civ., 13 nov. 1996, n° 94-12856, *Bull. civ.* I, n° 401 ; *D.* 1997, jurispr. p. 141, concl. J. Sainte-Rose, note T. Moussa ; *D.* 1997, 200, obs. P.-L. Chatain et F. Ferrière; *Rev. proc. coll.* 1996, p. 149, note C. Marie; *JCP G* 1997, I, 4033, n° 7, obs. Ph. Simler ; *JCP G* 1997, II, 22780, note P. Mury ; *JCP E* 1997, II, p. 903, note D. Legeais ; *RTD civ.* 1997, p. 190, obs. P. Crocq ; *DP* mars 1997, p. 69, obs. C. Saint-Alary-Houin ; *RTD com.* 1997, p. 142, note G. Paisant ; *Defrénois* 1997, p. 292, note L. Aynès; *Gaz. Pal.* 1997, 2, somm. 189, obs. S. Piedelièvre.

[1160] Cass. com., 5 mai 2004, n° 01-03873, *Bull. civ.* IV, n° 84 ; *D.* 2004, AJ, 1594, obs. A. Liénhard; *Act. proc. coll.* 2004, n° 132, obs. J. Vallansan ; *Banque et droit*, juill.-août 2004, 51, obs. N. Rontchevsky ; *RTD com.* 2004, 590, obs. F. Macorig-Venier.

[1161] C. com., art. L. 611-10-2, créé par Ord. n° 2008-1345, 18 déc. 2008, portant réforme du droit des entreprises en difficulté.

[1162] Ph. Simler, « Les principes fondamentaux du cautionnement : entre accessoire et autonomie », *BICC* 2013, n° 789, p.8 et s., spéc. p. 14.

[1163] La caution personne physique peut se prévaloir des dispositions du plan de sauvegarde ou de redressement, de l'arrêt du cours des intérêt, de l'opposabilité de la créance non déclarée à la procédure et bénéficie de la suspension des poursuites pendant la période d'observation.

[1164] V. Martineau-Bourgninaud, *op. cit.*, n°656.

Exigence d'une disposition légale spéciale. - À l'évidence, le législateur a retenu cette position en gravant dans le marbre que « la caution ne peut se prévaloir des mesures légales ou judiciaires dont bénéficie le débiteur en conséquence de sa défaillance, sauf disposition spéciale contraire »[1165]. Il en résulte qu'en l'absence de disposition spéciale contraire, toutes les mesures extinctives d'obligation dont bénéficie le débiteur dans le cadre de la procédure de surendettement, qu'elles soient amiables ou imposées par la commission ou le juge des contentieux de la protection en cas de recours, ne peuvent être invoquées par la caution ou le codébiteur. Ainsi, l'extinction de la créance en raison de la négligence du créancier pour défaut de déclaration dans les délais ne saurait bénéficier à la caution dans le silence des textes. A cet égard, le droit des successions qui prévoit également une telle sanction pour le créancier qui a omis de déclarer sa créance précise bien que l'extinction bénéficie également aux cautions et coobligés ainsi qu'aux personnes ayant consenti une garantie autonome portant sur la créance éteinte[1166]. De même, l'extinction du fait de l'effacement de la dette consécutif au rétablissement personnel sans liquidation judiciaire[1167] ou à la clôture du rétablissement personnel avec liquidation judiciaire[1168], étant une mesure légale, la caution ne peut s'en prévaloir, en l'absence de disposition spéciale contraire.

2. L'efficacité des sûretés réelles

Clause de réserve de propriété. - La clause de réserve de propriété, technique contractuelle permettant de garantir la dette, issue de la vie des affaires, s'est s'invitée en droit de la consommation, et la question de l'opposabilité de la clause par le créancier revendiquant en cas d'extinction de la dette dans le cadre d'une procédure de surendettement se pose inévitablement. Elevée au rang de sûreté réelle par l'ordonnance n° 2006-346 du 23 mars 2006 relative aux sûretés, la propriété retenue à titre de garantie constitue l'accessoire de la créance

---

1165 C. civ., art. 2298 al. 2.
1166 C. civ., art. 792.
1167 C. consom., art. L. 741-2.
1168 C. consom., art. L. 742-22.

du prix de vente[1169]. Ce caractère accessoire commande logiquement la disparition de la sûreté en cas d'extinction de la créance principale si l'on admet que « *l'extinction de la dette doit entraîner la disparition de toutes les sûretés réelles qui la garantissaient, et donc celle de la propriété réservée, accessoire de la créance* »[1170].

Opposabilité de la clause de réserve de propriété. - Pourtant, la Cour de cassation dans son arrêt rendu par la seconde chambre civile le 27 février 2014 a affirmé que « l'extinction de la créance, du fait de l'effacement des dettes, consécutif à la clôture pour insuffisance d'actif de la procédure de rétablissement personnel, n'équivaut pas à son paiement »[1171]. La formule alambiquée de la Cour de cassation conduit à une situation ubuesque[1172] puisque le créancier réservataire peut poursuivre le débiteur alors même que la dette garantie a disparu par la voie de l'effacement qui « *a pour conséquence l'extinction de la dette* »[1173]. La Haute juridiction autorise celui qui n'était plus créancier, du fait de l'extinction de sa créance, à se saisir du bien vendu pour obtenir paiement de cette créance éteinte conférant à la sûreté sa pleine efficacité en dépit de la disparition de la dette. Cette solution pleinement approuvée sur le fondement de la notion de paiement[1174] est néanmoins peu conforme à l'orthodoxie juridique si l'on regarde du côté de la sûreté accessoire de la créance disparue. Cette divergence de point de vue aurait pu trouver son épilogue dans la proposition faite dans l'Avant-projet Capitant qui prévoyait d'ajouter à l'article 2367 du Code civil que « *la réserve de propriété prend fin par l'extinction de cette*

1169 C. civ., art. 2367 al. 2 modifié par l'ordonnance n°2006-346 du 23 mars 2006 relative aux sûretés : « la propriété ainsi réservée est l'accessoire de la créance dont elle garantit le paiement ».

1170 F. Pérochon, « Comment en finir avec un canard sans tête », note sous Cass. 2e civ., 27 févr. 2014, n° 13-10891, F-PB, *BJE* juill. 2014, n°111m0, p. 217.

1171 Cass. 2e civ., 27 févr. 2014, n° 13-10891, *Bull. civ.* II, n° 59 ; *Gaz. Pal.* 20 mars 2014, p. 22, note M.-P. Dumont-Lefranc ; *LPA* 19 mai 2014, p. 7, note T. Stefania ; *BJE* 2014, p. 217, obs. F. Pérochon et p. 245, note F. Macorig-Venier ; *D.* 2014, 1081, note D. R. Martin ; *RTD civ.* 2014, 370, obs. H. Barbier ; *D.* 2014, Chron. C. cass., 1731, obs. T. Vasseur.

1172 V. F. Pérochon, « Comment en finir avec un canard sans tête ? », *BJE* juill. 2014, n°111m0, p. 217.

1173 M. Bourassin, « Sûretés et surendettement des particuliers », *LPA* 10 oct. 2012, p. 4, n° 38.

1174 M. Billiau, obs. sous Cass. 2e civ., 27 févr. 2014, n° 13-10891, *JCP G* 2014, n°40, doct. 998, 8.

créance, quelle qu'en soit la cause »[1175]. Cette proposition qui a suscité de vives critiques[1176] n'a pas été retenue par le législateur qui, à l'évidence, entend maintenir les sûretés réelles qui garantissent la créance impayée. La solution procède de l'essence même du droit des sûretés qui vise à préserver les droits du créancier propriétaire revendiquant. Elle promeut la propriété juridique au détriment de la propriété économique ce qui n'est pas sans inquiéter les faillitistes.

Efficacité des sûretés. - Le droit du surendettement et le droit des entreprises en difficulté constituent les deux piliers du droit de la défaillance économique. Bien que souvent dotés des mêmes règles, les interprétations qui en sont faites sont différentes voire divergentes ce qui confèrent aux dispositifs extinctifs des effets distinctifs. Ainsi le droit du surendettement se révèle étonnamment respectueux de la finalité des sûretés qui est de pallier la défaillance du débiteur, en maintenant leur efficacité par l'empêchement fait à la caution de profiter des mécanismes d'extinction déclenchés en raison d'une situation de surendettement avérée du débiteur. Il repose sur une vision sociale de la défaillance et vise plus à accorder au débiteur le pardon et à éviter son exclusion sociale qu'à faciliter son rebond. Le droit des procédures collectives, en revanche, procède d'une vision économique de la défaillance et entend assurer au débiteur un droit au rebond par le maintien de son activité et des emplois qui y sont attachés ou en le relançant dans une nouvelle activité économique, libéré du poids de son passif, quitte à s'affranchir régulièrement du droit des contrats et du droit des sûretés. Aussi, en dépit de la consanguinité qui existe entre les deux droits, faut-il sans doute se garder de succomber à la tentation de systématiquement dupliquer les solutions rendues en droit des entreprises en difficulté en droit du surendettement, et réciproquement. Certains auteurs nourrissent d'ailleurs l'espoir que le respect de l'objectif du rebond en droit des entreprises en difficulté inspirera à la chambre commerciale de la Cour de cassation une analyse différente de celle de la seconde chambre civile[1177]. Toutefois, l'admission de

---

[1175] V° : M. Grimaldi, D. Mazeaud et P. Dupichot, « Présentation d'un avant-projet de réforme du droit des sûretés », *D.* 2017. 1717.

[1176] K. Lafaurie, « Retour et projection sur le sort de la clause de réserve de propriété en cas d'effacement de dette (à propos de l'avant-projet de réforme du droit des sûretés) », *Dr. & patr.*, avril 2019, n°290, p. 13.

[1177] F. Pérochon avec le concours de M. Laroche, F. Reille, Th. Favorio, A. Donnette, *Entreprises en difficulté*, 11ème éd., LGDJ 2022, n°2594.

l'entrepreneur individuel dans le champ du droit du surendettement par la loi du 14 février 2022 en faveur de l'activité professionnelle indépendante, en opérant un décloisonnement des matières, risque d'engendrer bien des confusions[1178].

Maintien d'une obligation naturelle ? - L'effacement, même s'il emporte extinction de la créance, n'est pas une ardoise magique et ne saurait absoudre le débiteur de ses manquements contractuels. L'extinction de la créance opère une éclipse partielle de l'obligation qui neutralise les poursuites en paiement du créancier. Le créancier dont la créance est effacée par l'effet des mesures de désendettement, prises en application des articles L.741-2 et L.742-22 du Code de la consommation, ne peut simplement plus agir en paiement contre le débiteur. Ainsi appréhendée, l'extinction consécutive à l'effacement de la créance serait une émanation de la théorie de la dualité distinguant le *debitum* c'est-à-dire la dette proprement dite, de l'*obligatio* c'est-à-dire le pouvoir de contrainte du créancier[1179] qui seul disparaitrait. A cet égard, les juges du fond observent que « la mesure d'effacement ne fait pas disparaître la dette qui demeure en tant qu'obligation naturelle »[1180]. Rien n'interdit au débiteur, postérieurement à l'effacement, de s'acquitter volontairement de ses dettes antérieures. Il peut ainsi valablement s'engager, en vertu d'une obligation naturelle[1181], à payer son créancier à l'issue de la procédure en cas de retour à meilleure fortune[1182]. C'est une question de devoir et d'honneur.

[1178] V. Martineau-Bourgninaud, « Les difficultés d'articulation des procédures collectives et des procédures de surendettement », *BJE* sept. 2022, n° BJE200s3.

[1179] A. Hontebeyrie, Répertoire de droit civil - Prescription extinctive – Février 2016 (actu. Novembre 2023), n°571.

[1180] CA Aix-en-Provence RG n° 14/21618 ; CA Rennes, 2e ch., 26 juin 2020, RG n° 17/01273 : JurisData n°2020-011811. V°. K. Bellis, Procédure de rétablissement personnel et obligation naturelle, *Rev. proc. coll.* n°5, Septembre 2021, Etude 18.

[1181] M. Julienne, « Obligation naturelle et obligation civile », *D.* 2009, p. 1709.

[1182] En ce sens en procédures collectives : Cass. com., 3 décembre 1996, 94-21.010, Inédit. J.-J. Taisne, « Le paiement des créances éteintes », *Dr. & patr.*, 242, déc. 2014, p. 51 et s.

L'extinction de l'obligation et les procédures civiles d'exécution

Nicolas CAYROL

La contribution des procédures civiles d'exécution à l'étude de l'extinction de l'obligation porte principalement sur l'extinction des obligations par leur exécution, c'est-à-dire par leur paiement.
Accessoirement, il arrive en droit des procédures civiles d'exécution, que l'extinction des obligations ait lieu sans paiement.
D'où le plan suivant :
I.- L'extinction de l'obligation par le paiement
II.- L'extinction de l'obligation sans paiement

I.- L'extinction de l'obligation par le paiement

Caractère fondamental du paiement en droit des procédures civiles d'exécution. – Le droit des procédures civiles d'exécution est une branche du droit du paiement. Son premier principe est que « tout créancier peut, dans les conditions prévues par la loi, contraindre son débiteur défaillant à exécuter ses obligations à son égard » (CPCex., art. L. 111-1).
L'exécution des obligations étant le paiement et le paiement étant une cause d'extinction de l'obligation, le droit des procédures civiles d'exécution entretient donc avec l'extinction des obligations un rapport fondamental[1183].

[1183] Fondamental mais pas exclusif : le droit des procédures civiles d'exécution n'est pas totalement réductible au droit du paiement. Cela tient à l'objet de l'« exécution ». L'exécution du droit des procédures civiles d'exécution a en effet deux objets : les obligations et les titres exécutoires. Parfois, il s'agit d'exécuter une obligation ; parfois, l'exécution poursuivie est celle d'un titre exécutoire. Souvent ce titre exécutoire constate une obligation, de sorte que l'exécution du titre exécutoire est aussi l'exécution d'une obligation. Mais il arrive que l'exécution poursuivie soit celle d'un titre exécutoire qui ne constate aucune obligation (ex. jugement statuant sur la situation juridique d'une personne ou d'un bien). Dans ce cas, l'exécution forcée du titre exécutoire consiste généralement à transcrire le jugement sur un registre officiel (ex. transcription à l'état civil du jugement statuant sur l'état d'une personne, ou transcription au fichier immobilier d'un jugement statuant sur la situation juridique d'un immeuble). Il s'agit alors d'un mode d'exécution tendant à la réalisation effective des droits, mais ce n'est pas un paiement qui éteint une obligation.

Sur la contrainte dans le paiement. – En tant que branche du droit du paiement, le droit des procédures civiles d'exécution se caractérise par le recours à la contrainte : la contrainte en vue de l'exécution des obligations : il est la branche du droit du paiement contraint.
En droit des procédures civiles d'exécution, la contrainte prend différentes formes et elle a plus ou moins d'intensité. Au plus haut de l'échelle, il y a l'exécution « contrainte et forcée », qui correspond à une exécution conduite sans la volonté du débiteur, voire contre sa volonté. Mais toute exécution contrainte n'est pas contrainte et forcée : la contrainte à l'encontre du débiteur n'est souvent d'une forme de pression afin de l'inciter à s'exécuter volontairement, sans recours à la force. Le droit des procédures civiles d'exécution connait différents procédés de contrainte en vue de l'exécution volontaire (astreinte, mesures conservatoires, etc.).

Critique de l'article 1342 du Code civil. – Cette idée selon laquelle le droit des procédures civiles d'exécution serait principalement le droit du paiement contraint porte à critiquer la définition du paiement que donne l'article 1342 du Code civil. Selon ce texte, « le paiement est l'exécution volontaire de la prestation due ». Cette définition n'appelle pas d'objection au regard de toutes les mesures de contrainte que le droit des procédures civiles d'exécution met à la disposition du créancier pour inciter le débiteur à exécuter volontairement la prestation due : mesures comminatoires (ex. astreinte) ou mesures conservatoires (ex. indisponibilité de biens du débiteur résultant d'une saisie conservatoire). En revanche, la définition de l'article 1342 est critiquable en ce qu'elle ignore le paiement qui résulte de l'exécution contrainte et forcée de la prestation due.

Science et technique. – Par-delà cette réserve à l'égard de la définition légale du paiement, la notion même de paiement ne présente pas d'originalité particulière en droit des procédures civiles d'exécution : qu'il soit volontaire ou forcé, un paiement reste un paiement, c'est-à-dire qu'il est normalement satisfaction du créancier et libération du débiteur. Peu importe que l'obligation soit constatée par un titre exécutoire.
Cependant, le contexte procédural et contraignant qui entoure le paiement met quelquefois en lumière certains aspects de la notion qui sont peut-être moins connus ou porte à nuancer les idées générales. On présentera quelques règles techniques des procédures civiles

d'exécution propres à éclairer l'extinction des obligations par le paiement d'un jour différent. Les plus intéressantes sont relatives à la procédure de saisie-attribution, procédure de droit commun de saisie des créances de somme d'argent.

A.- PAIEMENT ÉTEIGNANT DEUX OBLIGATIONS

Opération à trois personnes. – En principe, forcé ou pas, le paiement est satisfaction du créancier et libération du débiteur.
En matière de saisie-attribution, opération à trois personnes, ce schéma de base se complique un peu du fait que le paiement opéré par le tiers saisi éteint en même temps sa propre dette et celle du débiteur saisi :

> **Art. R. 211-7, al. 2.** – Dans la limite des sommes versées, ce paiement éteint l'obligation du débiteur et celle du tiers saisi.

Le paiement est alors, tout à la fois, satisfaction du créancier saisissant, libération du débiteur saisi et libération du tiers saisi.
Mais la satisfaction du créancier et la libération des débiteurs est à la mesure du paiement : lorsque la créance objet de la saisie est d'un montant inférieur à la créance cause de la saisie, le paiement emportera libération du tiers saisi mais la satisfaction du créancier et la libération du débiteur ne seront pas complètes. Dans le cas contraire, si la créance saisie est d'un montant supérieur à la créance du saisissant, la satisfaction du créancier et la libération du saisi seront complètes, mais le tiers saisi restera tenu du reliquat envers le saisi.

Absence d'effet extinctif de l'attribution de la créance au saisissant. – En ce qu'il subordonne l'extinction des obligations du débiteur et du tiers saisi au versement d'une somme d'argent au créancier saisissant, l'article R. 211-7 n'est que l'expression particulière d'une règle de portée générale : en droit, la remise d'une créance en paiement n'emporte pas, par elle-même, extinction de la dette[1184]. Raison pour

[1184] V. Cass. com., 23 janv. 1992, n° 88-15.763 : Bull. civ. 1992, IV, n° 245 ; RTD civ. 1993, p. 357, obs. J. Mestre : « la cession de créances n'emporte pas par elle-même extinction de la dette du cédant envers le cessionnaire ». – Cass. com., 30 nov. 1999 : D. 2000, inf. rap. p. 6. – En matière de chèque, le transfert de la provision au porteur n'éteint pas la dette du porteur. Le Code monétaire et financier le dit à sa manière : « La remise d'un chèque en paiement, acceptée par un créancier, n'entraîne pas novation. En conséquence, la créance originaire, avec toutes les garanties qui y sont attachées, subsiste jusqu'au paiement du chèque. » (CMF, art. L. 131-67).

laquelle, aux termes de l'article R. 211-8 du Code des procédures civiles d'exécution :

> **Art. R. 211-8.** – Le créancier saisissant qui n'a pas été payé par le tiers saisi conserve ses droits contre le débiteur.

Raison pour laquelle aussi, « en cas de saisie-attribution, les intérêts moratoires dus par le débiteur saisi au créancier saisissant sur la partie de sa créance correspondant aux sommes saisies disponibles continuent de courir jusqu'au paiement de ces sommes »[1185].

Nature de l'attribution de la créance. – L'attribution de la créance au saisissant n'est donc qu'un moyen en vue d'une fin. Ce n'est pas le lieu d'étudier la nature juridique de l'« attribution » de la créance au saisissant, sujet complexe qui impliquerait, d'une part, d'étendre l'analyse aux autres procédures de saisie des créances ou d'opposition au paiement du prix et, d'autre part, de la confronter aux mécanismes de délégation, de dation en paiement ou aux fins de paiement et de cession de créance[1186]. Pour s'en tenir au seul problème de l'extinction de l'obligation, il suffit ici d'observer que la saisie-attribution est « une procédure de paiement forcé des obligations monétaires entre les mains d'un créancier saisissant »[1187].

B.- PAIEMENT SANS SATISFACTION DU CRÉANCIER

Consignation des sommes dues par le tiers saisi. – Deux textes relatifs à la saisie-attribution prévoient la consignation des sommes dues par le tiers saisi entre les mains d'un séquestre en cas de contestation de la saisie. Le premier, l'article R. 211-2 du Code des procédures civiles d'exécution, est de portée générale. La consignation y apparaît comme une simple possibilité. Le second, l'article R. 211-16, concerne uniquement la saisie des créances à exécution successive en cas de contestation. La consignation est alors obligatoire.

Effet de la consignation. – Or, la consignation libère le débiteur. Aux termes de l'article 1345-1, alinéa 3 du Code civil :

> **Art. 1345-1, al. 3.** – La consignation ou le séquestre libère le débiteur à compter de leur notification au créancier.

[1185] Cass. 2e civ., 7 juin 2006, n° 04-15.597 : Bull. civ. II, n° 151.
[1186] V. R. Perrot et P. Théry, Procédures civiles d'exécution, 3e éd. 2013, n° 399).
[1187] V. N. Cayrol, Saisie-attribution : généralités, Juris-classeur Procédure civile, fasc. 1600-5, 2021, n° 25.

Cependant, la consignation, qui libère le débiteur, ne tient lieu de paiement qu'à son égard : le créancier n'est pas satisfait. Il y a donc libération du débiteur sans satisfaction du créancier. Dans ces conditions, peut-on encore parler de paiement véritable ?[1188] C'est douteux : seule la déconsignation des fonds et leur remise au créancier, sur décision du juge de l'exécution tranchant la contestation ou en cas d'accord des parties, peut emporter extinction de la créance[1189].

Sort des intérêts. – L'article R. 211-2, alinéa 2, du Code des procédures civiles d'exécution dispose que « la remise des fonds au séquestre arrête le cours des intérêts dus par le tiers saisi ». Il s'agit d'une conséquence déduite de l'effet essentiel de la consignation : la libération du débiteur.

Mais la consignation effective des fonds n'emporte « libération » que du seul tiers saisi, point du débiteur : faute de satisfaction du créancier, le débiteur reste tenu. Par conséquent, les intérêts continuent de courir à l'encontre de celui-ci[1190].

L'équation entre satisfaction du créancier et libération du débiteur n'est donc pas toujours exacte. Ici la libération du tiers saisi débiteur ne correspond pas à la satisfaction du créancier saisissant.

On va voir maintenant l'hypothèse inverse où la satisfaction du créancier ne coïncide pas avec la libération du tiers saisi.

C.- PAIEMENT SANS LIBÉRATION DU DÉBITEUR

Autorisation de payer. – En matière de saisie-attribution, le paiement du tiers saisi est subordonné à une autorisation préalable de payer. Cette autorisation peut résulter d'un « certificat de non-contestation délivré par le greffe ou établi par l'huissier de justice »[1191], établissant qu'aucune contestation de la saisie n'a été formée dans le délai d'un mois à compter de la dénonciation de la saisie, délai imparti par l'article

---

[1188] V. J. Courrouy, la consignation d'une somme d'argent après offres réelles est-elle un paiement ? : RTD civ. 1990, p. 23. – A. Touzain, La consignation : Thèse Paris 2, 2018, éd. Panthéon-Assas, 2022, préf. C. Brenner.

[1189] V. dans ce recueil, M. Mignot, L'extinction consécutive à la déconsignation d'une somme d'argent, *supra,* p. 212. Adde. M. Mignot, Juris-classeur Civil Code, art. 1345 à 1345-3, 2017, n° 142.

[1190] Cass. 3e civ., 8 avr. 1987, n° 85-18.067 : Bull. civ. 1987, III, n° 85 ; RTD civ. 1988, p. 190, obs. R. Perrot.

[1191] CPC ex., art. R. 211-6, al. 1er.

R. 211-11. L'autorisation peut aussi être donnée par le débiteur lui-même qui déclare, avant l'expiration du délai d'un mois, « ne pas contester la saisie »[1192]. En cas de contestation, l'autorisation de payer est délivrée par le juge de l'exécution[1193].

Paiement non autorisé. – En payant sans autorisation, le tiers saisi s'expose donc à devoir payer deux fois. Cependant, le paiement sans autorisation n'est pas radicalement nul ; il est seulement inopposable aux tiers auxquels il ferait grief.
Le paiement non autorisé n'est pas nul car il s'agit d'un paiement fait par un débiteur à son créancier. Le tiers saisi étant devenu personnellement débiteur du créancier saisissant par l'effet de l'acte de saisie-attribution[1194], le paiement est donc satisfactoire pour ce dernier qui n'aura pas à le restituer en cas de contestation. Seule exception, puisque la fraude corrompt tout : en cas de fraude aux droits des tiers, fraude entendue au sens de collusion frauduleuse entre le saisissant et le tiers saisi, il y aura lieu à restitution.
Le paiement non autorisé est inopposable aux tiers, c'est-à-dire au débiteur saisi et aux ayants cause de celui-ci, si leurs griefs sont finalement reconnus. S'il s'avère que les griefs sont fondés, le tiers saisi devra alors payer deux fois. Son paiement, satisfactoire pour le saisissant, n'aura pas été libératoire pour lui. Il n'aura pas de recours contre l'*accipiens* puisque l'*accipiens* était créancier véritable de sorte que le paiement n'était pas indu à son égard. Au mieux, il pourra agir sur le fondement de l'action *de in rem verso* contre le débiteur saisi.
Il reste que si le paiement ne fait légitimement grief à personne, ou si aucune contestation n'est élevée dans le délai imparti, on pourra dire alors, au futur antérieur, que ce paiement sans autorisation aura été satisfaisant pour le créancier et libératoire pour le débiteur.

D.- PAIEMENT PARTIEL

Sort des procédures en cours en cas de paiement partiel. – En droit commun du paiement, la règle est que le créancier peut refuser un paiement partiel même si la prestation est divisible[1195]. Cette règle vaut aussi en droit de l'exécution, mais celui-ci en ajoute une autre : s'il est

[1192] CPC ex., art. R. 211-6, al. 2.
[1193] V. CPC ex., art. R. 211-12 et R. 211-13.
[1194] CPC ex., art. L. 211-2.
[1195] C. civ., art. 1342-4.

accepté, le paiement partiel, qui n'éteint que partiellement l'obligation, ne remet pas en cause la force exécutoire du titre qui constate cette obligation. Donc la procédure de saisie en cours au moment du paiement partiel peut se poursuivre. Cela a été jugé à propos d'un paiement pour un montant couvrant uniquement le principal, mais pas les frais de poursuite. Comme dit la Cour de cassation, « les frais de poursuite sont l'accessoire de la dette pour le paiement de laquelle a été diligentée la procédure de saisie immobilière ; dès lors, le créancier saisissant, bien qu'ayant été désintéressé des causes du commandement en principal par le saisi, est fondé à continuer les poursuites de saisie immobilière contre celui-ci tant qu'il n'a pas obtenu le règlement desdits frais »[1196].

E.- FRAIS DU PAIEMENT

Droit spécial. – En matière d'exécution forcée, il existe plusieurs règles spéciales relatives à la charge des frais du paiement. Ces règles figurent à l'article L. 111-8 du Code des procédures civiles d'exécution :

> **Art. L. 111-8.** – A l'exception des droits proportionnels de recouvrement ou d'encaissement qui peuvent être mis partiellement à la charge des créanciers dans des conditions fixées par décret en Conseil d'Etat, les frais de l'exécution forcée sont à la charge du débiteur, sauf s'il est manifeste qu'ils n'étaient pas nécessaires au moment où ils ont été exposés. Les contestations sont tranchées par le juge.
>
> Les frais de recouvrement entrepris sans titre exécutoire restent à la charge du créancier, sauf s'ils concernent un acte dont l'accomplissement est prescrit par la loi au créancier. Toute stipulation contraire est réputée non écrite, sauf disposition législative contraire.
>
> Cependant, le créancier qui justifie du caractère nécessaire des démarches entreprises pour recouvrer sa créance peut demander au juge de l'exécution de laisser tout ou partie des frais ainsi exposés à la charge du débiteur de mauvaise foi.

En dépit de toutes les précisions qu'il contient, ce texte soulève quelques difficultés d'interprétation, notamment sur la notion d'« acte dont l'accomplissement est prescrit par la loi au créancier »[1197].

[1196] Cass. 2e civ., 22 juin 2017, n° 16-18.901, D. 2018. 1223, obs. Leborgne ; Gaz. Pal. 31 oct. 2017, p. 72, obs. L. Lauvergnat ; ibid. 12 déc. 2017, p. 38, obs. C. Brenner, RD banc. fin. 2017, n° 218, obs. S. Piédelièvre ; RTD civ. 2017. 733, obs. N. Cayrol.

[1197] V. Juris-classeur Civil Code, art. 1344 à 1344-2, 2022, n° 97 s.

Quoi qu'il en soit, ce texte rend pratiquement sans objet l'article 1342-7 du Code civil, qui dispose que « les frais du paiement sont à la charge du débiteur ».

II.- L'extinction de l'obligation sans paiement

Compétence du juge de l'exécution. – Le juge de l'exécution, compétent pour connaître des difficultés relatives aux titres exécutoires et des contestations qui s'élèvent à l'occasion de l'exécution forcée[1198], est compétent pour statuer sur les cas d'extinction sans paiement de la créance constatée par le titre exécutoire, extinction de la créance qui affecte la force exécutoire du titre.

Diversité des cas d'extinction de l'obligation sans paiement. – La jurisprudence récente en offre différents exemples : juge de l'exécution statuant sur l'extinction de la créance constatée par le titre exécutoire par son inscription en compte courant[1199], sur l'extinction de la créance par l'effet du retrait litigieux[1200], sur l'extinction de la créance pour défaut de déclaration[1201]… Signalons à ce sujet la jurisprudence relative aux avenants sous seing privé à un titre exécutoire notarié, qui tend à se fixer en ce sens qu'en principe, l'avenant n'emporte pas novation, sauf volonté clairement exprimée en ce sens, de sorte que l'obligation constatée par l'acte notariée n'est pas éteinte, de même qu'est préservée la force exécutoire du titre notarié[1202].
Quelques hypothèses d'extinction de l'obligation sans paiement appellent des observations spécifiques au droit des procédures civiles d'exécution.

A.- PRESCRIPTION

Interversion du délai de prescription. – La prescription extinctive est un cas typique d'extinction de l'obligation sans paiement. En matière

---

[1198] COJ, art. L. 213-6.
[1199] Cass. 2e civ., 13 nov. 2014, n° 13-25.193, RDC 2015/2, p. 312, note N. Cayrol.
[1200] Cass. 2e civ., 9 juin 2022, n° 21-12.941, RTD civ. 2022, p. 962, obs. P. Théry.
[1201] Cass. 1re civ., 22 mars 2017, n° 15-25.545, D. 2017, p. 2119, obs. V. Brémond ; Cass. 2e civ., 8 déc. 2022, n° 20-20.233, RTD civ. 2023, p.191, obs. N. Cayrol.
[1202] V. Cass. 2e civ., 6 mai 2010, n° 09-67.058, Bull. civ. II, n° 90 ; Cass. 2e civ., 1er mars 2018, n° 17-10.373 : RDC 2018, p. 570, obs. N. Cayrol ; Cass. 1re civ., 23 nov. 2022, n° 20-21.282, B : LEDB janv. 2023, p. 6, obs. M. Mignot.

de procédures civiles d'exécution, il convient de mentionner à ce sujet l'important article L. 111-4 CPC du Code des procédures civiles d'exécution, aux termes duquel l'exécution forcée des décisions de justice et des procès-verbaux de conciliation homologués par le juge « ne peut être poursuivie que pendant dix ans ».
Ce texte pose en règle la substitution (on dit aussi l'*interversion*) d'un délai de prescription de dix ans au délai régissant la créance dont l'exécution est poursuivie dès lors que celle-ci a été constatée par un titre exécutoire judiciaire, sauf si la créance constatée est à échéance périodique ou si le délai de prescription initial était déjà supérieur à dix ans[1203].

Portée. – Ce texte est d'une grande importance pratique ; d'où la grande importance pratique de la délimitation de son domaine. Par exemple, juger, comme vient de le faire la Cour de cassation, que « les dispositions de l'article L. 111-4 du code des procédures civiles d'exécution, relatives au délai d'exécution des titres exécutoires, n'étaient pas applicables à la prescription de la créance de la banque » constatée par une ordonnance d'injonction de payer frappée d'opposition signifie concrètement que les créances restent soumises à leurs délais de prescriptions originaires respectifs[1204].

Objet. – Mais l'observation qui parait nécessaire à ce sujet est que, sauf cette règle particulière d'interversion du délai de prescription, la prescription en droit de l'exécution ne présente aucune originalité fondamentale ; l'institution est bien celle que régit le Code civil. Notamment, elle a bien pour objet les *créances* constatées par les titres exécutoires et non les titres exécutoires eux-mêmes, nonobstant l'usage courant qui consiste, par facilité, à parler de la prescription des titres exécutoires, expression commode mais inexacte[1205].

[1203] V. S. Guinchard, T. Moussa, N. Cayrol et E. de Leiris, dir., Droit et pratique des voies d'exécution, Dalloz action, 10e éd. 2022, n° 112.151.

[1204] Cass. 2e civ., 29 sept. 2022, n° 20-18.772, B., JCP G 2022, 1326, note L. Lauvergnat ; RTD civ. 2022, p. 961, obs. P. Théry ; Gaz. Pal. 21 mars 2023, p. 2, obs. J.-J. Ansault.

[1205] V. N. Cayrol, in Droit et pratique des voies d'exécution, op. et loc. cit.

B.- DÉCHÉANCE

Charge du saisissant de requérir le paiement. – En matière de saisie-attribution, la réglementation offre un cas original d'extinction de l'obligation sans paiement par déchéance du créancier saisissant.
A propos du recouvrement de la créance saisie, l'article L. 211-4, alinéa 2, du Code des procédures civiles d'exécution, dispose que « le créancier requiert le paiement de la créance qui lui a été attribuée par l'acte de saisie ». Ce texte signifie non seulement que le créancier a le droit de requérir le paiement, mais aussi qu'il incombe au créancier de requérir le paiement de la créance que la loi lui a attribuée.
Cette charge (ou cette « incombance ») du recouvrement consiste pour le créancier saisissant dans la nécessité de poursuivre d'abord auprès du tiers saisi le recouvrement de sa créance avant d'exercer un recours contre le débiteur. C'est seulement en cas de défaillance du tiers saisi que le créancier sera en droit de reprendre les poursuites directement contre le débiteur. En somme, l'attribution au saisissant de la créance à l'encontre du tiers saisi a pour conséquence de reléguer en second rang la créance à l'encontre du saisi[1206].

Sanction. – En cas de manquement à cette charge de requérir le paiement auprès du tiers saisi, le créancier saisissant encourt la déchéance de son recours contre le débiteur saisi. Cela résulte de l'alinéa 2 de l'article R. 211-8, alinéa 2, du Code des procédures civiles d'exécution. Aux termes de ce texte :

> **Art. R. 211-8.** – Le créancier qui n'a pas été payé par le tiers saisi conserve ses droits contre le débiteur.
> Toutefois, si ce défaut de paiement est imputable à la négligence du créancier, celui-ci perd ses droits à concurrence des sommes dues par le tiers saisi.

Notion de négligence. – La Cour de cassation exerce un contrôle sur la notion de négligence du saisissant, retenant une conception exigeante des diligences attendues du créancier. Encourt la cassation l'arrêt qui « retient que l'absence de règlement intégral des sommes dues par les tiers saisis à une échéance, ne compromet nullement le recouvrement du solde et que le défaut de paiement ne doit pas s'entendre d'un simple retard mais d'une carence avérée ayant rendu la mesure d'exécution pratiquée, inefficiente ». Pour la Cour de cassation, la négligence du

[1206] V. R. Perrot et P. Théry, Procédures civiles d'exécution, préc., n° 412.

créancier est caractérisée dès lors qu'il est établi qu'il « n'avait adressé aucun rappel au tiers saisi, qu'il n'avait avisé le débiteur, ni des paiements effectués au fur et à mesure des échéances, ni des défauts de paiement et qu'il n'avait pris aucune initiative pour mettre en œuvre une action contre les tiers saisis »[1207]. Mais aucune négligence ne peut être reprochée au saisissant en cas de contestation de la saisie-attribution par le débiteur[1208].

Portée de la déchéance. – La déchéance encourue par le créancier en cas de négligence de sa part est doublement limitée. D'abord, elle est limitée « à concurrence des sommes dues par le tiers saisi ». Si la créance cause de la saisie est d'un montant supérieur à celui de la créance saisie, le créancier conserve le droit d'exercer un recours contre le débiteur pour la différence. Ensuite, plus fondamentalement, la déchéance porte uniquement sur les droits que le créancier conservait contre le débiteur saisi, et non sur ses droits contre le tiers saisi. Même déchu du recours, le créancier peut poursuivre le recouvrement de la totalité de sa créance contre le tiers saisi. Solution nécessaire car cela reviendrait sinon à consacrer un enrichissement sans cause au détriment du créancier. Sous ce rapport, cette règle rappelle celle de l'article L. 511-49 du Code de commerce relative à la déchéance qui frappe le porteur négligent d'une lettre de change.
La déchéance apparaît ainsi comme une sanction spécifique, qui ne se confond pas avec la prescription, mécanisme qui éteint en même temps le droit et l'action[1209], mécanisme qui opère de plein droit, alors que la déchéance est une sanction judiciaire, soumise à l'appréciation du juge.

Sanction du défaut de déclaration de créance. – Pour terminer ce développement sur la déchéance comme sanction, on soulignera son caractère exceptionnel en observant que, en matière de saisie immobilière, la charge de la déclaration des créances à la procédure, charge qui pèse sur les créanciers titulaires d'une sûreté inscrite sur un immeuble saisi[1210], est seulement sanctionnée par la déchéance du

---

[1207] Cass. 2e, civ., 21 oct. 2004, n° 02-16.740 : Bull. civ. II, n° 474 : Procédures 2005, n° 37 et RTD civ. 2005, p. 189, obs. R. Perrot.
[1208] Cass. 2e civ., 19 févr. 2015, n° 14-10.439, B : Gaz. Pal. 16 juin 2015, p. 35, note L. Lauvergnat ; RTD civ. 2015, 460, obs. N. Cayrol.
[1209] V. Cass. 2e civ., 18 nov. 2004, n° 03-13.139 : JCP G 2004, IV, 3508 ; Bull. civ. 2004, II, n° 497 ; RD bancaire et fin. 2005, n° 22, obs. S. Piedelièvre.
[1210] CPC ex., art. L. 331-2.

bénéfice de la sûreté pour la distribution du prix de l'immeuble et non par l'extinction de l'obligation. Raison pour laquelle le créancier saisissant est tenu d'aviser les créanciers inscrits titulaires d'un droit réel publié des actes de la procédure même lorsque ceux-ci ont négligé de déclarer leur créance[1211].
En matière de saisie immobilière, l'obligation de déclarer les créances n'a jamais été sanctionnée par l'extinction de l'obligation, même du temps (de 1985 à 2005) où en droit des procédures collectives le défaut de déclaration de la créance à la procédure était un cas d'extinction de l'obligation.

C.- ADJUDICATION D'OFFICE AU SAISISSANT

Défaut d'enchère. – En matière de vente sur saisie immobilière, aux termes de l'article L. 322-6 du Code des procédures civiles d'exécution, à défaut d'enchère au moment de la vente, le créancier saisissant est déclaré adjudicataire d'office[1212]. Selon ce texte :

> **Art. L. 322-6.** Le montant de la mise à prix est fixé par le créancier poursuivant. A défaut d'enchère, celui-ci est déclaré adjudicataire d'office à ce montant.
> Le débiteur peut, en cas d'insuffisance manifeste du montant de la mise à prix, saisir le juge afin de voir fixer une mise à prix en rapport avec la valeur vénale de l'immeuble et les conditions du marché. Toutefois, à défaut d'enchère, le poursuivant ne peut être déclaré adjudicataire que pour la mise à prix initiale.

Pour le créancier saisissant, cette adjudication d'office s'analyse en une forme de vente forcée à vil prix[1213], avec compensation entre la dette de prix imposée au saisissant et sa créance cause de la saisie. Il en résulte l'extinction partielle de l'obligation du saisi à hauteur de la mise à prix si le montant de la créance était supérieur ; ou une extinction complète impliquant le versement d'une soulte dans le cas inverse.
En fait, l'adjudication d'office de l'immeuble saisie au créancier saisissant peut être une mesure frustrante pour le débiteur saisi en cas de mise à prix très inférieure à la valeur vénale de l'immeuble. Il n'y a

---

[1211] Cass. 2e civ., 2 déc. 2021, n° 20-15.274, B, LEDB 2022, p. 7, obs. M. Mignot ; RD bancaire et fin. 2022, n° 26, obs. S. Piédelièvre ; Gaz. Pal. 15 mars 2022, obs. C. Brenner ; RTD civ. 2022, p. 209, obs. N. Cayrol.
[1212] Disposition jugée conforme à la Constitution : v. Cons. const., 16 déc. 2011, n° 2011-206 QPC, D. 2012, p. 1518, obs. A. Leborgne
[1213] V. P. Hoonakker, « Réflexions sur l'adjudication au poursuivant à défaut d'enchères », Mélanges Philippe Simler, Dalloz-Litec, 2006, p. 867.

pas, en matière de saisie immobilière, de règle comparable à celle du droit de surendettement prévoyant l'effacement du reliquat de la dette après la vente de l'immeuble constituant le logement principal du débiteur[1214].

L'expérience montre que cette mesure d'adjudication d'office peut être aussi une mesure peu satisfaisante pour le créancier saisissant qui devient propriétaire d'un immeuble que, par hypothèse, personne n'a voulu acheter, immeuble qui peut être loué, avec les droits mais aussi les charges que cela implique[1215].

[1214] C. consom., art. L 733-4, 1°.

[1215] Cass. 2e civ., 27 févr. 2020, n° 18-19.174, RTD civ. 2021, p. 200, obs. N. Cayrol.

La preuve de l'extinction de l'obligation

Cédric HÉLAINE

1. Discrétion de la question – La preuve de l'extinction de l'obligation peut intriguer. Si certains auteurs ont pu s'intéresser ponctuellement à l'aspect probatoire d'un des modes d'extinction pris isolément[1216], la question d'une systématisation reste nimbée de mystères. Il existe, en effet, une certaine ambivalence à la fois théorique et pratique à ce sujet. Théorique d'abord car les mécanismes extinctifs ne se regroupent que difficilement sous une même bannière. On les range volontiers tantôt dans des modes « *avec satisfaction du créancier* », tantôt dans des modes « *sans satisfaction du créancier* »[1217] quand on ne les égrène pas tout simplement les uns après les autres[1218], par exemple dans l'ordre de leur apparition dans le Code civil. Ce sentiment théorique de pluralité rend la question de l'étude de la preuve de l'extinction aussi délicate qu'épineuse. L'ambivalence reste pratique, également, car il faut se rappeler que coexiste une dualité importante en la matière entre *l'acte ou le fait extinctif* d'une part et *l'extinction en elle-même* qui résulte nécessairement de la loi. Sur ce point, on pourra probablement regretter que l'ordonnance n°2016-131 du 10 février 2016 se soit séparée de la liste introductive de l'ancien article 1234 du Code civil. Certes, l'énumération était critiquée[1219] en ce qu'elle était incomplète, voire désuète à certains égards[1220]. Mais cet article introductif avait l'honneur de fixer – en droit commun – le fronton de l'extinction en annonçant les mécanismes aboutissant à la libération du débiteur. L'actuel Chapitre IV du Code civil intitulé « *L'extinction de*

[1216] Par exemple : N. Catala, *La nature juridique du paiement*, préface J. Carbonnier, LGDJ, 1961. Plus récemment : L. Siguoirt, *La preuve du paiement des obligations monétaires*, préface G. Loiseau, LGDJ, coll. « Thèses », 2010.

[1217] V. par ex. : F. Terré, Ph. Simler, Y. Lequette et F. Chénedé, *Droit civil – Les obligations*, Dalloz, coll. « Précis », 2022, 13e édition, p. 1839, n° 1677 et s. ; S. Porchy-Simon, *Droit des obligations*, Dalloz, coll. « Hypercours », 2022, 15e édition, p. 609 et s., n° 1229 et s. ; Ph. Malaurie, L. Aynès et Ph. Stoffel Munck, *Droit des obligations*, LGDJ, coll. « Droit civil », 2022, 12e édition p. 627, n° 698 et s.

[1218] M. Julienne, *Régime général des obligations*, Lextenso, LGDJ, 3e édition, 2020, p. 349 et s., n° 511 et s. ; F. Chénedé, *Le nouveau droit des obligations et des contrats*, Dalloz, 2e édition, 2018, p. 243 et s., n° 214 et s.

[1219] Pour une synthèse des critiques : J. Ghestin, M. Billiau et G. Loiseau, *Traité de droit civil – Le régime des créances et des dettes*, LGDJ, coll. « Traité », 2005, p. 579 et s., n° 527 et s.

[1220] V. à ce titre : M. Julienne, *Régime général des obligations*, *op. cit.* p. 349, n° 512.

l'obligation » ne comporte, en outre, qu'assez peu d'occurrences des questions probatoires puisqu'on ne compte que moins d'une dizaine de références explicites[1221] à ce sujet. Autant dire que le Code, même après la réforme issue de l'ordonnance n°2016-131 du 10 février 2016 et de sa loi de ratification n°2018-287 du 20 avril 2018, n'envisage la preuve de l'extinction de l'obligation que de manière assez discrète.

2. Systématisation(s) – Cette ambivalence théorique et pratique conduit à s'interroger sur la possibilité même de pouvoir systématiser les questions de preuve dans le cadre de l'extinction d'une obligation en droit privé. Pourquoi débuter une telle entreprise ? La thématique reste essentielle pour les praticiens car bien souvent le litige autour d'une obligation – et ce qu'elle que soit sa source – gravite autour de la libération du débiteur. Prouver l'extinction, surtout quand elle est volontaire, est donc crucial tant pour le débiteur qui s'estime libéré alors qu'il est attrait en recouvrement de sa dette que pour le créancier qui pourchasse le montant qu'il pense encore dû. La pluralité pointée précédemment peut toutefois conduire à un sentiment d'inachevé dans une telle entreprise. Les mécanismes aboutissant à l'extinction étant si différents entre eux que le régime probatoire qui leur est applicable peut varier. C'est la recherche de constantes ou, au contraire, de divergences notables qui nous guidera dans la présente étude afin de tirer des conclusions sur l'état de notre droit positif.

3. Plan choisi – Nous en reviendrons, par conséquent, à deux questions fondamentales en droit probatoire[1222]. Dans un premier temps, nous interrogerons les difficultés spécifiques qui gravitent autour de la charge de la preuve de l'extinction (**I**). Dans un second temps, nous examinerons en quoi l'admissibilité des modes de preuve de ces mécanismes extinctifs pose également des questions délicates interrogeant plus en profondeur la différence entre la source de l'extinction et l'extinction elle-même (**II**).

[1221] On les trouve notamment aux article 1342-5 (libération du débiteur d'une obligation de remettre un corps certain sauf preuve de la détérioration), 1342-8 (preuve par tout moyen du paiement), 1342-9 (présomption de libération en cas de remise volontaire du titre), 1346-1 (preuve de la concomitance entre subrogation et paiement) et 1351-1 du Code civil (impossibilité d'exécution et preuve par le débiteur de la perte de la chose due même en cas d'exécution).

[1222] Sur ces points : G. Lardeux, *Répertoire de droit* civil, Dalloz, V° « Preuve : règles de preuve », 2019, mis à jour en 2023, n° 3.

Plan suivi :

I. Les difficultés relatives à la charge de la preuve

II. Les difficultés relatives à l'admissibilité des modes de preuve

I. Les difficultés relatives à la charge de la preuve

4. Dualité dans la répartition de la preuve – Les problématiques gouvernant la charge de la preuve[1223] – laquelle se distingue de la charge de l'allégation[1224] – sont essentielles dans tout procès pour « *savoir qui doit réunir les preuves* »[1225]. L'extinction de l'obligation n'y fait pas exception. La notion de charge de la preuve appelle, par ailleurs, celle de « *risque de la preuve* »[1226] selon Raymond Legeais pour qui l'ancien article 1315 devenu 1353 règle une seconde question à savoir à « *qui le juge devra-t-il donner satisfaction, lorsque la lumière ne sera pas faite ?* »[1227]. En tout état de cause, cette distinction n'a pas été reprise par le législateur en 2016[1228]. L'article 1353 du Code civil précise, en ce sens, que « *[c]elui qui réclame l'exécution d'une*

[1223] V. à ce titre les études de J. Devèze, *Contribution à l'étude de la charge de la preuve en matière civile*, thèse Toulouse, 1980 ; N. Hoffschir, *La charge de la preuve en droit civil*, préface S. Amrani-Mekki, 2016, Dalloz, coll. « Nouvelle Bibliothèque de thèses », vol. 153 ; Sur cette expression : J. Boulanger, « Réflexions sur le problème de la charge de la preuve », *RTD. Civ.* 1966, 736.

[1224] Sur la distinction entre « *charge de l'allégation* » et « *charge de la preuve* » : H. Motulsky, « Le « manque de base légale », pierre de touche de la technique juridique », *JCP* 1949, 1 775 réédité dans H. Motulsky, *Écrits – Études et notes de procédure civile*, Dalloz, coll. « Bibliothèque Dalloz », 2009, p. 34.

[1225] R. Legeais, *Les règles de preuve en droit civil – Performances et transformations*, Paris, LGDJ, 1955, p. 100.

[1226] M. Mekki, « Réflexions sur le risque de la preuve en droit des contrats (1ère partie) », *RDC* 2008, p. 681 qui précise que « *Alors que la charge de la preuve répond, dans une optique statique, à la question de savoir qui doit prouver ce qu'il allègue et prétend, le risque de la preuve renvoie, dans une perspective dynamique, à celui qui, en cas de doute, doit succomber et perdre le procès engagé* » ; Sur ces questions, v. L. Cadiet, J. Normand et S. Amrani-Mekki, *Théorie générale du procès*, PUF, coll. « Thémis droit », 2013, 2e éd. p. 849 et s., n° 255 et s. ; A. Aynès et X. Vuitton, *Droit de la preuve – Principes et mises en œuvre processuelle*, Lexis Nexis, coll. « Droit & Professionnel », 2e éd., 2017, p. 44, n° 67.

[1227] R. Legeais, *Les règles de preuve en droit civil – Performances et transformations*, *op. cit.* p. 101.

[1228] E. Vergès, G. Vial et O. Leclerc, *Droit de la preuve*, PUF, coll. « Thémis », 2022, 2e éd., p. 208, n° 189.

obligation doit la prouver. Réciproquement, celui qui se prétend libéré doit justifier le paiement ou le fait qui a produit l'extinction de son obligation ». Cette dualité entre la preuve de l'obligation en elle-même et la preuve de l'extinction nous conduira à inverser l'ordre des alinéas dans la présente étude. La rédaction même de l'article 1353 alinéa 2 place le débiteur au centre de cette charge de la preuve quand celui-ci s'estime libéré dans un contentieux l'opposant à un créancier réclamant l'exécution de l'obligation (A). Toutefois, ce même créancier peut également rencontrer des difficultés dans cette charge de la preuve qui peut se retourner contre lui à bien des occasions lors du procès et ce en raison de ce que l'on a pu appeler « *l'alternance de la preuve* »[1229] (B).

A. LA DÉMONSTRATION DE LA LIBÉRATION PAR LE DÉBITEUR

5. L'apparence de simplicité – La règle de l'article 1353 du Code civil peut paraître d'une certaine limpidité à première lecture s'agissant de la preuve de l'extinction de l'obligation. Comme l'énoncent des auteurs, « *s'il appartient au créancier de rapporter la preuve de l'existence de l'obligation dont il entend obtenir l'exécution, le débiteur peut y échapper en prouvant que l'obligation est éteinte par une cause quelconque, en particulier par le paiement qu'il prétend avoir fait* »[1230]. On a pu dire qu'une telle répartition est logique[1231] même si elle pose des difficultés pratiques que nous allons évoquer ci-après. Le débiteur qui estime l'obligation éteinte doit donc démontrer « *le paiement ou le fait qui a produit l'extinction de son obligation* » selon la formule choisie par la loi. Il supporte, par conséquent et nécessairement, une charge de la preuve assez lourde quand il s'agit de démontrer que son obligation a été éteinte. Toutefois, ceci suppose bien souvent que le créancier l'ait au préalable assigné en exécution d'une obligation qu'elle soit déjà éteinte totalement ou, dans d'autres situations, seulement partiellement. Le débiteur se retrouve alors en position de défendeur au procès et doit donc apporter les éléments de preuve qui lui

---

[1229] J-L. Aubert, E. Savaux, J. Flour, L. Andreu et V. Forti, *Droit civil – Les obligations, tome 3 : le rapport d'obligation*, Dalloz, Sirey, coll. Université, 2022, 10e édition, p. 377, n°351.

[1230] F. Terré, Ph. Simler, Y. Lequette et F. Chénedé, *Droit civil – Les obligations*, Dalloz, coll. « Précis », 2022, 13e édition, p. 1598, n° 1448.

[1231] Sur cette apparence de logique : L. Siguoirt, *JurisClasseur Civil Code*, Lexis Nexis, Art. 1353, Fasc. Unique, 2020 mis à jour en 2022, n°12.

permettront de sortir victorieux face aux arguments adverses. À titre préliminaire, il faut rappeler avec des auteurs[1232] que l'extinction peut également être discutée si le créancier conteste la qualité du paiement, par exemple, mais c'est alors à lui évidemment de prouver ce défaut et ce en raison de la formulation de l'article 1353 alinéa 1er.
L'étude de la charge de la preuve de l'extinction révèle qu'il n'existe pas d'unité non seulement entre les modes extinctifs en eux-mêmes (*1*) mais également entre une extinction totale et une extinction seulement partielle (*2*).

1) Dissonances quant à l'intensité de la charge de la preuve en fonction des différents modes d'extinction

6. Une prise en compte différenciée – La règle de l'article 1353 du Code civil n'est pas exempte de critiques. La doctrine a pu regretter, en effet, une certaine imprécision dans les termes employés par l'ordonnance[1233] en lui reprochant également le maintien même d'un principe qui ne prend en compte ni le droit à la preuve ni la spécificité de certains droits spéciaux[1234]. Du côté du régime général des obligations et, plus précisément, de la preuve de l'extinction de l'obligation, il faut noter que l'article 1353 connaît des limites importantes eu égard à *la diversité des modes extinctifs*. Si la règle générale reste toujours que le débiteur doit rapporter la preuve de la cause de l'extinction dont il se prévaut, les termes employés par le législateur ne se prêtent que mal à cette pluralité de mécanismes extinctifs. L'article concerné évoque, en effet, le « *paiement ou le fait qui a produit l'extinction de son obligation* ». La tournure peut paraître au moins impropre, sinon mal choisie, pour certaines causes d'extinction. Ainsi en est-il de la remise de dette qui s'analyse

---

[1232] J-L. Aubert, E. Savaux, J. Flour, L. Andreu et V. Forti, *Droit civil – Les obligations, tome 3 : le rapport d'obligation*, Dalloz, Sirey, coll. Université, 2022, 10e édition, p. 249, n° 231.

[1233] G. Chantepie et M. Latina, *Le nouveau droit des obligations – Commentaire théorique et pratique dans l'ordre du Code civil*, Dalloz, 2e édition, 2018, p. 982, n°1094.

[1234] G. Lardeux, « Commentaire du Titre IV bis nouveau du Livre III du code civil intitulé « De la preuve des obligations » ou l'art de ne pas réformer », *D.* 2016, p. 850 et s. ; G. Chantepie et M. Latina, *Le nouveau droit des obligations – Commentaire théorique et pratique dans l'ordre du Code civil*, Dalloz, 2e édition, 2018, p. 983 et 984, n° 1095.

généralement comme un acte juridique[1235] mais également de certains modes satisfactoires comme la dation en paiement conventionnelle[1236]. Il ne fait pas de doute qu'une convention de dation ayant libéré le débiteur devrait être démontrée par ce dernier[1237] si son créancier l'attrait en exécution de l'obligation alors même qu'il ne s'agit pas d'un *fait ayant produit l'extinction*. La rédaction de l'article 1353 n'est ainsi pas réellement adaptée à sa mission puisqu'elle n'englobe pas suffisamment les traits distinctifs de chaque mode d'extinction, avec ou sans satisfaction du créancier. À ce titre, il aurait donc été pertinent de faire disparaître la référence au paiement pour généraliser d'autant plus le contenu de cet article[1238]. Comme le notait déjà Demolombe, l'ancien article 1315[1239] s'appliquait non seulement au paiement mais « *aussi à la preuve des différents modes d'extinction ou de transmission des droits réels* »[1240]. L'ordonnance du 10 février 2016 n'a pas fait le choix d'une réécriture plus générale du texte en érigeant l'article 1353 comme modèle imparfait de la charge de la preuve en droit français englobant des questions allant bien au-delà du seul droit des obligations. Étant donné que les différents modes extinctifs présentent une certaine pluralité, le débiteur ne subit pas la même charge de la preuve eu égard à l'extinction qu'il allèguera. Si le paiement provient du débiteur (ou d'un tiers *solvens* quand il est subrogatoire), certains mécanismes nécessitent un processus contractuel ou un acte juridique unilatéral. La charge, voire l'objet de la preuve, sera alors nécessairement plus délicate si le débiteur n'a pas conservé les documents permettant d'établir qu'il peut profiter de ce mode extinctif. Le constat peut aisément être élargi à toutes les extinctions qui ne résultent pas de faits

---

1235 N. Picod, *La remise de la dette en droit privé*, Dalloz, coll. « Nouvelle Bibliothèque de Thèses, 2013, vol.128, p. 191, n° 250.

1236 Qui reste le mode le plus répandu de dation en paiement : J-F. Hamelin, *Répertoire de droit civil*, Dalloz, V° « Dation en paiement », avr. 2016, n° 14 bien qu'il existe quelques cas de dation en paiement d'origine légale (v. n° 15).

1237 V. en ce sens, Grenoble, 30 janv. 2014, RG n° 11/02883 ; Bastia, 17 déc. 2014, RG n° 13/00515.

1238 C. Bourdaire-Mignot, « La preuve des obligations. Dispositions générales », *Projet de réforme du droit des contrats, du régime général et de la preuve des obligations – Analyses et propositions*, Dalloz, 2015, p. 130 et s.

1239 L'article 1315 ancien est devenu avec la réforme l'article 1353 nouveau du code civil ; les termes étaient d'ailleurs identiques, v. sur ce point M. Latina et G. Chantepie, *Le nouveau droit des obligations*, Dalloz, 2e édition, 2018, p. 977, n° 1087.

1240 C. Demolombe, *Traité des contrats ou des obligations conventionnelles en général*, Tome sixième, 1876, p. 180, n° 180.

juridiques mais d'actes juridiques, ce que nous retrouverons au moment de l'étude de l'admissibilité des modes de preuve[1241]. Le poids de cette charge de la preuve reste donc bien inégal en fonction de l'extinction considérée, ce qui pose question sur le rôle endossé par le débiteur souhaitant démontrer sa libération durant le procès civil.
Ceci trouve un écho intéressant à travers l'extinction seulement partielle de la dette et de la charge de la preuve qui en résulte lors d'un litige.

2) Dissonances de la charge de la preuve en fonction de la hauteur de l'extinction

7. Charge et objet – La charge de la preuve implique également de raisonner différemment en fonction de la complétude de l'extinction envisagée. Celle-ci peut être seulement partielle quand il reste ce que l'on a pu appeler un reliquat[1242] à régler, *i.e.* un *quantum* attendant une extinction future quand la nature de l'obligation accepte d'être divisée. Dans cette situation, le débiteur se retrouve avec une charge de la preuve dédoublée dans la mesure où celui-ci doit tout à la fois, d'une part, *démontrer la cause de l'extinction considérée* puis préciser, d'autre part, *à quelle hauteur l'obligation est éteinte à cette occasion.* Ce point est essentiel, quoique méconnu. Pourtant, il permet d'observer « *l'effet de balancier* »[1243] de la charge de la preuve avec d'autant plus d'acuité dans le domaine précis de l'extinction des obligations. Reprenons le processus probatoire à ce sujet depuis le début du litige. Le créancier qui introduit l'instance afin de recouvrer sa dette doit, au préalable, démontrer que son obligation existe (article 1353 alinéa 1er du Code civil). En somme, il doit faire preuve de la source de l'obligation et donc de sa substance. À cette occasion, il doit également sur le même fondement chiffrer sa demande en supportant la charge de la preuve de ce chiffrage au risque de se faire purement et simplement débouté[1244]. Le débiteur doit, s'il conteste le règlement sollicité, prouver qu'il s'est acquitté de tout ou partie de l'obligation ou que celle-

---

[1241] Cf. *infra*, n° 12.
[1242] Sur le régime juridique du reliquat, C. Hélaine, *L'extinction partielle des dettes*, thèse Aix-en-Provence, 2019, dir. V. Égéa et E. Putman, p. 87 et s., n° 91.
[1243] L. Siguoirt, *JurisClasseur Civil Code*, Art. 1353, *op. cit.* n° 13
[1244] La prétention ne serait pas nécessairement irrecevable car non chiffrée : Civ. 2e 3 mars 2022, n° 20-20.073, *Procédures*, 1er avr. 2022, obs. Y. Strickler.

ci est éteinte pour une autre cause (article 1353 alinéa 2). Ce « *mouvement de balancier* », qui n'est pas propre au contentieux obligationnel, pose des questions épineuses en jurisprudence quand l'obligation au cœur du litige a été éteinte partiellement d'après l'une des parties. Récemment, la deuxième chambre civile de la Cour de cassation a pu rendre un arrêt dans lequel un tel mouvement est particulièrement bien mis en valeur[1245]. Deux personnes décident de confier à un avocat la défense de leurs intérêts dans une procédure pénale en première instance comme en appel, sans signer la moindre convention d'honoraires. Le 28 mars 2017, l'avocat émet unilatéralement un décompte de frais et d'honoraires. Le 18 décembre suivant, ses deux clients s'acquittent d'une partie seulement de la somme réclamée dans cette note, à hauteur de 3.000 €. Le 2 mai 2019, l'avocat saisit son bâtonnier pour fixer ses honoraires faute d'accord avec ses clients. Ceux-ci forment alors un recours devant le premier président de la cour d'appel contre la décision rendue par le bâtonnier. En cours d'instance d'appel, l'avocat émet une seconde facture le 7 mai 2021 dont il demande le paiement. L'ordonnance du premier président de la cour d'appel saisie relève que si les deux clients ont procédé à un paiement partiel de 3.000 €, il n'est pas établi que l'honoraire dans son intégralité avait été accepté par les clients et qu'il devait donc être fixé selon la voie prévue par l'article 10 de la loi n° 71-1130 du 31 décembre 1971. Les juges du fond condamnent les deux clients à une somme totale de 13.912,30 €. L'avocat se pourvoit en cassation en estimant que le paiement partiel de 3.000 euros devait emporter reconnaissance pour le tout de l'honoraire. Cette affaire montre à quel point la hauteur de l'extinction peut jouer sur la charge de la preuve et sur l'objet de celle-ci. La deuxième chambre civile a pu préciser dans son arrêt du 30 mars 2023 que « *le paiement partiel d'une facture d'honoraires, après service rendu, ne vaut acceptation de l'honoraire qu'à hauteur de ce qui a été payé,* ***à défaut de toute autre manifestation de la volonté d'accepter de payer le reliquat*** » (nous soulignons). En creux, c'est bien à l'avocat – créancier de l'honoraire – de démontrer le *quantum* total de son obligation. À défaut, il peut se prévaloir d'un paiement – qu'il estime seulement partiel – pour fixer ce même *quantum* mais seulement à la hauteur du paiement. Cette double charge de la preuve,

---

[1245] Civ. 2e 30 mars 2023, n° 21-22.198 : C. Caseau-Roche, « Précisions sur les effets du paiement partiel d'une facture d'honoraires », *JCP G* 2023, n°15, 500 ; C. Hélaine, « Des effets limités du paiement partiel des honoraires d'avocat », *Dalloz actualité*, 6 avr. 2023.

quand l'une des parties estime que l'extinction qui s'est produite n'est que partielle, implique donc le même mouvement de balancier entre les différents acteurs du procès rendant le principe de l'article 1353 peu lisible. En dépit du caractère de droit spécial de la fixation des honoraires, l'affaire permet de rappeler que la partie qui allègue une extinction partielle peut se confronter à un contradicteur pensant que l'extinction est totale. Les clients estimaient, en effet, ne devoir que les 3.000 euros réglés. La charge de la preuve est alors assimilable à une trappe puisque le créancier pensant que c'est au débiteur de prouver sa libération se retrouve lui-même piégé par l'absence de preuve de l'existence d'une obligation plus importante que le montant réglé par ses clients. L'extinction partielle de la dette, contrairement à l'extinction totale, implique alors de doubler, pour une même charge de la preuve, l'objet de celle-ci.
Cette double dissonance, tant en fonction du mode d'extinction que du *quantum* éteint, permet donc de se rendre compte de l'importance de l'alternance de la charge de la preuve de l'article 1353 du code civil qui n'épargne pas le régime probatoire de l'extinction de l'obligation. Si le débiteur doit démontrer sa libération, le créancier doit faire face à plusieurs obstacles, lui aussi. C'est ce que nous allons maintenant examiner.

B. LES OBSTACLES SUR LE CHEMIN DU CRÉANCIER

8. Une absence de passivité quant à la libération du débiteur – La démonstration préalable par le créancier de l'existence de l'obligation qu'il allègue, bien souvent en tant que demandeur au procès (par le jeu de l'adage *actori incumbit probatio*), ne suscite que peu de discussions. Sans cette démonstration, et surtout sans la charge précise de cette preuve reposant sur le créancier, il existerait un risque de foisonnement du contentieux insurmontable où chaque débiteur devrait faire la preuve de la non-existence d'une obligation[1246]. Par conséquent, l'article 1353 puise toute sa raison d'être dans son caractère de garde-fou. On ne saurait, par ailleurs, oublier que le créancier ne peut pas réellement rester passif dans le litige l'opposant à son débiteur[1247] quand celui-ci

[1246] E. Vergès, G. Vial et O. Leclerc, *Droit de la preuve*, *op. cit.* p. 193, n° 177 pour qui la règle évite au débiteur de devoir prouver un fait négatif.
[1247] J-L. Aubert, E. Savaux, J. Flour, L. Andreu et V. Forti, *Droit civil – Les obligations, tome 3 : le rapport d'obligation*, *op. cit.* p. 378, n° 352.

estime que l'obligation est éteinte. Le procès, et la discussion que celui-ci génère, implique nécessairement que cette question de charge de la preuve de l'extinction de l'obligation soit moins figée qu'il n'y paraît au premier regard. C'est la rencontre de l'article 6 du code de procédure civile, selon lequel « *à l'appui de leurs prétentions, les parties ont la charge d'alléguer les faits propres à les fonder* », avec l'article 1353 du code civil qui explique une telle dynamique dans laquelle le créancier *peut* prouver que son débiteur ne s'est pas exécuté sans qu'il en ait, pour autant, *l'obligation* au sens de la charge probatoire.
Si le créancier est bien souvent le demandeur à l'action et que le juge attend de lui la démonstration préalable de l'existence de l'obligation et de son *quantum*, des difficultés supplémentaires viennent ponctuellement alourdir cette charge.

9. Présomptions en faveur du débiteur – La preuve de l'extinction des obligations rencontre des perturbations concernant la charge de la preuve quand la loi érige certaines présomptions en faveur du débiteur. C'est notamment le cas de l'article 1342-9 du Code civil lequel précise que « *[l]a remise volontaire par le créancier au débiteur de l'original sous signature privée ou de la copie exécutoire du titre de sa créance vaut présomption simple de libération* ». L'ordonnance n°2016-131 du 10 février 2016 a déplacé cette disposition dans la section relative au paiement afin de faire disparaître une « *boursouflure* »[1248] des anciens textes portant sur la remise de dette antérieurs au 1er octobre 2016. Une telle disposition – dont l'idée remonte au droit romain[1249] – est importante car dès lors que le créancier restitue le titre de la créance à son débiteur, ce dernier doit être considéré utilement comme libéré de son engagement. La charge de la preuve dans le cadre du procès se modifie alors de manière flagrante puisque le créancier devra démontrer que l'obligation a bel et bien survécu en dépit de cette remise. Comme le note un auteur[1250], ceci conduit à ce que le droit français connaisse une certaine lacune en ne mentionnant pas expressément la possibilité d'une remise de dette tacite et ce d'autant plus que le nouvel article 1342-9 du code civil se situe dans le corps de règles applicables au paiement et non dans les dispositions régissant la remise de dette.

[1248] N. Picod, *Rép. de droit civil*, Dalloz, v° « Remise de dette », 2018, n°112.
[1249] Pothier faisait référence à cet usage : Ph. Simler, *JurisClasseur Civil Code*, Art. 1342 à 1342-10, Fasc. 30, déc. 2017, mis à jour en 2019, spéc. n° 1.
[1250] N. Picod, *op. cit*, n°22.

L'argument *a rubrica* dépassé, il n'en reste pas moins que le créancier doit veiller à ne pas restituer l'original du titre ou la copie exécutoire de celui-ci à son débiteur s'il ne souhaite pas subir un obstacle probatoire supplémentaire dans le recouvrement de sa dette. Le droit ancien semblait, sur ce point, plus exigeant que le droit nouveau allant jusqu'à des interprétations favorables à des présomptions irréfragables[1251] quand le titre était un écrit sous seing privé[1252]. À ce titre, la thématique croise celle de la preuve du mode de libération[1253] qui, par définition, n'est pas assujettie à l'exigence d'un écrit au titre de l'admissibilité des modes de preuve, question transversale que nous retrouverons plus tardivement dans cette étude[1254]. Cette présomption implique en tout état de cause une difficulté pernicieuse pour le créancier qui doit donc rester vigilant quand il pense que c'est au débiteur de faire la preuve de sa libération. Dans cette situation précise, le débiteur libéré est en position de force face à son créancier qui doit prouver la survivance du lien obligatoire. Les premières jurisprudences publiées des juges du fond concernant l'article 1342-9 du Code civil montrent toute la force de cette présomption simple[1255].

[1251] Ph. Simler, *JurisClasseur Civil Code*, déc. 2017, mis à jour en 2019, Art. 1342 à 1342-10, n° 4.

[1252] V. en droit ancien : Civ. 1ère 6 janv. 2004, n° 01-11.384 : « *Mais attendu qu'aux termes de l'article 1282 du Code civil, la remise volontaire du titre original sous signature privée, par le créancier au débiteur, fait preuve de la libération ; Et attendu que la cour d'appel a relevé que Mlle X... avait volontairement restitué à M. Y... la reconnaissance de dette établie par ce dernier lors de la remise des fonds prêtés ; qu'il s'ensuit que cette remise vaut présomption irréfragable de libération du débiteur ; que par ce motif de pur droit, suggéré par la défense et substitué en tant que de besoin à ceux critiqués, la décision déférée se trouve légalement justifiée* ». Sur cet arrêt : *RTD. Civ.* 2004, p. 93, obs. J. Mestre.

[1253] Ph. Simler, *JurisClasseur Civil Code*, déc. 2017, mis à jour en 2019, Art. 1342 à 1342-10, n° 3.

[1254] Cf. *Infra*, n° 16 et s.

[1255] Pau, 7 juin 2022, RG n° 20/02340 : « *Compte tenu de ces éléments de fait et bien que l'addition du montant total des retraits et débits pointés dans ses divers relevés de comptes par [G] [F] comme ayant été affectés à l'extinction de sa dette n'atteignent qu'un montant de l'ordre de 11.600 euros, la cour estime que l'acte unilatéral signé par [S] [P] le 17 juin 2013 remis au débiteur vaut quittance et preuve de la libération complète de [G] [F] ; par application de l'article 1282 du code civil applicable en la cause, la présomption de paiement est péremptoire ; l'article 1342 -9 du code civil entré en vigueur le 1er octobre 2016 qui a modifié le régime de cette présomption pour en faire une présomption simple n'a pas d'effet rétroactif* » ; Pau, 11 mai 2023, RG n°21/021040 : « *Toutefois et comme justement rappelé par le premier juge, l'article 1342 -9 du même code, la remise volontaire par le créancier de l'original*

Reste une difficulté épineuse que peut rencontrer le créancier dans le cadre d'un procès où l'extinction de l'obligation n'a pas été mise dans le débat par les parties.

10. Questions probatoires et relevé d'office de l'extinction – Le juge peut-il constater d'office l'extinction de l'obligation quand les parties, sans intégrer un tel point dans la cause, fournissent au juge suffisamment d'indices lui permettant de détecter que l'obligation est éteinte ? La question touche nécessairement aux moyens relevés d'office par le juge[1256] et donc aux contours de son office. On sait que, la plupart du temps du moins, la loi n'énonce pas quand le juge peut relever d'office des moyens[1257] tandis que sous l'influence de la Cour de justice de l'Union européenne, certains moyens – notamment ceux issus du droit de la consommation – doivent être relevés d'office (par exemple, s'agissant du droit des clauses abusives[1258]). Le juge qui détecterait l'extinction de l'obligation, qui n'a pas été intégrée au débat, pourrait au moins théoriquement soumettre le moyen à la discussion des parties et ce conformément à l'article 16 du code de procédure civile qui impose au juge de respecter le principe du contradictoire. Mais, si aucune des parties ne souhaite s'en saisir, il n'aurait aucun pouvoir pour prononcer l'extinction de l'obligation sans statuer *ultra petita*. Certains modes extinctifs sont, par ailleurs, rétifs à une telle appropriation par le juge, comme c'est le cas pour la compensation[1259]. On sait, en outre, que selon l'article 2247 du Code civil, « *les juges ne peuvent pas suppléer d'office le moyen résultant de la prescription* ». On analyse fréquemment cette règle comme la conséquence de la possibilité de

---

sous signature privée ou la copie exécutoire du titre de sa créance vaut présomption simple de libération. Ainsi, Monsieur [X] [Y] est bien fondé à rapporter la preuve contraire du paiement des loyers pour la période litigieuse ».

[1256] Sur ceci : L. Cadiet et E. Jeuland, *Droit judiciaire privé*, Lexis Nexis, Manuel, 2020, n° 536, spéc. p. 516 ; S. Guinchard, F. Ferrand, C. Chainais et L. Mayer, *Procédure civile – Droit commun et spécial du procès civil, MARD et arbitrage*, Dalloz, Précis, 2022, 36e éd., p. 379, n° 441.

[1257] J. Héron, Th. Le Bars, K. Salhi, *Droit judiciaire privé*, 2019, Lextenso, Précis Domat, 7e éd., p. 240, n° 287.

[1258] CJCE 4 juin 2009, aff. C-243/08, D. 2009, p. 2312, note G. Poissonnier ; *D.* 2010. 169, obs. N. Fricero ; *D.* 2010. 790, obs. H. Aubry, E. Poillot et N. Sauphanor-Brouillaud ; V. dernièrement : Civ. 1re, 30 mars 2022, FS-B, n° 19-17.996.

[1259] Ph. Malaurie, L. Aynès et Ph. Stoffel-Munck, *Droit des obligations*, *op. cit.* p. 699, n° 786 pour qui « (…) *la compensation ne peut être soulevée d'office par le tribunal, qui généralement ignore les circonstances qui auraient pu l'entraîner* ».

renonciation du débiteur à la prescription acquise[1260]. Cette disposition ne joue toutefois que pour le droit commun, certains droits spéciaux permettant au juge de relever d'office la prescription[1261]. Il est vrai qu'il peut paraître curieux de voir que le législateur a introduit une règle spécifique pour empêcher le juge de se saisir du moyen tiré de la prescription et de ne pas avoir réglé dans le même temps la difficulté pour les autres modes d'extinction. Le problème n'est, toutefois, pas le même quand on compare la prescription de l'obligation avec les autres modes de libération car la prescription est le seul mode extinctif dans lequel « *le débiteur peut estimer qu'il est contraire à sa conscience d'invoquer ce mode de libération* »[1262] ; empêchant donc le juge de pouvoir suppléer sa carence ou l'omission volontaire d'un tel moyen. La question nous semble, s'agissant au moins des autres modes d'extinction, peu contentieuse. Très peu de situations, la prescription mise à part, font éclore la nécessité d'un relevé d'office de la libération du débiteur. Le procès étant, encore aujourd'hui la chose des parties[1263], il ne serait de toute manière que très discutable de laisser pouvoir le juge utiliser d'office un tel moyen dans le contentieux obligationnel et ce même si les parties rapportent la preuve d'une telle extinction sans l'intégrer pour autant dans le dispositif de leurs conclusions.

11. Conclusion intermédiaire – La thématique de la charge de la preuve des modes d'extinction de l'obligation fait naître des difficultés partagées pour le débiteur et pour le créancier. La répartition de la charge de la preuve au sens de l'article 1353 implique, en effet, des réflexions disparates sur l'intensité du fardeau probatoire. L'extinction de l'obligation en ce qu'elle procède d'une diversité de modes, pluriels par nature, questionne donc sur une telle répartition durant le procès civil. Si le texte semble clair, les difficultés pratiques et jurisprudentielles sont nombreuses lorsque l'on tente de trouver une unité dans la diversité.

[1260] F. Terré, Ph. Simler, Y. Lequette et F. Chénedé, *Droit civil – Les obligations*, *op. cit.* p. 1971, n° 1796.

[1261] Sur le relevé d'office en droit de la consommation : J. Calais-Auloy, H. Temple et M. Depincé, *Droit de la consommation*, Dalloz, coll. « Précis », 2020, 10e édition, p. 198, n° 178.

[1262] V. spéc. J-L. Aubert, E. Savaux, J. Flour, L. Andreu et V. Forti, *Droit civil – Les obligations, tome 3 : le rapport d'obligation*, *op. cit.*, 10e édition, p. 355, n° 334.

[1263] A. Danet, *Répertoire de procédure civile*, Dalloz, V° « Principes directeurs du procès », 2020, mis à jour en 2023, n° 27.

Les obstacles à la systématisation se retrouvent également quant à l'admissibilité des modes de preuve de l'extinction de l'obligation.

II. Les difficultés relatives à l'admissibilité des modes de preuve

12. Preuve légale, preuve libre – À l'instar de la thématique de la charge de la preuve, la question de l'admissibilité des modes de preuve de l'extinction de l'obligation est d'apparence simple mais de mise en pratique complexe. C'est ici que l'absence d'unité des mécanismes extinctifs se trouve, en effet, particulièrement mise en valeur. Puisque les causes d'extinction peuvent être des faits comme des actes juridiques[1264], les modes de preuve admis devant les tribunaux de cette même extinction varient. On sait, en effet, que l'admissibilité des modes de preuve est régie en droit français par l'article 1358 du code civil lequel précise que « [*h*]*ors les cas où la loi en dispose autrement, la preuve peut être apportée par tout moyen* ». Cet article permet de rappeler que le « *droit probatoire comprend deux facettes* »[1265] entre preuve légale et preuve libre. L'article 1359 du même code vient, dans cette optique, restreindre la liberté pour les actes juridiques qui dépassent une somme fixée par décret qui est à l'heure actuelle de 1.500 euros[1266]. Une telle distinction en fonction de la somme de l'acte juridique nécessite ainsi un certain « *aiguillage* »[1267] quand celui qui supporte la charge de la preuve de l'extinction souhaite démontrer sa prétention. Il faut encore ajouter à ce constat un facteur de complexité supplémentaire. Doit-on se concentrer sur la source de l'extinction comme acte ou fait juridique ou sur le mode de libération du débiteur[1268] supposant ainsi une liberté totale de la preuve faute d'application de

---

1264 Sur cette distinction : C. Caillé, « Quelques aspects modernes de la concurrence entre l'acte juridique et le fait juridique », *Mélanges offerts à Jean-Luc Aubert - Propos sur les obligations et quelques autres thèmes fondamentaux du droit*, Dalloz, 2005, p. 55 et s.

1265 G. Lardeux, *Répertoire de droit civil*, V° « Preuve : règles de preuve », *op. cit.* n° 231.

1266 F. Ferrand, *Répertoire de procédure civile*, Dalloz, V° « Preuve », 2013, mis à jour en 2023, n° 215.

1267 Ph. Malinvaud et N. Balat, *Introduction à l'étude du droit*, Lexis Nexis, Manuel, 22e édition, 2022, p. 546, n° 592.

1268 Sur cette distinction : Ph. Simler, *JurisClasseur Civil Code*, Art. 1342 à 1342-10, *op. cit.* n° 4.

l'article 1359 ? Cette question mérite d'être posée à ce stade de l'étude en ce qu'elle représente un enjeu majeur de l'extinction des obligations. L'examen de l'admissibilité des modes de preuve de l'extinction de l'obligation suppose d'étudier le système de preuve libre retenu pour le paiement de l'obligation, érigé comme modèle de libération du débiteur (A). Ce système contraste avec la preuve légale imposée pour les actes juridiques extinctifs, même si la question de la preuve du mode de libération peut interférer avec cette thématique (B).

A. LE SYSTÈME DE PREUVE LIBRE POUR LE PAIEMENT DE L'OBLIGATION

13. Le paiement, un fait juridique ? – La question de la preuve du paiement a été fortement discutée en doctrine[1269] au cours du XXe siècle. Ce sont les travaux de Mme Nicole Catala[1270] qui ont montré de manière systématique que l'effet extinctif du paiement étant issu de la loi, celui-ci ne peut pas être un acte juridique. Il ne peut s'agir, dans cette analyse, que d'un fait. Mme Catala en veut notamment pour preuve que le paiement peut être imposé au créancier dans une série d'hypothèses précises[1271]. L'auteur s'opposait ainsi il y a près de soixante ans à une doctrine majoritaire[1272] mais parfois hésitante qui avait un temps les faveurs de la Cour de cassation[1273]. Les auteurs

---

[1269] M. Mignot, « La nature juridique du paiement », *Le paiement*, Paris, L'Harmattan, Droit privé et sciences criminelles, 2014, p. 9 et s. ; A. Aynès et X. Vuitton, *Droit de la preuve – Principes et mise en œuvre processuelle*, Paris, Lexis Nexis, Procédures, 2015, p. 209, §399 ; S. Benilsi, *Répertoire de droit civil*, V° « Paiement », n°61 et s. ; E. Vergès, « La réforme du droit de la preuve civile : enjeux et écueils d'une occasion à ne pas manquer », *D.* 2014, p. 617, spé avant la note 38 ; A. Sériaux, « Conception juridique d'une opération économique : le paiement » pour qui le paiement n'a pas à être qualifié de fait ou d'acte juridique, *RTD. Civ.* 2004, 225 ; G. Loiseau, « Réflexion sur la nature juridique du paiement », *JCP G.* 2006, I ,171 qui défend une conception mixte. ; L. Siguoirt, *La preuve du paiement des obligations monétaires*, *op. cit.*

[1270] N. Catala, *La nature juridique du paiement*, Montpellier, Thèse, préface J. Carbonnier, 1960, n°126 et s.

[1271] *Ibid.*

[1272] Par exemple : H. et L. Mazeaud, J. Mazeaud et F. Chabas, *Leçons de droit civil*, Paris, Montchrestien, 1998, n°927, p. 1012 ; G. Marty, P. Raynaud et Ph. Jestaz, *Droit civil – Tome 2 : les obligations*, *op. cit.* p. 178, §194 ; M. Planiol, G. Ripert, J. Radouant et G. Gabolde avec P. Esmein, *Traité pratique de droit civil français*, *op cit.*, p. 602, §1195.

[1273] Cass. Civ. 1ère 19 oct. 1999, n° 97-10556, *RTD. Civ.* 2000, p. 116 obs J. Mestre et B. Fages ; Cass. Civ. 1ère 19 mars 2002, n° 98-23.083 : « *Celui qui excipe du paiement*

plaidant pour la position du paiement comme acte juridique défendaient leur conception en s'appuyant sur une idée simple selon laquelle le débiteur émet le paiement tandis que le créancier le reçoit[1274]. La Cour de cassation a, elle aussi, hésité sur le sujet mais elle a semblé se ranger derrière la position défendue par Mme Catala dans sa thèse de doctorat[1275]. Ceci a permis à certains auteurs d'en conclure que le régime probatoire du paiement s'est ainsi assoupli au fil du XXe siècle[1276]. Jusqu'à la consécration de l'ordonnance n°2016-131 du 10 février 2016, l'issue du débat restait toutefois incertaine même si la qualification de fait semblait l'emporter en jurisprudence[1277]. L'ordonnance a introduit le nouvel article 1342-8 du Code civil qui énonce que « *le paiement se prouve par tous moyens* », tranchant habilement la conséquence pratique de cette interrogation sans se positionner exactement sur une nature juridique plutôt qu'une autre[1278].

14. Faveur probatoire – Si la réforme n'a pas explicitement pris position sur la nature juridique du paiement[1279], il est difficile toutefois de nier la qualification de fait juridique eu égard à la formulation de la règle de l'article 1342-8 nouveau du Code civil[1280]. Quoi qu'il en soit, il faut remarquer que cette conception permet au paiement de jouir

---

d'une somme d'argent est tenu d'en rapporter la preuve conformément aux articles 1341 et suivants ».

[1274] Y. Loussouarn, « La condition de l'erreur du solvens dans la répétition de l'indu », *RTD. Civ.* 1949, p. 212, spécialement, §9 et 10.

[1275] Cass. Civ. 1ère 6 juillet 2004, n° 01-14.616, Bull. Civ. I., n°202 : « *le paiement, qui est un fait, peut être prouvé par tous moyens* » : *JCP. E.* 2004, p. 1791 et s. note S. Piedelièvre, *RDC* 2005, p. 286 obs. Ph. Stoffel-Munck particulièrement sévère sur cet arrêt ; Plus tard : Cass. Civ. 1ère 30 avr. 2009, n° 08-13.705, inédit ; Cass. Civ. 1ère 16 septembre 2010, n° 09-13.947, *D.* 2010, p. 2156, obs. X. Delpech, *RDC* 2011, n°1, p. 103, note R. Libchaber.

[1276] S. Porchy-Simon, *Droit des obligations*, *op. cit.* p. 614, n°1253.

[1277] V. Civ. 3e, 23 nov. 2017, n° 16-17.764 à propos de paiement de fermages : « *Attendu que la preuve du paiement, qui est un fait juridique, peut être rapportée par tous moyens* » ; Sur des primes d'assurance en cas de subrogation : Civ. 2ème, 9 déc. 2021, n° 20-15.571, *JCP G* 2022, 602, Chr. L. Mayaux, J-P. Karila, J. Kullmann et D. Langé.

[1278] J-L. Aubert, E. Savaux, J. Flour, L. Andreu et V. Forti, *Droit civil – Les obligations, tome 3 : le rapport d'obligation*, Dalloz, Sirey, coll. Université, 2022, 10e édition, p. 251, n° 232 retenant une conception « *tranchée en faveur de la liberté de la preuve du paiement* ».

[1279] F. Chénedé, *Le nouveau droit des obligations*, *op. cit.* p. 321, §44.25.

[1280] À moins qu'il s'agisse d'un acte juridique régi par un système de preuve libre par autorisation de la loi.

d'une souplesse plus importante aujourd'hui qu'hier en droit de la preuve. Ceci est d'autant plus crucial que le paiement est présenté comme l'archétype des modes d'extinction, placé au fronton du Chapitre IV du Titre IV du Livre III du Code civil. Comme le souligne un auteur, « (…) *une telle exécution, c'est- à- dire un payement, laisse des traces : le mur qu'on a bâti, l'argent qu'on a viré en compte, la consultation qu'on a rendue, la machine à laver qu'on a livrée, les heures d'équitation du fils : tout cela laisse des traces matérielles ou des témoignages qui ne disqualifient certes pas la preuve écrite, mais qui ne la rendent pas indispensable. L'idée est donc de donner libre cours à la liberté probatoire qui laisse aux moins précautionneux la possibilité de prouver leur exécution autrement que par le quitus qu'ils n'ont pas su se ménager* »[1281]. Cette liberté probatoire permet, en effet, au mode d'extinction « *naturel* »[1282] de l'obligation, de profiter d'une faveur légale particulièrement intéressante. Plus encore, cette faveur évite à l'exécution volontaire de pâtir d'une restriction quant à l'admissibilité des modes de preuve, ce qui est un facteur de sécurité juridique certain pour le débiteur souhaitant prouver sa libération. Peut-on maintenant étendre cette faveur aux modes extinctifs assimilés au paiement ? Le « *brouillard* »[1283], entourant hier comme aujourd'hui, la nature juridique de la compensation permet dans cette optique de se questionner sur la règle de l'article 1347 alinéa 2 qui fait rétroagir ladite compensation au jour de réunion des conditions de celle-ci. L'acte juridique unilatéral que la loi impose doit, lui aussi, se prouver conformément à l'article 1359 du Code civil en tant qu'acte juridique à part entière comme nous le verrons plus tard. Mais ceci peut contraster avec le caractère de « *double paiement* »[1284] souvent conféré à la compensation. Il faut donc distinguer deux situations sous l'angle probatoire. Ces deux paiements peuvent, en tout état de cause, se prouver par tous moyens individuellement, conformément à l'article

[1281] D. R. Martin, « Le payement » *in La réforme du régime général des obligations*, Dalloz, coll. « Thèmes & Commentaires », 2011, dir. L. Andreu, p. 129 et s., v. spéc. p. 135.
[1282] F. Terré, Ph. Simler, Y. Lequette et F. Chénedé, *Droit civil – Les obligations*, *op. cit.* p. 1563, n°1412.
[1283] L. Andreu, « Réflexions sur la nature juridique de la compensation », *RTD. Com.* 2009, p. 655 et s.
[1284] M. Latina et G. Chantepie, *Le nouveau droit des obligations – Commentaire théorique et pratique dans l'ordre du Code civil*, *op. cit.* p. 908, n°1005.

1342-8. Toutefois, l'invocation de la compensation[1285] devra être matérialisée par un acte unilatéral dont le débiteur devra rapporter la preuve par écrit en fonction de la somme éteinte. Cette dualité montre toute la nuance du régime probatoire de l'extinction des obligations et l'attention exigée de la part du débiteur souhaitant démontrer sa libération.

15. Paiement partiel : acte ou fait juridique ? Cette clarification du régime probatoire du paiement dans le droit nouveau n'a pas dissipé toutefois la question de la preuve du paiement seulement partiel. En vertu de la règle posée par l'article 1342-4 dite d'indivisibilité du paiement[1286], il faut considérer que le paiement partiel ne peut être qu'un acte juridique lorsqu'il est soumis à l'acceptation du créancier[1287]. En effet, au contraire du paiement de la totalité de la dette, le paiement partiel provoque une simple modulation de l'effet libératoire du débiteur qui est le plus souvent laissée à la libre appréciation du créancier, même si les exceptions à la règle d'indivisibilité du paiement se sont multipliées ces dernières années notamment en droit spécial[1288]. Le paiement partiel librement accepté par le créancier doit donc nécessairement s'analyser comme un acte juridique car il est le résultat d'une négociation dans l'exécution entre le débiteur et son créancier lequel accepte de recevoir alors moins que le *quantum* prévu[1289] temporairement ou non. Ce n'est évidemment pas le cas lorsque la règle d'indivisibilité du paiement souffre d'exceptions et que le créancier est contraint d'accepter le paiement partiel de son débiteur. En tout état de cause, lorsque le créancier manifeste son accord pour accepter ce paiement n'atteignant pas la complétude, le paiement partiel doit être qualifié d'acte juridique. Cette idée montre que la preuve du paiement est donc, encore aujourd'hui, source de difficultés quant à l'admissibilité des modes de preuve alors que la loi lui accorde par principe la faveur légale d'une preuve par tous moyens.

[1285] Sur celle-ci : D. R. Martin et L. Andreu, *JurisClasseur Civil Code*, Art. 1347 à 1348-2, 2017 mis à jour en 2022, n° 4.

[1286] F. Chénedé, *Le nouveau droit des obligations et des contrats*, *op. cit.* p. 245, n° 214.24.

[1287] C. Hélaine, *L'extinction partielle des dettes*, *op. cit.* p. 266, n° 303.

[1288] Ph. Malinvaud, M. Mekki, J-B. Seube, *Droit des obligations*, Lexis Nexis, coll. « Manuel », 2019, p. 844, n° 932.

[1289] Sur cette négociation dans l'exécution, v. C. Hélaine, *L'extinction partielle des dettes*, *op. cit.* p. 123 et s., n° 141 et s.

Il faut également noter le contraste entre le paiement et les actes juridiques extinctifs au titre de l'admissibilité des modes de preuve.

B. UN SYSTÈME DE PREUVE LÉGALE POUR TOUS LES MODES EXTINCTIFS ASSIMILÉS À DES ACTES JURIDIQUES

16. Intention d'éteindre ? – Les difficultés s'accumulent quant à l'admissibilité des modes de preuve pour toutes les extinctions qui résultent d'actes juridiques lesquels doivent suivre le régime de l'article 1359 du Code civil que nous avons cité précédemment à moins qu'il y ait impossibilité de produire un écrit ou qu'il y ait commencement de preuve par écrit[1290]. Pour ces mécanismes extinctifs qui ne bénéficient pas de la même faveur que celle du paiement, le législateur impose une preuve par écrit à chaque fois que l'acte juridique extinctif dépasse une valeur de 1.500 euros, soit dans un nombre très important de situations. En cas d'impossibilité d'évaluer le montant de la convention extinctive, il faut considérer que l'écrit est exigé[1291]. Ne faut-il y voir qu'une rigidité plus importante pour ces mécanismes extinctifs qui ne bénéficient pas du système de preuve libre dont peut se targuer le paiement ? La question se discute car l'acte extinctif en lui-même est ***porteur d'une intention*** comme le rappelle un auteur[1292] citant Gounot. Par conséquent, l'exigence d'un écrit permet, plus que de rigidifier l'admissibilité du mode de preuve, de s'assurer de la réalité de l'intention poursuivie derrière celui-ci. Appliqué dans le cadre de la preuve de l'extinction de l'obligation, la seule admissibilité d'un écrit au-delà d'une somme éteinte supérieure à 1.500 euros donne l'occasion de s'assurer que sa libération a été valablement actée. Tout ceci peut alors questionner quant à la focale utilisée en pareille situation. Faut-il, en effet, se concentrer seulement sur la nature juridique de l'acte ayant produit l'extinction ou, au contraire, s'intéresser à la seule extinction en elle-même et donc au mode de libération du débiteur ? Si la prise en

---

[1290] F. Ferrand, *Répertoire de procédure civile*, *op. cit.* n° 290 et s. et n° 298 et s.

[1291] G. Lardeux, *Répertoire de droit civil*, Dalloz, 2019, V° « Preuve : modes de preuve », n° 46.

[1292] C. Sévely-Fournié, *Essai sur l'acte juridique extinctif en droit privé* -Contribution à l'étude de l'acte juridique, préface L. Rozès, Dalloz, coll. « Nouvelle Bibliothèque de thèses », 2010 p. 119, n° 71 citant E. Gounot, *Le principe de l'autonomie de la volonté en droit privé*, thèse, Dijon, 1912, p. 247.

compte se fait à la seule échelle de la libération alors il faut considérer qu'il y a probablement une possibilité d'en revenir à une preuve par tous moyens dans la mesure où comme le précise M. Simler « *cette preuve du mode de libération, qui n'est pas la preuve d'un acte juridique et qui ne tend à prouver ni outre, ni contre un tel acte, n'est pas soumise à l'exigence d'une preuve écrite prescrite par les articles 1341 ancien et 1359 nouveau du Code civil. Elle peut donc être rapportée par tous moyens* »[1293]. Cette idée présente évidemment un intérêt quand il s'agit de questionner, par exemple, une libération à titre onéreux ou à titre gratuit. Mais la source de l'extinction en elle-même doit demeurer régie par les règles d'admissibilité des modes de preuve des actes juridiques et des faits juridiques conformément au droit commun.

17. Application à l'extinction partielle – Ce système de preuve légale est d'autant plus important quand l'extinction de la dette est *seulement partielle*. L'exigence d'un écrit au-delà de 1.500 euros conformément à l'article 1359 du Code civil permettra alors de sécuriser ce que l'on peut appeler le régime juridique du reliquat pour des raisons évidentes de sécurité juridique. Elle aura également pour effet de s'assurer du *quantum* éteint et de déterminer ce qu'il reste à exécuter[1294]. L'admissibilité limitée, encore appelée restreinte[1295], des modes de preuve de l'acte juridique ayant conduit à l'extinction de l'obligation permet ainsi de faciliter la recherche de l'éventuelle survivance partielle de la dette. Cette question est la plus discutée en jurisprudence pour tous les modes d'extinction ne parvenant pas à la complétude[1296]. Elle

---

1293 Ph. Simler, *JurisClasseur Civil Code*, Art. 1342 à 1342-10, Fasc. 30, déc. 2017, mis à jour en 2019, n° 3.

1294 Pour un exemple au titre d'une quittance subrogatoire intervenue antérieurement au prononcé d'un jugement constitutif d'un titre exécutoire : Civ. 1ère 13 avr. 2023, n° 22-16.060 : *JCP E* 2023, 1179, note J-D. Pellier ; *Dalloz actualité,* 17 mai 2023, obs. C. Hélaine.

1295 E. Vergès, G. Vial et O. Leclerc, *Droit de la preuve*, *op. cit.* p. 348, n° 335.

1296 Par exemple : Cass. Civ. 1ère 27 juin 2000, n° 98-13.630 : « *Attendu que M. X... fait grief à l'arrêt de l'avoir condamné à payer la BGC la somme de 251 035,19 francs, alors que, selon le moyen, la cour d'appel n'a pas recherché si, en délivrant une attestation fixant sa créance à la somme de 104 222,70 francs, la banque n'avait pas renoncé au surplus de la dette et si aux termes de ladite attestation, elle n'avait pas procédé à une remise de dette qu'il avait tacitement acceptée ; Mais attendu que M. X..., devant les juges du fond, n'a soutenu ni que la banque avait renoncé à son droit de recouvrer sa créance, telle que fixée dans la transaction, ni qu'elle avait procédé à une remise partielle de dette ; que le moyen, mélangé de fait et de droit, est nouveau et partant irrecevable ;* » ; Agen, 21 octobre 2013, n° JurisData : 2013-032022

pose d'épineuses difficultés notamment s'agissant des remises de dette partielle qui n'ont pas été formellement acceptées par le débiteur mais dont ce dernier souhaite profiter au moment d'un contentieux[1297]. Quoiqu'il en soit, l'admissibilité restreinte des modes extinctifs assimilés à des actes qui parviennent à une libération seulement partielle du débiteur donne l'occasion probablement d'éviter l'apparition de problèmes insolubles en jurisprudence. La règle semble donc fort légitime de ce point de vue au moins. Il reste probablement exact, toutefois, que le législateur aurait pu introduire davantage de règles régissant ces thématiques très fréquentes en pratique y compris en droit probatoire. L'extinction partielle n'est pas, en effet, anodine et des dispositions spécifiques tant concernant la charge de la preuve que l'admissibilité des modes de preuve n'auraient pas été de trop dans ce contexte de complexité.

18. Conclusion – La question de la preuve de l'extinction de l'obligation suscite donc des difficultés importantes en droit positif. Alors que l'article 1353 du code civil fait figure de texte général sur la charge de la preuve, sa rédaction semble forgée pour l'extinction des obligations. Toutefois, le « *mouvement de balancier* » que cet article suppose démontre dans le même temps les faiblesses de cette disposition non seulement eu égard à la diversité des mécanismes extinctifs mais également quant à la complétude ou non de l'extinction. La charge de la preuve, tantôt supportée par le créancier devant prouver l'obligation dont il poursuit le recouvrement, tantôt supportée par le débiteur qui estime être libéré, implique de détecter que l'extinction de l'obligation ne laisse pas le droit de la preuve indifférent. On pourra raisonnablement estimer que ces difficultés trouvent, logiquement, leur écho dans l'admissibilité des modes de preuve, laquelle diffère en fonction du mécanisme extinctif considéré comme fait juridique ou comme acte extinctif. Cette diversité appelle nécessairement une systématisation bien délicate à mener. Il n'est, en effet, pas possible de

---

(preuve d'une remise totale difficile à rapporter par la simple absence de terme dans les reconnaissances de dettes).

1297 Cass. Req. 29 mars 1938 : « *si en principe, le silence gardé par le destinataire d'une offre ne vaut pas acceptation, il est cependant permis aux juges du fond dans leur appréciation souveraine des faits et de l'intention des parties, et lorsque l'offre a été faite dans l'intérêt exclusif de celui à qui elle est adressée, de décider que son silence emporte acceptation* » : *D.P.* 1939, I. p. 5, note P. Voirin.

considérer l'extinction de l'obligation comme une unité et ce pour une raison simple qui tient à la satisfaction inégale du créancier en considération du mode choisi. Par conséquent, le régime de la preuve de chaque mode extinctif entretient nécessairement des spécificités, notamment selon sa nature d'acte ou de fait. Certes, la notion de libération du débiteur – et ce faisant le mode de libération de celui-ci – aurait tout intérêt à poser des jalons plus favorables à une conception généralisée de liberté de la preuve en la matière. Mais, pour l'heure, le législateur ne semble pas avoir pris ce chemin.

Coda sur les modes d'extinction de l'obligation

Lionel ANDREU

1. Note initiale. La musique de l'extinction de l'obligation est ancienne. L'idée de libération du débiteur paraît impliquée par la notion même d'obligation : sitôt qu'une personne se trouve liée – enchaînée – à une autre, s'impose, par évidence, l'idée qu'elle puisse, d'une manière ou d'une autre, être déliée – déchaînée. Au-delà de la nécessité d'exécuter la prestation promise, on peut dire, au moins par métonymie, que le débiteur se trouve *dans la nécessité de se libérer*[1298]. Cette observation se vérifie tant aujourd'hui qu'hier.
Cela ne signifie cependant pas que la partition soit la même aujourd'hui qu'hier. Pas plus qu'un autre, le droit de l'extinction de l'obligation n'est à l'abri du changement. Des modes d'extinction disparaissent. D'autres apparaissent. Quant à ceux qui paraissent résister à l'épreuve du temps, leur longévité est, souvent, plus apparente que réelle : le titre est le même, mais la composition est très différente.

2. Théorie des modes d'extinction. L'observation qui précède permet de comprendre l'une des limites d'une théorie des modes d'extinction de l'obligation, à l'élaboration de laquelle entend contribuer le présent ouvrage[1299]. Phonographie prise à un moment donné, elle permet seulement d'analyser le spectre *actuel* des modes d'extinction de l'obligation, tandis que la matière, lentement mais sûrement, continuera à se renouveler. Comme souvent, l'ouvrage devra être remis sur le métier. Tout au plus profitera-t-il d'une conjoncture avantageuse, qui tient au fait que cette étude est orchestrée à un moment clef de l'histoire du droit privé.

3. Nouveaux rythmes ; nouveaux accords. De fait, cette lecture approfondie des modes d'extinction de l'obligation s'inscrit dans un paysage largement renouvelé – dans lequel les droits spéciaux ont pris une place importante et occupent parfois même le devant de la scène ;

[1298] Rappr. Maqueron, *Histoire des obligations, Le droit romain,* Fascicule, Aix-en-Provence, 1971, p. 4.
[1299] Dont l'idée et l'initiative reviennent au Professeur Mignot, qui nous a amiteusement associé à sa direction.

quelques années, à peine, après d'importantes réformes modulant tant le droit commun des obligations que les droits qui, bien que lui étant extérieurs, en sont le relai : droit du surendettement, droit des entreprises en difficulté, droit des successions, droit des sûretés... S'y côtoient tant les modes classiques d'extinction de l'obligation que de nouveaux modes soutenus par un législateur audacieux. C'est dire que, au moins de ce point de vue, les partitions jouées par chacun des solistes du présent ouvrage éclairent sous un jour nouveau les modes d'extinction de l'obligation. S'agissant des modes classiques, ils jouent des airs connus, mais avec de nouveaux rythmes (I). Quant aux modes modernes d'extinction de l'obligation, la nouveauté est plus grande, du fait de la présentation de nouveaux accords (II).

I. Les modes classiques d'extinction de l'obligation : nouveaux rythmes

4. Identification et plan. Par modes classiques d'extinction de l'obligation, on désignera ici ceux qui sont habituellement étudiés à ce titre dans ouvrages dédiés à la matière. Avant la réforme du droit des obligations, les auteurs définissaient le champ de l'extinction en prenant appui sur l'ancien article 1234 du Code civil, non sans opérer quelques retranchements et adjonctions[1300]. Ils arrivaient le plus souvent au même résultat que celui auquel conduit aujourd'hui la lecture du chapitre IV du Titre IV du Livre III du Code civil : paiement – sur laquelle se greffe, au moins dans les textes, la dation en paiement –, compensation, confusion et remise de dette[1301] – à quoi l'on ajoute habituellement la prescription extinctive, bien qu'elle soit traitée à part dans le Code civil[1302].

Sous des angles divers, ces modes classiques d'extinction de l'obligation sont pris pour objet d'étude par plusieurs contributions au présent ouvrage[1303]. De nouveaux rythmes sont néanmoins proposés

---

[1300] V. par ex. Marty, Raynaud et Jestaz, *Traité de droit civil, Les obligations*, T. 2, *Le régime*, 1989, n° 191 et s.

[1301] L'impossibilité d'exécuter est diversement envisagée en doctrine. À proprement parler, elle n'est pas un mode d'extinction de l'obligation, mais la *cause* d'une décharge du débiteur.

[1302] V. par ex. Julienne, *Régime général des obligations*, 4ème éd. LGDJ, 2022.

[1303] Aucune contribution n'est directement dédiée au paiement, qui a déjà fait l'objet d'un ouvrage, dirigé par Marc Mignot et Jérôme Lasserre Capdeville : *Le paiement*, L'Harmattan, 2014.

grâce un angle particulier d'analyse, qui conduit à lire la matière à partir des droits spéciaux (A), ou, plus simplement, à l'aune de réformes qui sont intervenues récemment (B).

A. L'INTERPRÉTATION OFFERTE PAR LES DROITS SPÉCIAUX

5. ***Specialia generalibus illustrant***. C'est d'abord par les droits spéciaux que les modes d'extinction de l'obligation sont éclairés dans le présent ouvrage.

On reviendra plus loin sur les contributions de **Véronique Martineau-Bourgninaud** et **Romain Azevedo**[1304]. On peut cependant d'ores et déjà noter le prisme particulier qui les anime, en prenant pour clé, pour la première, le droit du surendettement et, pour la seconde, le droit des procédures collectives (en insistant plus particulièrement sur la procédure de liquidation judiciaire). Ces matières sont un terrain d'accueil privilégié des mécanismes extinctifs (comme le relève Karl Lafaurie par ailleurs), même s'ils n'adoptent pas toujours les mêmes règles (comme l'illustre le cas de la compensation des dettes non connexes interdite par le Code de commerce mais autorisée sous l'empire du Code de la consommation, sur lequel revient l'auteure précitée). Le droit de la défaillance économique est même un terrain d'apparition de nouvelles espèces, ce dont témoigne la figure de l'« effacement » de la dette, qui s'est développée dans l'un puis l'autre droits étudiés par ces auteurs et dont la nature ainsi que les effets suscitent de nombreuses interrogations – qui trouvent dans cet ouvrage quelques tentatives intéressantes d'analyse sous la plume de l'auteur précitée.

Sortant des terres du droit privé[1305], **Charles Froger** met sous le projecteur l'acte unilatéral extinctif de l'obligation qui serait, selon son analyse, au cœur du droit administratif de la prescription. Opposer la prescription revient, pour l'administration, à prendre un acte administratif, devant obéir à diverses règles de légalité régissant l'autorité administrative compétente, l'agent profitant d'une délégation de signature, la motivation et le moment de la décision, ou encore la

---

[1304] V. *infra*, n°0.

[1305] S'agissant de la distinction du droit privé et du droit public, Charles Froger, après d'autres, dénonce le mythe d'une parfaite autonomie du droit public par rapport au droit privé. En matière de prescription, les juges n'hésitent en tout cas pas à appliquer les règles civiles ou les principes dont s'inspirent les dispositions du titre XX du livre III du code civil.

contestation de l'acte d'opposition. Lorsque c'est le débiteur de la personne publique qui, à l'inverse, oppose la prescription, s'appliquent également un ensemble de règles régissant le recours administratif préalable ou le recours juridictionnel à exercer par lui, compte tenu du titre exécutoire qui, le cas échéant, le menace. Si l'on ne saurait suivre, en droit privé, l'ensemble des conséquences attachées à l'opposition de la prescription en droit administratif, il est certain que certaines des solutions présentées pourraient servir d'inspiration au privatiste s'interrogeant sur l'invocation de la prescription.

Délaissant, pour sa part, le terrain du droit substantiel, **Sylvie Pierre-Maurice** envisage l'articulation de l'extinction de l'obligation avec le droit de la procédure civile : un « attelage [...] étonnant » et « doublement inédit », tant le rôle du juge dans le contentieux de l'extinction est « mal connu ». Chemin faisant, le lecteur se convainc que le juge n'a pas toujours le même rôle, selon qu'est en cause son « *imperium*, afin de sécuriser une extinction actée » ou « sa *jurisdictio*, pour décider d'une extinction ». C'est seulement dans la seconde hypothèse qu'une décision constitutive du juge s'impose. Dans la première, en revanche, il est clair que si le juge peut avoir un rôle à jouer, il ne fait que constater une extinction actée. Cela ne veut pas dire pour autant que la constatation judiciaire d'une extinction passée soit dénuée d'intérêt : elle apporte « un surplus de certitude à l'un des créanciers » et a pour effet de « rassurer sur la réalisation concrète de l'extinction, qui, sans le juge, resterait douteuse ».

Non loin, intellectuellement, de la procédure civile, le droit des procédures d'exécution est arpenté par **Nicolas Cayrol**. L'auteur observe que l'extinction de l'obligation dans celui-ci opère souvent par le truchement d'un paiement, le créancier pouvant justement, grâce à ce droit, contraindre le débiteur à exécuter ses obligations (CPCE, art. L. 111-1). Mais il faut alors, pour admettre cette idée, renoncer en partie à la définition donnée par l'article 1342 du Code civil, qui fait du paiement « l'exécution volontaire de la prestation due ». Une fois l'objection dépassée, force est d'admettre que la figure du paiement déploie toutes ses virtualités dans le droit de l'exécution forcée, allant jusqu'à permettre l'extinction de plusieurs dettes (CPCE, art. R. 211-7), voire un « paiement sans libération du débiteur » (en cas de paiement non autorisé par un tiers saisi)[1306]. Pour le reste, l'auteur

[1306] L'auteur évoque également l'hypothèse d'un « paiement sans satisfaction du créancier » (C. civ., art. 1345-1), mais il combat ensuite cette idée.

envisage des cas d'extinction de l'obligation sans paiement – le conduisant à évoquer la prescription, la compensation et la déchéance – qui éclairent tout autant la mécanique de l'extinction de l'obligation et de ses modes.
Il reste que les auteurs du présent ouvrage sont autant inspirés par l'interprétation offerte par les droits spéciaux que celle offerte par diverses réformes.

B. L'INTERPRÉTATION OFFERTE PAR LES RÉFORMES RÉCENTES

6. Les réflexions suscitées par les nouveaux textes. La nouveauté à l'œuvre dans les contributions de l'ouvrage résulte également des points de vue nouveaux qu'offrent les réformes récentes qui intéressent la matière.
C'est le tempo donné par l'ordonnance du 10 février 2016 qui permet à **Marion Cottet** de dresser son analyse de la confusion, à partir du nouvel article 1349, deuxième phrase, du Code civil, qui indique qu'« Elle éteint la créance et ses accessoires, sous réserve des droits acquis par ou contre des tiers ». Selon elle, la confusion éteindrait de manière automatique, définitive et absolue la créance, mais cet effet serait inopposable à et par certains tiers. L'effet extinctif de la confusion trouve dans cette contribution une heureuse et convaincante défense[1307].
C'est encore l'ordonnance du 10 février 2016 qui alimente les réflexions de **Jean-Francois Hamelin** dédiées à la dation en paiement. Les apports de la réforme sont cependant moins nets ici, dès lors que les auteurs de l'ordonnance n'ont pas osé consacrer pleinement la figure : « il y a là assurément une occasion manquée », indique l'auteur. Les apports de la réforme ne sont cependant pas nuls, ce qu'illustre également l'auteur en relevant que la lettre du nouvel article 1342-4 du Code civil permet de plaider en faveur de l'admission d'une dation en paiement dans laquelle le créancier accepte de recevoir une prestation à exécution successive, future ou à terme, en lieu et place de la prestation ou de la somme due. Un détour par la figure de l'obligation facultative, envisagée par le nouvel article 1308 du Code civil, le

[1307] De fait, elle rejoint, dans ses grandes lignes, une analyse que nous avons défendue au sein du Groupe de travail dirigé par François Terré sous l'égide de l'Académie des sciences morales et politiques. V. les textes proposés par ce Groupe de travail dans : *Pour une réforme du régime général des obligations*, dir. F. Terré, Dalloz, 2013.

conduit également à rejeter une analyse purement « chronologique » qui opposerait celle-ci à la dation en paiement[1308]. Pour le reste, le nouveau droit des obligations est au cœur de la construction du régime de la figure – qu'il s'agisse de la description de la rencontre des volontés, de l'application des règles régissant les vices du consentement, du jeu des modalités de l'obligation, en passant par la question de l'identification de l'auteur de la dation en paiement et celle de la nullité de l'acte pour absence de contrepartie convenue – ouvrant, le cas échéant, sur des restitutions au fondement discuté.
Selon une démarche analogue, **Karl Lafaurie** s'intéresse aux remises de dette – avec un titre au pluriel très englobant. Après avoir pris parti en faveur de la nature purement conventionnelle de l'opération, sur laquelle nous reviendrons, l'auteur étudie minutieusement le régime de la convention, passant en revue les règles du nouveau droit des obligations de nature à régler les questions que posent la conclusion et la validité de l'opération ainsi que ses effets – ce qui donne l'occasion à l'auteur de plaider de manière convaincante en faveur de l'objet extinctif de la remise de dette, à rebours d'une doctrine qui y voit une convention translative suivie d'une extinction par confusion.
Les nouveaux textes régissant les opérations sur obligations conduisent également **Anne Danis-Fatôme** à jeter un regard neuf sur l'extinction de l'obligation qu'opèrent, directement ou indirectement, immédiatement ou plus tard, la novation et la délégation. L'auteure met en relief les deux sources de l'extinction à l'œuvre dans ces opérations – qui opère, tantôt par l'effet d'un acte unilatéral[1309], tantôt par l'effet de la loi[1310] – et revient sur les nombreuses difficultés que soulèvent

[1308] Sauf à observer que l'analyse chronologique combattue par l'auteur peut être comprise comme une *illustration* de la distinction, qui serait irréductible, entre l'exécution d'une prestation différente de celle prévue et l'exécution d'une prestation prévue.
[1309] Il en va ainsi, d'après l'auteure, de l'obligation du délégant dans la délégation novatoire et de l'obligation de l'ancien débiteur dans la novation par changement de débiteur.
[1310] V., en part. les art. 1339, al. 4 et 1338, al. 2 du Code civil (l'auteure dénonce la règle prévue par ce dernier texte comme non-opportune, pour le cas où le paiement émane du délégant).

leurs effets, qui diffèrent selon que l'on envisage la situation des parties[1311] ou celle des tiers[1312].

Plus loin, c'est à la lumière de l'ordonnance du 10 février 2016 que **Cédric Hélaine** livre une étude inédite sur la preuve de l'extinction de l'obligation. Tentant de systématiser la matière, il revient sur la question de la charge de la preuve de l'extinction et s'interroge notamment sur l'incidence d'une libération partielle du débiteur ainsi que sur le jeu des présomptions que la loi institue en faveur de celui-ci. Il s'intéresse également à l'admissibilité des modes de preuve, où une analyse unitaire lui paraît impossible : conformément au droit commun de la preuve, il faut en principe, sauf texte spécial, soumettre la libération résultant d'un acte juridique à l'exigence d'un écrit – par exemple en cas de paiement partiel (fruit, en principe, d'une négociation entre le créancier et le débiteur), de remise de dette ou d'invocation de la compensation, pour éteindre une dette supérieure à 1 500 euros.

Dans le même esprit, c'est l'abandon des vielles offres réelles, remplacées par le mécanisme de demeure du créancier, qui conduit **Marc Mignot** à souligner les nombreuses imperfections des nouveaux textes dédiés à celui-ci. L'auteur regrette en particulier que la loi organise la consignation, en évoquant son effet libératoire, sans rien préciser du dénouement de la situation, donc de la déconsignation et de l'extinction de l'obligation. Il propose ingénieusement de résoudre la difficulté en recourant à la figure de la dation en paiement, que permettrait une stipulation pour autrui du déposant[1313]. L'auteur s'intéresse ensuite à la réalisation d'une sûreté réelle par l'effet de la réalisation du bien grevé, qu'il décrypte tout aussi subtilement en recourant à la figure de la subrogation réelle – deux subrogations réelles se succédant – qui conduit à un nantissement de créance, dont le dénouement interviendrait conformément aux règles du Livre IV du Code civil. On quitte alors les terres du droit des obligations pour celles

---

[1311] Sous le prisme, en particulier, du principe d'inopposabilité des exceptions, qui s'appliquerait pleinement tant en cas de délégation imparfaite que de délégation parfaite.

[1312] En particulier les garants et les créanciers du délégant, dont le sort est réglé différemment sous l'empire des nouveaux textes que sous l'empire des textes antérieurs.

[1313] D'après l'analyse proposée, le déposant attribue la créance en déconsignation par une stipulation pour autrui au créancier et l'extinction de la créance concernée résulte d'une dation en paiement de la créance en déconsignation, donc de l'acceptation par le créancier de l'attribution consécutive à la stipulation pour autrui.

du droit des sûretés, ce qui permet d'observer que l'ordonnance du 10 février 2016 n'est pas la seule impliquée par les contributions de l'ouvrage. Au-delà, en effet, de la réforme de la prescription opérée par la loi du 17 juin 2008, déjà mentionnée, ou des droits du surendettement et des procédures collectives, éternellement au cœur du tourbillon des réformes, qui le sont ci-avant et ci-après, ce sont également les réformes du droit des sûretés, opérées par les ordonnances du 23 mars 2006 et du 15 septembre 2021[1314], qui sont ici en cause. Ce sont également ces ordonnances qui donnent à **Marc Mignot**, dans une autre contribution, l'occasion de revisiter l'extinction consécutive à la réalisation des sûretés réelles – hors le cas de la consignation précédent évoqué. Cela étant, on observe que, comme par nécessité logique, on en revient toujours au droit des obligations et à sa réforme par l'ordonnance du 10 février 2016. C'est en effet, d'après l'auteur, la dation en paiement qui expliquerait l'attribution au créancier du bien gagé et de la créance nantie, ou encore le dénouement de la fiducie-sûreté – quand il n'y a pas, tout simplement, paiement. Ailleurs, c'est la résolution qui devrait être au cœur de la propriété retenue à titre de garantie et, en cas de « revendication du prix », c'est une cession forcée de la créance qui interviendrait et profiterait du nouveau régime établi aux articles 1321 et suivants du Code civil.
On voit ainsi, s'agissant de mécanismes classiques, toute la nouveauté que permet une étude, aujourd'hui, des modes d'extinction de l'obligation. Cette nouveauté prend un tour un peu différent lorsqu'on s'intéresse aux modes modernes d'extinction de l'obligation.

II. Les modes modernes d'extinction de l'obligation : nouveaux accords

7. Aperçu et plan. Plusieurs facteurs expliquent que certains modes ne soient pas habituellement étudiés par les auteurs au titre de l'extinction de l'obligation. Une partie d'entre eux est d'apparition récente. D'autres existent depuis longtemps, mais n'ont acquis leur importance que sous l'effet de la législation moderne. Surtout, ces modes présentent un caractère spécial, voire très spécial, qui les place

---

[1314] Cette dernière ordonnance est également effleurée par Jean-François Hamelin qui s'intéresse à la disparition de l'ancien article 2315 du Code civil – maintenant la libération de la caution malgré l'éviction subie par le créancier – conduisant à retenir le maintien du cautionnement en cas d'annulation de la dation.

hors de l'orbite naturel des études de droit commun des obligations. Quand on y regarde de plus près, une certaine parenté avec les modes classiques d'extinction de l'obligation demeure perceptible pour certains d'entre eux. Les uns ont des airs de remise de dette (A) et les autres de compensation (B).

A. UN AIR DE REMISE DE DETTE

8. La décharge du débiteur, bienfait de la loi. La loi organise de nombreuses décharges du débiteur, que l'on répugne à qualifier de remises de dette, lors même qu'elles éteignent l'obligation, par l'effet d'une faveur accordée au le débiteur, sans satisfaction du créancier. Le motif de cette disqualification est mis en relief par **Karl Lafaurie** dans sa contribution précédemment évoquée : au-delà de ses diverses formes, la remise de dette aurait une nature purement conventionnelle, comme l'impliquerait l'article 1350 du Code civil, qui définit l'opération comme un « contrat » par lequel le créancier libère le débiteur de son obligation. C'est dire que s'en trouve exclue tant la figure de la remise unilatérale de dette que celle de la remise légale de dette[1315]. Ces décharges légales ont une grande importance dans le droit de la défaillance. De même que « les remises de dette sont souvent consenties, en pratique, dans un cadre particulier, celui des procédures d'insolvabilité », comme le relève l'auteur, il faut admettre que dans ce cadre se multiplient les décharges légales que l'on se refuse à qualifier de remise de dette. La frontière qui les sépare de cette dernière n'est cependant pas toujours évidente à tracer, comme l'illustrent les hypothèses, envisagées par l'auteur, de remises s'inscrivant dans un cadre procédural marqué, telle celles qui sont accordées dans le cadre d'un plan, qui suscitent des hésitations.

La contribution de **Véronique Martineau-Bourgninaud**, dédiée aux rapports entre l'extinction et le surendettement, illustre également cette difficulté, lorsque l'auteure évoque les mesures de traitement de la situation de surendettement proposées par la commission de surendettement, voire imposées par elle ou par le juge. Mais

[1315] L'exclusion de la remise unilatérale se comprend peut-être mieux que l'exclusion de la remise légale. Dans d'autres domaines, le prisme contractuel adopté par le législateur pour définir une opération n'exclut pas que puissent en exister des variantes légales : ainsi des cessions conventionnelles de créance, de dette et de contrat, qui peuvent se décliner en des cessions légales de créance, de dette et de contrat.

l'effacement de la dette, que connaît le Code de la consommation, présente une physionomie particulière, qui en fait une cause originale d'extinction de l'obligation. Selon l'auteure, l'effacement produit « l'effet extinctif du paiement à l'exclusion de l'effet libératoire », dont découle le maintien de l'action en revendication du vendeur sous réserve de propriété ou de l'action en résiliation pour cause de manquement contractuel.
Dans le droit des entreprises en difficulté, on enseigne en revanche qu'il n'y a pas de véritable extinction de l'obligation en cas de clôture de la liquidation judiciaire pour insuffisance d'actif : les poursuites sont seulement empêchées, mais la créance et la dette ne disparaissent pas. C'est tout l'intérêt de la contribution de **Romain Azevedo** que de livrer un plaidoyer courageux en faveur de l'existence d'une véritable extinction de l'obligation en cas de liquidation judiciaire clôturée pour insuffisance d'actif. Selon l'auteur, l'analyse s'expliquerait tant au regard de la portée de la règle en cause, qui équivaut pour le créancier à une extinction, que sa raison d'être, l'objectif de rebond du débiteur justifiant que la clôture de la liquidation ait un parfait effet extinctif. Si l'on suit cette analyse, il faudrait donc la ranger désormais parmi les décharges du débiteur par le bienfait de la loi.
Il reste à voir qu'au-delà de ces décharges légales qui présentent un air de remise de dette, il existe un mode d'extinction de l'obligation qui présente un air de compensation.

B. UN AIR DE COMPENSATION

9. La déchéance du créancier, sanction de sa faute. En forçant davantage le trait, c'est la musique de compensation qui se joue autour de la déchéance. Cause d'extinction de l'obligation « très particulière »[1316], elle fonctionne selon un schéma qui n'est pas sans rappeler celui qui consiste à reconnaître une créance de dommages-intérêts à la victime d'un comportement pour la compenser avec sa dette[1317]. Ce rapprochement avec la compensation reste cependant

[1316] V. J. Flour, J.-L. Aubert, E. Savaux, L. Andreu et V. Forti, *Droit civil, Les obligations, 3. Le rapport d'obligation*, 10ème éd., Sirey, 2022, n° 216, en note.
[1317] En témoigne la jurisprudence qui, refusant de consacrer ici ou là une véritable déchéance, sanctionne l'auteur de certains manquements à des dommages-intérêts venant se compenser avec sa dette – par exemple en cas de manquement par le créancier du cautionnement lors de la conclusion de la sûreté, sur lequel revient Jean-Denis Pellier dans sa contribution.

imparfait, la déchéance fonctionnant davantage comme un dépouillement (total ou partiel) du créancier que comme un règlement compensatoire de celui-ci.

De ce point de vue, on saura gré à **Jean-Denis Pellier** de tenter de percer le « mystère » qui entoure encore la figure de la déchéance. Pour ce faire, l'auteur propose audacieusement d'y voir une forme de réparation en nature découlant de la responsabilité civile de celui qui la subit. Cette analyse le conduit à envisager l'existence d'un préjudice comme la condition et la mesure de la déchéance, quitte, parfois, à considérer que ce préjudice est simplement « présumé par le législateur »[1318].

C'est encore de la déchéance qu'il est question dans la contribution de **Nicolas Kilgus**, qui passe en revue les différentes obligations de déclaration de créance existant en droit civil : en cas de succession vacante (C. civ., art. 809 et s.), d'acceptation de la succession à concurrence de l'actif net (C. civ., art. 791 et s. ; CPC, art. 1334 et s.) et de distribution de derniers en dehors de toute procédure d'exécution (CPC, art. 1281-1 et s.). L'étude du champ de ces obligations déclaratives le conduit à observer que celles-ci n'ont pas toutes la même « raison d'être ». Ainsi, seule celle qui régit l'acceptation de la succession à concurrence de l'actif net s'inscrit dans une logique – pure – de transmission successorale[1319]. Quant à la sanction du défaut de déclaration, l'extinction « directe » n'est à l'œuvre que dans le même cas, et seulement pour les créanciers qui ne sont pas titulaires d'une sûreté réelle sur les biens de la succession – ce que l'auteur s'emploie à expliquer. Il en résulte que la sanction du défaut de déclaration de créance présente, en droit civil, des visages différents, qui en exclut une parfaite unité, au-delà de l'idée générale que cette déchéance sanctionne la faute du créancier.

La déchéance est également évoquée par **Nicolas Cayrol** et **Véronique Martineau-Bourgninaud** dans leurs contributions précédemment mentionnées. Le premier, au titre des cas d'extinction de l'obligation sans paiement, revient sur les règles de la saisie-attribution, qui obligent le créancier à requérir paiement de la créance qui lui a été attribuée et

[1318] On pourrait dépasser la difficulté, pour peu que l'on admette que le préjudice n'est pas l'alpha et l'oméga de la responsabilité.

[1319] Selon l'auteur : « Il s'agit de déterminer la consistance d'un patrimoine dans le but de faciliter sa transmission. Plus que le créancier, c'est ici l'héritier – et la transmission, qui doit être le plus efficace possible, afin que cette option soit choisie sans crainte – qui est au cœur du raisonnement ! ».

qui risque, en cas de défaut de paiement causé par sa négligence, de perdre ses droits contre le débiteur (CPCP, art. L. 211-4 et R. 211-8). La seconde détaille l'extinction les créances dont les titulaires n'ont pas agi dans les délais légaux, en particulier dans le cas où la loi les oblige à déclarer leurs créances (CPCE, art. L. 742-11). Ces différentes contributions illustrent le développement contemporain de ce mode d'extinction particulier de l'obligation qu'est la déchéance et conduit finalement à se demander si le législateur n'aurait pas pu dédier quelques règles à la figure dans le chapitre traitant de l'extinction de l'obligation.

De ce point de vue, on peut revenir à la contribution de **Jean-Denis Pellier**, qui plaide également en faveur des déchéances sans texte, que connaît déjà une certaine jurisprudence. Il ne faudrait pas beaucoup plus pour faire de la déchéance un mécanisme général d'extinction de l'obligation au même titre que les modes d'extinction listés par le Code, qui justifierait qu'elle fasse son entrée dans le chapitre que celui-ci dédie à l'extinction de l'obligation et qu'elle soit davantage étudiée dans les ouvrages de régime général des obligations.

10. Note finale. Au terme de cet exposé synthétique, force est de constater la diversité des questions soulevées par la mécanique de l'extinction de l'obligation et de ses modes. Il est probable que les tentatives de réponses déployées par les solistes de l'ouvrage ne mettront pas fin aux éternels débats qui animent la matière. On peut cependant espérer qu'il aura permis de nourrir utilement la réflexion.

Table des matières

Structures éditoriales du groupe L'Harmattan

L'Harmattan Italie
Via degli Artisti, 15
10124 Torino
harmattan.italia@gmail.com

L'Harmattan Hongrie
Kossuth l. u. 14-16.
1053 Budapest
harmattan@harmattan.hu

L'Harmattan Sénégal
10 VDN en face Mermoz
BP 45034 Dakar-Fann
senharmattan@gmail.com

L'Harmattan Cameroun
TSINGA/FECAFOOT
BP 11486 Yaoundé
inkoukam@gmail.com

L'Harmattan Burkina Faso
Achille Somé – tengnule@hotmail.fr

L'Harmattan Guinée
Almamya, rue KA 028 OKB Agency
BP 3470 Conakry
harmattanguinee@yahoo.fr

L'Harmattan RDC
185, avenue Nyangwe
Commune de Lingwala – Kinshasa
matangilamusadila@yahoo.fr

L'Harmattan Congo
219, avenue Nelson Mandela
BP 2874 Brazzaville
harmattan.congo@yahoo.fr

L'Harmattan Mali
ACI 2000 - Immeuble Mgr Jean Marie Cisse
Bureau 10
BP 145 Bamako-Mali
mali@harmattan.fr

L'Harmattan Togo
Djidjole – Lomé
Maison Amela
face EPP BATOME
ddamela@aol.com

L'Harmattan Côte d'Ivoire
Résidence Karl – Cité des Arts
Abidjan-Cocody
03 BP 1588 Abidjan
espace_harmattan.ci@hotmail.fr

Nos librairies en France

Librairie internationale
16, rue des Écoles
75005 Paris
librairie.internationale@harmattan.fr
01 40 46 79 11
www.librairieharmattan.com

Librairie des savoirs
21, rue des Écoles
75005 Paris
librairie.sh@harmattan.fr
01 46 34 13 71
www.librairieharmattansh.com

Librairie Le Lucernaire
53, rue Notre-Dame-des-Champs
75006 Paris
librairie@lucernaire.fr
01 42 22 67 13

www.ingramcontent.com/pod-product-compliance
Lightning Source LLC
LaVergne TN
LVHW011155061026
849535LV00003B/736